兰州大学史学理论

屈直敏　赵梅春　主编

四库研究丛书

文溯阁《四库全书》四种校释研究

汪受宽　安学勇　校释

图书在版编目（CIP）数据

文溯阁《四库全书》四种校释研究 / 汪受宽，安学勇校释. -- 兰州 : 兰州大学出版社，2015.1
（四库研究丛书）
ISBN 978-7-311-04389-6

Ⅰ. ①文… Ⅱ. ①汪… ②安… Ⅲ. ①《四库全书》—研究 Ⅳ. ①Z121.5

中国版本图书馆CIP数据核字(2015)第011515号

策划编辑 王永强
责任编辑 锁晓梅
封面设计 郇 海

书 名 文溯阁《四库全书》四种校释研究
作 者 汪受宽 安学勇 校释
出版发行 兰州大学出版社 （地址:兰州市天水南路222号 730000）
电 话 0931-8912613(总编办公室) 0931-8617156(营销中心)
0931-8914298(读者服务部)
网 址 http://www.onbook.com.cn
电子信箱 press@lzu.edu.cn
印 刷 甘肃兴方正彩色数码快印有限公司
开 本 710 mm×1020 mm 1/16
印 张 21.25(插页4)
字 数 298千
版 次 2017年3月第1版
印 次 2017年3月第1次印刷
书 号 ISBN 978-7-311-04389-6
定 价 65.00元

琴	清	流	楚	激	紘	商	秦	曲	發	聲	悲	摧	藏	音	和	詠	思	惟	空	堂	心	憂	增	慕	懷	慘	傷	仁
芳	廊	東	步	階	西	遊	王	姿	淑	窕	窈	伯	邵	南	周	風	興	自	后	妃	荒	經	離	所	懷	嘆	嗟	智
蘭	休	桃	林	陰	翳	桑	懷	歸	思	廣	河	女	衞	鄭	楚	樊	厲	節	中	闈	淫	遐	曠	路	傷	中	情	懷
凋	翔	飛	燕	巢	雙	鳩	土	迤	逶	路	遐	志	詠	歌	長	歎	不	能	奮	飛	怨	清	幃	房	君	無	家	德
茂	流	泉	情	水	激	揚	眷	頎	其	人	碩	興	齊	商	雙	發	歌	我	衮	衣	想	華	餙	容	朗	鏡	明	聖
熙	長	君	思	悲	好	仇	舊	蕤	葳	粲	翠	榮	曜	流	華	觀	冶	容	爲	誰	感	英	曜	珠	光	紛	葩	虞
陽	愁	歎	發	容	摧	傷	鄉	悲	情	我	感	傷	情	徵	宮	羽	同	聲	相	追	所	多	思	感	誰	爲	榮	唐
春	方	殊	離	仁	君	榮	身	苦	惟	艱	生	患	多	殷	憂	纏	情	將	如	何	欽	蒼	穹	誓	終	篤	志	貞
牆	禽	心	濱	均	深	身	加	懷	憂	是	嬰	藻	文	繁	虎	龍	寧	自	感	思	岑	形	熒	城	榮	明	庭	妙
面	伯	改	漢	物	日	我	兼	思	何	漫	漫	榮	曜	華	彫	旂	孜	孜	傷	情	幽	未	猶	傾	苟	難	闈	顯
殊	在	者	之	品	潤	乎	愁	苦	艱	是	丁	麗	壯	觀	飾	容	側	君	在	時	巖	在	炎	在	不	受	亂	華
意	誠	惑	步	育	浸	集	悴	我	生	何	冤	充	顏	曜	繡	衣	夢	想	勞	形	峻	慎	盛	戒	義	消	作	重
感	故	暱	飄	施	愆	殃	少	章	時	桑	詩	端	無	終	始	詩	仁	顏	貞	寒	嵯	深	興	后	姬	源	人	榮
故	遺	親	飄	生	思	愆	精	徽	盛	翳	風	比	平	始	璇	情	賢	喪	物	歲	峨	慮	漸	孽	班	禍	讒	章
新	舊	聞	離	天	罪	辜	神	恨	昭	感	興	作	蘇	心	璣	明	別	改	知	識	深	微	至	嬖	女	因	奸	臣
霜	廢	遠	微	地	積	何	遐	微	業	孟	鹿	麗	氏	詩	圖	顯	行	華	終	凋	淵	察	大	趙	婕	所	佞	賢
氷	故	離	隔	德	怨	因	幽	玄	傾	宣	鳴	辭	理	興	義	怨	士	容	始	松	重	遠	伐	氏	好	恃	凶	惟
齊	君	殊	喬	貴	其	備	曠	悼	思	傷	懷	日	往	感	年	衰	念	是	舊	愆	涯	禍	用	飛	辭	恣	害	聖
潔	子	我	木	平	根	嘗	遠	歎	永	感	悲	思	憂	遠	勞	情	誰	爲	獨	居	經	在	昭	燕	輦	極	我	配
志	惟	同	誰	均	難	苦	離	戚	戚	情	哀	慕	歲	殊	歎	時	賤	女	懷	歎	網	防	青	實	漢	驕	忠	英
清	新	衾	陰	勻	尋	辛	鳳	知	我	者	誰	世	異	浮	奇	傾	鄙	賤	何	如	羅	萌	青	生	成	盈	貞	皇
純	貞	志	一	專	所	當	麟	沙	流	頹	逝	異	浮	沉	華	英	翳	曜	潛	陽	林	西	昭	景	薄	榆	桑	倫
望	微	精	感	通	明	神	龍	馳	若	然	倏	逝	惟	時	年	殊	白	日	西	移	光	滋	愚	讒	浸	頑	凶	匹
誰	雲	浮	寄	身	輕	飛	昭	虧	不	盈	無	倏	必	盛	有	衰	無	日	不	陂	流	蒙	謙	退	休	孝	慈	離
思	輝	光	飭	粲	殊	文	德	離	忠	體	一	違	心	意	志	殊	憤	激	何	施	電	疑	危	遠	家	和	雍	飄
想	羣	離	散	妾	孤	遺	懷	儀	容	仰	俯	榮	華	麗	飭	身	將	與	誰	爲	逝	容	節	敦	貞	淑	思	浮
懷	悲	哀	聲	殊	乖	分	聖	貲	何	情	憂	感	惟	哀	怨	節	上	通	神	祇	推	持	所	貞	記	自	恭	江
所	春	傷	應	翔	雁	歸	皇	辭	成	者	作	體	下	遺	葑	菲	採	者	無	差	生	從	是	敬	孝	爲	基	湘
親	剛	柔	有	女	爲	賤	人	房	幽	處	已	憫	微	身	長	路	悲	曠	感	生	民	梁	山	殊	塞	隔	河	津

璇璣圖詩

前　言

《四库全书》是清代乾隆年间编纂的一部丛书，汇集了清代乾隆以前的主要文化典籍，堪称“千古巨制，文化渊薮”，在我国学术文化史上具有很重要的地位。该丛书共收录书籍3 461种，79 309卷；存目书籍6 793种，93 551卷。[①]《四库全书》编纂完成后，为了利于长期保存，供皇帝和士子们阅读，共抄写七部，分别庋藏于北京故宫文渊阁、北京圆明园文源阁、承德文津阁、沈阳文溯阁、镇江文宗阁、扬州文汇阁、杭州文澜阁。后因战乱，遭到毁损，其中文源阁本毁于1860年英法联军入侵北京，文宗阁、文汇阁本在太平天国战争中被毁，文澜阁本于1861年太平军第二次攻占杭州时散损。历经劫难的《四库全书》，现仅存文渊阁本、文津阁本、文溯阁本以及半部文澜阁本，文津阁本现藏于国家图书馆，文渊阁本现藏台北故宫博物院，文溯阁本现藏甘肃省图书馆九州台文溯阁《四库全书》藏书馆。在纂修《四库全书》的过程中，还产生了《四库全书荟要》《四库全书总目》《四库全书考证》《禁毁书目》等相关典籍，并派生出了《武英殿聚珍版丛书》《摛藻堂四库全书》《四库存目》《四库未收》《四库禁毁》《续修四库全书》等多种丛书，在我国学术文化史上也有极其重要的地位和价值。

《四库全书》自问世以来，便以它独有的魅力，备受学界关注。近200年来的《四库全书》的研究，取得了较为丰硕的成果，大致可分为乾嘉至光宣年间、民国年间、1949年至今三个阶段[②]，研究领域主要包括纂修与流传、档案辑录与整理、

①《四库全书总目》出版说明，中华书局1965年。

②周积明：《“四库学”：历史与思考》，载《清史研究》2000年第3期，第50-62页。

《总目》研究、版本目录研究、文化价值及意义的研究、续修与影印及电子版开发等诸多方面。[①]

特别是20世纪90年代以来,先后成立了一系列关于《四库全书》研究的学术机构,如1993年成立的"海南大学《四库全书》研究中心",1999年天津图书馆成立的"四库文献中心",2003年首都师范大学成立的"《四库全书》学术研究中心",2005年成立的"甘肃省四库全书研究会"和武汉大学"四库学研究所"等[②],为《四库全书》研究提供了新的发展契机。随着《四库全书》研究的兴盛,《四库全书》研究上升到了建立学科的高度,"四库学""四库总目学""四库全书学""四库区域文化学"逐渐被提出。

近200年来,虽然《四库全书》研究的成就显著,但仍有诸多领域,学者们鲜有涉及,如四库学的文化研究仍然是四库学中最薄弱的部分,因而如何站在世界文化发展的高度,去审视《四库全书》在中国乃至世界文化中的作用和地位,是学界应进一步深入研究的内容。四库学的研究范围、纂修者的个体和群体、四库收录之区域文献等也有诸多问题值得进一步深入探讨,因此在继续深入实证和文献研究的同时,转换学术观念,加强理论建设,扩大视野,对《四库全书》及其相关和派生的多种丛书、论著等进行整体和全面研究,借此展开四库学的研究新局面,无疑是当前四库学研究者们值得思索的课题。

兰州大学史学史专业是全国首批硕士学位授权点之一,20世纪70年代末,随着高考制度的恢复,1978年全国部分高校开始招收史学史专业的硕士、博士研究生,张孟伦先生被批准为硕士研究生导师,从此开始了兰州大学史学史的研究事业。2005年经学校批准,建立史学理论及史学史研究所,汪受宽先生任所长。2008年汪受宽先生荣退之后,赵梅春教授继任所长。兰州大学史学理论及史学史研究所素以师资雄厚、学风严谨著称,主要研究方向有中国史学史、中国少数民族史学、四库学等。经过三代学者的不懈努力,兰州大学史学理论及史学史研究所不仅在学科建设和史学研究方面取得了一定成绩,而且培养了大批学术成就卓著的史学研究者。

---

①汪受宽、刘凤强:《〈四库全书〉研究的回顾与思考》,载《史学史研究》2005年第1期,第62-66页。

②高远、汪受宽:《近三十年来〈四库全书〉研究现状与思考》,载《图书与情报》2008年第3期,第119-125页。

近十年来，兰州大学史学理论及史学史研究所以《文溯阁四库全书》为中心，确立了以四库学的研究为主要方向，积累了丰富深厚的成果，建立起了一支高水平的研究队伍。此次出版的《四库研究丛书》是兰州大学史学理论及史学史研究所四库学研究成果的阶段性汇集，共收录了汪受宽和安学勇《文溯阁〈四库全书〉四种校释研究》、刘凤强《四库全书馆发微》、郭合芹《〈四库全书总目〉史部研究》、徐亮《〈四库全书〉西北文献研究》四部专著，在《四库全书》的编纂、《文溯阁四库全书》的版本价值、《四库全书总目》，以及清修《四库全书》与西北地方文献等方面进行了开创性的研究。本套丛书的出版，必将使学界更加深入了解《四库全书》，尤其是《文溯阁四库全书》的学术价值和文献版本价值，从而促进四库学的研究，推动《文溯阁四库全书》的整理研究热潮，促进甘肃省的四库学研究。在当前文化大发展的形式下，对甘肃省的文化建设也具有一定的现实意义。更重要的是，《四库全书》同长城、京杭大运河一样，是我们中华民族的骄傲，深入《四库全书》的研究和利用，可以推动中华民族的文化复兴。

屈直敏

2014年12月4日于兰州大学二分部陋室

序 論

清朝乾隆年間，中國封建社會進入了政治、經濟、文化發展的鼎盛時期。爲了闡揚皇朝的“文治武功”，朝廷組織了許多大型文化項目，《四庫全書》的編纂就是其中之一。在進行大規模的徵書活動，並從當時還比較齊全的明朝前期修成的《永樂大典》中鈔錄失傳典籍的同時，乾隆皇帝於乾隆三十八年（1773年）正式下詔開“四庫全書”館，組織學者全面系統地整理中國歷代典籍，編纂大型叢書《四庫全書》。四庫館由永瑢等三位皇子和眾多朝廷重臣任總裁，以當時最負盛名的學者紀昀、陸錫熊等爲總纂官，具體負責編纂事宜。前後參與編修的著名學者三百多人，動用學人四千餘名。乾隆四十六年（1781年）底第一份《四庫全書》鈔成，修書活動歷時九年。其後又陸續謄鈔出多份，分儲京師皇宮和南北書庫。同時，對已鈔成的《四庫全書》數次撤改、複校、補遺，到嘉慶十一年（1806年），整個《四庫全書》的纂修工作才告結束。

《四庫全書》是我國古代最大的一部叢書，基本上囊括了除戲曲、小說以外我國18世紀以前的重要著作，尤以元以前的書籍收輯更爲完備。是我國古代圖書前所未有的大結集，堪稱“千古巨製，文化淵藪”。據《四庫全書總目》統計，這一叢書共鈔錄書籍3461種，79309卷；存目書籍6793種，93551卷。全部書籍按經、史、子、集四部四十四個大類，分類編排鈔錄。每份《四庫全書》約七億三千零八十一萬九千字[①]，裝訂爲三萬六千餘冊。在纂修《四庫全書》的過程中，還產生了《四庫全書薈要》、《四庫全書總目》[②]、《四庫全書考證》、《武英殿聚珍版叢書》、《禁毀書目》等副產品，在我國學術文化史上也具有很重要的地位。

爲有利於長期保存，供皇帝和臣僚士子閱讀，乾隆間《四庫全書》共鈔寫製作六分。前四分貯藏於北京皇宮文淵閣、盛京（今瀋陽）故宮文溯閣、京郊圓明園文源閣、承德避暑山莊文津閣，稱"內廷四閣"，或稱"北四閣"；後三分貯藏於鎮江文宗閣、揚州文匯閣和杭州文瀾閣，稱"江浙三閣"，或稱"南三閣"。底本則貯藏於翰林院（後散失）。近代，四庫全書屢遭劫難，1860年第二次鴉片戰爭，英法聯軍進攻北京，火燒圓明園，文源閣《四庫全書》被毀。太平天國時，文宗、文匯兩閣書被焚，文瀾閣書也有損失，清末民初由人補鈔齊全。現今，原本完整保存下來的僅有三部，即現存臺北故宮博物院的文淵閣本，現存國家圖書館的文津閣本，現存甘肅省圖書館的文溯閣本。

文溯閣在盛京故宮，建成於乾隆四十七年（1782年）正月。該閣與其他諸閣一樣，系仿明代寧波"天一閣"的建築式樣而成。閣面闊六間，內爲三層，外觀爲兩層重簷硬山式，前後有出廊。閣頂鋪黑琉璃瓦，鑲綠剪邊。黑色代表水，書最忌火，以黑瓦爲頂，象徵著"以水克火"。閣上樑枋間彩繪"白馬獻書"圖案。閣內懸有乾隆書寫的對聯，其中一副是："古今並入含茹萬象滄溟探大本，禮樂仰承基緒三江天漢導洪瀾。"正北兩楹懸乾隆皇帝御書對聯曰："由監古以垂模敦化川流區脈絡，本紹聞爲典學心傳道法驗權輿。"文溯閣之東有一座黃琉璃瓦頂的碑亭，該碑正面鐫乾隆皇帝親撰的《文溯閣記》，背面鐫其所撰《宋孝宗論》。碑文記錄了文溯閣的建閣經過和《四庫全書》的收藏情況。閣後是仰熙齋，是皇帝讀書之所。

乾隆四十七年十一月二十八日謄鈔完竣的文溯閣《四庫全書》，總

①乾隆五十一年二月十六日《吏部尚書劉墉等奏遵旨清查四庫全書字數書籍完竣緣由摺》："辦理三分全書，每分計字七萬萬三千零八十一萬九千字。"見中國第一歷史檔案館編《纂修四庫全書檔案》，上海古籍出版社，1997年，第1928頁。

②以下簡稱《總目》。

計收書三千四百七十七種，七萬九千八百九十七卷，鈔爲三萬六千三百一十五册，裝爲六千一百四十四函匣。文溯閣《四庫全書》用開化榜紙朱絲欄鈔成，每一部書都以香楠木二片上下爲夾，並束以綢帶，再裝入香楠木匣內。書册都是用絹面封皮包背裝。根據春、夏、秋、冬的順序，書皮以四色裝潢，"經部"用綠色絹，"史部"用紅色絹，"子部"用藍色絹，"集部"用灰色絹。每匣上面均刻有書名。每册書的首頁都鈐有"文溯閣寶"，末頁用"乾隆御覽之寶"，作爲御用的標誌。

文溯閣《四庫全書》自乾隆四十七年十月二十日起至乾隆四十八年（1783年），分五撥起運盛京文溯閣，並陸續排次上架藏迄。乾隆五十五年（1790年）和乾隆五十七年又由陸錫熊率員兩次複校，使其質量更臻完善。文溯閣"內貯藏《四庫全書》，經部二十架，九百六十函；史部三十三架，一千五百八十四函；子部二十二架，一千五百八十四函；集部二十八架，二千零十六函。統計經史子集共一百零八架，六千一百四十四函，三萬六千册"。文溯閣另外還保存有《四庫全書總目》二十函一百二十七册，《四庫全書考證》十二函七十二册，以及大型類書《古今圖書集成》五百七十六函，五千零二十册。[①]《古今圖書集成》一萬卷，是皇子侍讀陳夢雷（1650—1741年）于康熙四十五年（1706年）編成的，雍正四年（1726年）經尚書蔣廷錫修訂，以銅活字刊印65部。乾隆中，文淵、文源、文津三閣建成時，《四庫全書》尚在趕製之中，閣中空曠。乾隆皇帝下令仿照四庫書函樣式，於此三閣各庋藏銅活字版《古今圖書集成》一部，後來文溯閣亦照例收藏一部。文溯閣本《四庫全書》庋藏於清朝崛起的盛京舊宮，乾隆皇帝欽定其名爲"文溯"，以表示"不忘祖宗創業之艱，示子孫守文之模"[②]。文溯閣《四庫全書》入閣庋藏後，專門在盛京（瀋陽）設立文溯閣衙門保管此書。

1900年八國聯軍侵華時期，盛京被俄軍佔領，文溯閣《四庫全書》遭受一定程度的破壞，部分卷册流散。1914年，爲擁戴袁世凱登基，準備影印《四庫全書》，將文溯閣藏本運抵北京，存於故宮保和殿。袁世凱稱帝企圖破滅後，此書被冷落在故宮中。1922年，蝸居故宮的溥

① 文淵閣《四庫全書》本《欽定盛京通志》卷20《文溯閣》。

② 影印文淵閣本《四庫全書》集部《御製文二集》卷14《文溯閣記》。

儀小朝廷，受日本人驅使，以經濟困難爲由，欲將文溯閣《四庫全書》盜售給日本人，價格議定爲120萬元。消息爲北京大學教授沈兼士獲知，他於4月22日率先致函教育部，竭力反對此事。迫於社會各界的強烈反對，溥儀小朝廷不得不取消了這項交易。1924年，經張學良將軍交涉，文溯閣《四庫全書》運回瀋陽。保管委員會派人進京依文淵閣本將文溯閣所佚之七十二卷書補鈔完備。1932年文溯閣《四庫全書》劃歸僞國立奉天圖書館。中華人民共和國成立後由東北圖書館（現遼寧省圖書館）收藏。

1966年10月，中蘇關係緊張，出於戰備考慮，經遼寧省申請，國家文化部報請周恩來總理同意，決定將文溯閣《四庫全書》撥歸甘肅省保存。在甘肅省圖書館，該書先後庋藏於永登連城魯土司衙門大經堂和榆中甘草店書庫。甘肅省撥巨資於2005年在蘭州九州臺建成文溯閣《四庫全書》館，飄泊多半個世紀的文溯閣《四庫全書》終於有了安身立命之地，正式入住這座外形嚴格仿古而內部設施現代化的藏書館。九州臺文溯閣《四庫全書》藏書館，與其他藏書閣一樣，是仿明代寧波"天一閣"的建築規製而成。文溯閣主閣外二內三，一二層爲展廳，三樓存放《四庫全書》影印本。文溯閣之東是一座黃琉璃瓦頂的碑亭，內立影鎸的乾隆皇帝御撰《文溯閣記》碑。副樓占地1400平方米，主要用於學術研究，而文溯閣《四庫全書》的真本則藏在設備先進的地下書庫內。

20世紀80年代以來，學者日益重視《四庫全書》的學術和社會價值，譽其爲"傳統文化之總匯，古代典籍之淵藪"，而興起了影印和研究的熱潮。其中收藏於臺北故宮博物院的文淵閣本於1986年由臺灣商務印書館影印出版，化一爲萬，使學界如沐甘霖，推動了四庫學的大發展。2005年商務印書館影印出版收藏於國家圖書館的文津閣本。2006年杭州出版社影印出版補鈔齊全的收藏于杭州的文瀾閣本。2008年以來，臺灣又印製仿古版文淵閣《四庫全書》。如今，國家指定收藏於蘭州的文溯閣本,是唯一尚未公開出版的一分存世《四庫全書》鈔本。

2003年7月，上海古籍出版社出版了由甘肅省圖書館編選的《影印文溯閣四庫全書四種》。編選者介紹，他們從館藏文溯閣《四庫全書》中選擇“書寫優美，文圖並茂，藝術性、可視性、可讀性均強，而且能充分體現文溯閣《四庫全書》書品的經、史、子、集各一種，匯爲一函，嚴格仿古、仿真影印出版。”[①]《影印文溯閣四庫全書四種》所選四種書，經部爲宋代吴仁傑撰《易圖説》，史部爲元代李好文撰《長安志圖》，子部爲明代沈繼孫撰《墨法集要》，集部爲明代康萬民撰《璇璣圖詩讀法》。該書的出版，將深藏内閣的文溯閣《四庫全書》打開了一扇小窗，學者由之可以略闚豹之一斑。

爲了正確評估文溯閣本《四庫全書》的學術價值，我們用兩年時間，對《影印文溯閣四庫全書四種》中的四種古籍分别進行了研究，並且以其與文淵閣本同書進行仔細對勘。發現《易圖説》、《長安志圖》、《墨法集要》、《璇璣圖詩讀法》等四種書的文溯閣本和文淵閣本的文字或圖片的差異達（114＋423＋86＋260）883處，其中，各自用異體字、簡化字、古今字、假借字或避諱字的（69＋138＋51＋139）397處，兩者皆誤者（2＋10＋3＋8）23處，文溯閣本正確而文淵閣本錯誤或缺佚的（11＋85＋17＋32）145處，文淵閣本正確而文溯閣本錯誤或缺佚的（29＋100＋12＋34）175處。其他尚有或可能底本有誤，或二者難辨正誤，或兩者皆可的143處。由此可以得出結論，文溯閣本與文淵本二者書寫校對品質相差不大，難分伯仲。

通過校勘研究，我們發現文溯閣本與文淵閣本四種書還存在一些篇段不同和可以互補的缺佚。具體説，《易圖説》文溯閣本書首有納蘭成德463字《序》，而文淵閣本缺佚；同書文淵閣本書末有宋端平丙申（1236年）吴人何元壽刊後跋語170字，文溯閣本無。文溯閣本與文淵閣本《長安志圖》有6句段文字差别很大，各説各的，難分伯仲。文淵閣本《長安志圖》卷下葉2《涇渠總圖》及葉3《富平縣境石川溉田圖》，順序顛倒。文溯閣本《墨法集要》比文淵閣本多出一篇乾隆皇帝撰述的《御製題墨法集要圖説》，卻少了文淵閣本有的沈繼孫撰《墨法集要原序》以及《墨法集要目錄》。文溯閣本《璇璣圖詩讀法》兩本正文卷上

①甘肅省圖書館編輯《影印文溯閣四庫全書四種》（上海古籍出版社，2003年）隨書附《〈四庫全書〉簡介》文字。

葉18A至葉20A，與文淵閣本有大幅度的文句顛倒。文溯閣本與文淵閣本《璇璣圖詩讀法》卷數標示不一(稱一卷或二卷)、對皇帝之名諱或不諱，文淵閣本書首缺佚清前期學者康呂賜識言的標題《蘇若蘭織錦回文璇璣圖詩暨諸讀法合刻識言》，文溯閣本提要比文淵閣本少了一段考證文字，根據我們研究，原來文淵閣提要的考證結論是錯誤的，所以文溯閣本就將其悄悄地刪除了。

長期以來，學界有一種說法，現存諸四庫本的鈔寫校勘品質，以文淵閣本爲最佳，其他諸本較差。其理由是，文淵閣本庋藏於宮廷，乾隆皇帝隨時可能御覽，由於害怕卷內文字訛脫引起龍顏不悅而遭致不測之禍，鈔校者更爲細心認真，故而文淵閣本的鈔校水準上乘。文溯閣本遠藏盛京(今瀋陽)書庫，乾隆皇帝難以御幸，存在一些文字差誤，至少不會引來貶遣之禍，因而文溯閣本的鈔校品質比起文淵閣本有很大差距。我們校勘文溯閣《四庫全書》的四種書，從總體差錯率看，文溯閣本與文淵閣本的書寫校對品質相差不大，難分高下。文溯閣本《墨法集要》(17:12)鈔校質量優於文淵閣本同書，《長安志圖》(85:100)和《璿璣圖詩讀法》(32:34)二書鈔校品質相差不大，只有文溯閣本《易圖說》(11:29)的鈔校質量不如文淵閣本同書。《長安志圖》中"癸巳年"，文淵閣本鈔成"癸已年"；"分郊畫畿"，文淵閣本鈔成"分效畫幾"，顯見文淵閣該書鈔寫者的學識不及文溯閣本的鈔寫者。由此可見，兩閣書的鈔寫與校勘品質雖然存在每本書的個體差異，但從總體看，文溯閣本四庫全書的鈔寫質量絕不在文淵閣本之下，有的書比文淵閣本書的文字錯誤更少、篇章更多，價值在文淵閣本之上。

文溯閣本與文淵閣本諸書之所以文字繕寫校勘品質相差無幾，原因是多方面的。首先因爲文溯閣本是在文淵閣本鈔出以後的第二分四庫鈔本。一般情況下，第一分鈔本(文淵閣本)經過一段時間的閱讀查檢，會發現一些不足或問題，在鈔第二分書時就可以有所改正。其次，第二分書也是鈔校一批，隨即進呈皇帝御覽一批，制度嚴密，鈔校諸臣在進行文溯閣本鈔校工作時"如履薄冰"，極爲小心。第三，文溯閣四庫全書的編撰，與乾隆皇帝即將赴盛京巡幸有關，館臣極爲細心。乾隆皇帝在癸卯年《題文源閣》詩中云："文淵昨歲慶筵行，文溯因巡亦促成，擬可明年束閣蕆，況當熟路駕車輕。”自注云“昨歲四庫全書第一分完竣，適春仲經筵禮成。於文淵閣錫宴賞賚有差，以落其成。其二分書照式謄寫，易於蕆事，因命館臣上緊督辦，送至盛京文溯閣庋藏，亦於今春告竣。”[①]文溯閣《四庫全書》於乾隆四十八年五月在盛京舊宮文溯閣排次上架迄，當年八月，乾隆皇帝就親詣盛京，駐蹕舊宮。哪里有什麼皇帝難以御幸該書之說？第四，文溯閣本在入藏盛京書庫後，曾由陸錫熊、劉權之等負責於乾隆五十五年和乾隆五十七年兩次複校，對文溯閣本中的文字曾做過多次校檢，查出不少問題，一一予以改正。我們在文溯閣本《長安志圖》中發現葉碼有明顯改寫痕跡者22處，它們說明，抽換本鈔成後，又查出缺葉或葉碼錯誤，故而再次補鈔或對所標葉碼進行了改寫。陸錫熊等人的複校，保證了文溯閣本較高的鈔寫品質。而通過對兩閣書的校勘，糾正各本中的錯誤與紕漏，達到兩閣本子互正的目的，提高四庫本古籍書的文獻價值，終將嘉惠學林。

通過對四種書的仔細校勘，我們發現文溯閣四庫全書有著極爲寶貴的版本價值。第一，二百多年來，不少古籍收入文溯閣四庫全書以後，從未有過單行本出版，其文獻和版本價值當然很高。例如，中國科學技術史的重要文獻《墨法集要》，是乾隆皇帝從《永樂大典》中發現，諭令館臣編鈔進《四庫全書》的。當代除影印諸四庫全書本中收有此書外，尚無任何出版家出版過單行本。而《墨法集要》至今尚無單行本出版。《璇璣圖詩讀法》一書，除收入四庫全書之外，未見它處著錄。當代除影印文淵閣、文津閣四庫本中收有此書外，亦無任何出版家出版過單行本。由兩書的版本狀況可以推想，在文溯閣四庫全書中尚有許多原本早已佚失、二百年來未見付梓的珍稀典籍，應該引起出版界關注。第二，文溯閣四庫全書與其他閣的同一部書很可能不是根據同一種底本鈔出的，他保存了這種書的某一古老版本的真實狀況，有版本學的價值。例如，辛得勇研究，今存各種《長安志》（包括《長安志圖》）

① 《御製詩》四集卷九十五，影印文淵閣四庫全書/集部。

的版本都來源於明成化本和嘉靖本。①而據我們的比較研究斷定，文溯閣本《長安志圖》既非源於明成化本，又非源於明嘉靖本，而是以乾隆中新發現的某種不知名的古版爲底本繕寫而成的。第三，我們知道，印刷本書籍同一版本中的文字完全一致。而手工謄鈔本的同一種書，由於種種原因，往往不可能完全相同。四庫全書全部是手鈔本書。書手的寫字習慣、文化水準、負責程度不盡相同，校勘者的學識和治學態度存在差異，在撰修四庫全書過程中由於種種原因，尤其是乾隆皇帝的干預，曾多次抽換、刪節、修改書中的篇章或文字，而並不一定每一閣的書都同樣進行改動，就使得四庫不同閣的同一部書出現了相當多的文字差異。從而，可以說，每一閣的每一本書都是二百年前形成的該書的一個獨特的手鈔本，是一個新的版本。因此，我們不能將四庫全書各庫本視爲一種版本看，而應明確各自版本之不同，在研究和引用時，必須明確標示其爲文淵閣本、文溯閣本或文津閣本，否則就可能因無法查證，而出現問題。這是必須引起學者嚴重關切的。

我們還發現了《四書全書》撰述過程中的不少問題。例如，四庫館對全書的謄鈔僅要求用館閣體，而無規範字體的要求，以至謄寫人員鈔書時，不一定完全按照底本的寫法，而是憑個人書寫習慣寫來，因而造成諸書同一字的寫法各異。再如，通過對《易圖說》的研究，我們發現清軍機處對納蘭性德的年齡的說法是錯誤的，從而有意或無意地造成了乾隆皇帝關於《通志堂經解》輯者的文化冤案。《長安志圖》提要稱該書系作者"再任陝西時作也"，而我們查考後發現乃是其第一次任職陝西時。《璇璣圖詩讀法》書首有武則天序，我們通過考證基本認定該序不是武氏所撰。《璇璣圖詩讀法》提要中稱"起宗道人"是宋元間人，而我們考定起宗是宋初的佛教僧人。等等。都是讀者在閱讀文溯閣四庫全書四種時應該予以注意的。

撰寫本書的目的，一是爲了將《影印文溯閣四庫全書四種》以最方便閱讀的形式提供給廣大讀者。使一般古文閱讀水準的讀者也能輕松地欣賞這一份文化珍品，也使學者能方便使用文溯閣本的這四種

---

① 辛德勇：《考〈長安志〉〈長安志圖〉的版本——兼論呂大防〈長安圖〉》，載作者《古代交通與地理文獻研究》一書，中華書局，1996年。

書。二是爲了藉以公佈我們對文溯閣四庫全書四種的研究成果，包括以其與文淵閣本同書仔細校勘的結果。使廣大讀者，包括學術界同僚，以及相關領導，對文溯閣四庫全書有更真切的認識，瞭解其學術價值和文獻版本價值，推動文溯閣四庫全書的影印出版。我們相信，秘藏深閣二百二十七年的稀世珍寶文溯閣《四庫全書》在不久的將來，必將在學人的企盼中出版。而其出版之日，就是文溯閣四庫全書全面整理研究的開始。本書只是著一先鞭而已。

以下是關於本書體例的一些說明。

一、由於文溯閣四庫全書是二百多年前手鈔的繁體字古籍，其中又有許多俗體字、古今字、異體字、通假字、避諱字等，爲了反映校注古籍的原貌，本書使用繁體字撰寫。

二、所錄古籍，完全依據上海古籍出版社《影印文溯閣四庫全書四種》的原文，格式一般也按原格式書寫，但依便於閱讀的方式和現代點校要求適當予以改變，原本中的俗體字、古今字、異體字、通假字、避諱字也盡可能一仍其舊。原書內頁，以朱絲欄直行鈔寫，每半葉八行，滿行二十一字，雙行小字夾註，注文滿行二十一字。本書改爲橫行排印，正文用4號字，原雙行小字夾注改爲單行5號字。

三、用以與文溯閣《四庫全書》四種校勘的，主要是臺灣商務印書館1985年影印文淵閣《四庫全書》。而各書的《提要》我們還使用了中華書局1965年整理出版的《四庫全書總目》和全國圖書館文獻縮微複製中心1999年影印遼海書社1935年排印本《金毓黼手定本文溯閣四庫全書提要》進行校勘。此外，各書還依據其版本狀況，選用了一些重要版本與文溯閣本書進行了校勘。如《易圖說》使用了康熙十九年刻《通志堂經解》本，《長安志圖》使用了民國20年長安縣誌局刊畢沅校正本進行校勘。凡校勘中發現的問題都寫成簡單的校勘記，以(一)(二)(三)(四)……的序號列於每個自然段的下方。校勘記用5號字排印。

四、文溯閣本有某些缺佚篇章，凡有利於閱讀或研究，我們都將其從他本移錄於本書的相應位置。如：《易圖說》何元壽刊後跋語、《長安志圖》之必申達而《涇渠圖序》、沈繼孫撰《墨法集要原序》等。

五、我們對原書進行了分段、標點和注釋。標點大體依據中華書局二十四史點校排印本的規範。凡需要說明的原文出處、問題辨析、詞語今義等，以①②③④……的序號在頁下注出。注釋用5號字排印。

六、爲方便讀者查找原書，我們在正文內用括號以6號字注明以下文字在原書第幾葉的正面或反面。爲省篇幅，以A、B分别代表每葉的正面和反面，用阿拉伯數字1、2、3、4……做爲標示葉數或行數的數碼。

汪受寬

2010年10月1日於蘭州大學

目　錄

文溯閣本四庫全書
易 圖 說
校注

（宋）吳仁傑　原著

導讀

《易圖說》是宋代學者吳仁傑撰著的一部演繹古周易卦象爲圖，以明其旨的易經研究專著。吳仁傑[①]，字斗南，一字南英，號蠹隱，洛陽（今河南洛陽東）人，寓居昆山，故多稱其爲昆山人。吳氏博洽經史，尤精漢史，曾講學于朱熹之門。淳熙五年（1178年）進士，官羅田縣令，自刊《兩漢刊誤補遺》十卷。歷任國子學錄、四明通守。慶元二年（1196年），任主管戶部架閣文字點檢試卷[②]。六年囑方燦刊其《離騷草木疏》四卷。此外，吳氏還撰有《古易》十二卷，《集古易》一卷，《尙書洪範辨圖》一卷，《禘祫綿蕞書》三卷，《樂舞新書》二卷，《廟制罪言》二卷，《郊祀贅說》二卷，《鹽石論》丙丁兩卷、《漢通鑒》、《陶靖節先生年譜》等。[③]

《易圖說》爲輔助《古周易》而作。該書認爲六十四正卦爲伏羲所作，故其書首列八純卦各變八卦之圖；認爲卦外六爻及六十四覆卦爲周文王所作，故其書列一卦變六十四卦圖，及六爻皆變則占對卦、皆不變則占覆卦圖；又認爲《序卦》爲伏羲所作，《雜卦》爲文王所作，今之爻辭當爲《繫辭》傳，今之《繫辭》傳當爲《說卦》傳。其說頗新奇，與先儒之說迥異，在易學研究史上獨樹一幟，後世對此毀譽不一。

① 吳仁傑，《宋史》無傳，其生平事蹟陳述主要參考《宋史》、《宋會要輯稿》，文淵閣本四庫全書《兩漢刊誤補遺·書前提要》，文淵閣本四庫全書《離騷草木疏·跋》，以及李裕民《四庫提要訂誤》（書目文獻出版社，1990年，第3頁）。

②〔清〕徐松輯《宋會要輯稿》選舉二二之一三，中華書局，1957年。

③ 據《宋史·藝文志》，卷202、203、204、205，中華書局，1977年。

文溯閣本《易圖說》草綠色絹面包背裝，通高32公分，闊20.5公分，版高22.5公分，半葉版闊15.5公分，一冊三卷，朱絲欄。封面左側偏上簽框中書題爲"欽定四庫全書/經部/易圖說卷一至三"15字。正文葉1A版框内上方居中鈐12.8×12.8公分"文溯閣寶"朱印，正文末頁（下卷三葉18B）版框内上方居中鈐5×5公分"乾隆御覽之寶"朱印。書内含館臣所書"提要"兩葉，康熙丙辰（1676年）納蘭成德（字容若）撰《易圖說序》兩葉，"卷一"八葉，"卷二"二十一葉，"卷三"十八葉，總計五十一葉。每半葉八行，滿行二十一字，雙行小字夾註，注文滿行二十一字。

我們以文溯閣本《易圖說》，對照文淵閣本《易圖說》的圖文，進行校勘，發現二者文字卦圖及格式等方面存在114處差異。具體講，除有兩本用異體字的65處，兩本文圖不同但皆可者3處，兩本文圖皆誤者2處以外，文溯閣本誤而文淵閣本正確者29處，文淵閣本誤而文溯閣本正確者11處。由此可見，兩閣書的鈔寫質量有一定差距。通過對兩閣《易圖說》進行校勘，糾正各本中的錯誤與紕漏，達到兩閣本子互正的目的，提高四庫本古籍書的文獻價值，終將嘉惠學林。

蘭州大學文庫

文溯閣本與文淵閣本《易圖說》最大的差異是前者書首有納蘭成德463字《序》，後者無；後者書末有宋端平丙申（1236年）吳人何元壽刊後跋語170字，前者無。此事牽涉到四庫館時的一樁學術公案。原來，康熙間著名學者徐乾學著力搜集唐宋元人的經解著作一百餘種，並加以校勘整理，《易圖說》即在其中。徐氏康熙十一年（1672年）爲順天鄉試副考官，兵部尚書明珠之子納蘭成德[①]爲取中舉人。多年來，納蘭成德有意搜集唐宋以來諸家解經之作，並商請學友秦松齡、朱彝尊協助求購，雖間有所得，但成效甚微。納蘭成德向座師徐乾學求教，從徐處鈔得其所校訂的經解著作一百四十種。納蘭成德以其爲基礎，撤換了部分自有的更好的本子，進行校勘，並撰寫了六十四篇序跋，將

① 納蘭成德，字容若，滿洲正黃旗人，康熙十四年進士。以避皇太子允礽名諱，改名納蘭性德。頗受康熙帝賞識，授其三等侍衛，再遷至一等侍衛，賦乾清門應制詩，譯御製《松賦》，稱旨。並嘗奉使塞外宣撫、受款。三十一歲卒。傳見《清史稿》卷484《文苑傳一》，中華書局，1998年，第13361頁。

諸書分爲《易》、《書》、《詩》、《春秋》、《三禮》、《孝經》、《論語》、《孟子》、《四書》九類，于康熙十九年刊刻成書，名《通志堂經解》。其中就包括《易圖說》。乾隆五十年(1785年)初，四庫全書館進呈補刊《通志堂經解》一書，前有納蘭成德所作之序。乾隆皇帝言:"朕聞成德所作序文，係康熙十二年。計其時成德年方幼稚，何以即能淹通經術?"據軍機大臣查奏，編刊並爲《通志堂經解》撰序時成德僅十六歲[①]，乾隆帝認爲，其年幼學力不足，不可能編出這種碩儒才能編出之叢書，遂斷定，是順天鄉試副考官徐乾學爲阿附明珠而將納蘭成德取爲舉人，又中式進士，且將自己裒輯之《通志堂經解》，令成德出名刊刻，以邀名譽。遂於二月二十九日下諭，稱:"夫徐乾學、成德二人，品行本無足取。而是書薈萃諸家，典贍賅博，實足以表章六經。但徐乾學之阿附權門，成德之濫竊文譽，則不可不抉其隱微，剖悉原委，俾定論昭然，以示天下後世。著將此旨錄載書首。"[②]據我們查考，納蘭成德所撰《通志堂經解總序》署爲康熙十五年，其時成德編成此書時爲二十二歲，並非"幼稚"，乾隆皇帝所作推定武斷不實。其二，成德所出之納蘭氏，實即那拉氏，而那拉氏本系皇族愛新覺羅氏的世仇，乾隆帝難逃報復之嫌。乾隆皇帝的聖旨，不僅刊于武英殿版《通志堂經解》書首，亦鈔入四庫書中凡從《通志堂經解》中選用書的書首，並刪削各書中所有納蘭性德的序。文淵閣本《易圖說》中納蘭性德之序被刪則在理所當然之中。而文溯閣本《易圖說》因遠藏于盛京，卻倖免於難。但該本因何刪漏何元壽《跋》，則難以揣測。

①中國第一歷史檔案館編《纂修四庫全書檔案》，上海古籍出版社，1997年，第1871頁，乾隆五十年二月二十八日《軍機大臣奏遵旨查明成德履歷情形並擬寫諭旨進呈片》。

② 文淵閣本經部《合訂刪補大易集義粹言》書首，又《纂修四庫全書檔案》第1094件《諭內閣〈通志堂經解〉系徐乾學裒輯成德出名刊刻》，上海古籍出版社，1997年，第1872頁。

封面左上側題框中書：**欽定**[①]**四庫全書/**[②]**經部/易圖說/卷一至三**[(一)]

(一)文淵閣本封面左上側題框中書：欽定四庫全書/經部/易圖說/古周易[③]。

封內頁貼黃書寫：**詳校官臣關　槐/覆核官臣陸錫熊**[(一)]

(一)文淵閣本封內貼黃書寫：詳校官侍郎臣[④]李封/通政使司副使臣莫瞻菉覆勘，又書：覆校官助教臣金學詩/校對官庶吉士臣裴謙/謄錄舉人臣洪道濟

扉頁版框內右側書大字：**易圖說**

扉頁版框內左側書小字：**四庫全書/經部**

① 欽定，皇帝親自審定。四庫全書，清乾隆三十七年至五十二年(1772—1787年)朝廷組織4000多位學者編鈔成的一部大型叢書。收書3460餘種、79300餘卷、36300餘冊。全書分經、史、子、集四部排列，故稱爲四庫全書。

② 本書用"/"表示前後相隔或前後文字直行並列，下同。

③ 文淵閣本將《易圖說》、《古周易》兩種書鈔錄於一冊中，故如此題簽。

④ 原書"臣"字皆書爲小字，以示謙卑，今一律改用與他文同一字型大小。

欽定四庫全書　經部[一]

易圖[二]說　　易類[三]

（一）部，文淵閣本"部"字後增"一"字，意爲經部第一類"易類"。

（二）圖，文淵閣本爲"圗"，異體字。

（三）《易圖說》/易類，下行"提要"，文淵閣本爲"提要/易類"，下行"《易圗說》"。參四庫其他書目《提要》可知，文淵閣本誤。

提　要[①]

臣等謹案：《易圖[一]說》三卷。宋吳仁傑[②]撰。仁傑，字斗南，崑山人。《宋史·藝文志》[二]仁傑有[三]《古周易》十二卷，《易圖[四]說》三卷，《集古易》一卷。今《古周易》世罕傳本，僅《永樂大典》尚有全文。此書，其《圖[五]說》也。其說謂：六十四正卦，伏羲所作也，故首列八純卦各變八卦圖[六]。又謂：卦外六爻及六十四覆卦，文王所作也，故有一卦變六十

① 提要，系編撰四庫全書時，館臣撰寫的對該書的介紹文字，包括該書書名、卷數、作者，成書情況，內容，價值等，其中頗有考證文字，體現了四庫館的學術觀點。提要鈔錄於本書書首，稱爲書前提要。經總纂官修改後，將所有提要集爲一書，名《四庫全書總目》或《四庫全書總目提要》。

②吳仁傑，南宋學者，《宋史》無傳。字斗南，一字南英，號蠹隱居士，洛陽（今河南洛陽東）人，寓居昆山（今江蘇昆山市），故多稱其爲昆山人。吳氏博洽經史，尤精漢史，講學於朱熹之門。淳熙五年（1178年）進士，官羅田縣令，自刊《兩漢刊誤補遺》十卷。歷任國子學錄、四明通守。慶元二年（1196年）正月，任主管戶部架閣文字點檢試卷。六年囑方燦刊其《離騷草木疏》四卷。除以上書外，吳氏還撰有《古易》十二卷，《集古易》一卷，《尚書洪範辨圖》一卷，《禘祫綿蕞書》三卷，《樂舞新書》二卷，《廟制罪言》二卷，《郊祀贅說》二卷，《鹽石論丙丁》兩卷、《漢通鑒》、《陶靖節先生年譜》等。

四卦圖（七），有六爻皆變則占對卦，皆不變則占覆卦圖（八）。又謂：序卦爲伏羲，雜卦爲文王。今之爻辭當爲繫辭傳，繫辭傳當爲說卦傳。於諸家古易之中，其說特爲新異，迥與先儒不合，然証（九）以《史記》引"同歸"、"殊途"二語爲《大傳》，不名《繫辭傳》；《隋志》謂《說卦》三篇，今止一篇，爲後人亂其篇題，所言亦時有依據。錄而存之，俻（十）《古易》一家之說，可也。（十一）

乾隆四十七年[1]十月（十二）恭校上。

總纂官臣紀昀、臣陸錫熊、臣孫士毅

總校官臣陸費墀

（一）圖，文淵閣本爲"圗"，異體字。

（二）文淵閣本同。《總目》"志"後有"載"字。金手定文溯閣本有"載"字。

（三）文淵閣本同。《總目》"仁傑"下無"有"字。

（四）圖，文淵閣本爲"圗"，異體字。

（五）圖，文淵閣本爲"圗"，異體字。

（六）圖，文淵閣本爲"圗"，異體字。

（七）圖，文淵閣本爲"圗"，異體字。

（八）圖，文淵閣本爲"圗"，異體字。

（九）証，文淵閣本與金手定文溯閣四庫提要爲"證"，異體字。

（十）俻，文淵閣本爲"備"，異體字。

（十一）俻《古易》一家之說，《總目》爲"用備一說云爾"。

（十二）乾隆四十七年十月，文淵閣本爲"乾隆四十年五月"。

① 乾隆四十七年，當公元1782年。

易圖說原序[一]

《古易》一冊，附以《易圖說》三卷。宋河南吳仁傑斗南父著。

《易》上下二篇，葢[二]伏羲所畫之卦，文王所演之彖，周公所繫之爻辭而已。孔子十翼，本自爲書，後人欲便學者習讀，始分附彖、象、傳于各卦爻之下，而古初之經遂亂而不可識。宋之呂微仲①、晁以道②、呂伯恭③及睢陽王氏、九江周氏咸有所更定，亦人各不同。

仁傑則以爲《易》上下經而外，孔子之傳卦象者當曰《彖傳》，傳大象者當曰《象傳》，傳爻辭者當曰《繫辭傳》。而今之《繫辭》二篇，當總名《說卦》，即漢河內女子所獻④三篇也。故析爲《彖傳》、《象傳》各一篇，《繫辭傳》上下二篇，《說卦》上中下三篇，《文言》《序卦》《雜卦》各一篇，凡十篇，而古易復完。又以卦必有變，極其變則每卦可爲六十四，爻之動者則占對卦，爻之不動者，則占覆卦。對卦亦謂之變卦，變者用九六，不變者用七八。又言，伏羲所畫之☰，☰即乾字，☷，☷即坤字。他卦皆然，不必更著卦名。與所論乾坤用九用六之義最精，詳具于所訂《古易》之後。而《易圖[三]說》者則演之爲圖[四]，以明其旨者也。是二書固相輔而行者與！仁傑《古易》本十二卷，今本止舉其略，而集諸家所訂于後。

---

① 呂微仲，1027—1097年，名大防，宋藍田（今屬陝西）人。宋哲宗初，官至尚書左僕射兼門下侍郎，任宰執8年，是元祐更化的主要人物。哲宗親政後罷貶，以至貶至循州安置。著有《韓吏部文公年譜》、《周易古經》十二卷等。

② 晁以道，1059—1129年，名說之，宋濟州巨野（今屬山東）人。元豐進士，官無極知縣、秘書少監、中書舍人兼太子詹事，曾上書指斥王安石變法，力諫欽宗不可割讓三鎮予金等。博極羣書，精于《易》，著有《古周易》八卷。另有《儒言》、《晁氏客語》、《景迂生集》等著作。

③ 呂伯恭，1137—1181年，名祖謙，宋婺州金華（今屬浙江）人，祖籍壽州（治今安徽鳳臺）。隆興進士，累官著作郎兼國史院編修官，參修《徽宗實錄》，撰《皇朝文鑒》等。博學多識，注重致用，反對空談，學者稱東萊先生。著作有《呂東萊集》、《歷代制度祥說》、《古易》十二卷《音》二卷等。

④ 漢河內女子所獻，據云，秦漢之際《易》亡《說卦》，西漢宣帝時，河內女子發老屋得《說卦》古文、《老子》等書，獻上。

攷[①]張昶《吳中人物志》，仁傑有《集古易》，葢[(五)]此書也。仁傑本崑山人，其稱河南者，舉其郡望。登淳熙進士，累官國子學錄，嘗講學朱子之門。他所著如《樂舞新書》、《鹽石新論》、《兩漢刊誤補遺》、《離騷草木蟲魚疏》，世多有存者。

康熙丙辰[②]二月 納蘭成德容若[③]序

(一)文溯閣本序，文淵閣本無。序凡463字，系"康熙丙辰二月納蘭成德容若序"。

(二)葢，通志堂本爲"蓋"，異體字。

(三)圅，通志堂本爲"圖"，異體字。

(四)圅，通志堂本爲"圖"，異體字。

(五)葢，通志堂本爲"蓋"，異體字。

① 攷，爲考字異體。

② 康熙丙辰，康熙十五年，當公元1676年。

③ 納蘭成德，後改名性德，字容若，清滿洲正黃旗人，康熙間權臣明珠之子，著名詞人，官至頭等侍衛，三十一歲病卒。

(以下卷一葉1A)

欽定四庫全書　易圖説(一)卷一

宋　吳(二)仁傑　撰

(一)説,文淵閣本爲"說",異體字。

(二)吳,文淵閣本爲"吴",異體字。

☰變八卦。

䷊泰　䷡大壯　䷈小畜　䷄需

䷍大有　䷙大畜　䷪夬　䷀乾

☷變八卦。

䷋否　䷏豫　䷓觀　䷇比(以下卷一葉1B)

䷢晉　䷖剝　䷬萃　䷁坤

☳變八卦。

䷘无妄　䷗復　䷩益　䷂屯

䷔噬嗑　䷚頤　䷐隨　䷲震

☴變八卦。

䷫姤　䷭升　䷟恒　䷯井

䷱鼎　䷑蠱。　䷛大過　䷸巽

☵變八卦。(以下卷一葉2A)

䷅訟　䷆師　䷧解　䷺渙

䷿未濟　䷃蒙　䷮困　䷜坎

☲變八卦。

䷌同人　䷣明夷　䷶豐　䷤家人

䷾既濟　䷕賁　䷰革　䷝離

☶變八卦。

䷠遯　䷎謙　䷽小過　䷴漸

䷃蹇(一)　䷷旅　䷞咸　䷳艮(以下卷一葉2B)

☱變八卦。

䷉履　䷒臨　䷵歸妹　䷼中孚

䷻節　䷥睽　䷨損　䷹兌

(一)"䷃蹇",文淵閣本爲"䷦蹇",查《周易》第三十九卦《蹇》卦艮下坎上,爲"䷦",文溯閣本誤。

文王一卦變六十四卦圖

乾卦一爻變者六卦。

䷫姤　䷌同人　䷉履　䷈小畜

䷍大有　䷪夬

兩爻變者十五卦。(以下卷一葉3A)

䷠遯　䷘无妄　䷼中孚　䷙大畜

䷡大壯　䷄需　䷥睽　䷤家人

䷅訟　䷸巽　䷱鼎　䷛大過

䷝離　䷰革　䷹兌

三爻變者二十卦。

䷋否　䷩益　䷨損　䷊泰

䷻節　䷔噬嗑　䷴漸　䷐隨

䷷旅　䷕賁　䷺渙　䷶豐(以下卷一葉3B)

䷞咸　䷵歸妹　䷑蠱　䷟恒

䷮困　䷿未濟　䷯井　䷾既濟

四爻變者十五卦。

䷓觀　䷚頤　䷒臨　䷢晉

䷽小過　䷜坎　䷬萃　䷲震

䷣明夷　䷦蹇　䷧解　䷭升

䷳艮　䷂屯　䷃蒙

五爻變者六卦。(以下卷一葉4A)

五爻變者六卦。(一)

剝　復　比　謙

豫　師

六爻皆變,而以對卦占者一卦。

坤

六爻皆不變,而以覆者(二)占者一卦。

乾

(一)此六字,文淵閣本無,文溯閣本系與上一行誤重。

(二)覆者,文淵閣本、通志堂本爲"覆卦",似正。

六十四卦六爻皆變占對卦圖(以下卷一葉4B)

乾六爻皆動,變而之坤。

坤六爻皆動,變而之乾。

此後諸卦,如姤卦六爻皆動則變而之復,復卦六爻皆動則變而之姤,他皆倣此爲占。

姤　同人　履　小畜

復　師　謙　豫

大有　夬

比　剝(以下卷一葉5A)

以上十二卦,五陽五陰對。

遯　訟　鼎　巽

臨　明夷　屯　震

大過　无妄　家人　離

頤　升　解　坎

萃　中孚　蒙　大壯

大畜　小過　革　觀

睽　需　兌(以下卷一葉5B)

蹇　晉　艮

以上三十卦,四陽二陰四陰二陽對。

否　歸妹　困　損
泰　漸　賁　咸
豐　既濟　旅　恒
渙　未濟　節　益
井　蠱
噬嗑　隨(以下卷一葉6A)

以上二十卦，三陰三陽對。

六十四卦六爻皆不變占覆卦圖

覆卦而復爲本卦者八卦。

乾上乾下乾乾下乾上乾　坤上坤下坤坤下坤上坤

九用乾六爻不動則以用九爻爲占

六用坤六爻不動則以用六爻爲占

頤上艮下震震下艮上頤　過大上兑下巽巽下兑上大過

過小上震下艮艮下震上小過　孚中上巽下兑兑下巽上中孚

坎上坎下坎[一]坎下坎上坎　離上離下離[二]離下離上離

(以下卷一葉6B)

頤以下六爻不動則覆卦，而以本卦卦辭爲占。

(一)文溯閣本"坎"上有一倒"坎"字及倒"坎上坎下"諸字。文淵閣本、通志堂本缺佚。

(二)文溯閣本"離"上有一倒"離"字及倒"離上離下"諸字。文淵閣本、通志堂本缺佚。

覆卦而變爲他卦者五十六卦。

屯上坎下震坎下艮上蒙　需上坎下乾坎下乾上訟

師上坤下坎坤下坎上比　畜小上巽下乾[一]兑下乾上履

泰上坤下乾坤下乾上否　人同上乾下離乾下離上大有

謙上坤下艮坤下巽上[二]豫　隨上兑下震巽下艮上蠱

臨上坤下兑震下坤上[三]觀　嗑噬上離下震離下艮上賁

剝上艮下坤巽下震上[四]復　妄无上乾下震乾下艮上大畜

(一)上巽下乾,文溯閣本爲"上兑下乾",正。

(二)坤下巽上,文淵閣本、通志堂本爲"坤下震上"。查《周易》《豫》卦"坤下震上",文溯閣本誤。

(三)震下坤上,文淵閣本、通志堂本爲"坤下巽上"。查《周易》《觀》卦"坤下巽上",文溯閣本誤。

(四)巽下震上,文淵閣本、通志堂本爲"震下坤上"。查《周易》《復》卦"震下坤上",文溯閣本誤。

(以下卷一葉7A)

咸上兑下艮䷞巽下震上恒　　遯上乾下艮䷠乾下震上大壯

晉上離下坤䷢離下坤上明夷　　人家上巽下離䷤兑下離上睽

蹇上坎下艮䷦坎下震上解　　損上艮下兑䷨震下巽上益

夬(一)上兑下乾䷪巽下乾上姤　　萃上兑下坤䷬巽下坤上升

困上兑下坎䷮巽下坎上井　　革上兑下離䷰巽下離上鼎

震上震下震䷲(二)艮下艮上艮　　漸上巽下艮䷴兑下震上歸妹

豐上震下離䷶艮下離上旅　　巽上巽下巽䷸兑下兑上兑

渙上巽下坎䷺兑下坎上節　　濟既上坎下離䷾坎下離上未濟

(以下卷一葉7B)

屯以下六爻不動,皆互以覆卦之辭爲占。

(一)夬,文淵閣本爲"犬"字,誤。

(二)䷲,文淵閣本作"䷳",此處《艮》《震》兩卦互爲覆卦,文溯閣本誤。

筮法一卦變八卦圖

每卦自一爻變至五爻,是爲五世。唯上爻不動,五世復下變,第四爻如舊,是爲遊魂。又下變三爻如舊,以內卦歸本體,是爲歸魂。

䷀乾宫　䷫一世姤　䷠二世遯　䷋三世否

䷓四世觀　䷖五世剝　䷢游魂晉　䷍歸魂大有

䷁坤宫　䷗一世復　䷒二世臨　䷊三世泰(以下卷一葉8A)

䷡四世大壯　䷪五世夬　䷄游(一)魂需　䷇歸魂比

䷲震宫　䷏一世豫　䷧二世解　䷟三世恒

䷭四世升　䷯五世井　䷛游魂大過　䷐歸魂隨

䷸巽宮　䷈一世小畜　䷤二世家人　䷩三世益

䷘四世无妄　䷔五世噬嗑　䷚游魂頤(二)　䷑歸魂蠱

䷜坎宮　䷻一世節　䷂二世屯　䷾三世既濟

䷰四世革　䷶五世豐　䷣游魂明夷　䷆歸魂師

䷝離宮　䷷一世旅　䷱二世鼎　䷿三世未濟

(以下卷一葉8B)

䷃四世蒙　䷺五世渙　䷅游魂訟　䷌歸魂同人

䷳艮宮　䷕一世賁　䷙二世大畜　䷨三世損

䷥四世睽　䷉五世履　䷼遊魂中孚　䷴歸魂漸

䷹兑宮　䷮一世困　䷬二世萃　䷞三世咸

䷦四世蹇　䷎五世謙　䷽游魂小過　䷵歸魂歸妹

(一)游,文淵閣本爲"游"字,系"遊"字異體字,然該本其他皆爲"遊"字,則此系誤書異體。

(二)頤,文淵閣本爲"頥"字,系"頤"字異體字。

（以下卷二葉1A）

欽定四庫全書　易圖說(一)卷二

宋　吳仁傑　撰

(一)說，文淵閣本爲"説"，異體字。

伏羲、文王正卦覆卦圖

☰乾上　☰乾下

此天行乾，伏羲正卦之象，所謂觀變於陰陽而立者也。

一上九　一九五　一九四　一九三　一九二　一初九（以下卷二葉1B）

此文王卦外六爻，所謂發揮於剛柔而生者也。

下乾☰　上乾☰

此乾元用九，文王之覆卦也。

《易》始乎伏羲，成乎文王。六十四正卦，伏羲之所作也。卦外六爻，及六十四覆卦，文王之所作也。伏羲有正卦，有象卦，自乾至未濟，象如天行，乾之類是也。夫子未贊易以前，史墨對趙簡子曰："在《易》卦，雷乘乾曰大壯。"[①]漢上朱氏曰："觀此則雷在天上，大壯之類，有卦則（以下卷二葉2A）有此象矣。如曰：君

① 史墨對趙簡子曰，《左傳》昭公三十二年云："（魯昭公薨於乾侯）趙簡子問於史墨曰：'季氏出其君而民服焉，諸侯與之，君死於外而莫之罪，何也？'對曰：'物生有兩、有三、有五、有陪貳。故天有三辰，地有五行，體有左右，各有妃耦，王有公，諸侯有卿，皆有貳也。天生季氏，以貳魯侯，爲日久矣。民之服焉，不亦宜乎！魯君世從其失，季氏世修其勤，民忘君矣。雖死於外，其誰矜之？社稷無常奉，君臣無常位，自古以然。在《易》卦，雷乘乾曰大壯，天之道也。"（楊伯峻《春秋左傳注》第4冊，第1519-1520頁，中華書局，1981。）

子非禮勿(一)履，則孔子所繫也。”

(一) 勿，文淵閣本爲“弗”。《周易》第三十四卦《大壯雷天大壯震上乾下》有“君子以非禮弗履。”則弗字爲正。

仁傑案：《象》傳六十三卦，始於地勢坤，終於火在水上未濟，皆有卦名。獨《乾》曰天行健者，字書乾一作健，豈本作健而傳寫之誤，遂以爲健耶！乾坤其名也，健順其訓也。乾健坤順，當一體言之。此云天行健，則坤當云地勢順矣。六十四卦，豈容乾獨異於諸卦也哉！文王有爻，有覆卦，爻如乾初九至上九，覆卦如用九之類，是已。《說卦》曰八卦成列，象在其中矣。言八卦方作，已具(以下卷二葉2B)重卦之象也。又曰因而重之，爻在其中矣。言六十四卦方重，已具卦外七爻之理也。剛柔相推，變在其中。九江周燔[①]曰：雜卦言，乾剛坤柔，以九六爲剛柔也。諸儒皆以九六爲陰(一)陽，故以陽居陽、陰(二)居陰(三)爲得位，陰(四)居陽、陽居陰(五)爲不當。《傳》曰，觀變於陰(六)陽而立卦，發揮於剛柔而生爻。此卦言陰(七)陽，爻言剛柔之別也。

(一)陰，文淵閣本爲“陰”，異體字。

(二)陰，文淵閣本爲“陰”，異體字。

(三)陰，文淵閣本爲“陰”，異體字。

(四)陰，文淵閣本爲“陰”，異體字。

(五)陰，文淵閣本爲“陰”，異體字。

(六)陰，文淵閣本爲“陰”，異體字。

(七)陰，文淵閣本爲“陰”，異體字。

乾坤泰否言陰(一)陽者。仁傑案：陽卦奇[②]，陰(二)卦偶。四卦舉六陽六陰(三)，三陽三陰(四)成卦言之。又內外卦非乾則坤，與他(以下卷二葉3A)卦不同。至《雜卦》論覆卦之義，乾坤九六則曰乾剛坤柔，姤覆之爲夬，姤以一六承五九，則曰柔遇剛也。夬以五九乘一六，則曰剛決柔也。九六爲剛柔固然，所謂變在其中者。謂筮得陰(五)變而之陽，陽變而之陰(六)，其占或

① 周燔，九江人，宋代經學家。著有《儀禮詳解》十七卷、《六經音義》十三卷等。

② 奇，爲奇的異體字。

以正卦通之卦，或以覆卦通對卦也。鄭氏(七)以序卦爲文王六十四卦，雜卦爲伏羲六十四卦，其説非是。正應云，序卦爲伏羲，雜卦爲文王爾。伏羲六十四卦，正卦也；文王六十四卦，覆卦也。今序卦所言，皆正(以下卷二葉3B)卦相因之義，雜卦所言，皆覆卦相反之義，不可易也。

(一)陰，文淵閣本爲"陰"，異體字。

(二)陰，文淵閣本爲"陰"，異體字。

(三)陰，文淵閣本爲"陰"，異體字。

(四)陰，文淵閣本爲"陰"，異體字。

(五)陰，文淵閣本爲"陰"，異體字。

(六)陰，文淵閣本爲"陰"，異體字。

(七)氏，文淵閣本、通志堂本爲"夬"。《經義考》卷十九"吳仁傑曰，鄭夬以序卦爲文王六十四卦，雜卦爲伏羲六十四卦，其説非是。"則文淵閣本爲正，文溯閣本亦可。

《太玄①(一)》倣易圖

𝌆一方一洲　一部一家中

上九、次八、次七、次六、次五、次四、次三、次二、初一。

𝍖(二)三方三洲　三部三家養

上九、次八、次七、次六、次五、次四、次三、次二、初一。

右《太玄(三)》以方洲部家爲首，倣易六畫而成卦也。以初一至上九爲贊(四)。倣易六位而成章也。首之數綦少，而(以下卷二葉4A)四綦多，而十二，而定爲九位焉。老蘇先生②所謂，二者並行，而其用各異者也。今之用(五)易者往往合六位與六畫爲一，聞卦外七爻之説，則爲之嘸然。觀《太玄(六)》，而可以知易矣。

(一)玄，文淵閣本同，爲避康熙皇帝玄燁名諱而將玄字缺末筆。

(二)𝍖，文淵閣本同。考太玄卦，分三贊，由三贊四次組合而構成一首(相

① 《太玄》，古籍名。十卷，西漢末揚雄撰。爲擬《易》之作，以家準卦，以首準彖，以贊準爻，以測準象，以文準文言，以攡瑩捝圖告準繫辭，以數準説卦，以衝準序卦，以錯準雜卦，全仿《周易》古本，經傳各自爲篇。漢宋衷、吳陸績等皆有注。四庫全書名之爲《太元經》，收入子部術數類。

② 老蘇先生，指蘇洵。蘇洵，1009—1066年，字明允，眉州眉山人，北宋著名學者，著有文集20卷，《謚法》3卷等。與其子蘇軾、蘇轍同稱三蘇。

當於“卦”),共81首。四重贊名從上至下依次爲:方、州、部、家。此處是“三方三洲,三部三家”,當爲“𝍖”,兩本皆誤。

(三)玄,文淵閣本同,爲避康熙皇帝玄燁名諱而將玄字缺末筆。

(四)賛,文淵閣本同,爲贊字異體。

(五)用,文淵閣本、通志堂本爲“言”字,二者皆可。

(六)玄,文淵閣本同,爲避康熙皇帝玄燁名諱而將玄字缺末筆。

乾覆卦正卦之卦圖

䷀六爻皆遇七爲乾。

䷀六爻皆倒覆之,易(一)爲覆卦。

劉禹錫[①]曰:筮而常遇七,斯乾矣,此卦是也。(以下卷二葉4B)

爻 爻 六爻皆遇六。

䷀六爻皆變七爲乾,是爲正卦。

劉禹錫曰:筮而常遇六,斯得乾矣,此卦是也。

吕 吕 六爻皆遇九。

䷁六爻皆變八爲坤,是爲之卦。

劉禹錫曰:筮而常遇九,斯得坤矣,此卦是也。

(一)易,文淵閣本及通志堂本皆爲“是”字。依卷二葉4B2行,“六爻皆變七爲乾是爲正卦”,B5行“六爻皆變八爲坤是爲之卦”判斷,當以“是”字爲確,文溯閣本誤。

乾之象有三筮,而常遇七則爲乾。筮而常遇六,則爲乾。筮而常遇九,則爲乾。而之坤七,而爲乾者,以本卦(以下卷二葉5A)六爻皆不動,故即少陽當體,而爲老陽,此覆卦也。六而爲乾者,以坤六爻皆動。老陰變少陽,即少陽當體,而爲老陽,此正卦也。九而爲乾者,以本卦六爻皆動,老陽變少陰,而之坤,此之卦也。正卦始於坤,而之卦終於坤,皆不得爲純乾之體。唯覆卦純乎純而不雜焉,斯其處三百八十四爻之外,而爲父母歟。

---

① 劉禹錫,772—842年,字夢得,洛陽人,唐代文學家、哲學家。有《劉夢得文集》。

六十四卦諸爻遇七八通占本卦對卦圖

艮隨兩卦：(以下卷二葉5B)

□□本卦艮。䷳艮五爻皆變，惟六二爻得八不變。

□□(一)對卦隨。䷐《春秋傳》[①]遇艮之八，是爲艮之隨。

屯豫兩卦：

□□本卦屯。䷂屯三爻變，唯第二、第三爻并上爻□(二)皆得八不變。

□□對卦豫。䷏《春秋外傳》[②]貞屯悔豫皆八。

泰坤兩卦：

☷□本卦泰。䷊泰下三爻皆變，上三爻皆得八，不(以下卷二葉6A)變。

☷□對卦坤。䷁《春秋外傳》遇泰之八，案此得卦爲爲(三)坤不言坤者。

(一)□，通志堂本、文淵閣本爲"□"。

(二)□，文淵閣本無，文溯閣本系誤重複"爻"字而又誤寫爲□。

(三)爲爲，文淵閣本、通志堂本皆僅有一"爲"字，文溯閣本誤衍一"爲"字。

(六)□，通志堂本同，文淵閣本爲"𤕝"，誤。

(七)爲爲，文淵閣本、通志堂本皆僅有一"爲"字，文溯閣本誤衍一"爲"字。

五十六卦六爻皆遇七八通占本卦覆卦圖

屯蒙兩卦(以下卷二葉6B)

䷂本卦屯。初爻及第五爻遇七餘四，爻遇八皆不變，當占覆卦蒙。

䷃覆卦蒙。筮得屯六爻不變，以屯本卦通此卦爲占。

蒙屯兩卦

䷃本卦蒙。第二爻及上爻遇七餘四，爻遇八，皆不變，當占覆卦屯。

䷂覆卦屯。筮得蒙六爻不變，以蒙本卦通此卦爲占。

需訟以下，至既濟、未濟，倣(二)此。

---

①《春秋傳》，指《左傳》，或名《春秋左氏傳》、《左氏春秋》，據傳爲與孔子同時的魯國史官左丘明所著。

②《春秋外傳》，指《國語》，因其據傳亦爲左丘明所著，且述事亦爲春秋時期，故與《左傳》共爲《春秋》內外傳。

（一）以屯卦通此卦，“屯”字後，文淵閣本增“本”字，此處，前行有“本卦屯”三字，《屯》爲本卦，本行有“覆卦蒙”三字，《蒙》卦爲《屯》覆卦，故此處當爲“以屯本卦通此卦”，文溯閣本缺佚。

（二）倣，文淵閣本同，爲“仿”字異體。

《連山》《歸藏(一)》①以不變者占，其占不出於本卦。《周易》以變者占，其占必通於兩卦。《春秋傳》之文可考見也。故占而九六，則以本卦及之卦言之，遇觀之否曰坤，土也；巽，風也；乾，天也。遇歸妹之睽曰震，之離亦離之震爲雷、爲火是也。占而諸爻，遇七八不變，則以本卦及對(以下卷二葉7A)卦言之，遇艮曰是謂艮之隨。葢(二)艮五爻皆變，惟六二爻不變。其對卦爲隨，遇屯曰貞屯，悔豫皆八。葢(三)屯第二、第三爻及上爻皆不變，其對卦爲豫，是也。若全體遇七八不變，無對卦可通，則以本卦及覆卦卦下之辭爲占。故先儒曰：七八卦數九六爻數，《傳》載遇復、遇蠱，皆全體無變，而占本卦者，其繇與今《易》文全遇(四)，此爲夏、商之易不疑。惟孔成子之筮遇屯，《傳》明言用《周易》，然亦止以本卦爲言。何哉？

（一）藏，文淵閣本爲“蔵”，異體字。

（二）葢，文淵閣本爲“蓋”，異體字。

（三）葢，文淵閣本爲“蓋”，異體字。

（四）遇，文淵閣本爲“異”，似正。

案：傳此時史朝方與成子(以下卷二葉7B)謀立衛元②，故專取本卦利建侯論之，而不及覆卦。正如筮泰之八，而董因獨舉本卦卦下小往大

①《連山》《歸藏》，據說是《周易》之前的兩種易書，有人認爲是西漢末年劉歆所僞。可參考王寧《〈連山〉〈歸藏〉名稱由來考》，《古籍整理研究學刊》1991年第5期。

② 史朝方與成子謀立衛元，事見《左傳》昭公七年十一月，“衛襄公夫人姜氏無子，嬖人婤始生孟縶。孔成子夢康叔謂已：‘立元，余使羈之孫圉與史苟相之。’史朝亦夢康叔謂已：‘余將命而子苟與孔烝鉏之曾孫圉相元。’史朝見成子，告之夢，夢協。晉韓宣子爲政聘于諸侯之歲，婤始生子，名之曰元。孟縶之足不良能行。孔成子以周易筮之，曰：‘元尚享衛國，主其社稷。’遇屯䷂。又曰：‘余尚立縶，尚克嘉之。’遇屯䷂之比䷇。以示史朝。史朝曰：‘元亨又何疑焉?’成子曰：‘非長之謂乎?’對曰：‘康叔名之，可謂長矣。孟非人也，將不列於宗，不可謂長。且其繇曰利建侯，嗣吉，何建？建非嗣也。二卦皆云，子其建之！康叔命之，二卦告之，筮襲於夢，武王所用也，弗從何爲？弱足者居。侯主社稷，臨祭祀，奉民人，事鬼神，從會朝，又焉得居？各以所利，不亦可乎?’故孔成子立靈公。”（楊伯峻《春秋左傳注》中華書局，1981，第1297-1298頁。）

來(一)之辭,以告晉文筮艮之八。而史獨舉對卦卦下元亨利貞之辭,以告穆姜也。變卦亦然,論泰之需,而但舉本卦六五爻;論坤之否,亦但舉本卦六五爻。是雖通兩卦爲占,其一時稱引或本卦或之卦、對卦、覆卦。又顧筮史所取何如耳?或謂屯豫似再筮者,是不然。司空季子以震以震(二)水坤土爲說,與觀否乾天坤土巽風(以下卷二葉8A)一理也。且命筮無改辭,烏得爲再筮哉!蘇黄門以《洪範》[①]貞悔之文,而知重卦以内卦爲貞,外卦爲悔,此所謂不出於本卦者也。沙隨程氏[②]以《外傳》貞屯悔豫之文,而知變卦以本卦爲貞,之卦爲悔,此所謂必通於兩卦者也。劉炫[③](三)乃曰:觀之否,謂觀卦之否,爻也。坤之比,謂坤卦之比爻也。是獨用本卦,而不及後卦之義。其亦考之弗審之過歟!

(一)來,文淵閣本爲来,異體字。

(二)以震,文淵閣本爲"車坎"。查《國語》卷十《晉語四》(上海古籍出版社,第2册第362頁),晉公子重耳在秦,"公子親筮之,曰:'尚有晉國。'得貞屯、悔豫,皆八也。筮史占之,皆曰:'不吉。閉而不通,爻無爲也。'司空季子曰:'吉。是在《周易》,皆利建侯。不有晉國,以輔王室,安能建侯?我命筮曰尚有晉國,筮告我曰利建侯。得國之務也,吉孰大焉!震,車也;坎,水也;坤,土也;屯,厚也;豫,樂也。車班外内,順以訓之,泉原以資之,土厚而樂其實。不有晉國,何以當之?……"又《周易》各卦之象徵,此處是取"震爲車","坎爲水""坤爲土"之意,故當是"以震車坎水坤土爲説",文溯閣本誤。

(三)炫,文淵閣本同,因避康熙皇帝名諱而缺炫字末筆。

① 《洪範》,《尚書》篇名,記載周武王向箕子請教,箕子所講天道五行之事。

② 沙隨程氏,宋代學者程迥,字可久,號沙隨,應天府寧波(今屬浙江)人。隆興進士,歷泰興尉、知進賢、上饒縣,有政績。好學博聞,釋經訂史,著有《古易考》、《三器圖義》《醫經正本書》等。

③劉炫,字光伯,河間景城(今河北滄縣西景城)人,隋朝學者。後周時,曾任戶曹從事。入隋,與王劭同修國史,除殿内將軍。因僞造遺書領賞事敗,除名歸家,以教授爲業。被太子楊勇召入京師,與諸儒修定五經。煬帝時,參修律令,除太學博士,有人言其品行不佳,罷歸家。值農民軍起,炫糧餉斷絶,被弟子帶入農民軍中。農民軍敗,劉炫欲回城,長吏閉門不納,遂凍死於城外,終年68歲。著有《論語述議》十卷,《春秋攻昧》十卷,《五經正名》十二卷,《孝經述議》五卷,《春秋述議》四十卷,《尚書述議》二十卷,《毛詩述議》四十卷,《注詩序》一卷,《算術》一卷等。

乾坤以下六爻皆遇七八通占覆卦對卦圖(以下卷二葉8B)

上乾下乾䷀ 乾覆卦用九,乾剛。

上坤下坤䷁ 坤覆卦用六,坤柔。

上艮下震䷚ 頤覆卦,頤養正也。

上兑下巽䷛ 大過覆卦,大過顛也。

上震下艮䷽小過覆卦,小過過也。

上巽下兑䷼中孚覆卦,中孚信也。

上離下離䷝離覆卦,離上而。

上坎下坎䷀(一)坎覆卦,坎下也。

(以下卷二葉9A)初二三四五上。

(一)䷀,文淵閣本爲"䷜",此處爲坎卦,文溯閣本誤。

沙隨程氏曰:易象莫著於反對,而經無明文。反對也者,二卦相爲消長也。案六十四卦皆有對、有覆,五十六卦覆之,則成兩卦。唯乾、坤、坎、離、頤、大過、中孚、小過八卦,覆之則仍本卦而已。仁傑前説以爲,但占本卦,乃與諸卦所謂通兩卦爲占者不類。其言非是,當從《正義》變以對之之説。《雜卦》曰離上而坎下也,與兑見巽伏羲(一)同。又八卦皆與對卦、兩卦相比而列,正如五(以下卷二葉9B)十六卦覆卦之相比也。聖人之意,以爲八卦覆之,仍爲本卦,必通對卦占焉,然後可與諸卦等。故此八卦六爻,不動則覆卦,而以本卦及對卦卦下之辭爲占,大略如觀否、乾天、坤土、巽風、歸妹、睽離、震相之之類,推言之也。筮而皆七得乾,則以用九通坤,用六占之,筮得坤傳者失之。今從蘇氏《傳》。

(一)羲,文淵閣本、通志堂本爲"義",文溯閣本正。

六十四卦三百八十六爻策數圖

乾坤之策(以下卷二葉10A)

䷀乾覆卦六爻皆遇七,即少陽,而爲老陽之體。其數九,以四因之,爲三十六策。爻凡三十六,積六爻而爲二百一十六策。

䷁坤覆卦六爻皆遇八,即少陰,而爲老陰之體。其數六,而四因之,爲二十四策。爻凡二十四,積六爻而爲一百四十四策。

此乾坤用九用六兩爻之策，合之爲三百六十，所謂當期①之日者也。(以下卷二葉10B)

䷀乾正卦，六爻皆遇六，老陰(一)變少陽，而爲老陽。其策亦二百一十有六。

䷁坤正卦，六爻皆遇六(二)，老陽變少陰(三)，而爲老陰(四)，其策亦一百四十有四。

䷂屯。陽爻二陰(五)爻四，凡一百六十八策。

蒙、臨、觀、頤、坎、晉、明夷、蹇、萃、解(六)、升、震、艮、小過十四卦爻，策如屯。

䷄需。陽爻四陰(七)爻二，凡一百九十二策。(以下卷二葉11A)

訟、无妄、大畜、大過、離、遯、大壯、家人、睽、革、鼎、巽、兌、中孚十四卦爻，策如需。

䷆師。陽爻一，陰(八)爻五，凡一百五十六策。

比、謙、豫、剝、復五卦爻，策如師。

䷈小畜。陽爻五，陰(九)爻一，凡二百四策。

履、同人、大有、夬、姤五卦爻，策如小畜。

䷊泰。陽爻陰(十)爻各三，凡一百八十策。

否、隨、蠱、噬嗑、賁、咸、恒、損、益、困、井、漸、歸妹、豐、旅、渙、(以下卷二葉11B)節、既濟、未濟十九卦爻，策如泰。

(一)陰，文淵閣本爲“陰”，異體字。

(二)六，文淵閣本、通志堂本爲“九”。在《周易》中，老陽爲“九”，老陰爲“六”，少陽爲“七”，少陰爲“八”，“九”“六”爲可變之數，此處“老陽變少陰”，故當爲“皆遇九老陽變少陰”。文溯閣本誤。

(三)陰，文淵閣本爲“陰”，異體字。

(四)陰，文淵閣本爲“陰”，異體字。

(五)陰，文淵閣本爲“陰”，異體字。

(六)萃、解，文淵閣本、通志堂本爲“解、萃”，依《周易》“解”爲卦四十，“萃”爲卦四十五，則似以文淵閣本爲正。

(七)陰，文淵閣本爲“陰”，異體字。

① 期，古代亦用作日數詞，此處指一年。

（八）隂，文淵閣本爲“陰”，異體字。

（九）隂，文淵閣本爲“陰”，異體字。

（十）隂，文淵閣本爲“陰”，異體字。

此上下篇，六十四卦三百八十四爻之策，合之爲萬有一千五百二十，所謂當萬物之數者也。

《易》爻三百八十六，諸儒但知三百八十四爻耳，獨荀爽[1]論八純卦之爻，通用九用六而爲五十，他未有以爲言者。

仁傑案，説卦所論二篇之策，此三百八十四爻之策也。乾坤之策，則用九用六兩爻之策也。注疏[一]既通乾坤之策爲兩篇之策，朱氏又破荀爽之説，（以下卷二葉12A）謂用九用六皆在八卦爻數之內。若爾，則乾坤之策未免於重出，而用九用六兩爻亦幾於贅而可削矣。夫有是爻則必有是策，今三百八十六爻具在，而獨置兩爻不論，聖人之意豈若是哉！覆卦之策在正卦之先者，覆卦總[二]一卦之爻，正卦從各爻之變，其序固然。

（一）疏，文淵閣本爲“踈”，異體字。

（二）總，文淵閣本爲“縂”，異體字。

或謂，覆卦自少陽爲老陽則當用四七爲策數，不得云二百一十有六也，是不然。筮法老隂[一]變爲少陽，老陽變爲少隂[二]，唯少隂[三]少陽不變，則知少陽當體即（以下卷二葉12B）是老陽，非老陽變少隂[四]之比也。若曰老陽自少陽來[五]，當用少陽之策。

案，正卦亦自老隂[六]變少陽，然後爲乾。如其説，則亦當從老隂[七]之策，否亦當從少隂[七]之策矣。

（一）隂，文淵閣本爲“陰”，異體字。

（二）隂，文淵閣本爲“陰”，異體字。

（三）隂，文淵閣本爲“陰”，異體字。

---

① 荀爽，128—190年，字慈明，潁川潁陰（今河南）人，東漢官僚學者。幼而好學，潛心經籍。桓帝延熹九年拜郎中，以世亂棄官，隱遁著述十餘年。獻帝時，董卓專政，被強徵入朝，九十五日內，位登三公，見卓殘暴日甚，與王允等謀誅董卓，會病先卒。著《禮易詩傳》、《尚書正經》、《春秋條例》、《漢語》、《新書》等。

（四）陰，文淵閣本爲“陰”，異體字。

（五）來，文淵閣本爲“来”，異體字。

（六）陰，文淵閣本爲“陰”，異體字。

（七）陰，文淵閣本爲“陰”，異體字。

（八）陰，文淵閣本爲“陰”，異體字。

兼山郭氏[①]曰，九六乾坤之策也，七八出於九六者也，六子之策也，七八由九六之變而成。以畫言之，六子皆乾坤之畫，無六子之畫。如震之初乾畫也，乾策也，震之二三坤畫也，坤策也，在震初無是畫，無是策也。故九六有象而七八無象。

仁傑亦謂，二篇之策少陰[（一）]（以下卷二葉13A）少陽之數萬有一千五百二十，與老陰[（二）]老陽之數正等。而聖人畧彼舉此，非以爻畫九六而七八隱於其中，故策數從之耶。

（一）陰，文淵閣本爲“陰”，異體字。

（二）陰，文淵閣本爲“陰”，異體字。

（以下卷二葉14A）

八卦變爻之正自爲覆卦，乾坤頤大過坎離中孚小過。

乾初爻之姤

二爻之同人

三爻之履

上五四三二初

乾下
乾上
本卦乾

四爻之小畜

五爻之大有

上爻之夬

夬爻上 初爻姤

第七爻

有大爻五 二爻同人 覆卦乾

上五四三二初

畜小爻四 三爻履

---

①兼山郭氏，郭忠孝，字立之，洛陽人，北宋學者，師事程頤，著《易說》。

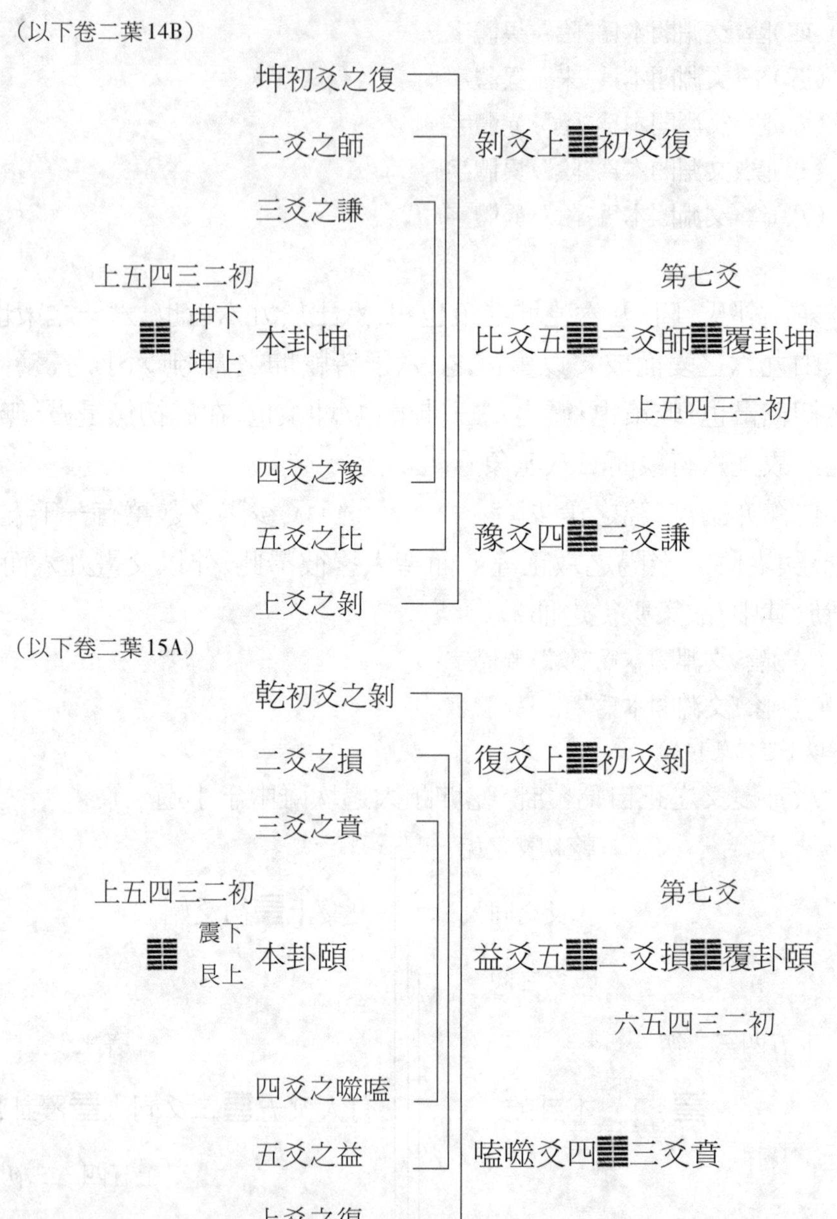

（一）卷二葉15A五個卦圖皆爲䷁，而文淵閣本則上爲䷖，中間自右至左三卦圖分別爲䷩ ䷚ ䷨，最下之卦圖爲䷔。依其卦名論，文淵閣本諸卦圖皆正確，文溯閣本諸卦圖皆誤。

（以下卷二葉15B）

大過初爻之夬

二爻之咸

三爻之困

上五四三二初

䷛ 巽下 兌上 本卦大過

四爻之井

五爻之恒

上爻之姤

姤爻上[一]䷛初爻夬

第七爻

恒爻五䷛二爻咸䷛覆卦大過

上五四三二初

井爻四䷛三爻困

（一）上爻姤䷫，“姤”字，文淵閣本爲“渙”字，查通志堂經解本《易圖説》頁630下欄，爲“姤”。此處是《大過》“䷛”卦上爻變其他爻不變而得“䷫”，“䷫”“巽下乾上”爲《姤》卦，文淵閣本作“渙”，誤。

（以下卷二葉16A）

坎初爻之節

二爻之比

三爻之井

上五四三二初

䷜ 坎下 坎上 本卦坎

四爻之困

五爻之師

上爻之謙

渙爻上䷜初爻節

第七爻

師爻五䷜二爻比䷜覆卦坎

上五四三二初

困爻四䷜三爻井

（以下卷二葉16B）

離初爻之旅

二爻之大有

爻之噬嗑

上五四三二初

☲ 離下 離上

本卦離

四爻之賁

五爻之同人

上爻之豐

豐爻上☲初爻旅 三

第七爻

同人爻五☲二爻大有☲覆卦離

上五四三二初

賁爻四☲三爻噬嗑

（以下卷二葉17A）

中孚初爻之渙

二爻之益

三爻之小畜

上五四三二初

☴ 兌下 巽上

本卦中孚

四爻之履

五爻之損

上爻之節

節爻上☴初爻渙

第七爻

損[一]爻五☴二爻益☴覆卦中孚

上五四三二初

履爻四☴三爻小畜

（一）損，文淵閣本爲"同人"。

（以下卷二葉17B）

小過初爻之豐

二爻之恒

三爻之豫

旅爻上䷷初爻豐

上五四三二初

第七爻

䷽ 艮下 震上 本卦小過

咸爻五䷞二爻恒䷟覆卦小過

上五四三二初

四爻之謙

五爻之咸

謙爻四䷎三爻豫

上爻之旅

此皆以本卦六爻自爲覆卦，而第七爻亦本卦自爲覆卦者也。

（以下卷二葉18AB）

屯初爻之比

二爻之節

師爻上蒙䷃屯初爻比

三爻之既濟

上五四三二初

第七爻

䷂ 震下 坎上 本卦屯

渙爻五蒙䷃(一)屯二爻節䷂屯履卦蒙

上五四三二初

四爻之隨

五爻之復

濟未爻四蒙䷃屯三爻既濟

上爻之益

蒙初爻之損

四爻之剝(二)

蠱爻三蒙䷃屯四爻隨

三爻之蠱

上五四三二初

第七爻

䷃ 坎下 艮上 本卦蒙

剝爻二蒙䷃屯五爻復䷂蒙履卦屯

上五四三二初

四爻之未濟

五爻之渙

損爻初蒙䷃屯上爻益

上爻之益

（一）䷒，文淵閣本、通志堂本爲“䷻”，此處是“本卦屯”“䷻”二爻變其他爻不變而得“節”，“䷻”卦，文溯閣本誤。

（二）四爻之剝，“四”字，文淵閣本爲“二”字，此處“四爻之剝”右有文字“初爻之損”，左有文字“三爻之蠱”，故“四爻之剝”之“四”當爲“二”，文溯閣本誤。

（以下卷二葉19A）

此皆通兩卦十二爻相與爲覆卦，而第七爻亦通(一)爲覆卦者也。餘五十四卦，同易筮六爻皆動，當占對卦，乾、坤、頤、大過以下八卦，在六十四卦中，既通兩卦，而占之矣。今覆卦又以八對卦通占，葢(二)理有並行而不相悖者，況彼以正卦對，此以覆卦對，時與象固不同耶！乾正卦曰，首出庶物；覆卦曰，見羣龍無首象之不同，所遇之時異也。夫一陽至六陽之月，乾正卦也。六爻皆動，則對坤。正卦而占一陰至六陰之月，乾（以下卷二葉19B）覆卦也，六爻皆不動，則對坤。覆卦而占坤，正卦覆卦反是餘六卦，雖不設覆卦之辭，時與象可以類推，此殆聖人舉隅之訓。是故離之正火繼明，覆則晦其光也。坎之正水洊至，覆則反其壑也。山下有雷頤，山氣之藏，雷聲之收，其正卦乎！反是爲覆卦矣。澤滅木大過，澤之潤木之悅(三)，其正卦乎！反是爲覆卦矣。中孚之澤上有風，當以風厲於上澤枯於下爲正，而覆卦則反之。小過之山上有雷，當以雷之奮震、山之發育爲（以下卷二葉20A）正，而覆卦則反之。此正卦覆卦之辨也。

（一）而第七爻亦通爲覆卦者也，“通”字後，文淵閣本增“兩卦”二字。查通志堂本《易圖説》頁631中欄有“兩卦”二字，兩本皆可。

（二）葢字，文淵閣本爲“蓋”，異體字。

（三）悅字，文淵閣本爲“悦”，異體字。

詳觀易畫覆卦相爲消長之理，似非苟然。既通之爲正爻之七，又於兩卦成本卦之爻著之，故屯、蒙二卦相爲覆卦矣。屯之初爲比，蒙之上爲師，又爲覆卦。屯之二爲節，蒙之五爲渙，又爲覆卦。以至屯之既濟，覆之爲蒙之未濟，屯之隨覆之爲蒙之蠱，屯之復則蒙之剝屯之，益則蒙之損，皆以兩卦十二爻通爲覆卦焉。餘五十四卦類此。至乾、坤、頤、大過、坎、離、中孚、小過則不然。如乾（以下卷二葉20B）自爲覆卦矣，其爻之姤與夬也，同人與大有也，履與小畜也，皆但以本卦六爻自爲覆卦焉。餘七卦類此。乃知聖人作易，自初爻至七爻，皆用覆卦，厥有深旨[①]，非可穿鑿傅會而爲之説也。又屯之初與蒙之上爲覆，屯之二與蒙之五爲覆，蒙之二亦與屯之五爲覆，屯之三與蒙之四爲然，蒙之三與屯之四亦莫不然。大率初與上、二與四[(一)]、三與四，相爲覆卦，而乾坤以下八卦則亦不出本卦，以初上若二五、若三四相爲覆（以下卷二葉21A）卦。易家之説，以二五相應，與此脗[②]合。他四爻相應則不同，當更攷[(二)]之。前輩[(三)]因蔡墨之説，爲用九用六爲六爻俱變之辭。若爾，則屯自變而爲鼎，蒙自變而爲革，與屯蒙兩卦十二爻相爲覆卦者不類。且七爻之中，六爻相爲覆卦，而第七爻獨不然，學者未能無惑於此。

（一）四，文淵閣本爲“五”字。依文章上下文，根據本葉反面五行六行“屯之二與蒙之五爲覆，蒙之二亦與屯之五爲覆，屯之三與蒙之四爲然，蒙之三與屯之四亦莫不然”判斷，“二與五三與四”相爲覆卦。文溯閣本誤。

（二）攷，文淵閣本爲“考”字，異體字。

（三）輩，文淵閣本爲“輩”字，異體字。

①旨，旨的異體字。

②脗，同“吻”字。

（以下卷三葉1A）

欽定四庫全書　易圖説(一)卷三

宋　吳(二)仁傑　撰

(一)説，文淵閣本爲“説”，異體字。

(二)吳，文淵閣本爲“吴”，異體字。

兩爻相應者二十四卦

比䷇師　　履䷉小畜　　有大䷍同人

豫䷏謙　　蠱䷑隨(一)　　賁䷕噬嗑

復䷗剝　　姤䷫夬　　井䷯困

妹歸䷵漸　　旅䷷豐　　節䷻渙

(一)隨，文淵閣本爲“随”，俗體字。

（以下卷三葉1B）

四爻相應者二十四卦。

内二十卦，覆之皆爲兩卦，其四卦，覆之但爲本卦。

蒙䷃屯　　訟䷅需　　觀䷓臨

畜大䷙無妄　　壯大䷡遯　　夷明䷣晉

革䷥(一)家人　　解䷧蹇　　升䷭萃

鼎䷱革　　䷚頤　　䷛大過

䷼中孚　　䷽小過

(一)革䷥，文淵閣本爲“睽䷥”。此處屬“四爻相應者二十四卦”之列，又是以“舊説初與四應二與五應三與上應者”。文溯閣本“䷥”，其初與四、二與五、三與上皆爲陰陽相應，是“六爻皆應者”，不屬“四爻相應者”，故文溯閣本“䷚”爲誤。又第六行有“鼎”“革”兩卦互爲覆卦且滿足“四爻相應者”，故文溯閣本第五行倒“革”字亦誤。考倒“革”字下有“家人”兩字，而“家人”“䷤”卦與“睽”卦互爲覆卦，且滿足舊說“四爻相應者”，故文淵閣本正確。

六爻皆應者八卦。(以下卷三葉2A)

否(一)䷋泰　　恒䷟咸　　益䷩損

既濟(二)䷾未濟

(一)否，文淵閣本爲倒“否”字，文溯閣本誤。

(二)既濟，文淵閣本爲倒“既濟”字，文溯閣本誤。

六爻無應者八卦。

內四卦覆之但爲本卦，其兩卦覆之則爲四卦。

䷀乾　　䷁坤　　䷜坎

䷝離　　艮䷳震　　兌[①]䷹巽

以上皆舊說，初與四應，二與五應，三與上應者如此。

兩爻相應者二十四卦。(以下卷三葉2B)

此二十四卦，覆之皆爲兩卦。

比䷇師　　履䷉小畜　　有大䷍同人

豫䷏謙　　賁䷕(一)噬嗑　　復䷗剝

恒䷟咸　　益䷩損　　姤䷫夬

井䷯困　　旅䷷豐　　節䷻渙

(一)“噬嗑”兩字上卦圖“䷕”，文淵閣本爲“䷔”，查“噬嗑”卦“震下離上”爲“䷔”，文溯閣本誤。

四爻相應者二十四卦。

此二十四卦，覆之皆爲兩卦。

蒙䷃屯　　訟䷅需　　觀䷓臨(以下卷三葉3A)

① 兊，“兌”的異體字。

畜大䷘無妄　　壯大䷠遯　　夷明䷢晉

睽䷤家人　　解䷦蹇　　升䷬萃

鼎䷰革　　艮䷳震　　兌䷸巽

六爻皆應者八卦。

此八卦覆之皆爲兩卦。

否䷊泰　　蠱䷐隨　　妹歸䷴漸

濟未䷾既濟

六爻皆無應者八卦。(以下卷三葉3B)

此八卦皆覆之但爲本卦。

䷀乾　　䷁坤　　䷚頤

以上皆今説(一)。初與上應,三與四應者如此。二五相應,則同舊説(二)。

(一)説,文淵閣本爲"説",異體字。

(二)説,文淵閣本爲"説",異體字。

孔潁達①曰:"重卦之時,重於上下兩體,故初與四相應,二與五相應,三與上相應。"仁傑以覆卦之爻,參之二(以下卷三葉4A)五相應,與此同。餘四爻,則初與上應,三與四應,其説(一)異矣。《説(二)卦》有初上與中爻之分,孔氏以乾坤二五爲釋。案《京房易傳》②引孔子曰:"陽三陰

① 孔穎達,574—653年,字沖遠,冀州衡水(今河北冀縣)人,唐代著名經學家、史學家。隋煬帝時,爲太學助教。入唐爲秦王府文學館學士,累遷國子博士、給事中、國子祭酒。曾與顔師古等人撰定《五經正義》一百八十卷,又撰有《孝經義疏》。

②《京房易傳》,京房,本姓李,吹律自定爲京氏。字君明,東郡頓丘人,西漢經學家。其易學受之于梁人焦延壽,長於災變,獨成一家。元帝時,以言災異得幸,爲石顯等所嫉,出爲魏郡太守,卒以譖誅。著有《易傳》三卷、《周易章句》十卷、《周易錯卦》十卷、《周易妖占》十二卷、《周易占事》十二卷、《周易守株》三卷、《周易飛候》九卷又六卷、《周易飛候六日七分》八卷、《周易四時候》四卷、《周易混沌》四卷、《周易委化》四卷、《周易逆刺占災異》十二卷、《易傳積演算法襍占條例》一卷等,《孟氏京房》十一篇,《災異孟氏京房》六十六篇等。後其著作漸佚。四庫全書子部收入吳陸績註《京氏易傳》三卷,即此書。

四，位之正也。”故房以二三四五爲互體，翟景亦以是爲中爻。夫謂初上爲本末，謂二三四五爲中爻，是各以其類應也。故邵氏曰，初與上同。然上之亢，不及初之進。二與五同，然二之陰中，不及五之陽中。三與四同，然三處下卦之上，不及四之近。君先儒以初二爲地，三四爲人，五上(以下卷三葉4B)爲天。二地也，五天也。二與五兩爻以天地相應，其誰曰不然！謂初應四，則以地而應人；謂三應上，則以人而應天。殆與二五相應者不類。今之爲説[三]，初上天地之應，與二五同；而三四以人應人，亦固有理也。

(一)説，文淵閣本爲“說”，異體字。

(二)説，文淵閣本爲“說”，異體字。

(三)説，文淵閣本爲“說”，異體字。

舊説[一]，兩爻四爻應者，各二十四卦。六爻皆應，若無應者各八卦。今説[二]不同[三]。但所取之卦不同耳。陽之所求者，陰也。陰之所求者，陽也。易爻以一陰一陽爲有應，俱陰俱陽爲無應。萃以六二應九五，升以九二應六五，故(以下卷三葉5A)皆曰剛中而應未濟，六爻皆應。故曰，雖不當位，剛柔應也。至小畜九三曰輿，説輻夫妻反目。孔氏謂，以九三之夫，不能應上九之室。陸氏謂，九三六四異體相比，夫妻之象。以一陰一陽而論，則陸氏之説爲長。此三與四應之驗也。

(一) 説，文淵閣本爲“說”，異體字。

(二) 説，文淵閣本爲“說”，異體字。

(三)“今説不同”，文淵閣本作“今説亦然”。查其上文有“舊説兩爻四爻應者各二十四卦、六爻皆應若無應者各八卦”，細考“今説”，“今説”亦滿足“兩爻四爻應者各二十四卦、六爻皆應若無應者各八卦”，完全與“舊説”相同，故此處應是“今説亦然”。又查其下文爲“但所取之卦不同耳”，“但”表轉折，表明“今説”只是各爻對應“所取之卦”的方式與“舊説”不同，轉折之後意爲“不同”，則轉折之前意當相同，亦可推出此處爲“今説亦然”。故文溯閣本誤。

又舊説，震六爻無應，然上九有婚媾之辭。先儒或謂，六爻雖無應，九四兼有二陰[一]，得稱婚媾。或謂，上六，六五陰也，九四陽也，六九相配，有婚媾之義。自今觀之，初九爲上六之應，其爲婚媾固宜，(以下卷三葉5B)此初與上應之驗也。若夫乾、坤、頤、大[二]過、坎、離、中孚、小過此八卦,即覆卦所謂覆之仍爲本卦者,故六爻皆不應,是又所以異於諸卦者歟。

(一)陰,文淵閣本爲"陰",異體字。

(二)大,文淵閣本爲"太",誤。

(以下卷三葉6AB)

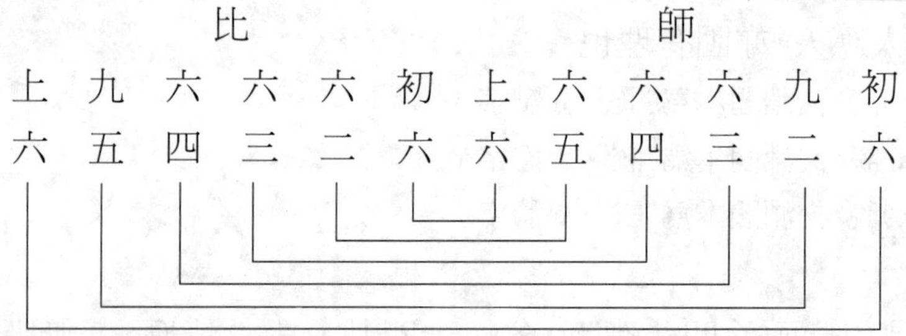

師、比以下二十四卦,通覆卦十二爻,皆無應。

(以下卷三葉7AB)

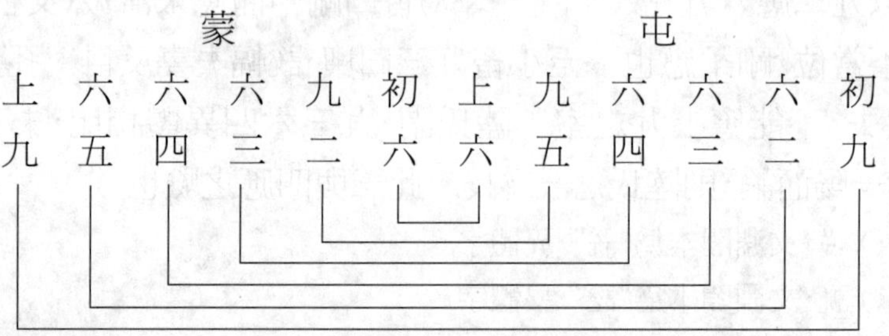

屯、蒙以下二十四卦,通覆卦十二爻,皆無應。

(以下卷三葉8AB)

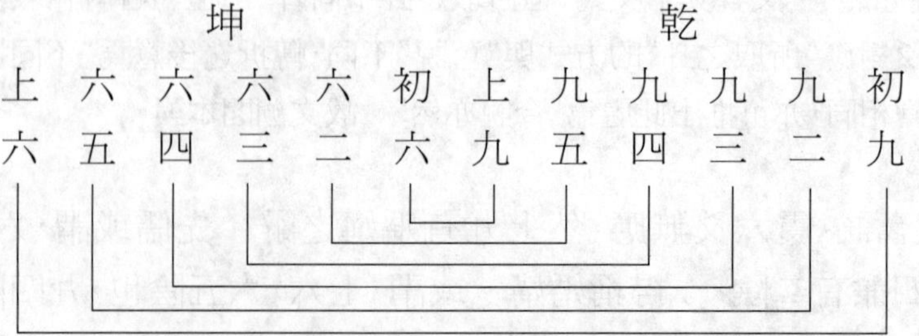

（以下卷三葉9AB）

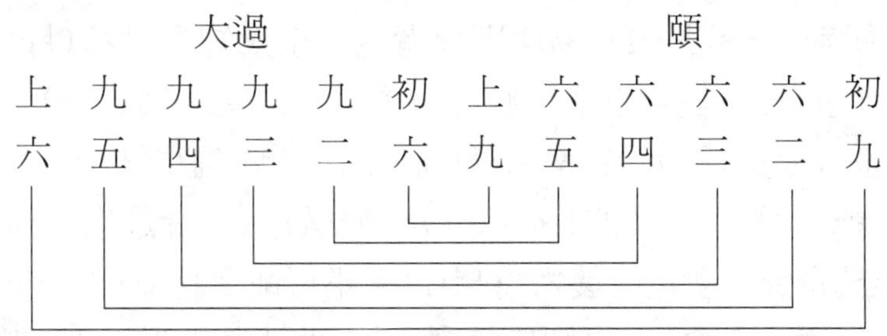

乾、坤、頤、大過以下八卦，通對卦十二爻，皆應。

（以下卷三葉10A）

易有七爻，先儒無是説也。紹興[1]中，羅源陳善子兼著《捫蝨新話》[2]云，林元齡嘗識一筮人龍門叟者，善言易，因問之曰：易本六爻，而又有用九用六，是七爻也。叟曰：然，易數也，數唯奇[3]則不窮，周天三百六十五度四分度之一，此奇數也。數而無奇，則易窮矣。

仁傑案，叟言奇數則是，所以言奇數則非。葢[一]當以奇偶論，不當以奇餘論也。凡數奇則可變，偶則不可變。故一變而爲七，七變而爲九，皆奇數也。陳氏謂，卦爻自一變二、（以下卷三葉10B）變三、變四、變五、變六，變至七變，謂之歸魂，而本宫之氣革矣。歸魂之説，本之京房於六爻不動，尙不知以覆卦爲占，他人尙何説哉！故房《易傳》曰，占卦而六爻皆靜，無爻發之，即以月卦陰[二]陽爲占，如十一月占則決之以復，五月占則決之以姤。故近時費氏軌革，列六十四卦，卦爲繇辭七章，最後章爲六爻不動。設是皆知一卦卦[三]爲[四]者七，而不知七爻之爲固然。

（一）葢，文淵閣本爲“蓋”，異體字。

（二）陰，文淵閣本爲“隂”，異體字。

（三）卦卦，文淵閣本、通志堂本僅有一“卦”字，似正。

（四）爲，文淵閣本、通志堂本“爲”之後有“占”字，似正。

① 紹興，南宋高宗年號，當公元1131—1162年。

②《捫虱新話》，南宋陳善撰，該書收入明陶宗儀編《説郛》卷22。

③ 奇，“奇”的異體字。本段下“奇”字同。

沈氏謂，吉凶悔吝生乎動，而今人以易筮者，雖不動亦引爻(以下卷三葉11A)辭斷之，是又未知易窮則變者也。京氏知之，故以月卦爲占。然與其外求月卦，豈若近取覆卦之爲愈乎！六爻之爲七，猶六律五音之爲七也。故黄鍾、大吕、南吕、姑洗、應鍾、蕤賔謂之七始(一)。史稱：伏羲製琴，發爲五音。武王益以變宫、變徵，爲七音是也。易以數爲變，非止於音聲之變也。襲六爲七，烏乎不可哉？且師、比、屯、蒙以下四十八卦，通十二爻，言之則皆無應。乾、坤、頤、大過以下，八卦通十二爻，言之則皆有應。理之所在，(以下卷三葉11B)不差如此。

(一)"黄鍾、大吕、南吕、姑洗、應鍾、蕤賔謂之七始"，文淵閣本及通志堂本同，言七始，卻僅有六，似缺一。《隋書·音樂志》鄭譯答蘇夔曰："周有七音之律，《漢書·律曆志》天地人及四時謂之七始，黄鍾爲天始，林鍾爲地始，太蔟爲人始，是爲三始。姑洗爲春，蕤賓爲夏，南吕爲秋，應鍾爲冬，是爲四時。四時三始，是以爲七。"[1]則兩種四庫本及通志堂本皆缺一。

(以下卷三葉12A)

《洛書》《河圖(一)》大衍五行全數圖

木三

一水　　　　土五　　　　火二

金四

此《洛書》初疇五行之生數也。

(一)圖，文淵閣本爲"圗"，異體字。

八

六　　　　　　七

九

(以下卷三葉12B)

此《河圖》四象五行之成數也，四象不言土數，土成數五，隱於七、八、九、六者也。

①《隋書》卷14《音樂志》，中華書局，1973年，第346-347頁。

木八

六水　　　　　　土五　　　　　　火七

金九

此《禮記·月令》、《管子·幼官》、《淮南·時則》五行成數，與《河圖》相發明(一)者也。

(一)明，文淵閣本爲"朙"，異體字。

(以下卷三葉13A)

八木三

一水六　　　　　五土五　　　　　七火二

九金四

此《太玄(一)》之書，五行生成全數，所以爲大衍之數者也。大衍之數五十。京房云：五十者，十日、十二辰、二十八宿也。其一不用者天之生氣也。馬融[1]云：北辰、兩儀、日、月、四時、五行、十二月、二十四氣，北辰居位不動也。荀(以下卷三葉13B)爽云：卦各有六爻，六八四十八，加乾坤二用，乾初九勿用也。鄭康成[2]云：天地之數五十有五，以五行氣通。凡五行減五，大衍又減一也。姚信[3]、董遇[4]云：天地之數五十有五，其六以象六畫之數，故減之，而用四十九也。王弼[5]、韓康伯[6]云：

① 馬融，79—166年，字季長，扶風茂陵(今陝西興平)人，東漢經學家。安帝時爲校書郎中，與劉珍等五經博士校定東觀五經、諸子傳記。後任從事中郎、武都太守、南郡太守等。其才高博洽，爲世通儒，鄭玄、盧植等皆出其門。著有《三傳異同說》，注《孝經》、《論語》、《詩》、《尚書》、《列女傳》、《老子》、《淮南子》等。

② 鄭康成，名玄，字康成，127—200年，北海高密(今屬山東)人，東漢著名經學家。學問淵博，尤工《易》、《禮》，遍注群經。

③ 姚信，字元直，或字德祐，吳興人，曾任三國吳國太常卿。著有《易注》十卷。

④ 董遇，字季直，魏弘農人，三國經學家，好學，善《左氏傳》。黃初中，爲郡守，入爲侍中、大司農。有《老子訓注》、《朱墨別異》等。

⑤ 王弼，226—249年，字輔嗣，吳國吳郡雲陽(今江蘇丹陽)人，三國玄學家。正始中爲尙書郎，與何晏、夏侯玄等開玄學清談風氣。嘉平元年，以公事免。著有《周易注》、《周易略例》、《老子注》、《老子指略》等。

⑥ 韓康伯，名伯，字康伯，潁川長社(今河南長葛)人，晉學者、官僚。簡文帝時，自司徒左西屬轉撫軍掾、中書郎、散騎常侍、豫章太守，入爲侍中。轉丹陽尹、吏部尙書、領軍將軍，改太常，卒。有《周易注》十卷、《韓康伯集》十六卷。

演天地之數，所賴者五十，其一不用，易之太極也。孔潁達云：弼意爲萬物之策萬有一千五百二十，其用此策，推演天地之數，唯用五十策也。東坡[①]云：五行蓋[(二)]交相成也，水、火、木、金得土而成，故(以下卷三葉14A)一得五而成六，二得五而成七，三得五而成八，四得五而成九，土得水之一、火之二、木之三、金之四，而成十。潁濱云：天一，地二，天三，地四，天五，地六，天七，地八，天九，地十。此十者，天地五行之數也，文王取之以爲蓍數，曰大衍之數，取其五十云爾。用於揲蓍則可，而非天地五行之全數也。故繼之曰：天數五，地數五。今謂五行之數，止於五十，是天五爲虛語。天數不得二十有五，地數不得三十也。使土無生成數四十而已，(以下卷三葉14B)尚何五十之有！

(一)玄，文淵閣本同，爲避康熙皇帝玄燁名諱而缺末筆。

(二)葢，文淵閣本爲"蓋"，異體字。

仁傑曰：諸儒論大衍之數，無慮十餘家。日辰卦爻之類，既數其指爲天地之數與五行之數者二，數殊科又未可牽合而一也。孔潁達云，天地之數相合爲五十五，此乃天、地、陰[(一)]、陽、奇、偶之數，非是。上文演天地之策，其説[(二)]甚明。至五行生成之數，諸家謂土生數五，成數十，是又不離天地五十五之數，亦非也。獨沈氏以《素問》[②]推之，謂土生數五，成數亦五，水、火、木、金皆得[(三)]土而成，土更無所待，故止一五而已。合(以下卷三葉15A)五行之數爲五十也。

---

① 東坡，蘇軾，1036—1101年，字子瞻，號東坡，眉州眉山(今屬四川)人，宋代詩人、學者。嘉祐進士，直史館，因上書論王安石變法不便，自請通判杭州，又貶謫黄州。哲宗時召還，爲翰林學士，至禮部尚書。紹聖中又貶謫惠州、瓊州，召還，卒於常州。其詩文豪放飄逸，爲宋代古文運動領袖。著有《易傳》、《書傳》、《論語説》、《仇池筆記》、《東坡志林》等。後人集其著述爲《東坡七集》一百一十卷。

②《素問》，古醫書。《黄帝内經素問》簡稱《素問》，是現存最早的中醫理論著作，相傳爲黄帝所作，實際非出自一時一人之手，大約成書於春秋戰國時期。原來九卷，古書早已亡佚，後經唐王冰訂補，改編爲二十四卷，計八十一篇，定名爲《黄帝内經素問》，所論内容十分豐富，以人與自然統一觀、陰陽學説、五行説、臟腑經絡學爲主線，論述攝生、臟腑、經絡、病因、病機、治則、藥物以及養生防病等各方面的關係，集醫理、醫論、醫方於一體，保存了《五色》、《脈變》、《上經》、《下經》、《太始天元冊》等二十多種古代醫籍，突出闡發了古代的哲學思想，强調了人體内外統一的整體觀念，從而成爲中醫基本理論的淵源。

(一)陰，文淵閣本爲"陰"，異體字。

(二)説，文淵閣本書爲"説"，異體字。

(三)得，文淵閣本爲"待"字。查古經學著作，有"得土而成"之説，亦有"待土而成"之説，只用字不同而已。然而本書卷三葉13B8行有"東坡云，五行蓋交相成也，水、火、木、金得土而成。"文淵閣本亦用"得"字。不應隔一葉就改用"待"字。故文淵閣本爲誤。

案，五行之數不特《素問》爲然，其生數見於《洪範》，其成數見於《禮》經、《管氏》、《淮南》之書，合生成之數，則《太玄(一)》具焉。此固五行之全數也。若曰，五行減五，六畫減六，五十去一而用四十有九，於萬有一千五百二十之數，天地五十五之數之中，而取五十焉，是未免私意爲之加損也。《説(二)卦》曰："河出圖，洛出書，聖人則之。"蓋(三)《洛書》有一二三四五之文，《河圖》有七八九六之文，而五隱於其間。聖人亦不過因其全數(以下卷三葉15B)之自然而則之，何敢毫髮加損於其間哉！謂土無成數，而《洛書》之數四十有五(四)，成數十。而《河圖》之數五十有五者，皆出鄭、董之説(五)云。

(一)玄，文淵閣本同，系避清聖祖玄燁名諱而缺末筆。

(二)説，文淵閣本書爲"説"，異體字。

(三)蓋，文淵閣本爲"蓋"，異體字。

(四)五，文淵閣本、通志堂本"五"字後有"土"字。考本書卷三葉13B8行至次葉A3行有："水火木金得土而成，故一得五而成六，二得五而成七，三得五而成八，四得五而成九，土得水之一、火之二、木之三、金之四而成十"，即土成數十。再聯繫"成數十"之上下文，判斷此處原文當爲"土無成數，而《洛書》之數四十有五，土成數十，而《河圖》之數五十有五者"，故文溯閣本缺佚一字。

(五)説，文淵閣本書爲"説"，異體字。

（以下卷三葉16A）

大衍筮法圖

蓍五十莖，以手合之爲一，而命之[①]。

所謂大衍之數五十，易有太極也。

既命，則分蓍於兩握。

所謂分而爲二，以象兩也。

既分，則以右手取左握一蓍，别置之而不用。

所謂其用四十有九，掛一以象三也

既掛，則取蓍四十九莖，以四數之。

所謂揲之以四，以象四時也。

既揲，則先取左握奇餘之數歸之於扐，再取右握之餘歸之如前。

所謂歸奇於扐，以象閏。五歲再閏，故再扐而後掛，右分二，掛一，揲四，再扐，凡四營，謂之一變。至再變，分掛揲扐如初，三變則爲一爻。

（一）著，文淵閣本爲"著"字，誤。

揲蓍之法，《説(一)卦》備言之。先儒於其用四十有九，誤認經意，乃謂但用四十九蓍，虚其一，以象太極也。又謂，（以下卷三葉17A）去一之餘有四十九，合而未分，以象太一也。其説(二)皆大不然。夫五行之數，一六爲水，二七爲火，三八爲木，四九爲金，五五爲土，合之而成五十，大衍之數實本於此。葢(三)取五行之全數也。蓍之生也，滿百歲(四)者一，本而百莖合於五行之全數者二，筮必用百歲(五)之蓍，亦取其數之自然也。五十而去其一，則非數之全，非自然者矣。故掛一則可，去一則不可。其用四十有九，謂用之於揲也。既去其一，又掛一焉，是不用者二，而用（以下卷三葉17B）之纔四十有八也。既掛矣，蓍顧不足於用，乃復並所掛數之以求其奇，是雖掛而實未嘗掛也。掛之爲言，别也。别而置之，則不當用之，於揲復取而並之得乎?

（一）説，文淵閣本書爲"説"，異體字。

（二）説，文淵閣本書爲"説"，異體字。

---

① 命之，即發表命辭，説明用蓍草占卜什麼事情。

（三）葢，文淵閣本爲“盖”，爲“蓋”的俗體字。

（四）㞒，文淵閣本同，皆爲“歲”的異體字。

（五）㞒，文淵閣本同，皆爲“歲”的異體字。

案，《太玄（一）》揲蓍，亦以虛三別一爲法。此誤由來久矣。一說（二）謂，第一揲不掛一，則所餘皆得五而無變。惟掛一，則所餘非五則九，至第二第三揲，雖不揲亦有四八之變焉。則是前一變掛，而後二變不掛也。分而不掛，於四營之義亦不合矣。唯九江周燔之說（三）曰，筮法：先（以下卷三葉18A）以兩手圍蓍五十，象太極演成之體；次以兩手分蓍爲二，象天地開闢之形；然後掛一不用，用四十有九揲之，先左後右，各四數之，先歸奇於扐以象一閏，再扐以象再閏，此一變也。後揲而圍之，而分之，而又掛之，故曰再扐而後掛。言後揲復掛一也。

（一）玄，文淵閣本同，系避清聖祖玄燁名諱而缺末筆。

（二）說，文淵閣本書爲“説”，異體字。

（三）說，文淵閣本書爲“説”，異體字。

案，如舊法，則可以掛可以無掛。如周氏之說（一），則每變必掛，雖欲不掛，不可得也。天下之理，唯至於不可加損於其間，然後知其爲自然而然者，此類是也。掛一以象三，三才①（以下卷三葉18B）之具也。而其一掛而不用，所以示倚數於天地而不以人參焉之義也。王弼乃曰，其一不用，易之太極也；四十有九，數之極也。又曰，无不可以无，明必因於有，故常於有物之極，而必明其所由之宗。虛無之論，此其椎輪歟！夫虛無之論，始於揲蓍之法，而卒以貽晉室之患。儒者之於經，其於是非疑似之際辨之不早，其爲患葢（二）有不可勝言者，豈特虛無之患也哉！

（一）說，文淵閣本書爲“説”，異體字。

（二）葢，文淵閣本爲“盖”，“葢”、“盖”爲“蓋”的異體、俗體字。

① 三才，指天地人。

易圖説卷三

(一)古《易》六十四卦象，而不名卦，皆有辭。又大書其爻，而《繫辭》焉。惟乾、坤覆卦之《象》，餘則否。彖、象、繫辭各有《傳》，合《文言》、《説卦》、《序卦》、《雜卦》，爲十篇。古《易》大略，蓋如此。後世儒者，便文求義，乃取象、彖、繫傳、文言之文，雜入爲《經》。凡《繫辭》之文，與夫象之覆者，皆略之。三聖遺書始失其本真矣！天佑斯文，全書仍在，學者猶獲見於千載之下。如是爲經，如是爲傳，益以識古聖人作述之本㫖[①]。吁，何幸歟！

端平丙申[②]四月既望[③]，吳人何元壽因刋於湖廣餉所，敬書其後。

(一)文淵閣本書末有此跋語，文溯閣本無，今據以補之，以供參考。此跋又見於朱彝尊《經義考》卷30《易二十九》，中華書局，1999年，第170下欄-171上欄。

①㫖，"旨"的異體字。

② 端平丙申，端平，宋理宗年號，丙申系端平三年，公元1236年。

③ 既望，古代將夏曆大月十六日小月十五日叫作滿月或望。既望，指過望之日，即大月十七日，小月十六日。

文溯閣本四庫全書
長安志圖
校釋

（元）李好文　原著

導　讀

《長安志圖》爲元代學者李好文撰。李好文，字惟中，大名路東明縣（今山東東明縣境）人，元代最重要的史學家之一。英宗至治元年（1321年）進士，先後任大名路浚州判官、翰林國史院編修、國子助教、太常博士、國子博士、國子監丞、監察御史、河南浙東兩道廉訪司事、國子祭酒、陝西行臺治書侍御史、河東道廉訪使、同知太常禮儀院事、禮部尚書、治事侍御史、翰林侍講學士兼國子祭酒、太常禮儀院使、翰林學士承旨諸職。參與撰修遼、金、宋三《史》，撰有《太常集禮》、《端本堂經訓要義》、《大寶錄》、《大寶高抬貴手》諸書。

至正元年至二年、至正四年李好文兩任陝西行臺治書侍御史[①]。在《長安志圖原序》中，作者述其著書之發端及情況。言他初赴任，"由潼關而西至長安，所過山川城邑，或遇古跡必加詢訪。嘗因暇日出至近甸，望南山，觀曲江，北至故漢城，臨渭水而歸。數十里中，舉目蕭然，瓦礫蔽野，荒基壞堞，莫可得究。稽諸地志，徒見其名，終亦不敢質其所處。因求昔所見之圖，久乃得之。於是取志所載宫室、池苑、城郭、市井，曲折方向，皆可指識瞭然，千百世全盛之跡如身履而目接之。"於是他根據舊有長安地區古跡圖，"與同志較其訛駮，更爲補訂，釐爲七圖。又以漢之三輔及今奉元所治，古今沿革廢置不同，名勝古跡，不止乎是，涇渠之利，澤被千世，是皆不可遺者，悉附入之，總爲圖二十有二，名之曰《長安志圖》。"[②]四庫本《長安志圖提要》稱："此書蓋

① 《元史》卷183《李好文傳》，中華書局，1976年，第4216–4217頁。

② 文溯閣本《長安志圖》卷首《長安志圖原序》。

再任陝西時作也。”[①]判定《長安志圖》撰成於至正四年，所斷當有誤。查李好文《長安志圖原序》署爲“至正二年秋九月”。一般學者自著書的序文多是在書完成或接近完成時撰寫，如果李好文是至正四年才寫作該書，他不應該在兩年前就先寫好序文。而書中所附陝西諸道行御史臺監察御史樵隱必申達而所撰《涇渠圖序》亦署爲“至正二年冬十月”，該序稱：“甫至，聞前祭酒李公惟中，今爲行御史臺治書侍御史，每以撫字爲念，嘗刻涇水爲圖，集古今渠堰興壞廢置始末，與其法禁條例、田賦名數、民庶利病，合爲一書，名之曰《涇渠圖說》，索而讀之，信乎其有裨於治也！”[②]可見此序寫作時，至少書的卷下部分已經鐫版。李好文求得必申達而《序》後，又將其補刻於卷下部分之前。另外，書中所錄地方錢糧資料，止於“至正二年實辦糧草數”[③]。看來，《長安志圖》定當撰成於至正三年（1343年）初以前。

《長安志圖》是長安及其周圍地區宮闕、陵寢、名勝及涇渠沿革制度的一部地理類著作，是中國都城史和農業灌溉史的重要文獻。全書共分上中下三卷。卷上收圖12幅[④]，包括《漢三輔圖》、《奉元城圖》、《太華圖》、《漢故長安城圖》、《唐禁苑圖》、《唐大明宮圖》、《唐宮城圖》、《唐城市制度圖》、《城南名勝古跡圖》、《唐驪山宮圖》上中下，諸圖直觀地標明漢唐至元代長安地區宮闕、陵寢、墓葬、寺廟、城池、名勝等的情況，並以文字說明其始建、沿革、四至、碑銘、事蹟等，對研究古都長安的歷史風物有極爲重要的價值。卷中收圖5幅，包括《咸陽古跡圖》、《唐昭陵圖》上下、《唐建陵圖》、《唐乾陵圖》。諸圖詳繪其城邑、宮室、廟觀、墓葬、原池、村寨、池囿等，其《昭陵圖說/諸陵附》中，首錄宋游師雄《昭陵圖記》的全部文字，次錄宋游師雄、趙楷《高宗乾陵圖記》，且錄入參加高宗葬禮而立石像於陵前的六十一位首領中尚能辨識的三十九位首領的國名、職銜及其姓名，爲我們保留了元代所見諸碑的文字狀況，極爲寶貴。其《圖志雜說》分別詳細論說了龍首山、北斗城、小兒

① 文溯閣本《長安志圖·提要》葉1A。

②《長安志圖》卷下葉1B，民國20年長安縣誌局刊印，四庫本缺載該序。

③ 文溯閣本《長安志圖》卷下葉26。

④ 畢沅校本《長安志圖》卷上增《奉元州縣圖》、《唐皇城圖》，與四庫諸本不同。

原、村名、漢瓦、長陽、樊川、杜陵、前代陵冢、火餘碑、試官石、關中碑刻、圖志、水磨賦等關中名勝古跡典故的來龍去脈，其補遺考證了長安城的興廢及秦先君陵寢所在，補充了地方誌的闕佚。如果說該書前兩卷有裨於考古博聞，卷下則是專注於民生的篇什。自古關中被稱爲天府，蓋因有鄭國渠和白渠的修建，諸渠千百年間經精心維護，長期發揮作用。卷下收圖2幅，即《涇渠總圖》、《富平石川溉田圖》，詳細繪出諸渠的走向、閘斗、支分，沿境村屯、城池、管理機構位置等。其後是關於涇渠因革制度及利弊等的6篇論説，總標以《涇渠圖説》之名。內《渠堰因革》分別考述了鄭国渠、六輔渠、白公渠、豐利渠的因革，以及宋、元對諸渠維修添建及其灌溉的狀況。《洪堰制度》則專門闡述了在渠上所修石堰、斗門、退水槽等設施的過程及用工等。《用水則例》着重討論了諸渠如何放水分水及處罰違規官吏及農民的辦法。《設立屯田》著錄了自蒙古窩闊台汗十二年(1240年)設三白渠使興修關中水利，至元十一年設立河渠營田使司開始屯田，以後在關中的屯田情況、機構及官吏設置、屯田處所、戶地農器、耕牛數量，及至正元年、二年的糧草數字。《建言利病》載元至正間監察御史宋秉亮對涇渠疏通和加強管理建議的上疏，且附當地人楊景道論涇水澆灌管理辦法的意見。《涇渠總論》論涇渠之功與弊，提出解決涇渠之弊的辦法。卷下關於涇渠灌溉系統的利病的討論，對關中農田水利建設以及社會民生有著十分重要的意義。

文溯閣本《長安志圖》紅色絹面包背裝，一冊上中下三卷。書冊通高32公分，闊20.5公分，版高22.5公分，闊15.5公分。封面左側偏上書簽題"欽定四庫全書/史部/長安志圖/上至下卷"。總計八十一葉。有館臣所書"提要"三葉；至正二年秋九月朔李好文撰《長安志圖原序》二葉；卷上十八葉，包括目錄一葉、圖十一葉半、文五葉半；卷中二十七葉，包括目錄一葉、圖五葉、圖志雜説一十八篇二十一葉；卷下三十五葉，包括目錄一葉、圖二葉、圖説因革制度則例屯田利病總論六篇三十二葉。每圖占一葉[①]，圖之方位一般爲上南下北左西右東，也有與其相

① 僅卷上《城市制度圖》占半葉。

反者。內頁朱絲欄，每半葉8行，滿行二十一字，雙行小字夾註，注文滿行二十一字。

我們對照文淵閣本《長安志圖》的圖文對文溯閣本《長安志圖》進行校勘，《提要》且以《四庫全書總目》〔以下簡稱《總目》〕及《金毓黼手定本文溯閣四庫全書提要》〔以下簡稱《金本》〕校勘，內文且以民國20年長安縣誌局刊印畢沅校正本《長安志圖》〔以下簡稱“畢沅校正本”〕校勘，發現文溯閣本與文淵閣本《長安志圖》存在423處文字圖片及格式等方面差異。造成這些差異的原因是多方面的。首先，人工鈔寫的書籍，繪製的圖片，往往與鈔寫者或繪畫者的知識水準、做事態度，甚至寫字習慣有很大關係，難免出現差異。第二，校勘者校勘不精。四庫全書館是一個龐大的修書機構，其職官設置及任事人員達360餘人[①]，劉鳳強從現存檔案中查出尚有131人曾參與過四庫館的工作，加上數以千計的謄錄書手、供事、雜役等，四庫館總參與人數約爲4500人[②]。但四庫館中日常實際在館人數最高只有161人。文溯閣書鈔校總計一年時間，以全年300個工作日計，每人每日必須校出15131字，方能趕上進度，這實在是很難完成的任務。況且，這些校官在校勘鈔寫出的文溯閣書的同時，還要從事新書的編纂工作，並且隨時承擔着毀書、挖改書籍的“重任”，這就分散了館臣很大一部分精力。他們還能有多少精神去做文溯閣四庫全書的校勘工作？只得敷衍了事。這是諸閣四庫本都存在鈔校品質問題的關鍵。第三，諸閣本《長安志圖》繕寫時所據原書底本蠹蝕嚴重，且經多次修改，一些地方因底本蝕殘，只得空缺，有些字難以辨識，鈔寫者只好據猜忖書寫，而難免出錯。

長期以來，學界有一種說法，現存諸四庫本的鈔寫校勘品質，以文淵閣本爲最佳，其他諸本較差。其理由是，文淵閣本庋藏於宮廷，乾隆皇帝隨時可能御覽，由於害怕卷內文字訛脫引起龍顏不悅而遭致不測之禍，鈔校者更爲細心認真，故而文淵閣本的鈔校水準上乘。文溯閣本遠藏盛京（今瀋陽）書庫，乾隆皇帝難以御幸，存在一些文字差誤，至

① 乾隆四十七年七月十九日《奉旨開列辦理四庫全書在事諸臣職名》，《四庫全書總目》，中華書局，1965年，第11-16頁。

② 蘭州大學劉鳳強碩士學位論文《四庫全書館研究》。

少不會引來貶遣之禍，因而文溯閣本的鈔校品質比起文淵閣本有很大差距。但我們對《長安志圖》文溯閣本與文淵閣本進行對勘的結果，推翻了上述憶說。總計，文溯閣本正確而文淵閣本錯誤或缺佚的有85處，文淵閣本正確而文溯閣本錯誤或缺佚的有100處，二者文字正確率難分伯仲，何來所謂文溯閣本文字繕寫校勘品質不如文淵閣本之說！

文溯閣本與文淵閣本《長安志圖》之所以文字繕寫校勘品質相差無幾，原因是多方面的。首先因爲文溯閣本是在文淵閣本鈔出以後的第二分四庫鈔本。一般情況下，第一分鈔本（文淵閣本）經過一段時間的閱讀查檢，會發現一些不足或問題，在鈔第二分書時就可以有所改正。其次，第二分書也是鈔校一批，隨即進呈皇帝御覽一批，制度嚴密，鈔校諸臣在進行文溯閣本鈔校工作時"如履薄冰"，極爲小心。第三，文溯閣本在入藏盛京書庫後，曾由陸錫熊、劉權之等負責於乾隆五十五年和乾隆五十七年兩次複校，對文溯閣本中的文字曾做過多次校檢，查出不少問題，一一予以改正。我們在文溯閣本《長安志圖》中發現葉碼有明顯改寫痕跡者22處，它們說明，抽換本鈔成後，又查出缺葉或葉碼錯誤，故而再次補鈔或對所標葉碼進行了改寫。陸錫熊等人的複校，保證了文溯閣本較高的鈔寫品質。

經校勘，文淵閣本與文溯閣本《長安志圖》文字差異很大，從這些文字差別，是否可以得出文溯閣本《長安志圖》與文淵閣本的底本很可能不同的結論？王重民先生稱《長安志圖》"自嘉靖至乾隆，似無別刻。"[①]查諸種目錄書，《長安志圖》的明刊本，僅有成化合陽書堂刻本及嘉靖十年李經刻本二種。四庫本就應該是《長安志圖》自明本以後較早的清代鈔本。《四庫全書總目》提要稱，《長安志圖》系據"安徽巡撫采進本。"[②]又稱，"此本乃明西安府知府李經所鋟，列于宋敏求《長安志》之首，合爲一編。……今仍分爲二書，各著於錄。"[③]很顯然，文淵閣本的《長安志圖》系以明嘉靖十年李經刻本爲底本繕寫而成。由於文溯

①《中國善本書提要》，上海古籍出版社，1983年，第191頁。

②《四庫全書總目》，中華書局，1965年，第620頁。

③《四庫全書總目》，中華書局，1965年，第621頁。

閣本與文淵閣本《長安志圖》二者差別甚大，我們判斷，文溯閣本的底本應與文淵閣本的底本不同，亦就是說，文溯閣本應出另一底本。

那麼文溯閣本《長安志圖》的底本是否爲明成化合陽書堂刻本呢？我們知道，乾隆四十九年靈岩山館刻《經訓堂叢書》畢沅校正本系依據于明成化合陽書堂刻本。我們以文溯閣本《長安志圖》與民國20年長安縣誌局所印畢沅校正本相校，發現二者文字亦差別甚大。可見文溯閣本《長安志圖》亦與畢沅校正不是據同一底本繕錄，或者說文溯閣本《長安志圖》的底本不是明成化合陽書堂刻本。辛德勇《考<長安志><長安志圖>的版本——兼論呂大防<長安圖>》[1]認爲，今存各種《長安志》(包括《長安志圖》)的版本均來源於明成化本和嘉靖本，而成化本和嘉靖本又源於同一種元刻本。然依本文校勘分析，文溯閣本既非源于明成化本，又非源於明嘉靖本，而是出自乾隆以前之某一不知名版本。此不知名版本，很可能是在文淵閣本鈔成以後才發現的。我們的這一判斷，在《長安志圖》版本的研究上，似也有特別的意義。

① 辛文收入作者《古代交通與地理文獻研究》一書，中華書局，1996年。

封面左上側題框中書：**欽定**[1]**四庫全書/史部/長安志圖**/卷上至下

封內頁貼黃書寫：**詳校官**[2]**臣潘曾起/覆核官臣陸錫熊**(一)

(一)文淵閣本封內貼黃書寫：詳校官左都御史臣李 綬/編修臣程嘉謨覆勘，又書：總校官編修臣王燕緒[3]/校對官中書臣黃秉元/謄錄監生臣張嘉會。

扉頁版框內右側書大字：**長安志圖**

扉頁版框內左側書小字：**四庫全書/史部**

①欽定，皇帝親自審定。四庫全書，清乾隆三十七年至五十二年(1772—1787年)朝廷組織4000多位學者編鈔成的一部大型叢書。收書3460餘種、79300餘卷、36300餘冊。全書分經、史、子、集四部排列，故稱爲四庫全書。

②四庫全書本來是爲皇帝閱讀編鈔的。在每一部書鈔訖後，都要呈獻乾隆皇帝審閱，故而書中責任人的署名格式悉依給皇帝上疏的規矩執行。如此處，"詳校官"系潘曾起在校勘文溯閣四庫全書時的官職，"臣"字原用小號字書寫，以示己之卑微。下行之"總校官編修銜臣王燕緒"，指王燕緒之職爲鈔校文溯閣本四庫全書的校勘總負責人，而他當時的官銜爲編修。

③《清高宗實錄》卷1045載乾隆四十二年十一月丙戌乾隆皇帝諭旨："此後總裁等，於每十本內抽閱二本，黏貼總裁名簽。其未經抽閱者，於書內黏貼總校名銜。如有錯誤，各無可諉等語。所奏自屬可行。嗣後四庫館校閱各書。即著照此辦理。"則此書經總校官抽閱過。

欽定四庫全書　史部(一)
長安志圖　地理類(二)古蹟之屬

(一)文淵閣本"部"字後增"十一"二字，意爲史部第十一類"地理類"。

(二)"類"字後，文淵閣本有"七"字。

提 要①

臣等謹案：《長安志圖》三卷，元李好文撰。好文，字惟中，東明人。至治元年進士，官至光祿大夫河南行省平章政事，致仕給翰林學士承旨一品祿，終其身。事蹟具《元史》本傳。此書結銜稱陝西行臺御史，考本傳稱：好文至正元年自國子祭酒改陝西行臺治書侍御史，尋遷河東道廉訪事(一)使(二)，又稱，至正四年仍除陝西行臺治書侍御史，六年始除侍講學士。此書蓋再任陝西時作也。

(一)"事"，文淵閣本無。

(二)"使"，文淵閣本作"史"，誤。《總目》作"使"。

《自序》稱：圖舊有碑刻，元豐三年呂大防爲之跋，謂之《長安故圖》，蓋(一)即陳振孫所稱《長安圖記》，大防知永興軍時所訂者。好文因其舊本，芟除訛駁，更爲補訂者，如(二)漢之三輔及元奉元所屬者附入。凡漢唐宮闕、陵寢及渠涇沿革制度，皆在焉。總爲(三)圖二十有二，其中

① 《提要》系指四庫全書整理者所做該書的作者、時代、成書情況、內容，及有關問題考辨等的介紹文字。《提要》鈔於各書之書首，稱書前提要。另外四庫全書總纂對全部提要進行整齊修改，編刊成《四庫全書總目》(又稱《四庫全書總目提要》)，有中華書局1965年版。

《渠涇圖説》詳備明晰，尤有裨於民事，非但考古蹟、資博聞也。本傳載所著有《端本堂經訓要義》十一卷、《歷代帝王故事》一百六篇，又有《大寶録》、《大寶龜鑑》二書，而不及此圖。《元史》踈(四)漏，此亦一端矣。

(一)“盖”，文淵閣本爲“葢”，異體字。

(二)“者如”，《總目》及文淵閣本皆作“又以”。

(三)“爲”，文淵閣本爲“序”。《總目》爲“爲”。

(四)“踈”，文淵閣本爲“疎”字。

此本乃明西安府知府李經所録，列於宋敏求《長安志》之首，合爲一編。然好文是書本不因敏求而作，強合爲一，世次紊越，既乖編錄之體，且圖與志兩不相應，尤失古人著書之意。今仍分爲二書，各著於録。《千頃堂書目》載此編作《長安圖記》(一)，此本題曰《長安志圖》，疑李經與《長安志》合刋，改題此名。然今未見好文原刻，而《千頃堂書目》傳寫多訛，不盡可據。故今仍以《長安志圖》著錄，而附載其異同於此。備考核焉。

乾隆四十七年十一月(二)恭校上。

總纂官臣紀昀、臣陸錫熊、臣孫士毅

總校官臣陸費墀

(一)“《長安圖記》”後，《總目》增“於本書爲合”五字。

(二)“乾隆四十七年十一月”，文淵閣本爲“乾隆四十六年六月”。

長安志圖原序

關中天府之邑，土居上游，古稱天地奥區神皋。周及漢、唐都之，子孫皆數百歲。雖其積累深厚，亦曰神器之大措之善也。觀其創業垂統，規模宏廓，分郊畫畿(一)，制作詳密。城郭宫室之巨麗，市井風俗之阜繁，山川靈跡之雄偉奇譎，史冊所書，稗官所記，文人碩士之揄揚頌嘆。習而誦之，如談蓬壺閬，苑鈞天帝居，使人耳可得聞，目不可得而覩也。闕(二)①　　　　　　　圖，見示當時弗能盡曉，茫然闕(三)　　之。

(一)畿，文淵閣本爲"幾"，誤。

(二)闕，文淵閣本爲"原闕十三字"。

(三)闕，文淵閣本爲"原闕五字"。

及來陜右，由潼關而西至長安，所過山川城邑，或遇古跡，必加詢訪。嘗因暇日出至近甸，望南山、觀曲江，北至故漢城，臨渭水而歸。數十里中，舉目蕭然，瓦礫蔽野，荒基壞堞，莫可得究。稽諸地志，徒見其名，終亦不敢質其所處。因求昔所見之圖，久乃得之。於(一)是取志所載宫室、池苑、城郭、市井，曲折方向皆可指識瞭然，千百世全盛之迹如身履而目接之。圖舊有碑刻，亦嘗鋟附《長安志》後，今皆亡之。有宋元豐三年龍圖待制吕公大防爲之跋。且謂之《長安故圖》，則是前志圖固有之(二)。其時距唐世未遠，宜其可據而足徵也。然其中或有後人附益者，往往不與志合。因與同志較其訛駁，更爲補訂，釐爲七圖。又以漢之三輔，及今奉元所治，古今沿革廢置不同，名勝古迹(三)不止乎是，涇渠之利，澤被千世，是皆不可遺者，悉附入之。總爲圖二十有二，名之曰《長安志圖》。明所以圖爲志設也。

(一)於，文淵閣本爲"于"字，異體字。

(二)是前志圖固有之，文淵閣本爲"此圖前世固有之"。

(三)迹，文淵閣本爲"跡"。查本段有另一"迹"字，文淵閣本不應同一字用不同寫法。

---

① 闕，後邊空數格，意爲原底本有缺字。下同。

嗚呼！廢興無常，盛衰有數，天理人事之所關焉。城郭封域，代因代革，先王之疆理寓焉。溝洫之利，疏溉之饒，生民之衣食繫焉。觀是圖者(一)，則(二)夫有志之士游意當世，將適古今之源流(三)，生民之澤，不無有助。豈特山林逃虛，悠然遐想，升高而賦者，以資見聞而已哉。

至正二年①秋九月朔 中順大夫陝西諸道行御史臺治書侍御史東明李好文序

(一)者，文淵閣本爲“也”字。

(二)則，文淵閣本爲“凡”字。

(三)源流，文淵閣本爲“宜流”。

① 至正二年，至正爲元朝惠宗年號，至正二年當公元1342年。

欽定四庫全書　長安志圖卷上目録

元 李好文 撰(一)

(一)元李好文撰，文淵閣本無此五字。

漢三輔圖
奉元城圖(一)
太華圖
漢故長安城圖(二)
唐禁苑圖
唐大明宫圖(三)
唐宫城圖(四)
唐城市制圖(五)
城南名勝古跡圖
唐驪山宫圖上(六)
唐驪山宫圖中
唐驪山宫圖下(七)

(一) 奉元城圖，畢沅校正本爲“奉元州縣圖”。

(二) 漢故長安城圖，畢沅校正本下增“唐宫城坊市總圖”。

(三)“唐大明宫圖”下，文淵閣本增“東内苑附”四小字。

(四) 唐宫城圖，畢沅校正本無“城”字。又畢沅校正本下增“唐皇城圖”、“唐京城坊市圖”，然後無此二圖。

(五)唐城市制圖，文淵閣本爲“城市制度”四字，畢沅校正本爲“唐城市制度圖”。又畢沅校正本下增“奉元城圖”。

（六）唐驪山宮圖上，畢沅校正本有驪山宮圖上中下三幅，但目録僅有“唐驪山宮圖”1行。

（七）“唐驪山宮圖下”頁末，文淵閣本增“長安志圖卷上目録”八字。

漢三輔圖

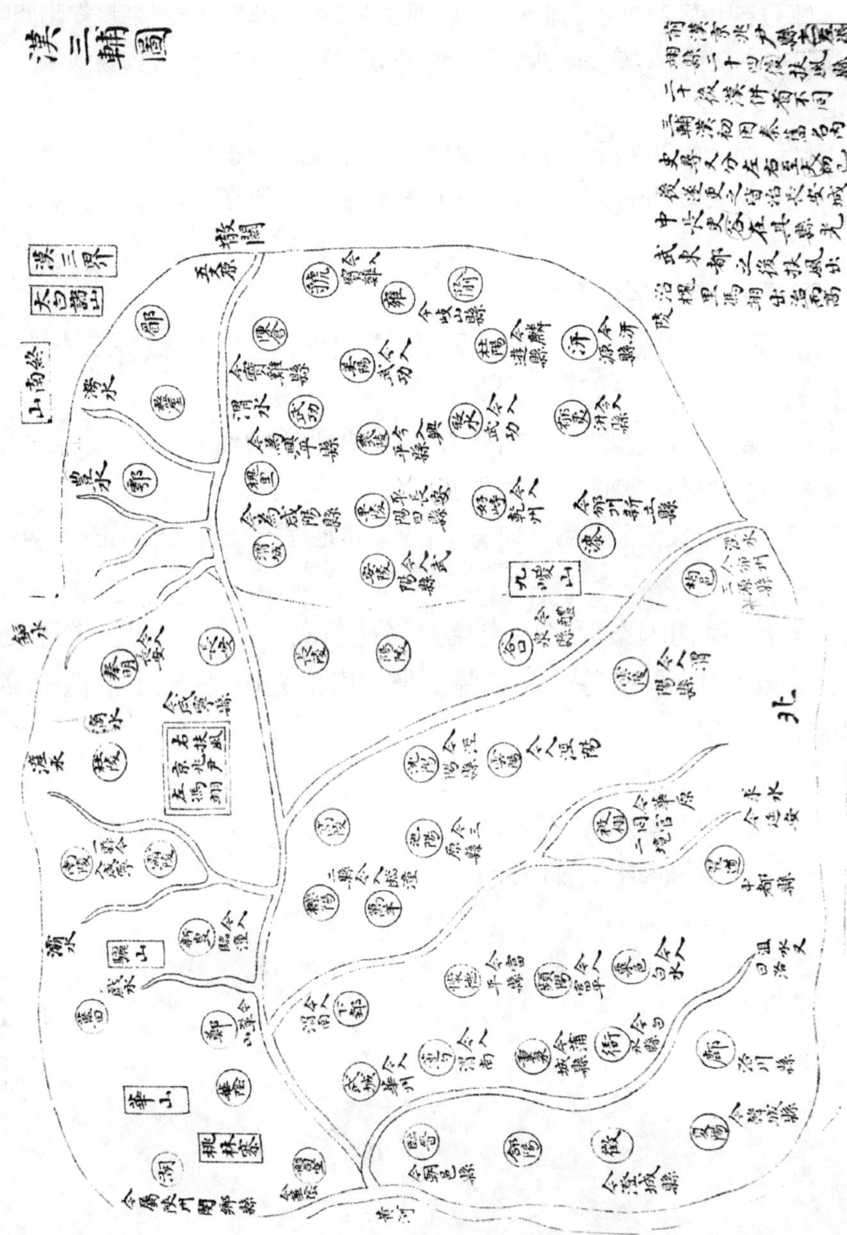

圖內所標地名文字校勘：

（一）卷上葉2A左上“豊水”，應爲“豐水”，“豊”爲“豐”之俗體字。

（二）卷上葉2A圖中部“隃”，文淵閣本爲“隃縣”二字。

（三）卷上葉2A左下，“栒邑，今邠州三源縣”，“源”字，文淵閣本爲“原”字，“三源縣”長安縣誌局印畢沅校正《長安志圖》爲“三水縣”，正。

（四）卷上葉2A“漢三輔圖”中，中部偏左2行“平陵”下注“平長安陽四縣”，文淵閣本注文爲“平安長陽四縣”諸字，畢沅校正本爲“平安入長陽兩縣”，不知孰是。

（五）卷上葉2B右上，“銅水”，文淵閣本爲“滈水”，正。

（六）卷上葉2B右上，“滴水”，文淵閣本爲“潏水”，正。

圖內說明文字校勘：

前漢京兆尹縣十一[一]，左馮翊縣二十四，後[二]扶風縣二十[三]。後漢併省不同。

（一）縣十一，文淵閣本爲“十二”，按《漢書地理志》爲十二，正。

（二）後扶風，文淵閣本爲“右扶風”，正。

（三）二十，文淵閣本爲“二十一”，按《漢書地理志》爲二十一，正。

三輔，漢初因秦舊名內史，尋又分左、右。至大[一]初已後遂更之，皆治長安城中，長吏谷[二]在其縣。光武東都之後，扶風出治槐里，馮翊出治而[三]高陵。

（一）大初，文淵閣本爲“太初”，正。

（二）谷，文淵閣本爲“各”，正。

（三）而，文淵閣本無“而”字，正。

奉元城圖

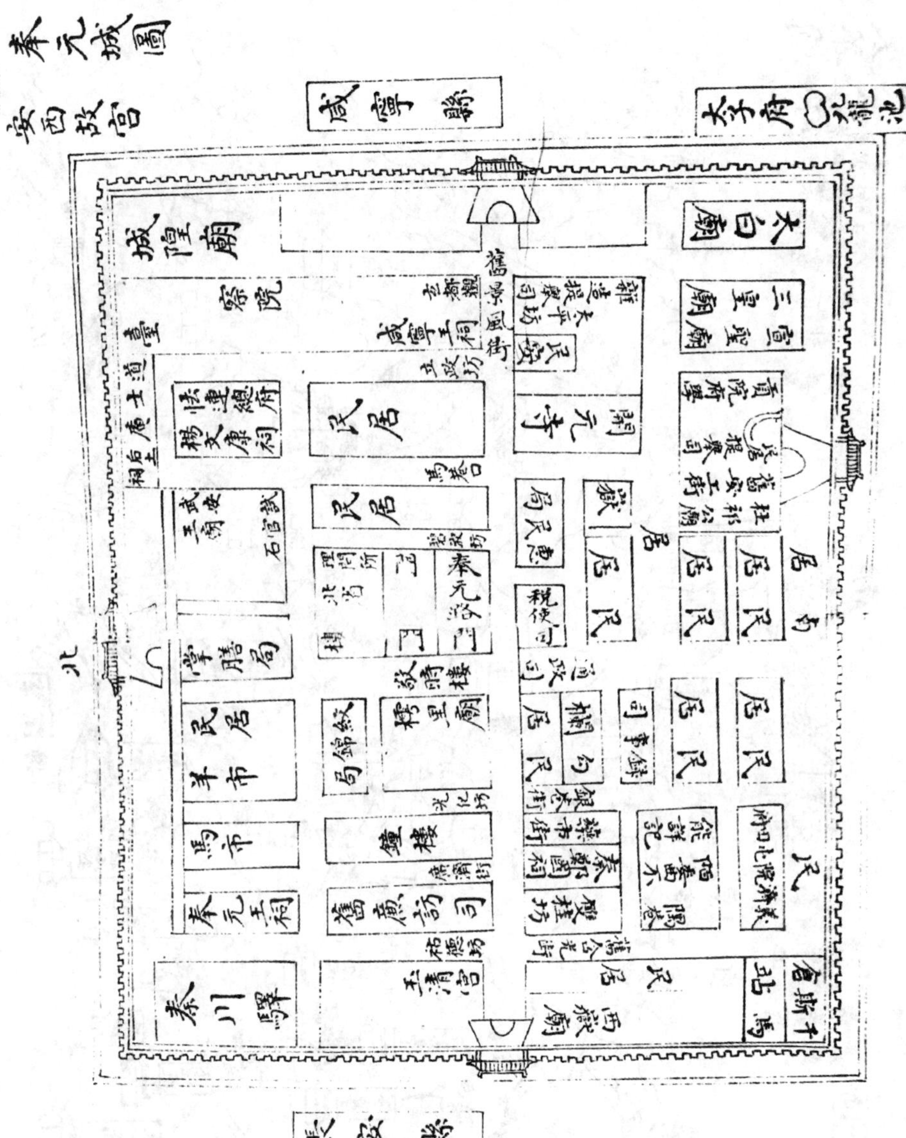

太華圖

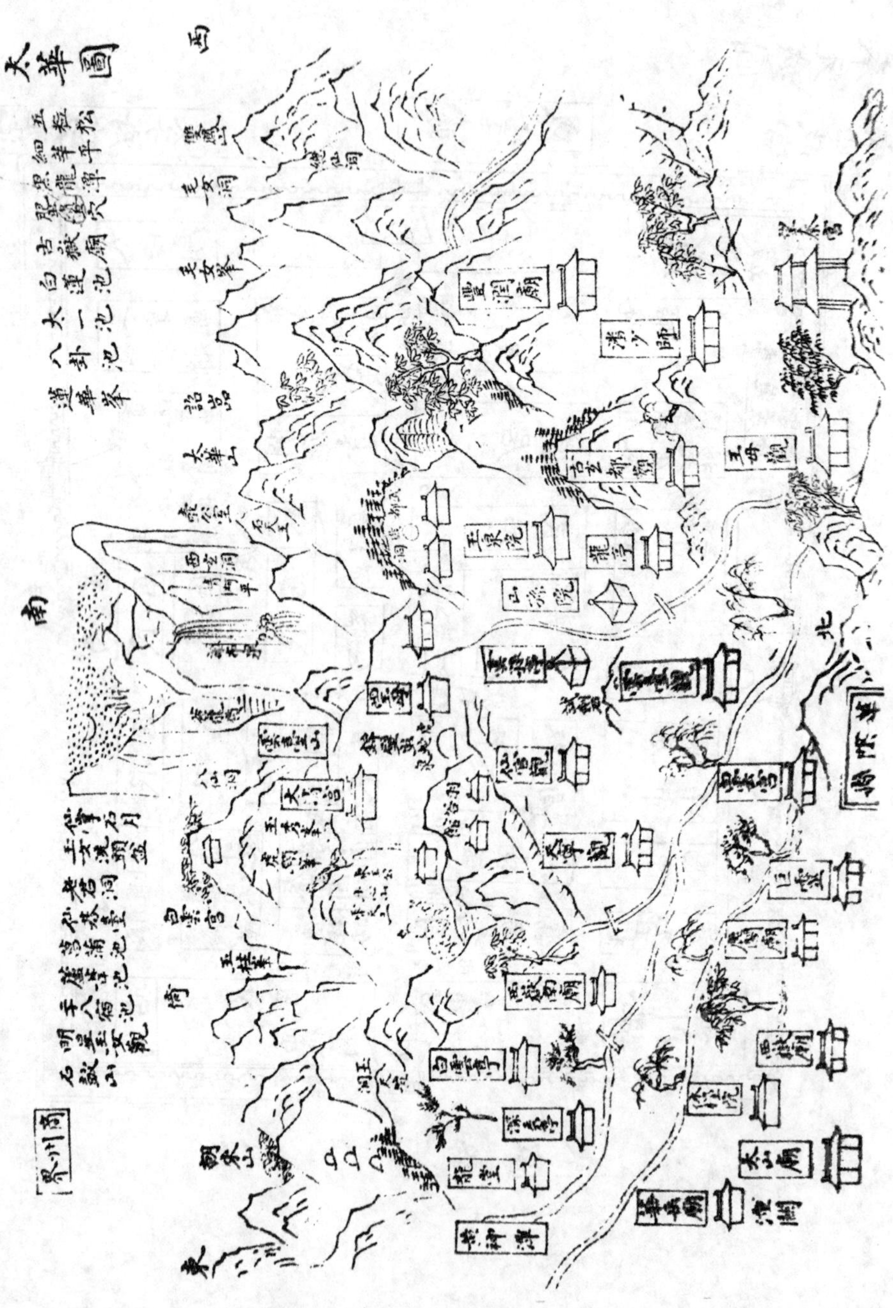

漢故長安城圖

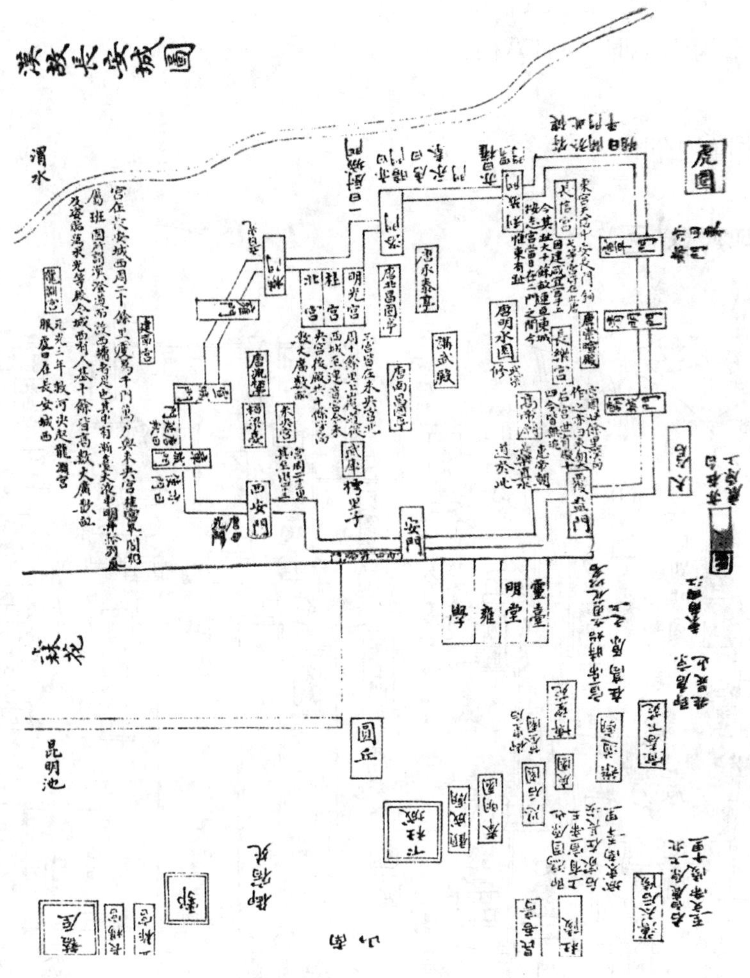

漢城，惠帝時築，後趙石虎亦嘗修之。城在今奉元路西北十二里。符魏[(一)]、西魏宇文皆都之。隋開皇三年，遷都龍首川[(二)]，此城遂廢。至今民呼猶曰楊家城。在唐隸禁苑，置四監其中，掌園囿種植之事。故其宫室因漢舊而葺焉。

(一)符魏，文淵閣本爲"苻秦"，正。

(二)龍首川，文淵閣本有6小字注"《通鑑》作龍首山"。

城制南爲[(一)]斗形，北爲北斗形。週六十五里，十二城[(二)]門，街[(三)]、九陌、九市、十一里，計地九百七十三頃。其街陌等名，並載志書，此不具録。

(一)爲，文淵閣本後有“南”字，正。

(二)十二城，畢沅校正本缺“城”字。

(三)街，文淵閣本爲“八街”，正。

唐禁苑圖內苑附(一)

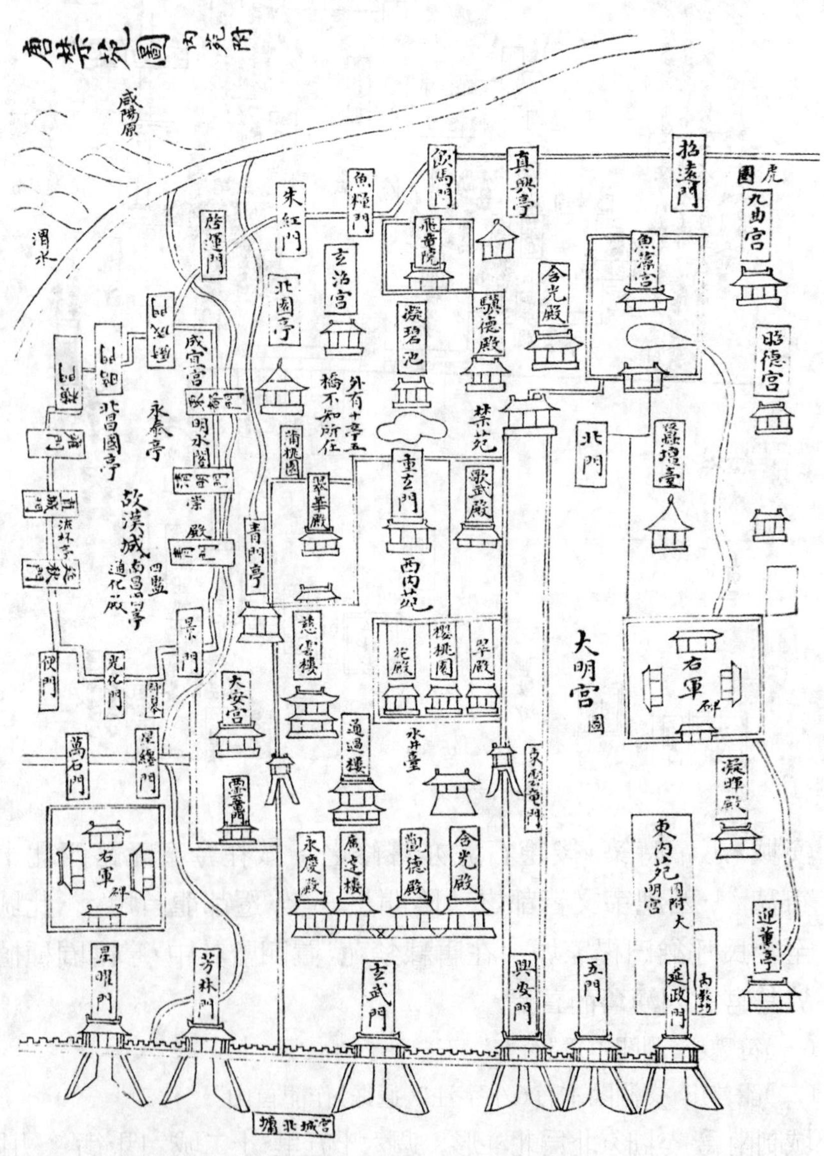

(一)內苑附，文淵閣本無此三字。

唐大明宮圖東內苑附

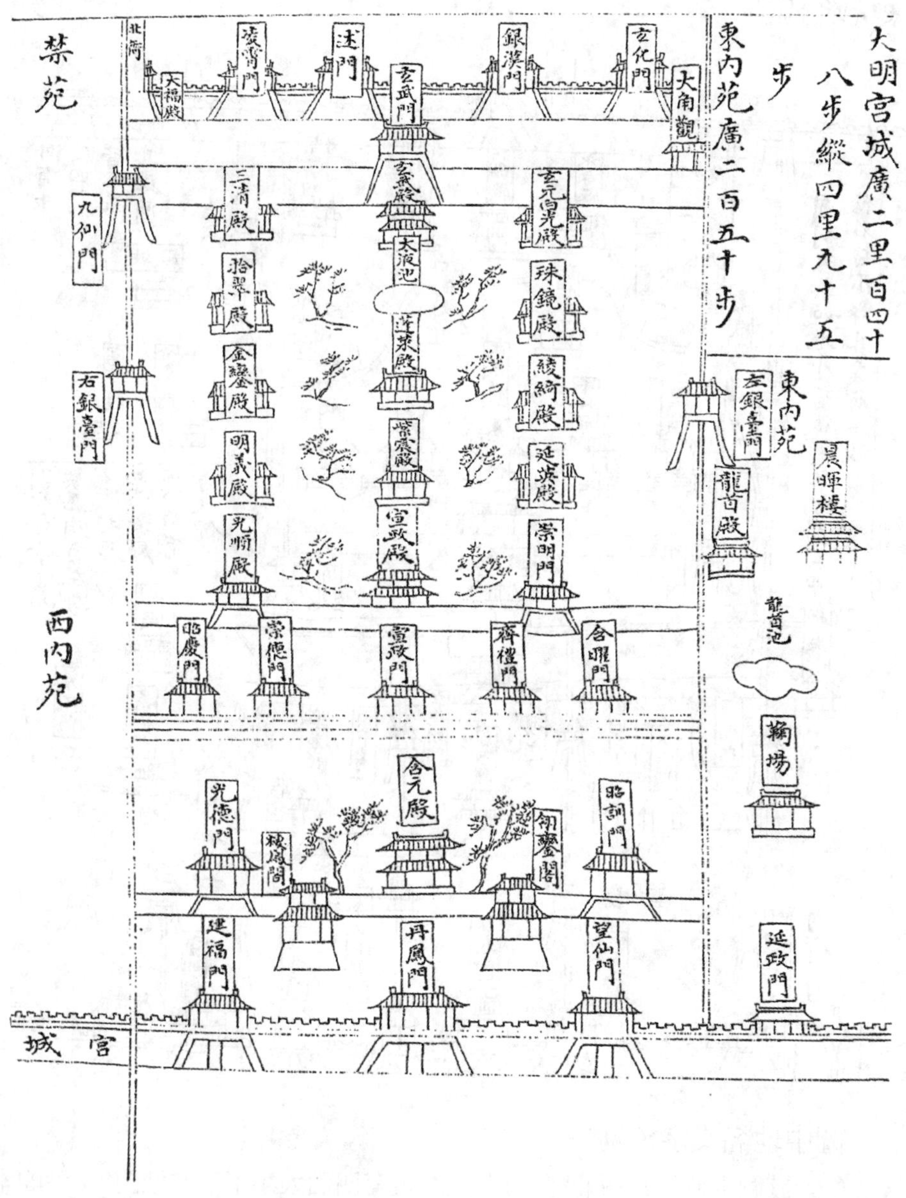
唐大明宮圖 東內苑附
大明宮城廣二里百四十八步縱四里九十五步
東內苑廣二百五十步
禁苑
西內苑
宮城
凌霄門
玄武門
銀漢門
玄化門
大福殿
大角觀
九仙門
右銀臺門
三清殿
拾翠殿
金鑾殿
明義殿
光順門
太液池
蓬萊殿
紫宸殿
宣政殿
珠鏡殿
綾綺殿
延英殿
崇明門
昭慶門
崇德門
宣政門
齊禮門
含耀門
東內苑
左銀臺門
龍首殿
晨暉樓
龍首池
鞠場
含元殿
光德門
棲鳳閣
翔鸞閣
昭訓門
建福門
丹鳳門
望仙門
延政門

唐宮城圖

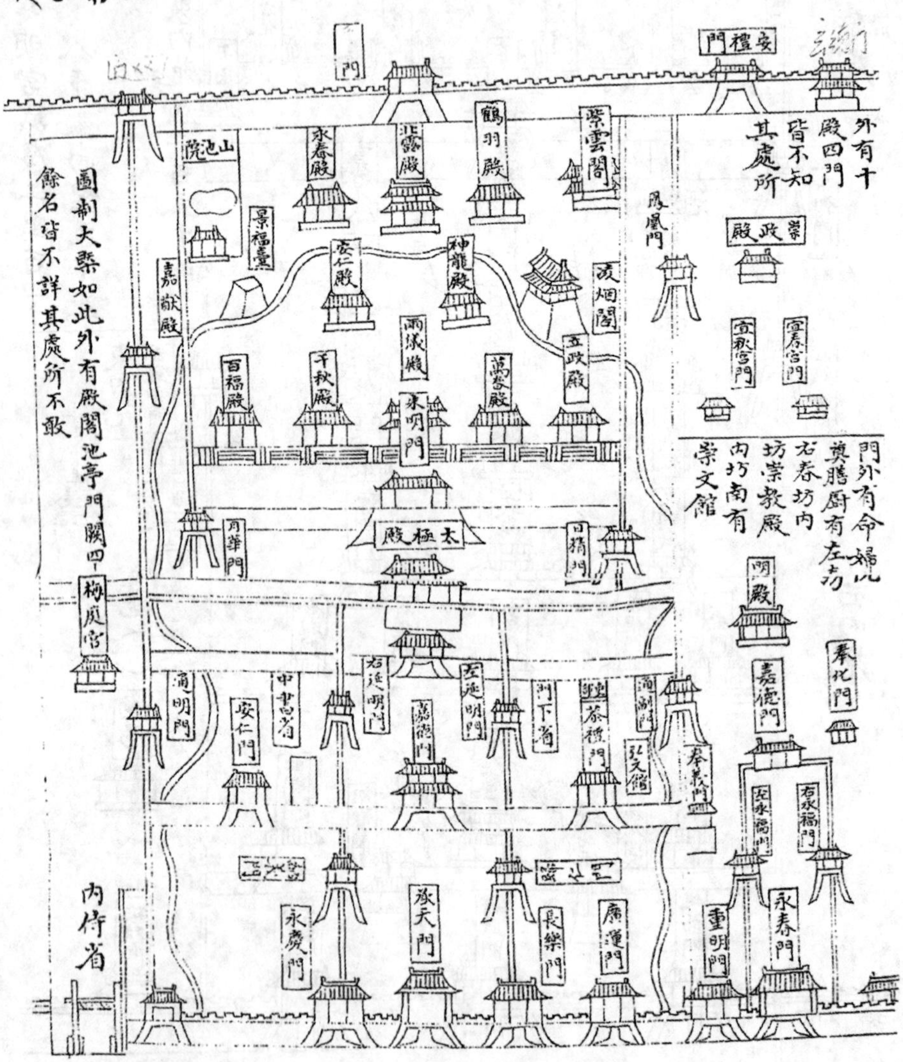

圖中地名文字校勘：

（一）該圖上側爲宫城北牆，自右往左畫有四個大小不一的城門，文溯閣本僅右起第二門書爲“安禮門”，右第三門書爲“□□門”，其他兩門未書門名。畢沅校正本亦僅書此二城門名，右第三門爲“元武門”。文淵閣本四門全書有名，右起第一門爲“玄德門”，右第二門“安禮門”，右第三門“玄武門”，右第四門“嘉猷門”。

（二）圖右側中題字第2行“奠膳”，文淵閣本爲“典膳”，正。

城市制度圖（一）

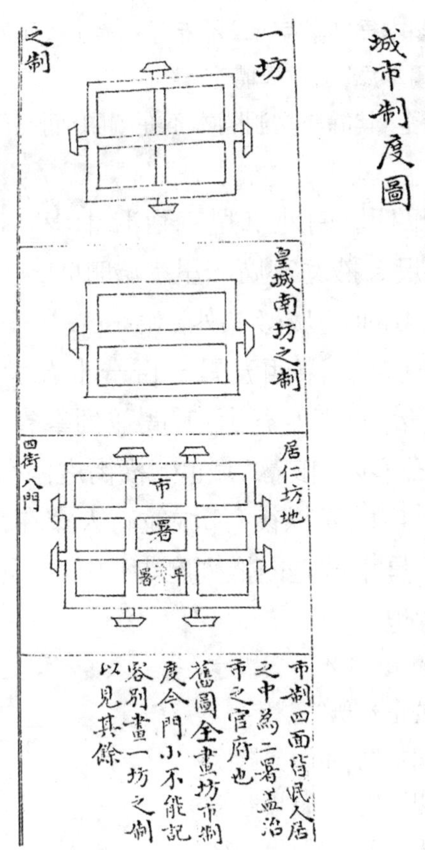

圖中文字校勘：

（一）圖，文淵閣本、畢沅校正本皆缺佚“圖”字。

（二）圖有三層，其最下一層圖中間下文溯閣本爲“平□署”，缺佚一字，據文淵閣本爲“平準署”。

圖中說明文字校勘：

市制，四面（一）皆民（二）人居之，中爲二署，蓋治市之官府也。

（一）面，文淵閣本爲“靣”字，異體字。

（二）民人，文淵閣本爲“市人”，文淵閣本系避唐太宗名諱而改字。

舊圖全畫[一]坊市制度，今門[二]小不能記，容别畫[三]一坊之制以見其餘。[四]

(一)畫，文淵閣本爲"畵"，異體字。

(二)門，文淵閣本爲"圖"字，二者皆可。畢沅校正本爲"閒"字，誤。

(三)畫，文淵閣本爲"畵"，異體字。

(四)自"市制"至"其餘"，文淵閣本不在圖内，而另行列入正文。

宫城 東西四里，南北二里二百七十步[一]，周十三里一百八十步。其崇三丈五尺。掖庭宫廣一里。隋開皇三年六月詔：規建制度，先築宫城，次築(以下卷上葉10B)皇城，次築外郭城。

皇城 亦曰子城。東西五里一百一十五步，南北三里一百四十一[二]步[三]。南北七街，東西五街，其間並列臺省寺衛。承天門外有東西大街，南北廣三百步[四]限隔二城也。横街之南有南北大街，東西廣百步[五]即朱雀門街。自兩漢以後，都城並有人家在宫闕之間。隋文帝以爲不便於事，於[六]是皇城之内惟列府寺，不使雜居。公私有辨，風俗齊整，實隋文之新意也。

(一)步，文淵閣本爲"歩"，異體字。

(二)一，畢沅校正本無"一"字。

(三)步，文淵閣本爲"歩"，異體字。

(四)步，文淵閣本爲"歩"，異體字。

(五)步，文淵閣本爲"歩"，異體字。

(六)於，文淵閣本爲"于"字，異體字。

(以下卷上葉11A)

外郭城 東西一十八里一百一十五步[一]，南北一十五里一百七十五步[二]，週六十七里。其崇一丈八尺。唐外郭城東西南面[三]各一[四]門，直十一街，横十四街。當皇城朱雀門曰朱雀街，亦曰天門街。南直明德門，南北九里一百七十五步[五]，縱十二街，各廣百步[六]。其[七]城之南横街十，各廣四十七步[八]。皇城左右各横街四三，街各廣六十步[九]。一街直安福延喜門，廣百步[十]。

(一)步，文淵閣本爲"歩"，異體字。

(二)步，文淵閣本爲"歩"，異體字。

(三)面，文淵閣本爲“靣”字，異體字。

(四)各一，畢沅校正本爲“各二”。

(五)步，文淵閣本爲“歩”，異體字。

(六)步，文淵閣本爲“歩”，異體字，畢沅校正本爲“步許”。

(七)其，文淵閣本爲“皇”字，皆可。畢沅校正本無“其”字亦無“皇”字。

(八)步，文淵閣本爲“歩”，異體字。

(九)步，文淵閣本爲“歩”，異體字。

(十)步，文淵閣本爲“歩”，異體字。

夾城　玄[一]宗以隆[二]慶坊爲興慶宫，附外郭。爲複道，自大明宫潛[三]通此宫及曲江芙蓉園。又十宅皇子，令中官押之，於夾城起居西[四]外郭廡。後宣宗於夾城南頭開便門，自芙蓉園北入青龍寺，(以下卷上葉11B)俗號新開門。杜牧之詩：六龍南幸芙蓉苑，十里飄香入夾城。謂此。

(一)玄，文淵閣本同，爲避康熙皇帝玄燁名諱而將玄字缺末筆。

(二)隆，文淵閣本爲“隆”字，異體字。

(三)潛，文淵閣本爲“潜”字，異體字。

(四)西，畢沅校正本同，文淵閣本爲“在東”。

坊市　總一百一十區。萬年、長安以朱雀街爲界街，東五十四坊及東市萬年領之，街西五十四坊及西市長安領之。皇城之東盡東郭東、西三坊，皇城之西盡西郭東、西三坊。南北街一十四坊，象一年並閏。每坊皆開四門，中有十字街，四出趣門。皇城之南，東西四坊以象四時，南北九坊取《周禮》王城九逵之制。其九坊，但開東西二門，中有横街而已。蓋以在宫城正南，不(以下卷上葉12A)欲開北街洩氣以衝城闕。棊布櫛比，街衢繩直，自古帝京未之比也。

城圖云：皇城之南三十六坊，各東、西二門，縱各三百五十步[一]。中十八坊，各廣三百五十步[二]。外十八坊，各廣四百五十步[三]。皇城左右共七十四坊，各四門，廣各六百五十步[四]。南六坊，縱各五百五十步[五]。北六坊，縱各四百步[六]。市居二坊之地，方六百步[七]，面[八]各二門。四面[九]街各廣百步[十]。

(一)步，文淵閣本爲“歩”，異體字。

(二)步，文淵閣本爲“歩”，異體字。

(三)步，文淵閣本爲“歩”，異體字。

(四)步，文淵閣本爲“歩”，異體字。

(五)步，文淵閣本爲“歩”，異體字。

(六)步，文淵閣本爲“歩”，異體字。

(七)步，文淵閣本爲“歩”，異體字。

(八)面，文淵閣本爲“靣”，異體字。

(九)面，文淵閣本爲“靣”，異體字。

(十)步，文淵閣本爲“歩”，異體字。

(以下卷上葉12B)

渠水　一曰龍首渠。自城東南導滻至長樂坡，釃[①]爲二渠，一北流入苑，一經通化門、興慶宮，由皇城入太極宮。二曰永安渠。導交水自大安坊西街入城，北流入苑，注渭。三曰清明渠。導坈(一)水，自大安坊東街入城，由皇城入太極宮。

(一)坈，畢沅校正本爲“泬”字。

呂氏曰：隋氏設都，雖不能盡循先王之法，畦分碁布，閭巷皆中繩墨，坊有墉，墉有門。逋亡姦僞，無所容足。而朝廷宮寺、民(一)居市區，不復相參。亦一代之精制也！(以上卷上葉13A)唐人蒙之以爲治，更數百年不能有改，其功亦豈小哉！隋文有國纔二十二年，其剗除不廷(二)者非一國，興利後世者非一事，大趣皆以恵(三)民爲本，躬決(四)庶務未嘗逸豫，雖古聖人夙興待旦，殆無以過。惜其不學無術，故不能追三代之盛。予因考證《長安故圖》，觀呂氏此言，是圖之作，其來尚矣。愛其制度之密，而勇於(五)敢爲，且傷唐人冒(六)疾，史氏沒其實。聊記於(七)後。元豐三年五月五日，龍圖閣待制、知永興軍府事、汲郡呂大防(八)題。京兆府戸曹(以下卷上葉13B)參軍劉景陽按視，并州觀察推官呂大臨檢定，鄜州觀察友(九)使石蒼舒書。

(一)民，畢沅校正本爲“門”字，誤。

(二)廷，文淵閣本爲“庭”，亦可。

(三)恵，文淵閣本爲“惠”，異體字。

① “釃”爲分流之義。

（四）决，文淵閣本爲“決”，異體字。

（五）於，文淵閣本爲“于”字，異體字。

（六）冒，文淵閣本爲“媢”字。

（七）於，文淵閣本爲“于”字，異體字。

（八）吕大防，畢沅校正本爲“吕大坊”，誤。

（九）友，文淵閣本無“友”字，畢沅校正本增“右”字。

跋[一]語：此圖舊有碑刻，在京兆府公署。兵後失之，有雷德元、完顏椿者訪得碑本，訂補復完，命工鋟梓，附于[二]《長安志》後。壬子年中秋日，合[三]口邳邦用跋。

（一）跋，文淵閣本爲“䟦”，異體字。

（二）于，文淵閣本爲“於”，異體字。

（三）合，畢沅校正本爲“谷”字。

新城　唐天祐元年，匡國節度使韓建築。時朱全忠遷昭宗于洛，毀長安宫室、百司及民廬舍，長安遂墟。建遂去宫城，又去外郭城，重修子城。即皇城也。南閉朱雀門，又（以下爲卷上葉14A）閉延喜、安福門。北開玄[一]武門，是爲新城，即今奉元路府治也。城之制，内外二重，四門，門各三重。今存者，惟二重，内重其趾[二]尚在。東西[三]又有小城二，以爲長安、咸寧縣治所。

（一）玄，文淵閣本同，爲避康熙皇帝玄燁名諱而將玄字缺末筆。

（二）趾，文淵閣本爲“址”字，畢沅校正本爲“阯”。

（三）東西，畢沅校正本無“東”字。

謹按：長安、京兆，自聖朝定鼎以來，四海一統[一]，奄有天下，初爲京兆府，後爲安西路。至大四年改奉[二]路，中統元年[三]立十路宣撫司，置治於[四]此。改路不知何年。三年立陝西四川行省，至元七年改行尚書省，九年改設王相府，十七年罷王相府，復立行中書省。（以下爲卷上葉14B）一十三年[五]四川分省成都，專立陝西行省。二十八年立行御史臺於雲南，大德元年移置陝西奉元。

（一）自聖朝定鼎以來，四海一統，文淵閣本爲“本朝”二字，當系四庫館臣改。

(二)奉字後，文淵閣本增“元”字，正。

(三)畢沅校正本自“中統元年”至段末皆爲雙行小字。

(四)於，文淵閣本爲“于”字。

(五)一十三年，畢沅校正本爲“一十五年”。

(以下爲卷上葉15AB)

城南名勝古跡圖(一)

(一)畢沅校正本無此圖。

唐驪山宮圖上

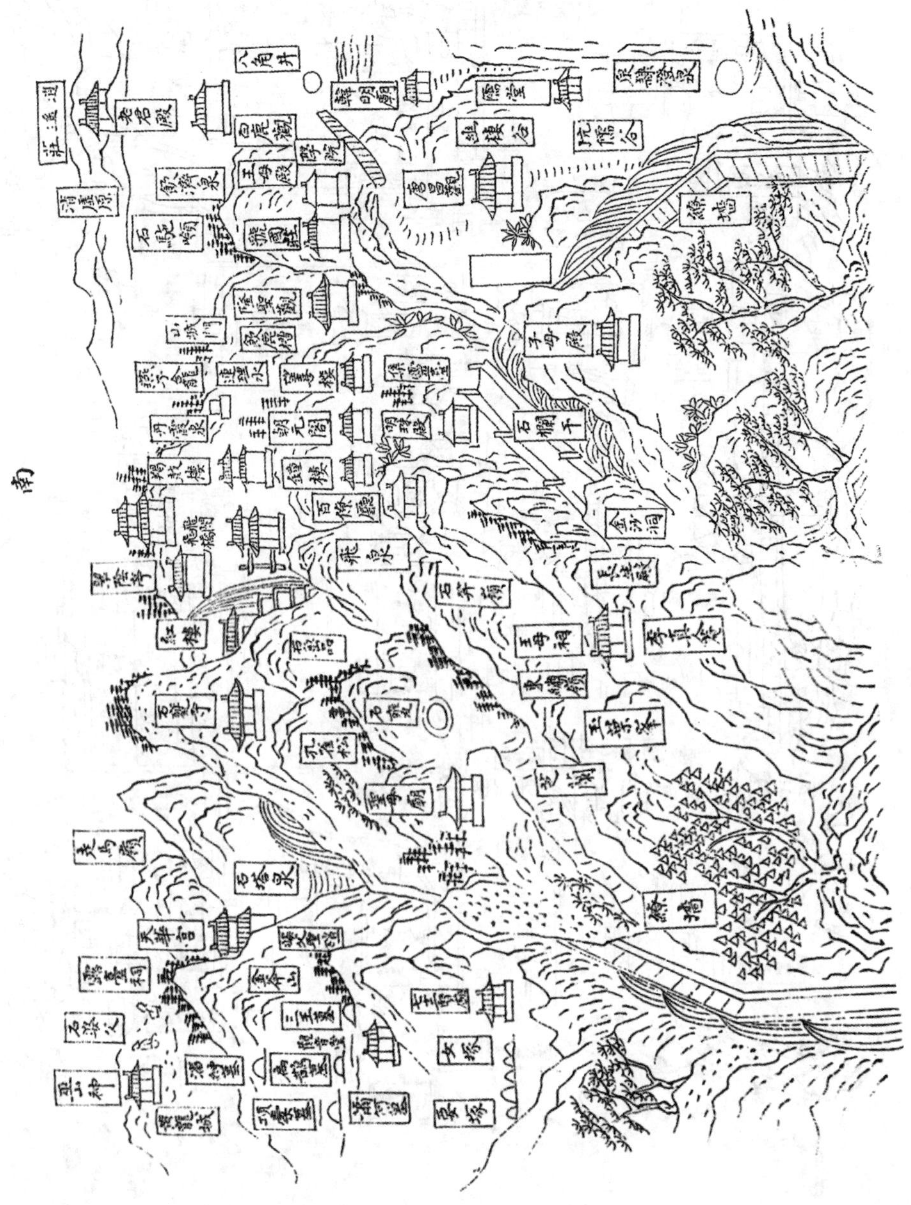

唐驪山宮圖中

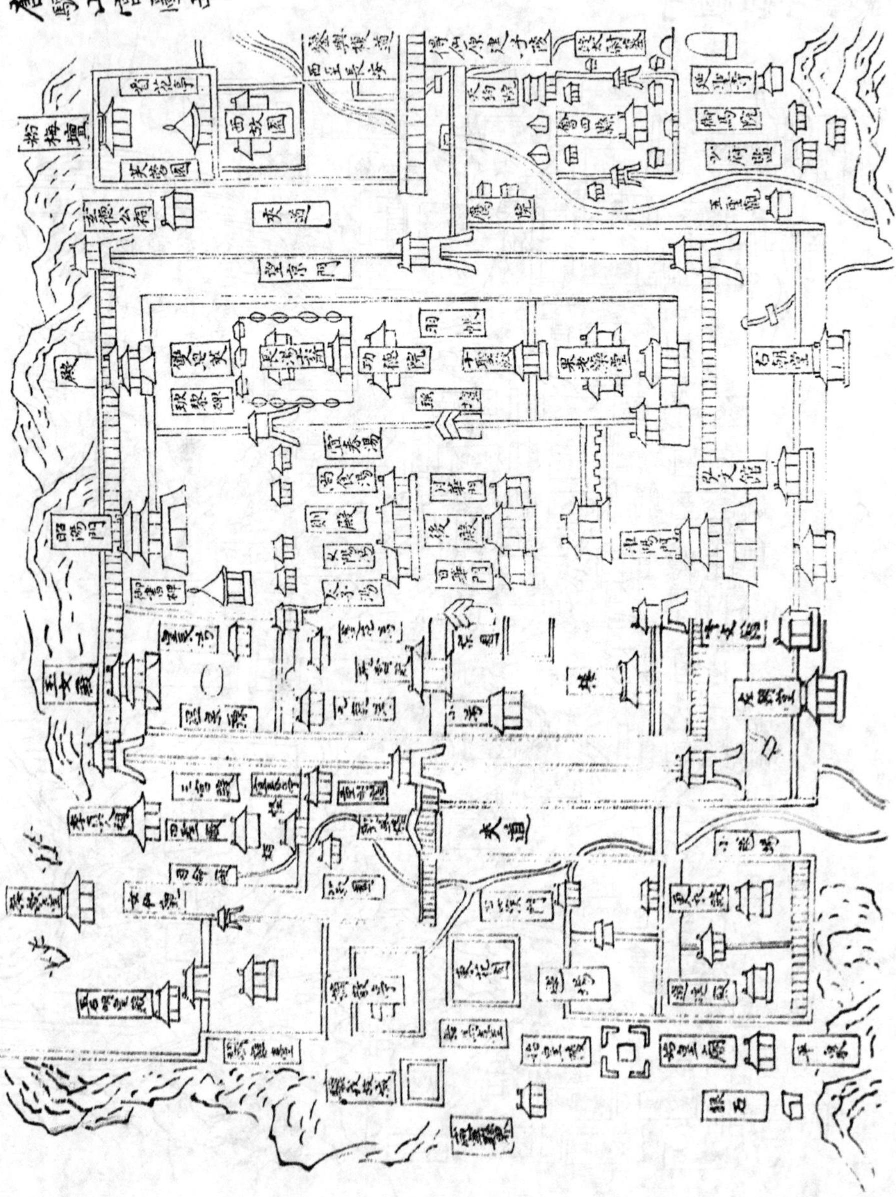

唐驪山宮圖下

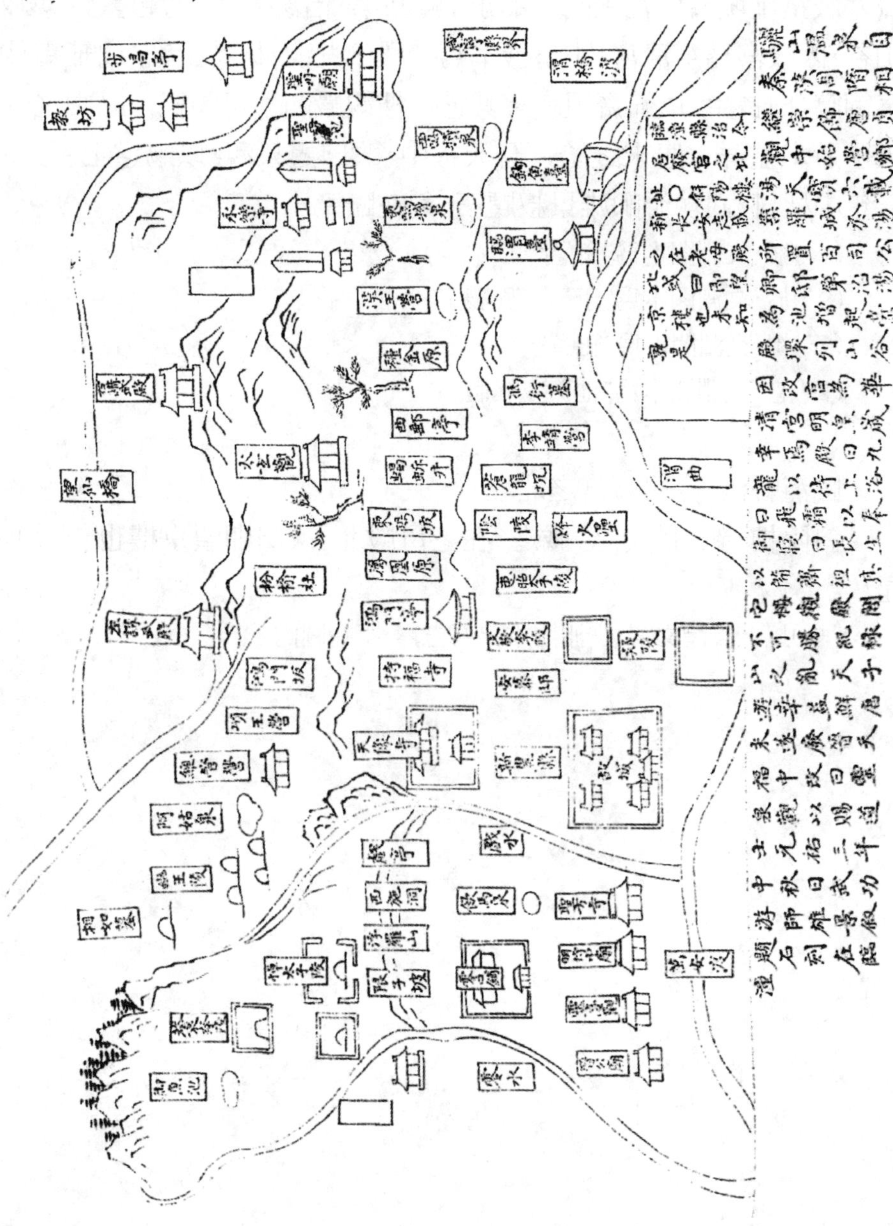

圖内文字校勘:

驪山溫泉,自秦、漢、周、隋相繼崇飾。唐貞觀中始營鄉[一]湯。天寶六載築羅城於[二]湯所,置百司公卿邸第,治湯爲池,增起臺殿,環列山谷,因改宫爲華清宫,明皇歲幸焉。殿曰九龍,以待上浴;曰飛霜,以奉御寢;曰長生,以備齋祖[三]。其它[四]樓觀殿閣不可勝紀。祿山之亂,天子遊幸益鮮。唐末遂廢。晉天福中,改曰靈泉觀,以賜道士。元祐三年中秋日,武功游師雄景叔題石,刻在臨潼。

(一)鄉,文淵閣本爲"御"字,正。

(二)於,文淵閣本爲"于"字,異體字。

(三)祖,文淵閣本爲"祀 "字。

(四)它,文淵閣本爲"他"字,異體字。

臨潼縣治,今居廢宫之北址。

斜陽樓,新《長安志》載之,在老母殿北,或曰即望京樓也,未知孰是。[一]

(一)以上三段文字,文淵閣本另頁書寫,不在圖內。

欽定四庫全書　長安志圖卷中目録

元　李好文　撰(一)

(一)元李好文撰,文淵閣本無此五字。誤。

咸陽古跡圖

唐昭陵圖上(一)

唐昭陵圖下(二)

唐建陵圖

唐乾陵圖

唐陵圖説

圖志雜説一十八篇(三)

(一)上,文淵閣本、畢沅校正本無"上"字。誤。

(二)唐昭陵圖下,文淵閣本、畢沅校正本無此五字。

(三)目録後有畢沅按語。沅案:此書昭、建二陵圖,即用游師雄昭陵石刻圖,分爲三耳。師雄石刻在今醴泉,然所載陪葬名位,以蜀王愔爲王愔,吴黑爲劉黑闥,閻立德爲閻立本,牛進達爲申進達,仇懷吉(見萬年宫銘碑陰題字)爲仇懷古,公火武達爲孫武達之屬,似因不睹史傳人所書。師雄既謬於前,此又承而不改,何其陋也。今仍其舊,而駁正焉。

咸陽古跡圖

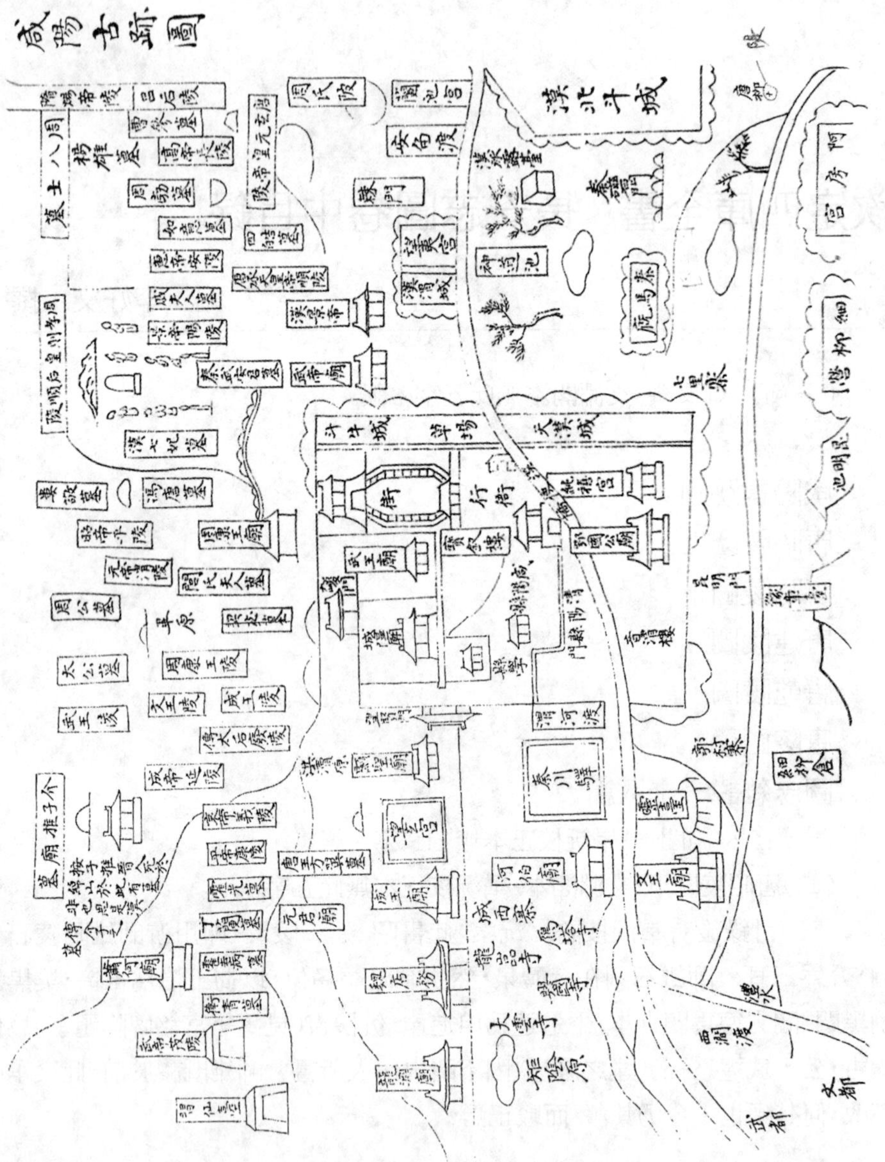

圖中地名校勘

（一）圖之右下“唐柳”二字，文淵閣本爲“唐柳堤”三字。

（二）圖之右下畫有一水池，文淵閣本標名爲“林皇九井”，文溯閣本未標其名。

唐昭陵圖上

圖中地名校勘:

(一)卷中葉3B“唐昭陵圖上”,右上“才人徐氏墓”下畫有一殿房,上方框內書“百”字,文淵閣本書爲“百花寺”三字,畢沅校正本爲“百城寺”。

唐昭陵圖下

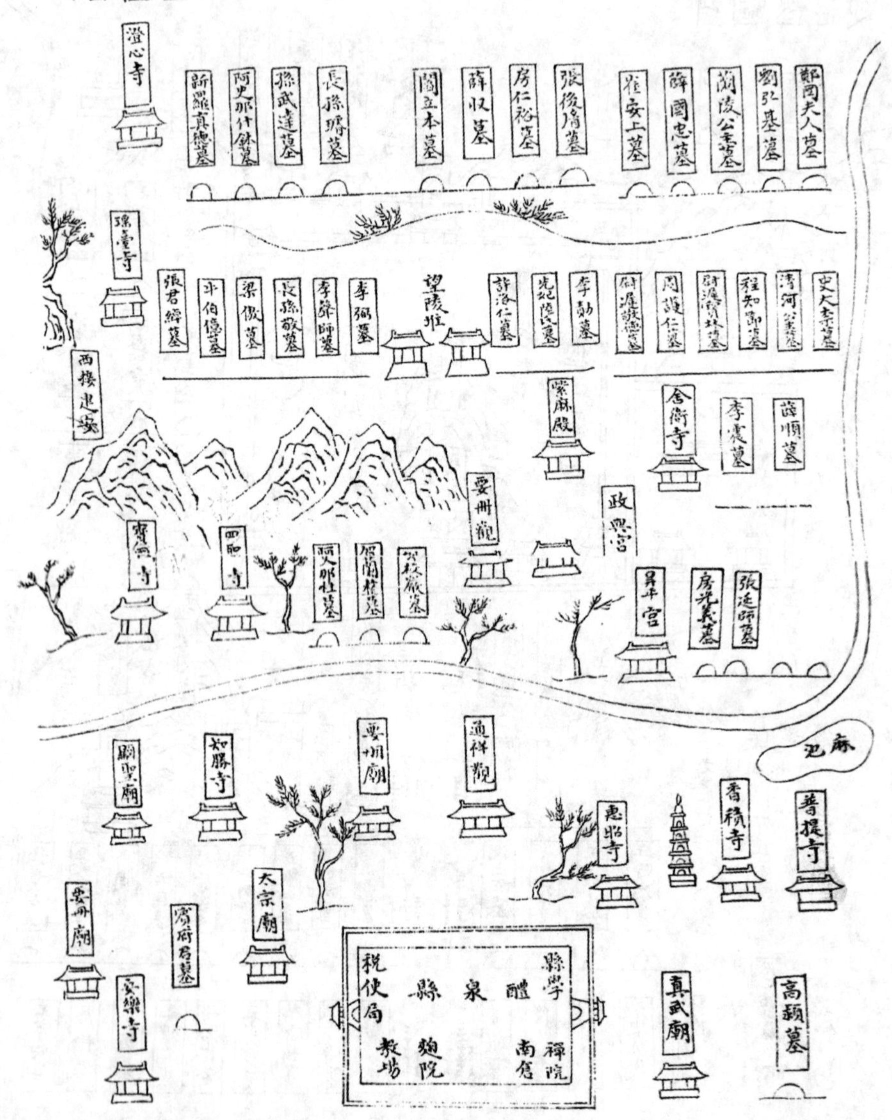

圖中地名校勘：

(一)卷中葉4“唐昭陵圖下”,葉面折頁處左側第一方框內書“寶國寺”,文淵閣本爲“寶林寺”,查《長安志》卷十,應爲寶国寺,文淵閣本誤;折頁處左側第二方框內書“四聖寺”,“四”字,文淵閣本似爲“啓”字,畢沅校正本爲“證”字。

唐肅宗建陵圖

唐肅宗建陵圖
北
泉谷
帝祠
五峯山
承楊山
無勞山
三狗谷
豆盧神
豆盧谷
西水谷
玄武門
武將山
白虎門
建陵
青龍門
石泉谷
朱雀門
宮
肅宗廟
瑤臺寺
顯聖廟
廣通祖院
郭子儀墓
寶國寺
右縣
古城
醴泉縣
昌業寺
慈濟院
甘谷
醴泉
甘河
廟堂廟
顯聖廟
香林觀
淨業寺
石婆谷廟

唐高宗乾陵圖

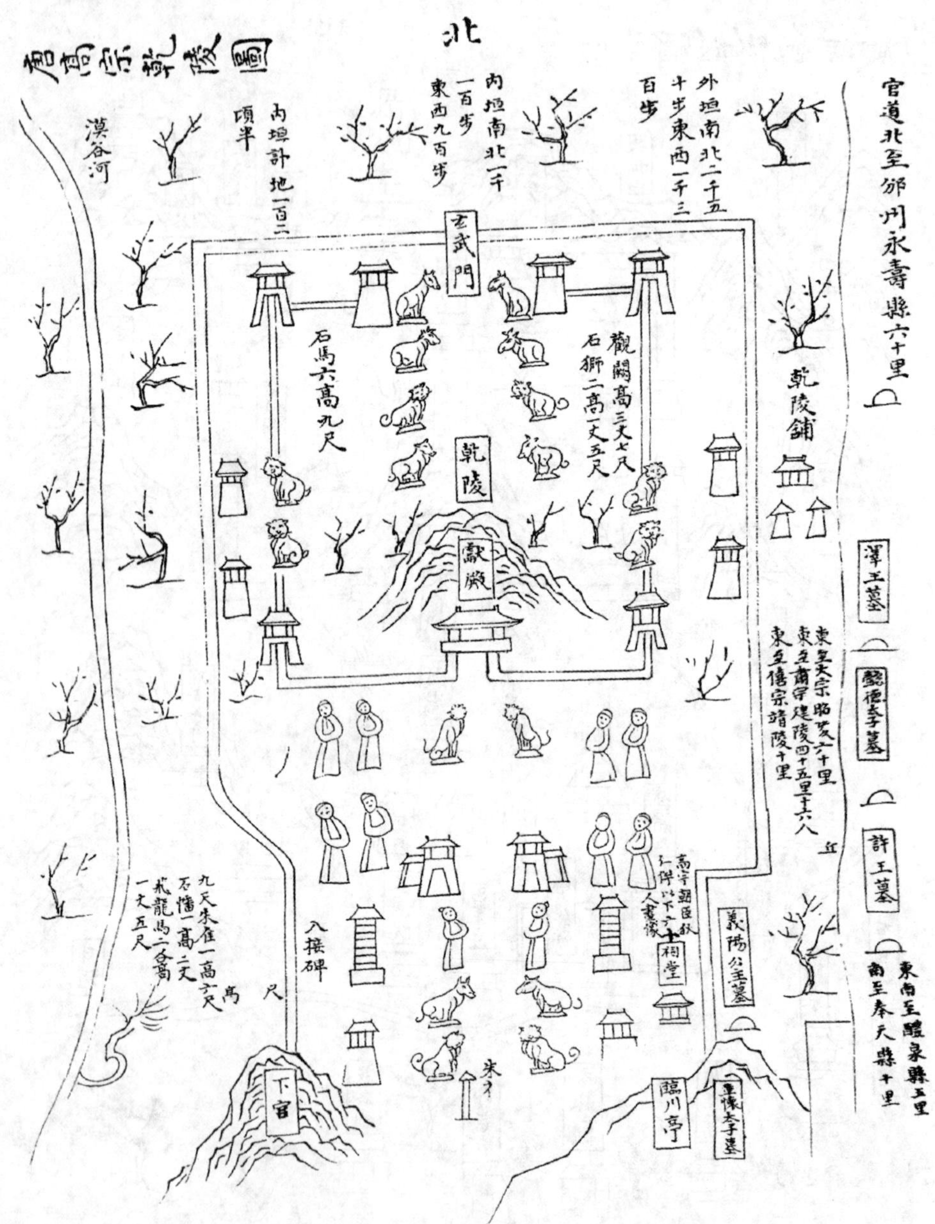

圖中地名校勘：

(一)卷中葉6B“唐高宗乾陵圖”，左中稍下“八接碑”，畢沅校正本同，文淵閣本爲“無字碑”。

（二）卷中葉6B“唐高宗乾陵圖”，正中兩坐獅之間空白處，文淵閣本有“石獅二各高一丈二尺”九字。

（以下爲卷中葉7A）

昭陵圖說（一）諸陵附

（一）說，《金石粹編》卷141，葉1下〔中國書店1985年影印本，第四冊〕游師雄《昭陵圖記》，爲“記”字。

余觀自古帝王奢侈厚葬，莫若秦皇、漢武，工徒（一）至六十萬，天下稅賦三分之一奉陵寢。秦陵纔高五十丈、茂陵十四丈而已，固不若唐制之因山也。昭陵之因九嵕，乾陵之因梁山，秦（二）陵之因金粟堆，中峯特起，上摩煙霄，岡阜環抱，有龍蟠鳳翥之狀，民力省而形勢雄，何秦漢之足道哉！昔貞觀十八年，太宗語侍臣曰：“漢家先造山陵，身復親見，又省子孫經營煩費，我深是之。我看九嵕山（以下爲卷中葉7B）孤聳迥絶，實有終焉之志。”乃詔先爲此制，務從儉約。九嵕山上足容一棺而已（三）。又慕漢之將相陪葬，自今後，功臣密戚各賜塋地一所。至二十三年八月畢工，先葬文德皇后長孫氏。當時陪葬之盛，與夫刻蕃（四）酋之形，琢六駿之像，以旌武功，列於北闕。規模宏大，莫若昭陵。

（一）徒，畢沅校正本爲“徒役”。

（二）秦，文淵閣本爲“泰”字，正。

（三）已，畢沅校正本爲“巳”字，誤。

（四）蕃，文淵閣本爲“番”字。畢沅校正本爲“藩”字。《金石粹編》卷141，葉1下〔中國書店1985年影印本，第四冊〕游師雄《昭陵圖記》爲“蕃”字。

按陵今在醴泉縣北五十里。《唐陵園記》云：在縣東三十里，蓋指舊醴泉縣而言之也。其封內周回（一）一百二十里，下宮至（二）陵十八里，今已廢毁，陪葬諸臣碑刻十亡八九。悲夫！（以下爲卷中葉8A）因語邑官，命刋圖于太宗廟，以廣其傳焉。

紹聖元年端午日，武功游師雄景叔題。（三）

（一）回，文淵閣本爲“回”，異體字。

（二）至，文淵閣本爲“去”字，皆可。畢沅校正本爲“至”字。

（三）段末有畢沅按語，文爲：沅案：石在醴泉，末有云：縣尉張勺、主簿李革、右宣德郎知醴泉縣事傳瘖立石。

陪葬諸臣一百六十五人：諸王蜀王愔已下七人，公主清河公主已下三[一]十一人，妃嬪越國大[二]妃燕氏已下八人，宰相李勣已下一十二[三]人，丞郎三品戶部尚書唐儉已下五十三人，功臣大將軍尉遲敬德已下六十四人，內蕃將阿史那忠等九人，諸蕃君長貞觀中擒伏歸和[四]者琢石（以下爲卷中葉8B）肖形狀而刻其官名凡十四人[五]：突厥頡利可汗左衛大將軍阿史那咄苾，突厥利可汗左衛大將軍阿史那什鉢苾，突厥乙涉泥孰俟利苾可汗，右武衛大將軍阿史那禰[六]爾，薛延陁真珠毗伽可汗，吐蕃贊普，新羅樂浪郡王金真德，吐谷渾河源郡王烏地祓勒豆可汗慕容諾曷鉢，龜茲王訶黎布失畢[七]，于闍信[八]，焉[九]耆王龍[十]突騎支，高昌王右武衛將軍麴智勇，林邑王范頭利，（以下爲卷中葉9A）婆羅門帝那伏帝國王阿那順。[十一]

（一）三，畢沅校正本爲“二”字。

（二）大，文淵閣本爲“太”字，大太義同。查《舊唐書》卷五《高宗本紀下》爲“越國太妃燕氏”。

（三）二，文淵閣本爲“三”字。《金石粹編》卷141，頁2B〔中國書店1985年影印本，第四冊〕游師雄《昭陵圖記》爲“三”字。

（四）和，畢沅校正本同，文淵閣本爲“順”字。《金石粹編》卷141，頁2B〔中國書店1985年影印本，第四冊〕游師雄《昭陵圖記》爲“和”字。

（五）凡十四人，畢沅校正本此後有案語，文爲：沅案，《會要》云，上欲闡揚先帝徽烈，乃令匠人琢石寫諸蕃君長十四人，列於昭陵司馬門內。《金石錄》云，諸降將名字乃仲容書耳。

（六）禰，畢沅校正本爲“袗”字。

（七）訶黎布失畢，畢沅校正本重復“布失”二字。本段末畢沅案語爲“訶黎失布失畢”。

（八）于闍信，文淵閣本同，畢沅校正本，爲“於闐信”。

（九）焉，畢沅校正本同，文淵閣本爲“馬”字，《金石粹編》卷141，頁二B〔中國書店1985年影印本，第四冊〕游師雄《昭陵圖記》爲“焉”字，文淵閣本誤。

（十）王龍，畢沅校正本爲“龍王”二字。

(十一)段末，畢沅校正本有按語，文爲：沅案：今游師雄石刻列名十二人，誤合利苾可汗及阿史那彌射爲一人，又合真珠毗伽可汗及吐蕃贊普爲一人，又合訶黎失布失畢及於闐信爲一人，誤分吐谷渾河源郡王烏地拔、勒豆可汗慕容諾曷鉢爲二人。孫明經星衍撰《醴泉縣誌》，嘗據史考正其失。今亦分爲十四，不盡依碑字也。

所乘(一)六駿，刻石於北闕之下。一曰青騅，平竇建德時乘。贊(二)曰：足輕電影，神發天機，策茲飛練，定我戎衣。二曰什伐赤，平王世充、竇建德時乘。贊(三)曰：瀍間(四)求(五)靜，斧鐵(六)申(七)威，朱汗騁足，青旌凱歸。有中四箭處。三曰特勒驃，平宋金剛時乘(八)。贊(九)曰：應(十)策騰空，承聲半漢，入險摧敵，乘(十一)危濟難。四曰颯露紫，平東都時乘。贊(十二)曰：紫鷰超躍，骨騰神駿(十三)，氣讋三川，威陵八陣。五曰拳毛騧(十四)，平劉黑闥時乘(十五)。有石真容自拔箭處。贊(十六)曰：月精高駕(十七)，天駟橫行，弘天(十八)載戢，氛埃廓清(十九)。有中九箭處。六曰白蹄烏，平薛仁杲時乘(二十)。贊(二十一)曰：倚天長劍，追風(以下爲卷中葉9B)駿足，聳轡平壠(二十二)，回鞭(二十三)定蜀。(二十四)

(一)乘，文淵閣本爲"乗"，異體字。

(二)贊，文淵閣本爲"賛"，異體字。

(三)贊，文淵閣本爲"賛"，異體字。

(四)間，文淵閣本爲"澗"字。查《金石粹編》〔北京中國書店影印1985年版，第四冊，卷139，第3頁B〕宋游師雄《題六駿碑》爲"澗"字。

(五)求，畢沅校正本同，文淵閣本爲"未"字。查《金石粹編》〔北京中國書店影印1985年版，第四冊，卷139，第3頁B〕宋游師雄《題六駿碑》爲"未"字。

(六)鐵，文淵閣本爲"鉞"字。查《金石粹編》〔北京中國書店影印1985年版，第四冊，卷139，第3頁B〕宋游師雄《題六駿碑》爲"鐵"字。

(七)申，畢沅校正本同，文淵閣本爲"伸"字。查《金石粹編》〔北京中國書店影印1985年版，第四冊，卷139，第3頁B〕宋游師雄《題六駿碑》爲"申"字。

(八)乘，文淵閣本爲"乗"，異體字。

(九)贊，文淵閣本爲"賛"，異體字。

(十)應，文淵閣本爲"應"字。查《金石粹編》〔北京中國書店影印1985年版，第四冊，卷139，第3頁B〕宋游師雄《題六駿碑》爲"應"字。

(十一)乘，文淵閣本爲"乗"，異體字。

（十二）賛，文淵閣本爲“贊”，異體字。

（十三）殿，畢沅校正本同，文淵閣本爲“駿”字。

（十四）奉毛𩧐，文淵閣本爲“拳毛騧”三字。

（十五）乘，文淵閣本爲“乗”，異體字。

（十六）賛，文淵閣本爲“贊”，異體字。

（十七）高駕，文淵閣本爲“按轡”二字。查《金石粹編》〔北京中國書店影印1985年版，第四冊，卷139，第3頁B〕宋游師雄《題六駿碑》爲“按轡”二字。

（十八）弘天，文淵閣本爲“弧矢”二字。查《金石粹編》〔北京中國書店影印1985年版，第四冊，卷139，第3頁B〕宋游師雄《題六駿碑》爲“弧矢”二字。又“弘”字缺末一點，爲四庫館臣避乾隆帝名諱所爲。

（十九）清，畢沅校正本爲“青”字。

（二十）乘，文淵閣本爲“乗”，異體字。

（二十一）賛，文淵閣本爲“贊”，異體字。

（二十二）壠，文淵閣本爲“隴”字。查《金石粹編》〔北京中國書店影印1985年版，第四冊，卷139，第3頁B〕宋游師雄《題六駿碑》爲“隴”字。

（二十三）鞭，文淵閣本同，查《金石粹編》〔北京中國書店影印1985年版，第四冊，卷139，第3頁B〕宋游師雄《題六駿碑》爲“鞍”字。

（二十四）段末畢沅校正本有按語，文爲：沅案：《金石錄》云，皆歐陽詢八分書，世或以爲殷仲容書，非是。

肅宗建陵，陪葬功臣尚父汾陽王郭子儀一人。

高宗乾陵在奉天縣。宋元祐中，計使游公[①]圖而刻之，防禦推官趙楷爲之《記》，曰：乾陵之葬，諸蕃之來助者何其衆也！武后曾不知太宗之餘威遺烈，乃欲張大誇示來世，於是録其酋長六十一人，各肖其形，𡾰[(一)]之琬琰，庶使後人皆可得而知之。

（一）𡾰，文淵閣本爲“鑴”字，畢沅校正本爲“鑱”字。

石人皆刻各人姓名，歲[(一)]久漫滅。近得游公所刻四碑，而亡其一。每碑十六人，各寫其衣冠[(二)]形迹，及其名爵，其不知者闕之。（以下爲卷中葉10A）今録[(三)]可知及有闕字者，凡三十九人于左。左一碑。

①游公，指宋人游師雄。

(一)歳，文淵閣本爲"嵗"，異體字。

(二)冦，文淵閣本爲"冠"，異體字。

(三)録，畢沅校正本爲"錄"字，文淵閣本爲"録其"二字。

左二碑十人。故左威衛大將軍兼金徽都督僕固乞突，左威衛將軍□[一]，都督鼠□[二]施處毒勤[三]德，右領軍將軍兼于泉都督泥□[四]，小阿悉吉度悉波，故左衛大將軍兼燕□[五]大都督葛塞匐，故右威衛將軍兼潔山都督突騎施傍靳，故右衛將軍兼頡□[六]都督拔蜜幹藍羨，故左武衛將軍兼雙司[七]□□□□[八]舍提欲護斯，故左威衛大將軍兼延匐都督處木昆屈律騣阿史那盎路，故右金吾衛將軍兼俱□[九]，都督闕傍汗阿悉首那鞠[十]大首領可汗頡利發。

(一)□，意爲空一字。文淵閣本書"闕"字表示。畢沅校正本空兩字格。

(二)□，意爲空一字。文淵閣本書"闕"字表示。

(三)勤，畢沅校正本同，文淵閣本爲"勒"字。

(四)□，意爲空一字。文淵閣本書"闕"字表示。畢沅校正本空兩字格。

(五)□，意爲空一字。文淵閣本書"闕"字表示。

(六)□，意爲空一字。文淵閣本書"闕"字表示。畢沅校正本爲"利"字。

(七)司，文淵閣本爲"可"字。

(八)□□□□，意爲空四字。文淵閣本書"闕"字表示。

(九)□，意爲空一字。文淵閣本書"闕"字表示。

(十)鞠，畢沅校正本爲"靳"字。

右一碑十三人。故大可汗驃騎大將軍行左衛大將軍崑陵都護阿史那彌則一[一]，故右驍衛大將軍兼龜茲都督龜茲王白素稽，故右武衛將軍兼□□[二]龜茲□[三]曰[四]回[五]地羅徵[六]，踈[七]勒[八]王裴夷健蜜施[九]，康□[十]，泥湼師師十姓可汗阿史那斛瑟羅，吐渾青□□□[十一]，駙(以下爲卷中葉10B)馬都尉慕容諾曷鉢，右驍衛大將軍兼波斯都督波斯王卑路斯，十姓可汗阿史那元[十二]，吐渾樂□[十三]徒耶鉢，于闐王[十四]尉遲璥，吐火□□[十五]子持[十六]勒羯達健。

(一)一，畢沅校正本同，文淵閣本無"一"字。

(二)□□，意爲空二字。畢沅校正本空三格。文淵閣本爲"闕"字。

(三)□，意爲空一字。文淵閣本爲"闕"字。

（四）曰，文淵閣本爲“白”字。

（五）回，文淵閣本爲“回”字，異體字。

（六）徵，畢沅校正本爲“徽”。

（七）踈，文淵閣本爲“疎”字。

（八）勒，畢沅校正本爲“勤”字。

（九）施，畢沅校正本在“施”字後空一格。

（十）□，意爲空一字。文淵閣本爲“闕”字。畢沅校正本空兩格。

（十一）□□□，意爲空三字。畢沅校正本空兩格。

（十二）元，“元”字後文淵閣本增“慶”字。

（十三）□，意爲空一字。文淵閣本爲“闕”字。

（十四）王，畢沅校正本爲“二”字。

（十五）□□，意爲空二字。文淵閣本爲“闕”字。

（十六）持，畢沅校本同。文溯閣本爲“特”字。

右二碑十六人，石□□（一）子石忽那，故左武衛大將軍□（二），十姓衛官大首領吐屯（三）纈利發，波斯大首領南昧□（四），木俱罕□□（五）斯陁勒，吐（六）威衛大將軍兼堅昆都督結贇蚕匐肁莫賀咄，吐蕃使夫論悉曩然，吐火羅葉護咄伽，十姓大首領鹽颰（七），都督阿史那忠節，右金吾衛大將軍兼泃本都督五姓𠯗（八）蒳葉護昆職，默啜使移力貪玕達于（九）播仙城，河伏帝延，吐蕃大酋長贊（十）婆，默啜使葛暹嗔達干，龜茲大首領那利自阿力，碎葉州刺史安車鼻施□□（十一）。

（一）□□，意爲空二字。畢沅校正本同，文淵閣本爲“闕”字。

（二）□，意爲空一字。畢沅校正本空一字。文淵閣本爲“闕”字。

（三）屯，畢沅校正本無“屯”字。

（四）□，意爲空一字。畢沅校正空二字。文淵閣本爲“闕”字。

（五）□□，意爲空二字。畢沅校正本空一字。文淵閣本爲“闕”字。

（六）吐，畢沅校正本爲“左”字。

（七）颰，文淵閣本爲“颩”字。畢沅校正本爲“風口”二字。

（八）𠯗，文淵閣本爲“㖧”字。畢沅校正本爲“呐”字。

（九）達于，畢沅校正本爲“幹□”二字。

（十）賛，文淵閣本爲“贊”字，異體字。

（十一）□□，意爲空二字。畢沅校正本同。文淵閣本爲“闕”字。

狄仁傑以下六十人畫(一)像姓名今皆不存(二)。其見於奉天縣丞趙措(三)繪像記者,才二十九人焉。措(四)之記文多不盡載,撮其大指,畧曰:唐之諸帝功烈,如太宗、明(以下爲卷中葉11A)皇者,可謂盛矣!宜其立(五)隴完固及於(六)無窮。今兵火之餘,荒墟壞皿,瓦礫僅存,理亦宜也。獨高宗、武后之陵,崇丘(七)磅礴(八),上詣青霄(九),雙闕聳峙,丹青猶在,是豈造物者有以扶護而致然耶!抑亦窮匱國力,深規厚圖,使人未易窺耶!轉運游公一日按部過乾陵,慨然興嘆。乃録高宗、天后時朝臣六十人,重圖於陵所。其間忠良骨鞭(十)、高才俊逸如張說、蘇延碩(十一)、狄仁傑、婁師德、劉仁軌、唐休、宋璟、李嶠、賀知章、馬周、李昭德、王綝、張仁愿、崔神慶、李務光、張柬之、魏元忠、陸元方、李懷遠、畢誠、杜景佺(十二),皆一代善士,固當紀者。若夫武三思、韋巨源、崔湜、武承嗣、蘇味道、封德彝之輩,回邪憸佞,負國自謀,而皆繪形于壁,鑱記于石,丹青可渝,而善惡之迹不可變。砥(十三)石可磨,而勸戒之意不可泯(十四)。則斯名也,其與天地同於(十五)不朽哉!措(十六)之記在元祐七年六月吉日。

(一)畫,文淵閣本爲"畵",異體字。

(二)存,畢沅校正本爲"從"字,誤。

(三)措,畢沅校正本爲"耤"字。

(四)措,畢沅校正本爲"楷"字,與其上文"耤"不同,似皆誤。

(五)立,畢沅校正本爲"邱"字。本當爲丘字,清康熙間因避孔子名諱改丘爲邱。

(六)於,畢沅校正本同,文淵閣本爲"于"字,異體字。

(七)丘,畢沅校正本爲"邱"字。

(八)礴,畢沅校正本爲"礡"字,訛。

(九)霄,文淵閣本、畢沅校正本爲"冥"字。

(十)鞭,文淵閣本爲"鯁"字。

(十一)碩,畢沅校正本爲"頲"字。

(十二)杜景佺,畢沅校正本爲"景杜佺"。

(十三)砥,文淵閣本爲"瑉"字。

(十四)泯,文淵閣本爲"泯"字。

(十五)於,畢沅校正本同,文淵閣本爲"于"字。

(十六)措,畢沅校正本爲"楷"字。

唐之諸陵,各有陪葬(一)。見於(二)志者,此不具録。其諸帝之陵,在乾陵(以下爲卷中葉11B)之東者，僖宗靖陵也。在三原者，高祖獻陵也，敬宗莊陵也，武宗端陵也。在雲陽者，德宗崇陵也，宣宗真陵也。在富平者，中宗定陵也，代宗元陵也，順宗豐陵也，文宗章陵也，懿宗簡陵也。在蒲城者，睿宗墧[三]陵也，玄[四]宗泰陵也，憲宗景陵也，穆宗光陵也。

(一)葬，文淵閣本爲"葬"，異體字。

(二)於，文淵閣本爲"于"字，異體字。

(三)墧，文淵閣本爲"橋"字。

(四)玄，玄字缺一點，系避清聖祖玄燁名諱而致，畢沅校正本避爲用"元"字代替。

圖志雜說

龍首山 古《志》曰：山長六十里，頭入渭水，尾達樊川。頭高二十丈，尾漸下可六七丈。又曰：漢取山土爲城，山之餘尾在城西南數里乃盡。今按：城南鼎門之西，南北附城有土嶺，可二三百步，望之隱然如城，俗名之曰(以下爲卷中葉12A)土蛇嶺，此即山之餘土也。又漢臺殿城闕，皆栽[一]山土爲之，是以高大，數千年不圮。《西京賦》曰："跣[二]龍首以抗殿"是也。山之餘尾城南皆已湮平。坡陀豆[三]出，復見於[四]唐大安宮西，東西橫亘[五]，迤邐而去。今大安宮城及內苑後墻、含元殿臺一帶，俱在山上，下去平地，可六七丈，南望城市，俯而視焉。

(一)栽，畢沅校正本同，文淵閣本爲"取"字。

(二)跣，文淵閣本爲"疏"，異體字。

(三)豆，畢沅校正本同，文淵閣本爲"互"字。

(四)於，文淵閣本爲"于"，異體字。

(五)亘，文淵閣本爲"亙"，異體字。

原自含元以東，其地漸平，不見垠堮。一日登秦塚望之，隱然而東，直際滻水，與白鹿諸原映帶南去。又自長樂坡下，其岡中斷，道出其間，其西廓然率多塹掘，問之人云：安西桀[一]邸時取其土也。

(一)桀，文淵閣本及畢沅校正本皆爲"築"字，正。

(以下爲卷中葉12B)

北斗城 《三輔舊事》及《周地圖》曰[一]：長安城南爲南斗形，北爲北斗形。今觀城形，信然！然漢《志》及班、張二《賦》，皆無此說。予嘗以事理考之，恐非有意爲也。盖長樂、未央，酇(二)侯所作，皆據同(三)阜之勢，週二十餘里，宫殿數十餘區。恵(四)帝始築都城，酇(五)侯已沒，當時經營必須包二宫在內。今南城及西兩方凸出，正當二宫之地，不得不曲屈以避之也。其西二門以北，渭水向西南而來。其流北拒高原，千古無改。若取東城正方，不惟大(六)寬，又(以下爲卷中葉13A)當渭之中流。人有至其北城者，言其委曲迂廻之狀，蓋是順河之勢，不盡類斗之形。以是言之，豈後人偶以近似而目之也歟(七)！

(一)曰，畢沅校正本同，文淵閣本爲"記曰"二字。

(二)酇，文淵閣本爲"鄼"字。

(三)同，文淵閣本、畢沅校正本皆爲"岡"字，正。

(四)恵，文淵閣本爲"惠"字。

(五)酇，文淵閣本爲"鄼"字。

(六)大，畢沅校正本同，文淵閣本爲"太"字。

(七)歟，畢沅校正本同，文淵閣本爲"與"字，誤。

賦語、文人之詞，固多張誕。然身未嘗至，目未嘗覩，亦未可輒拒而不信。嘗讀漢人之賦，張(一)西京臺觀之盛。班孟堅曰"軼雲雨於太半，虹霓廻帶於棼楣。"又曰："攀井幹而未半，目眩(二)轉而意迷。"張平子曰："將乍往而未半，怵悼慄(三)而聳(四)兢。"王子淵曰："若播岸而臨阬(五)，登木杪(六)以(以下爲卷中葉13B)闚(七)泉。"[①]論者以爲皆危峴(八)悚懼，非王公所宜乘履，誠爲確論。予至長安，親見漢宫故址，皆因高爲基，突兀峻峙，崒然山出，如未央神明井幹之基皆然。望之，使人神志不覺森竦(九)，使失(十)當時樓觀在上，又當如何。由是觀之，則數公之言未可遽爲(十一)張大也。昔蔡九峯不信鳥鼠同穴，後人譏之。子(十二)恐不知而論，將使後人而復譏後人也。

(一)張，文淵閣本爲"遂覺"二字，畢沅校正本爲"遂知"二字，似三者皆可。

(二)眩，畢沅校正本同，文淵閣本爲"眴"字。

(三)慄，文淵閣本爲"慓"字。

① 按：《文選》卷六左思《魏都賦》注引：王褒《甘泉賦》曰："十分未升其一，增惶懼而目眩；若播岸而臨坑，登木末以窺泉。"

(四)聳,文淵閣本爲"慫"字。

(五)坈,畢沅校正本爲"坑"字。

(六)杪,畢沅校正本爲"抄"字,誤。

(七)閬,畢沅校正本爲"聞"字,文淵閣本爲"矙"(同"瞰"字)。

(八)峴,畢沅校正本同,文淵閣本爲"險"字。

(九)竦,文淵閣本爲"悚"字。

(十)失,文淵閣本、畢沅校正本同,爲"夫"字。

(十一)爲,畢沅校正本同,文淵閣本爲"謂"字。

(十二)子,文瀕閣本、畢沅校正本爲"予"字,正。

小兒原 《駱氏志》載《新說》:唐皇子幼,則居內,漸長成,於東(以下爲卷中葉14A)內苑爲大宅於外,爲十六王宅[一]。外又置百孫院,王子、王孫勿得出外。鬭雞、走狗、蹴踘、彈射於[二]苑中。龍首原俗號曰小兒原,或曰今原東有西番浮圖,至元中所建。其下是一古塚,經營之始,塹之爲基,得一石槨,有篆文三,曰"小兒塚"。意者原名以是。然今亦不知有此名矣。

(一)王宅,畢沅校正本重複"王宅"二字。

(二)於,文淵閣本爲"于"字,異體字。

村[一]名 長安、咸寧二縣,民多以故宮殿門闕名其所居,然訛謬不可盡記。《志》稱,下馬陵訛爲蝦[二]蟇陵,秦壽陵訛(以下爲卷中葉14B)爲韓生塚,建章宮訛爲貞女樓,翠華殿訛爲祭酒臺。不特是耳,至以漢城爲陽甲城,霸城門爲萬城門,覆盎門爲紅門,西安門爲黃門,正武殿爲講武殿。城中又有白麥[三]殿,亦不知是何名。然亦有傳襲舊名而圖志不載者,如以宣平門爲玉女門,以其東有玉女山也。以西門爲金天門,亦非野人之語。若此之類,又恐前代舊有是名耳。有人嘗言,於[四]京師一朝官家見一雜書,載陽甲城之說曰:陽生於[五]子而天方開,甲始也。漢有天下,是爲一代開天之始,如陽始生,以期福祿於未艾。觀其宮名未央可見。愚按,(以下爲卷中葉15A)此說似爲有理。然如其言,則是陽甲之名漢已有之,何故傳記皆無一言稱之?且陽甲殷王,漢固不當以古帝王之名目其城也。宋次道《長安志》,極爲精博,亦不見取,但言隋遷都,此城遂廢。俗呼曰楊廣城,此說是也。

盖煬帝弒父亡國，民斥其名[①]，政猶"時日曷喪"[②]云爾，復何疑乎！其後又轉而爲楊家也。

(一)村，畢沅校正本爲"邨"字，異體字。

(二)蝦，文淵閣本爲"蝦"字。

(三)麥，畢沅校正本爲"盎"字。

(四)於，畢沅校正本同，文淵閣本爲"于"字，異體字。

(五)於，畢沅校正本同，文淵閣本爲"于"字，異體字。

漢瓦 形製古妙，工極精緻，雖塵壤漬(一)蝕，殘缺漫漶(二)，破之如新。人有得其瓦頭者，皆作古篆，盤屈隱起，以爲華藻。其文有曰"長樂未央"，有曰"長生無極"，有曰："漢并天下"，有曰："儲胥未央"，有曰"萬壽無疆"，有曰"供奉(三)無疆"。亦有作"上林"字者。昔人有於(四)陳倉得秦瓦，文曰"羽陽千(以下爲卷中葉15B)歲(五)"。羽陽，秦武王宮也。以是知古人製作不苟，雖一瓦甓，必有銘識，不特彝鼎爲然耳。又有得瓦作"楚"字者，亦秦瓦也。秦作六國宮室於(六)咸陽北坂(七)上，意者必用其國號以別之歟(八)！又"未央"字瓦，凡離宮故基亦皆有之。今杜陵碎瓦中，皆有"未央"、"長樂"等字，亦不知其何故也！

(一)漬，畢沅校正本同，文淵閣本爲"潰"字，誤。

(二)漶，畢沅校正本空格，缺此字。

(三)供奉，畢沅校正本同，文淵閣本爲"德合"二字。

(四)於，文淵閣本爲"于"，異體字。

(五)歲，文淵閣本爲"歲"，異體字。

(六)於，文淵閣本爲"于"，異體字。

(七)坂，文淵閣本爲"阪"，異體字。

(八)歟，畢沅校正本同，文淵閣本爲"與"字。

古瓦 陽面(一)多作小窩泥(二)狀，如雨點，亦有作繩痕者。予嘗過

① 煬帝弒父亡國，民斥其名，意爲隋煬帝殺了自己的父親，又導致隋朝滅亡，所以老百姓就直接稱呼他的名字，而不避諱。

②時日曷喪，出《詩經·湯誓》，其文云："有衆率怠弗協，曰：'時日曷喪，予及汝皆亡'。夏德若茲，今朕必往。"意爲，當今的太陽(指夏王桀)什麼時候完蛋？我們願意和你一起滅亡。

其鹿臺下，見其敗瓦亦然，乃知秦漢已前製皆作(以下爲卷中葉16A)此，但[三]所以製之之意，或曰蓋仰用者以固泥也，説亦有理。又唐瓦有如漆者，蓋是碧瓦歲[四]久而色變也。漢瓦皆素，獨故城中未央瓦表裏皆黑堅如鐵錫，今不多得，其所得者皆離宫瓦也。由是言之，雖其宫室壯麗，猶属[五]近古尚質也歟[六]！

(一)面，文淵閣本爲"靣"字，異體字。

(二)泥，畢沅校正本爲"沱"字。

(三)但，但字後文淵閣本、畢沅校正本有"不知"二字。以句義推測，似爲贅文。

(四)歲，文淵閣本爲"歳"字，異體字。

(五)属，文淵閣本爲"見"字。畢沅校正本爲"爲"字。

(六)歟，畢沅校正本同，文淵閣本爲"與"字。

長楊　關中人家園圃池沼多植白楊，今景[一]龍池尤多，皆大合抱，長數丈，葉厚[二]，多風恒如有雨。因憶唐人詩"朝元閣上西風急，都入長楊作雨聲"，正謂此樹，以見故(以下爲卷中葉16B)宫悲凉[三]之意也。説者以長楊爲漢宫，今宫在盩厔，去驪山百餘里，殊無相涉[四]。且漢以木名宫，如桂宫、棠梨、豫章、五柞者非一，又安知長楊不以是木名耶！

(一)景，畢沅校正本爲"九"字。

(二)厚，畢沅校正本爲"原"字，誤。

(三)凉，文淵閣本爲"涼"，異體字。

(四)涉，文淵閣本爲"渉"，異體字。

樊川　本樊噲食邑，故名。人[一]云，今其墓在神禾南原上。長安名勝之地，周處士[二]夐、杜[三]公牧之、祁國杜公、奇章牛公之居皆在焉。唐人語曰："城南韋、杜，去天尺五"，可見昔時之盛。今雖殘廢之餘，而終南之神秀，原陸之澶漫，源泉之灌注，草木之葱蒨，近蜀之饒固，自若也。然古人勝遊之迹，見於[四]文(以下爲卷中葉17A)章篇什者，歷歷[五]可考。變遷以來，蓋有名存而實亡有，有其處而名不可知者，前輩有張茂中，同其友爲城南之遊，嘗作《記》以紀之，當時遺跡猶有存者。今欲訪之，尙能見其彷彿，據可知者，別爲一圖，掇其遺漏以補其闕。曰杏園者，唐新進士宴遊之所，在曲江、鴈[①]塔之南，今皆耕爲民田。曰韓莊者，在韋曲之東，退之與孟郊賦詩，又併(六)其子讀書之所也。鄭莊又在其東南，鄭十八虔之居也。曰塔坡者，以其(七)浮屠(八)故名，在韋曲，(以下爲卷中葉17B)西河(九)將軍之山林也。今其地出美稻，土人謂之塔坡米。蓮花洞在神禾原，即鄭駙馬之居，所謂主家陰洞者也。翠微寺，在終南山，又有牛頭寺坡，所謂"青山意不盡，袞袞上牛頭"者也。李抱玉碑，在杜水村(十)，有墳。柳宗元碑，昌黎之文，在少陵原之北。人云，陵西有子美[②]故宅。蕭灌墓，在焦村(十一)。吐蕃論弓仁墓，在趙村(十二)。渾瑊墓，亦在城之西南。餘皆不能備載。噫！高岸爲谷，深谷爲陵，而況區區之宅第丘壠哉！特以古人之名所仰止，不欲遺之故耳。樊川今有(以下爲卷中葉18A)華嚴寺，但謂之華嚴川云。其東十里許，有興教寺，在原半，全(十三)望南山，最爲名勝。

(一)人，畢沅校正本爲"又"字。

(二)士，畢沅校正本同，文淵閣本增一"韋"字。

(三)杜，文淵閣本"杜"字前增一"唐"字。

(四)於，畢沅校正本同，文淵閣本爲"于"，異體字。

(五)歷歷，文淵閣本爲"歷歷"，異體字。

(六)併，文淵閣本爲"送"字。畢沅校正本爲"並"字。

(七)其，畢沅校正本爲"有"字。

(八)屠，畢沅校正本同，文淵溯閣本爲"圖"字，同音異譯。

(九)河，文淵閣本爲"何"字，似"河"字爲正。

(十)水村，畢沅校正本爲"永邨"二字。

(十一)村，畢沅校正本爲"邨"字，異體字。

(十二)村，畢沅校正本爲"邨"字，異體字。

(十三)全，畢沅校正本爲"企"字。

杜陵　今在奉元城東南二十五里三趙村(一)。陵在高原之上，即所謂鴻固原也。陵之制正方，詢之居人，每方百二十步(二)，據地六十

① 鴈，雁的異體字。

② 子美，唐代詩人杜甫，字子美。

畆[三]，四面[四]，去陵十餘步[五]，皆有觀闕基趾。其東南數十步[六]，又有一陵，形制差小，皇后王氏之陵也。按漢《史》，宣帝后許氏早崩，葬杜陵南園，去杜陵十八里。今在司馬村[七]少陵原上，俗呼曰司馬塚。豈以后爲[八]慱[九]陵所葬，遂誤稱耶！又霍后廢，立王婕妤爲后，後爲太皇太后，年七十餘成帝時崩，合葬杜陵村[十]東園。其陪葬之塚稍大者，恐是淮陽憲王等母三[十一]婕妤之塚，其小者或貴人以下塚也。何以言之？若羣(以下爲卷中葉18B)臣附葬，必不在後宮之列，以是知之。其東陪葬數十塚，環拱森列，大小不等。其北里許，亂塚百餘。自是以北，直至城南，東西延亘[十二]，高原之上纍纍皆是，但不知其名耳。

(一)村，畢沅校正本爲“邨”，異體字。

(二)步，文淵閣本爲“歩”，異體字。

(三)畆，文淵閣本爲“畝”字，異體字。

(四)面，畢沅校正本同，文淵閣本爲“靣”，異體字。

(五)步，文淵閣本爲“歩”，異體字。

(六)步，文淵閣本爲“歩”，異體字。

(七)村，畢沅校正本爲“邨”字，異體字。

(八)爲，文淵閣本爲“葬”字。畢沅校正本爲“□”格。

(九)慱，文淵閣本爲“博”字。

(十)村，畢沅校正本爲“邨”字，異體字。

(十一)三，畢沅校正本爲“王”字。

(十二)亘，文淵閣本爲“亙”字，異體字。

前代陵塚　大明宮城北十里許，唐禁苑也。近漢城之東，有大陵十餘，制度雄偉，年代久遠，必古帝王陵也。其西南亂塚尤多，以予觀之，盖[一]是秦陵。何則？唐之禁苑，非營葬之所。符[二]、姚、西魏，世代不遠，干戈相仍，恐無此承平之制。設爲[三]當時帝王之陵，亦不當如此之近。且(以下爲卷中葉19A)西魏孝武陵在渭南，文帝及後周文帝陵皆在富平，隋文陵在武功，煬帝陵在畢原，宇文陵在好畤。符[四]健嘆石安原而有終焉之志，周漢諸陵皆不在此，獨秦陵不見。今樗里子墓在漢城中，莊襄陵在今城東，始皇、扶蘇陵又在臨潼，正與此陵俱是一帶，予固以爲秦陵無疑也。其餘叢塚，駱天驤所載：韓信塚在霸城[五]東三十里新店，則夫漢友[六]符[七]、姚以降諸臣，或亦有之，不可知也。大抵古人陵塚，圖志雖載其處，然亦不敢(以下爲卷中葉19B)必其所指，是亦知之之一道也。

(一)盖，文淵閣本爲“蓋”字，繁簡字。

(二)符，文淵閣本爲“苻”字，正。

(三)爲，畢沅校正本同，文淵閣本爲“謂”字。

(四)符，文淵閣本爲“苻”字，正。

(五)城，城字後畢沅校正本增一“門”字。

(六)友，文淵閣本、畢沅校正本爲“及”字。

(七)符，文淵閣本爲“苻”字，正。

華州亂石　華州東有亂石十餘[一]里，蔽野橫路，馬閡幾不可行。其大者皆如岡阜，而不成山。問之，人云：少華山崩也。遂考諸《宋史》，熙寧五年九月，知華州呂大防言：少華山前阜頭谷山嶺摧陷其[二]平地，東西五里，南北十里，潰散墳裂，涌起堆阜各高數丈，陷居民六社，凡數百后[三]林木廬舍亦無存者。並[四]山之民言，數年以來，谷山[五]常有雲氣，每遇風雨即隱隱有聲。是夜初昏，畧無風雨，山上忽霧起，有聲漸大，地遂震動。食頃，即有此變。金翰林應奉蘭泉張建有《石子[六]坡賦》子[七]云：坡在華州之(以下爲卷中葉20A)東。宋熙寧間，阜頭神所移也。皇統已已[八]春，道過其間，覩[九]而賦之。今其地有阜頭神廟，壁畫風雷山移之狀。

(一)餘，畢沅校正本無“餘”字。

(二)其，畢沅校正本同，“其”字後文淵閣本增“下”字。

(三)后，畢沅校正本同，文淵閣本爲“處”字。

(四)並，文淵閣本爲“華”字，畢沅校正本爲“近”字。

(五)山，文淵閣本、畢沅校正本爲“上”字。

(六)子，文淵閣本、畢沅校正本爲“字”字。

(七)子，文淵閣本、畢沅校正本爲“序”字。

(八)已已，應爲“己巳”，畢沅校正本爲“己巳”。查歷史年曆表，金熙宗皇統九年爲己巳年，文溯閣本、文淵閣本皆誤。

(九)覩，畢沅校正本同，文淵閣本爲“觀”字。

因閲前史，漢獻帝初平四年，華山崩裂，世遠不可推究。唐武皇(一)垂拱二年，新豐有山湧出。初六七尺，漸高至三百尺，名曰慶山，今在臨潼東南三十五里，與此事皆在人耳目者，遂表出之。嗚呼！大化旋移，振盪(二)廻薄，神變翕忽，何怪不有！夫以漢之獻帝、唐之武后、宋之神宗，而皆有此希聞之大異，則其爲國，亦可知矣。

(一)皇，文淵閣本、畢沅校正本爲"后"字。按，垂拱二年(686年)，武曌已於上年稱帝，故文溯閣本正。其他二本誤。

(二)盪，文淵閣本爲"蕩"字，異體字。

火餘碑　唐碑，爲巢冦[①](一)所燬。而尚存者三，其一華山碑，在(以下爲卷中葉20B)西嶽廟，剝裂之餘，巉巖削刻，勢轉奇特，初不類爲碑者(二)，卓立而不仆者數百年矣。其一華萼樓碑，在景(三)龍池南。其一右軍碑，在城西北。嗚呼！碑之壞以屋累也，今人意欲傳遠(四)，區區以屋覆之，其爲計也，淺矣！

(一)冦，文淵閣本爲"寇"字，異體字。

(二)者，畢沅校正本同，文淵閣本爲"也"字。

(三)景，畢沅校正本爲"九"字。

(四)今人意欲傳遠，文淵閣本爲"其意本欲傳遠"，畢沅校正本爲"令其本欲傳遠"。

試官石　在九耀街武安王廟前，橫臥街側，色黑，而瑩(一)長四五尺，高二三尺。世傳唐時舉人就試(二)，以釘釘之，卜其中否。今觀石上有釘數十餘，釘頭皆露，亦有半入而上曲者。昔李將軍射石飲羽，蓋偶然爾(三)。此豈偶然(以下爲卷中葉21A)者耶，其理殆不可曉。

(一)瑩，文淵閣本、畢沅校正本爲"瑩"字。

(二)試，畢沅校正本爲"誠"字，誤。

(三)爾，文淵閣本爲"耳"字，義同。

關中碑刻　自石鼓而下，秦漢以來，所在甚多，而唐碑尤盛云(一)。兵火之

---

①巢寇，指唐朝後期黄巢領導的農民起義。

餘，殘毁無幾。或爲野人賣爲寺觀墳墓之物，風紀亦嘗禁之，然終不能禁也。今文廟有趙明誠《金石目録》三十卷，而多不載所在。或云，又有田氏《京兆金石録》，亦不復見。今[二]惟儒生[三]駱天驤嘗録石刻一編，附其所[四]《類志》後。自言，跋履荆莽，尋訪抄録，垂六十年，終[五]皇甫誕碑，今在鳴犢鎮，亦率更所書，字畫尤偉，而不及載，則所遺者多矣。余嘗命魯齋書院刋補駱志所[六]闕[七]，續有得者則刻于後[八]，而未暇[九]也。後之慱[十]雅君子，得無有志于斯乎[十一]！

(一)云，文淵閣本無此字。

(二)今，文淵閣本無此字。

(三)生，文淵閣本爲"士"字。

(四)所，畢沅校正本同，文淵閣本"所字後增"著"字。

(五)終，畢沅校正本同，文淵閣本爲"然"字。

(六)所，文淵閣本無"所"字。

(七)闕，文淵閣本爲"闕失"，畢沅校正本爲"闕略"。

(八)續有得者則刻于後，文淵閣本、畢沅校正本爲"因增續得碑刻於後"。

(九)暇，文淵閣本爲"暇"字。

(十)慱，文淵閣本爲"博"字，異體字。

(十一)于斯乎，文淵閣本、畢沅校正本同，爲"乎云爾"三字。

國[一]制，有宋吕公大防所訂，《志》中時亦引用。觀其布置，大段皆是。然其宫室、臺榭、門闕委曲之詳，理固不能盡(以下爲卷中葉21B)也。近因刻梓，復加比較，見其與志微有不合，或與古[二]跡顯然相戾者，略[三]載一二。

(一)國，文淵閣本、畢沅校正本爲"圖"字。

(二)古，文淵閣本爲"故"字。

(三)略，文淵閣本爲"畧"字，異體字。

唐大安宫，高祖所以處秦王也。《志》曰，在宫城之西。今乃在其西北，壞堞宛然，今人猶曰秦王府，圖本所載是也。宫城西偏附城有小城垣，即掖庭宫也。今見其處止可容置一宫，而圖乃以大倉雜處其中，大非所宜。又《志》亦不曾載，若此之類，必是碑本磨滅，後人不詳，誤附之者。又漢城中有石人、石馬、定心石之類，今皆去之。掖庭東北垣上有一方臺，不知何基。考之(以下爲卷中葉22A)於[一]志，恐所謂宮人教藝之所，名衆藝臺者也。注云：舊圖有之，遺迹[二]尚存。今圖本却無，不敢附入。

(一)於，文淵閣本爲"于"字，異體字。

(二)迹，文淵閣本爲"跡"字，異體字。

其顯然相戻者，內苑北偏半在龍首岡上，今其東乃是城墉，兩頭有二角樓基，跡皆高數丈，其南却是平地，全無係着[一]。其北樓基西，有小墻基，折而西去，即內苑[二]北墻也[三]。其墻[四]二里許，直一大基，方廣數丈，墻亦自此而絶。其基正當大安宮之東北，以志考之，當是翠華殿基，所謂祭酒臺者是也。不然是亦[五]樓基。其西南樓基，㞧[六]久湮平，遂使後人疑也。今圖乃以禁苑之毬場(以下爲卷中葉22B)悮[七]置在此。其上項[八]所存城墉、樓基，與畫本宮殿，全不相合。然竟不曉當時之制，果如何也。因記於[九]此，欲使觀者必參志而求之，方見古人全盛之制。

(一)着，文淵閣本爲"著"字。

(二)苑，文淵閣本後增"之"字。

(三)跡皆高數丈，其南卻是平地，全無係着。其北樓基西，有小墻基，折而西去，即內苑(之)北墻也，以上35字文溯閣本爲雙行夾注小字，文淵閣本爲大字正文。

(四)墻，文淵閣本後增"約"字。

(五)亦，畢沅校正本後增"一"字。

(六)㞧，文淵閣本爲"歲"字，異體字。

(七)悮，畢沅校正本爲"誤"字，異體字。

(八)項，畢沅校正本爲"頂"字。

(九)於，畢沅校正本同，文淵閣本爲"于"字，異體字。

水磨賦　浮休居士之所作也。華州廳壁有石刻，不著姓名。或曰宋張舜民，字芸叟，號浮休居士，未詳是否。序曰：浮休既投迹少陵，一日有以水磨求售者，相其地乃古之宜春苑也，今謂之韋曲。自漢唐已[一]來，諸韋居之，與後周逍遙公曬書臺、唐杜岐公、韓退之舊業、鄭都宮[二]之園池隣里，籬落垠堮皆在。人(以下爲卷中葉23A)云，李太白嘗[三]居此也[四]。

仰終南之雲物，俯滴(五)水之清湍，喬林隱天，脩(六)竹蔽日，真天下之奇處，關中之絶景也。暇(七)日聊爲之賦云：

粵自大樸既散，機事滋熾，抱瓮(八)無譏，斲輪改制。脫大車之左轂，障横流之肆。置圭測深淺，審度面(九)勢。覆廈屋之沈沈(十)，釃長溪之沸沸。徒觀夫老稚咸集，麥禾山積。碓臼相直，齒牙相切。碾磨更易，晝夜不息。洶洶浩浩，砰砰砊砊(十一)，鼓浪揚浮，交相觸擊，飛屑起濤，雪翻氷析。仰而觀之，何天輪之右旋，覆轑(以下爲卷中葉23B)膠戾，蟻行分才(十二)，遲速間隔。俯而察之，何地軸之左行，消息斡運，楮(十三)撐挺拔，千匝萬轉，而不差忒。逆而視之，脩渠繩直，高岸壁立，沄沄漾漾，滉滉瀁瀁，如坻之平，如練之明。忽然走下，若衆鬐之赴禹門也。順而索之，盈科後進，遇險斯止，瀲瀲灩灩(十四)，成文布理，汪澄淵默，乃見柔德。力盡而休，功成而退，若君子之善出處也。彼華山三峯之飛瀑，吕梁百步之噴沫，獨有賞心之玩，曾無利物之實。未若斯磨也，不踰尋丈之間，不匱(以下爲卷中葉24A)一夫之力，曾無崇朝之久，而可給千人之食。如是則驢馬不用，麥城任堅，農夫力穡，知者圖焉。故君子役其智，小人享其利，真爲一鄉之賴，豈止一家之事。賈生曰：水激則悍，矢激則遠，萬物回薄，震盪相轉。孔子觀於川流，莊生監於(十五)止水，因事會理，是謂道紀。况(十六)夫雍爲九州之沃壤，滈乃八水之上游。樊、杜引其吭，豐、鎬匯其尾，壽山禦其表，崇岡固其裏。空淡鳥沒，水(十七)老天深，憑高四顧，騁望千里。其地產，則動植、飛潛(十八)、充牣(以下爲卷中葉24B)旨(十九)美，無所不備，天府取之而不竭，陸海探之而無底。其人物，則有漢唐已來韋、杜二氏，軒冕相望，園池櫛比，逍遥公築臺而曬書，杜君卿鑿山而引水，韓退之之西鄰，鄭都官之北鄙，參乙太白忘機脫屣。雖時代之屢遷，顧風流之未弭。末有一叟，扶杖來止，非夷非惠(二十)，不農不仕，或釣或弋，翺翔徙倚，鶴髮鮐背，頹然而已矣。

(一)已，文淵閣本爲“己”字，誤。

(二)宮，文淵閣本爲“官”字。

(三)嘗，畢沅校正本爲“常”字。

(四)也，畢沅校正本同，文淵閣本爲“地”字。

(五)滴，畢沅校正本爲“滈”字。

(六)脩，文淵閣本爲“修”字。

(七)睱，文淵閣本爲“暇”字。

(八)瓫，文淵閣本爲“甕”字。

(九)面，畢沅校正本同，文淵閣本爲“靣”字，異體字。

(十)沈沈，畢沅校正本爲“沉沉”二字，異體字。

(十一)砀砀，畢沅校正本同，文淵閣本爲“磕磕”。

(十二)才，文淵閣本爲“寸”字。

(十三)楷，文淵閣本爲“揩”字。

(十四)灩灩，文淵閣本爲“灧灧”二字。

(十五)於、畢沅校正本同，文淵閣本爲“于”字。

(十六)况，文淵閣本爲“況”字。

(十七)水，文淵閣本、畢沅校正本爲“木”字。

(十八)潛，文淵閣本爲“潛”字。

(十九)㫖，文淵閣本爲“旨”字。

(二十)恵，文淵閣本爲“惠”字。

補遺　昔(一)愍帝建興元年，劉曜攻長安，入外城，焚龍尾及諸營，還屯逍遙園。四年，曜攻陷長安外城，晉麴允(二)(以下爲卷中葉25A)退守小城。今按，故城止有大城二重，《長安志》亦不云有小城。惟載《帝王世紀》，曰：漢初置長安城，本狹小，恵(三)帝更築廣大。以是而推(四)，恐初置者爲小城，恵(五)帝所築不(六)是外城，即今故城是也。但歷代變遷，其迹不存耳。不然，豈有王者之都無外郭耶！又長安城門，名多重補，愚恐亦有內城門名，後世不詳，併指爲一城也。何以知之?《志》書宣平門，注曰：王莽改曰春王門，民曰東城門。其外郭曰東都門。《西京賦》亦曰，經城洫營郭郛，是其一證歟！又所引《漢舊儀》及《郡國志》說，漢城里數處，必有悞(七)字。

(一)昔，畢沅校正本同，文淵閣本爲“晉”字。

(二)允，文淵閣本爲“允”，異體字。

(三)恵，文淵閣本爲“惠”字。

(四)推，畢沅校正本爲“惟”字。

(五)恵，文淵閣本爲“惠”字。

(六)不，畢沅校正本同，文淵閣本爲“乃”字。以文意推之，當以“乃”字爲是。

(七)悮，畢沅校正本爲“誤”字，異體字。

龍尾營　退之詩亦曰：終南曉望蹋[一]龍尾。注曰：龍尾坡，長安地名。今按龍首山頭入渭水，其尾則與杜陵諸原相去不遠矣。

(一)蹋，畢沅校正本同，文淵閣本爲“踏”字。

逍遙園　《志》載，其名見於姚秦、西魏時，以《晉史》言，前世已有是園，但不言其處。駱天驤謂，今圭峰[一]草堂是也。予以還字推之，恐當在滻水之東。

(一)峰，文淵閣本爲“峯”，異體字。

又《志》書記都長安者，西漢及晉、符[一]、姚[二]、魏、周、隋、唐，皆有宮闕。然劉曜亦都十年，史稱曜作(以下爲卷中葉25B)酆明等宮及壽陵，周四里，後依霸陵制度，志則不書。今雖不知其處，覽古者亦當知之。

(一)符，畢沅校正本同，文淵閣本爲“苻”字，正。

(二)姚，畢沅校正本爲“秦”字。

晉滑帝時，盜發漢霸、杜二陵及薄太后陵，得金帛甚多。按漢史，文帝治霸陵，皆瓦器，不得以金、銀、銅、錫爲飾，其儉至矣，然猶不免爲盜所禍。夫苟有封樹之跡者，豈信其儉而亡[一]物哉！且所謂得金帛多者，豈景帝不能盡遵文帝之訓，或杜、薄二陵所有，不可知也。

(一)亡，文淵閣本、畢沅校正本爲“無”字。

唐之諸陵，亦皆遇盜，惟乾陵獨完。豈偶深秘，盜不知之。今其西北有大溝，人謂之黄巢溝，其發時掘[一]也。俗又云，乾陵之上，人有游戲慢侮及取其瓦石者，輒有靈響。或別有他咎，往[二]有驗者。夫武氏之威，震[三]嚇[四]一時，百世之下，尙能驚動禍福人耶！

(一)時掘，畢沅校正本同，文淵閣本爲“掘處”二字。

(二)往，文淵閣本爲“徃”字。

(三)震，畢沅校正本爲“嚴”字。

(四)嚇，文淵閣本爲“赫”字。

余既爲秦陵辯[一]矣，因閱《史記》，具列秦先君葬所。其所名地，有可知者，有不可知者，大槩[二]不出秦雍之域也。其可知者，圖志亦(以下爲卷中葉26A)不盡載，其不可知者，今所在無名之塜又安知非是耶！今敘《史記》所載，以補志之闕，且見余言之不妄云。襄公、文公葬西垂。秦始立國在岐之西，今隴西之西縣。寧公、出子葬衙。馮翊有衙縣。記曰：寧公徙居平陽，葬西山。注曰：郿之平陽。武公葬宣陽聚東南。《紀》云：葬雍平陽，初以人從死，死者六十六人。德公、宣[三]、成公葬陽，繆公葬雍。《皇覽》曰：冢[四]在槖泉[五]祈年觀下[六]，從死者百七十七人。康公葬竘社，共公葬康公南，桓公葬義里丘[七]北，景公葬丘里南。一作僖公。里[八]公葬車里北。即哀公。夷公葬左宮。惠[九]公葬車里。一云：蘭[十]公予葬陵園。悼公葬(以下爲卷中葉26B)僖公西城雍，龔公葬入里。一作人里。愚按，里者二十五家之名，今樗里正在長安城中，則此[十一]里名[十二]，恐亦與城[十三]相近[十四][十五]。躁公葬悼公南，懷公葬櫟園[十六]氏，靈公葬悼公西，簡公葬僖公西，出公葬雍，獻公葬囂圉[十七]，孝公葬禹[十八]圉，惠[十九]文王始都咸陽，葬公陵。悼武王葬永陵。《皇覽》曰：秦武王冢[二十]在扶風安陵西北，畢陌大冢[二十一]是也。人以爲周文王冢[二十二]，非也。周文王冢[二十三]在杜中。今按，咸陽圖，畢有周文王冢[二十四]，以是考之，則是秦武王冢[二十五]矣。昭襄王葬芷[二十六]陽，今霸陵也。自酈以西皆芷[二十七]陽。《紀》又云，宣太后葬芷[二十八]陽酈山。孝文王葬壽陵，莊襄王葬芷[二十九]陽。今東門外呼韓生冢[三十]者是也。始皇葬酈邑。扶蘇冢[三十一]亦在焉。二世葬宜春。《紀》曰：以黔(以下爲卷中葉27A)首葬二世杜南宜春苑中。

(一)辯，畢沅校正本爲"辨"字。

(二)槩，文淵閣本爲"槪"字。

(三)宣，畢沅校正本同，文淵閣本"宣"後增"公"字。

(四)冢，文淵閣本爲"塜"字。

(五)泉，文淵閣本爲"宮"字。

(六)《皇覽》曰：塜在槖泉祈年觀下，畢沅校正本爲"《皇覽》曰：塜在槖泉宮祈年觀下"。據《三輔黃圖》卷一"槖泉宮：《皇覽》曰秦穆公冢在槖泉宮祈年觀下"，則文溯閣本、文淵閣本皆缺字。

(七)義里丘，畢沅校正本同，文淵閣本爲"義丘里"三字。查《史記》卷六《秦始皇本紀》(中華點校本頁286)"桓公享國二十七年居雍高寢，葬義里丘北。"則文溯閣本爲正。

(八)里,文淵閣本爲"畢"字,正。

(九)悳,文淵閣本爲"惠"字。

(十)蕑,畢沅校正本爲"簡"字。

(十一)則此,文淵閣本爲"凡以"二字。

(十二)名,文淵閣本"名"字後增"者"字。

(十三)與城,文淵閣本爲"有"字。

(十四)近,文淵閣本"近"字後增"者"字。

(十五)則此里名,恐亦與城相近,畢沅校正本爲"久以里名者恐亦有相近者"。三者皆不相同,文淵閣本及畢沅校正本句難以讀通,似以文溯閣本爲正。

(十六)園,文淵閣本爲"圉"字。

(十七)讕圍,文淵閣本爲"囂圉"字。按《史記》卷六《秦始皇本紀》(中華點校本頁288)"獻公享國二十三年,葬囂圉。"則文淵閣本爲正。

(十八)禹,畢沅校正本同,文淵閣本爲"弟"字。按《史記》卷六《秦始皇本紀》(中華點校本頁288)"孝公享國二十四年,葬弟圉。"則文淵閣本爲正。

(十九)悳,文淵閣本爲"惠"字。

(二十)冡,文淵閣本爲"塚"字。

(二十一)冡,文淵閣本爲"塚"字。

(二十二)冡,文淵閣本爲"塚"字。

(二十三)冡,文淵閣本爲"塚"字。

(二十四)冡,文淵閣本爲"塚"字。

(二十五)冡,文淵閣本爲"塚"字。

(二十六)芷,文淵閣本爲"茝"字。

(二十七)芷,畢沅校正本同,文淵閣本爲"茝"字。

(二十八)芷,畢沅校正本同,文淵閣本爲"茝"字。

(二十九)芷,文淵閣本爲"茝"字。

(三十)冡,文淵閣本爲"塚"字。

(三十一)冡,文淵閣本爲"塚"字。

秦瓦 御史宋宜之,嘗於(一)阿房故基得一古瓦,長二尺許,高廣六七寸,正方漸殺,如斧形,宛然若屋狀,堅厚如白(二)石,隱隱遍作繩痕,其相接處亦有笋距,如今瓦,但朴素耳。長安古跡,此類甚多,但不得盡見也。

(一)於,文淵閣本爲“于”字,異體字。

(二)白,畢沅校正本爲“臼”字。

欽定四庫全書　長安志圖卷下目録

元　李好文　撰(一)

(一)元李好文撰，文淵閣本無此五字，誤。

(一)涇渠總論，文淵閣本爲"總論"二字。查兩種本子之下卷葉23A8行標題皆爲"涇渠總論"，則文溯閣本爲正。

①此四字與其他目録字體大小相同，然"涇渠圖説"乃此後六篇論説之總目，其本目之下並無正文，故需説明。若將此下六篇論説的目録用小一號字書寫，當更好。

涇渠總圖(一)

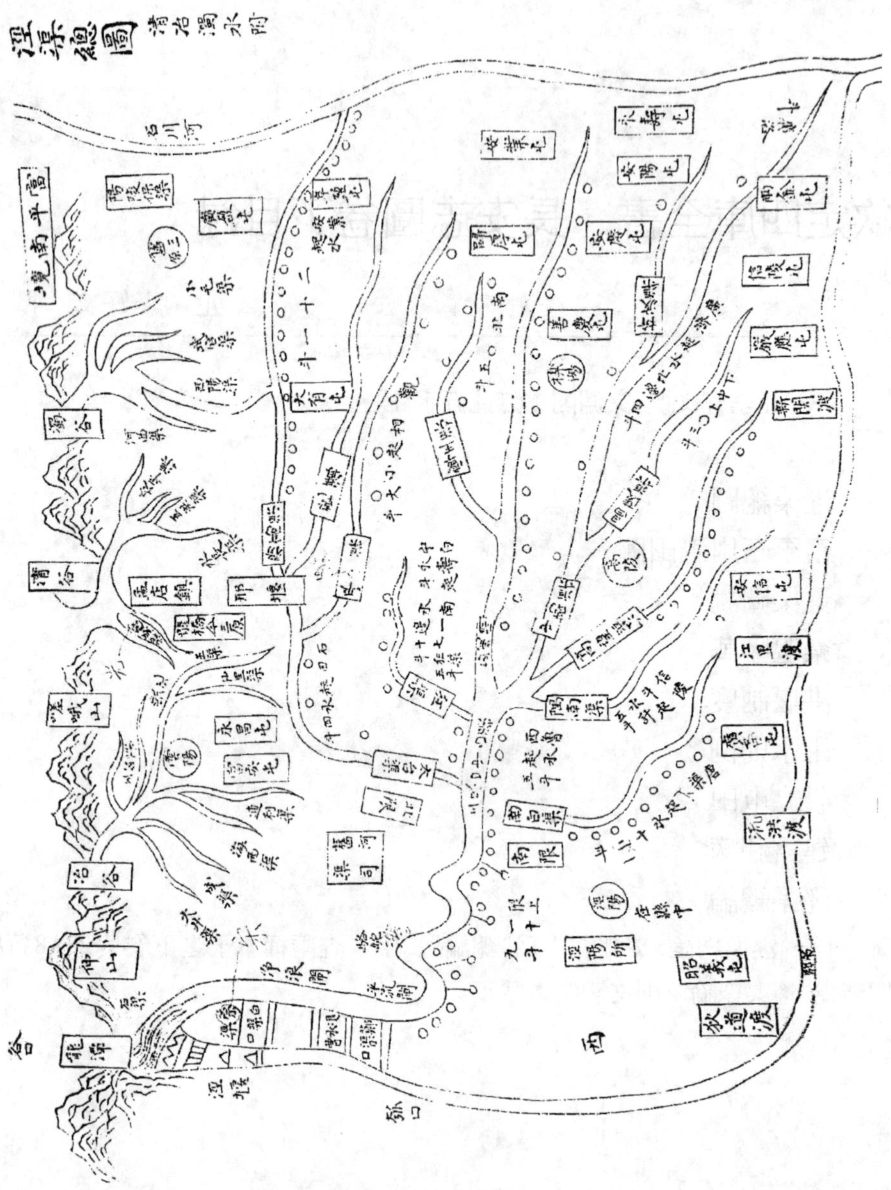

(一)文淵閣本將《涇渠總圖》與《富平縣境石川溉田圖》位置顛倒。文溯閣本二圖與目錄合。

(二)葉2B文溯閣本圖左中“駱駝”,文淵閣本爲“駱駝灣”三字,增一“灣”字。

(三)右下自右而左“唐渠☐起水十二斗”,文淵閣本爲“唐渠下起水十二斗”,增一“下”字。

(四)右下"廣□屯",文淵閣本爲"廣備屯",增一"備"字;

(五)右下"□洪渡",文淵閣本爲"流洪渡",增一"流"字。

富平縣境石川溉田圖

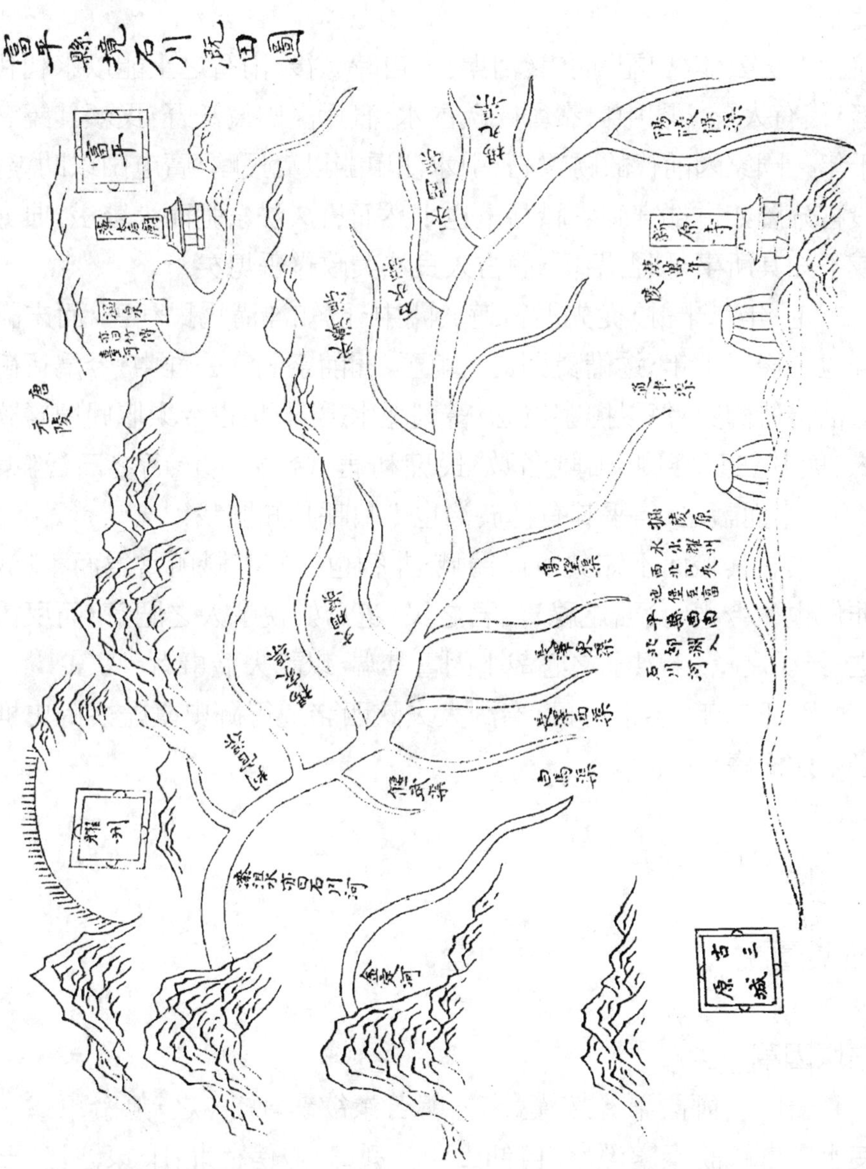

(一)文溯閣本《富平縣境石川溉田圖》最下方,缺寫"櫟陽縣境""三原縣境"諸字。

涇渠圖序[一]

（一）此處畢沅校正本增《涇渠圖序》394字，四庫諸本皆無，今據以補之。

古者，因井田而通溝洫，勤播殖以盡地力。陂澤之利，其昉於此乎！

太史公作《史記》而書《河渠》。自時厥後，術智之士能以水利利民者，代有人焉。關中自秦鄭國疏涇水，溉斥鹵田爲沃野，民賴其饒者二千年。國家因前代故跡梁石，引水注填閼以糞民疇，廣屯田以助經費，設官分屬如古郡守刺史職甚重也！然而日久法禁弛而人獘滋，典守者或不知其所事，積習垢玩，使古人良法美政幾乎熄矣。

走[①]年二十餘，從先君宦遊於關中，已知涇溝爲民利害，而未識其詳也。後三十年，遂備員御史。甫至，聞前祭酒李公惟中，今爲行御史臺治書侍御史，每以撫字爲念，嘗刻涇水爲圖，集古今渠堰興壞廢置始末，與其法禁條例、田賦名數、民庶利病，合爲一書，名之曰《涇渠圖說》。索而讀之，信乎其有裨於治也！嗚呼其知恤哉！

夫居其職而不知其所以爲職，非智也。知其職所當爲而不爲之，非仁也。今也，食君之祿，治君之民，邈焉如視越人之肥瘠，而反攘剝之、暴戾之，豈士君子之心哉！因書其端，以諗夫蒞事者。

至正二年[②]冬十月日，奉訓大夫陝西諸道行御史臺監察御史樵隱必申達而序。

（以下卷下葉4A）

涇渠圖說

渠堰因革

一曰[一]鄭國渠。按漢《志》，韓苦秦欲罷音疲。之，無令東伐。乃使水工鄭國說秦鑿涇水，自仲山西邸瓠口，並傍[二]北山，東注洛，三百

---

① 走，第一人稱謙詞，似來自于司馬遷“太史公牛馬走”的自署。

② 至正二年，至正爲元順帝年號，至正二年當公元1342年。

餘里，洛，今漆沮水也。欲以溉田。中作而覺，秦欲殺之，國曰：臣爲韓延數年之命，而爲秦建萬世之利也。卒使就渠，渠成而注填閼之水。填音澱，閼於去聲。《說文》曰：澱，氵岸 濁泥。溉舄鹵之地四萬餘頃。舄音昔，鹵音魯，鹹鹵之地也。畆皆收一鍾（三）。

（一）一曰，畢沅校正本無此二字。

（二）並傍，文淵閣本無"傍"字，但有小字："傍去"爲"並"字注音。按，《漢書·溝洫志》（中華點校本頁1678）爲"並北山"，無"傍"字。又"並"即"傍"，讀爲"傍"的去聲，義爲沿著。

（三）畆皆收一鍾，文淵閣本爲"收皆畆一鍾"五字。查《漢書》卷二十九《溝洫志》（中華點校本頁1678）爲"收皆畝一鐘"。

（以下卷下葉4B）

二曰（一）六輔渠。漢孝武元鼎六年，兒（二）寬爲左內史，秦（三）請鑿六輔渠，以益溉鄭傍高卬仰同。之田。師古曰：在鄭國渠之裏。又曰：仰謂上向，素不得鄭國之溉灌（四）者也。《水經》曰：此則於鄭國上派南岸更開（五）六道小渠以輔助溉灌耳。雲陽、三原兩縣界，渠迹尚存。亦號（六）輔渠。今北限渠所經盖其地也，但謂南岸者可疑，恐當作北岸。又兩縣北境清、冶二水溉其高田，即輔渠之遺制也。

（一）二曰，畢沅校正本無此二字。

（二）兒，文淵閣本爲"倪"字，後起字。

（三）秦，文淵閣本爲"奏"字，正。

（四）溉灌，文淵閣本爲"灌溉"，《史記》、《漢書》皆用"溉灌"而不用"灌溉"，如《漢書·息夫躬傳》（中華書局，1962年，第2182頁）"躬又言：'秦開鄭國渠以富國強兵，今爲京師，土地肥饒，可度地勢水泉，廣溉灌之利。'"故文淵閣本誤。

（五）開，文淵閣本爲"闢"字。

（六）號，文淵閣本爲"曰"字。

三曰（一）白公渠。太始二年，趙中大夫白公復奏穿渠引涇水，首起谷口，尾入櫟陽。注渭，袤（二）二百里，溉田四千五百頃。民歌之曰：田於（三）何所，池陽谷口，鄭國在前，白渠起後。（以下卷下葉5A）舉臿（四）爲雲，決渠爲雨。涇水一石，其泥數斗。且溉且糞[1]，長我禾黍。衣食京師，

① 糞，名詞用作動詞，施肥之意。

億萬之口。按，谷口，即今洪口也。涇水自其中出，在瓠口之上。白公非別爲一渠也，但以鄭渠勢高，涇塞下(五)行，更於上流別鑿一口，下流則就鄭渠之故迹耳。今自(六)渠口上去谷口五里。又按，鄭渠尾入于洛，白渠尾注于渭。注渭者，由石川河入渭也。宋《豐利碑》云：考鄭國渠東注洛，今石川河之東，今渠抵石川而注乎渭，石川今益深。識者方引渠跨之，則四萬頃之饒不足多也。今按，沮水一源分爲二流，本出延安中部、宜君二縣西子午嶺，其山脊以東之水，經鄜州、澄城、同州、朝邑，以達于河，亦曰洛山(七)。其山脊以西之水，經寧州、襄洛縣，入邠州界，至耀州華原南與漆水合，至富平縣東南入渭，其名亦曰石川河。意者，古昔此河渠岸尚淺，必堰此水，與涇水合澆以東之地，是以有四萬頃之多，故曰鄭渠東入洛也。後來此河渠(以下卷下葉5B)漸深，涇水不得(八)過，故白渠止入九河以注乎渭，但溉數千頃而已。宋碑之說，蓋欲引涇水跨越此河，以溉鄭田之數(九)，然其實不能行也。

(一)三曰，畢沅校正本無此二字。

(二)衺，文淵閣本爲"衺"字。

(三)於，文淵閣本爲"于"字，異體字。

(四)臿，文淵閣本爲"鍤"字。

(五)下，文淵閣本爲"不"字。以理推之，文淵閣本誤。

(六)自，文淵閣本爲"白"字。

(七)山，文淵閣本爲"水"字。

(八)得，文淵閣本爲"能"字。

(九)以溉鄭田之數，文淵閣本爲"以益溉田之數"。

四曰豐利渠。宋大觀中，詔開石渠，疏涇水入渠者五尺，下與白渠會，溉七邑田三萬五千九十餘頃。豐利渠口又在白渠之口，所謂洪堰者是也。今有宋資政殿學士侯蒙撰碑具存，其文附後(一)：

(一)附後，文淵閣本爲"畧曰"二字。

大觀元年閏十月，主客員外郎穆京奉使陝西，既復命。以白渠歲(一)罷①民，堰水起十月盡次年四月，其間水嚙堰與隄防圮壞，溉田之利名存而實廢者十居八(以下卷下葉6A)九，得獻說者宣德郎范鎬、鄜州觀

---

① 罷，疲的古字。

察推官穆卞以謂，熙寧間嘗命殿中丞侯，可自仲山傍(二)鑿石渠，引涇水東南與小鄭泉會，下流合白渠。鳩工自熙寧七年秋至次年春，渠之已鑿者十之三，當時以歲(三)歉弛役。今其蹟可考。案舊蹟而道建瓴之勢，因民心而興萬世之利，易若反掌。乃詔本路提舉常平使者趙佺與獻說者，相地討(四)工。二年七月詔可，俾佺董其事。經始以是年九月越明年四月，土渠成，下廣一丈有八尺，上(以下卷下葉6B)廣五丈，深視地形之高下，袤四千一百二十丈，南與故渠合，計工六十一萬七百有畸(五)。越明年閏八月，石渠成。下廣一丈有二尺，上廣一丈有四尺，深視地形之高下，袤三千一百四十有一尺，南與土渠接。又度渠之北，視其勢高峻，留石僅三丈裁通竇，以防漲水，計工四十九萬八百有畸(六)。九月甲寅，疏(七)涇水入渠者五尺，汪洋湍駛(八)，不捨(九)晝夜，稚耋驩呼，所未嘗見。凡溉涇陽、醴泉、高陵、櫟陽、雲陽、三原、富平七邑之田，總二(十)(以下卷下葉7A)萬五千九十有三頃，異時白渠所溉不過二千七百餘頃。歲(十一)以八月屬民治堰，土木一取於(十二)民，費以億計。夾渠之民，終歲(十三)閔閔然，望水之至不可得，而輸賦如平時，民以時(十四)重困。是役也，費不煩民，因民之利。工垂成，臣穆京適帥秦鳳，上遣京視役，且撫問官屬，給賜工師緡錢。遠方知上之德意明見萬里，鼓舞趨役，不日而成，鑿山堙塹，民不告勞。既奏工(十五)，上嘉之，詔賜名曰"豐利渠"。

(一)歲，文淵閣本爲"歳"字，異體字。

(二)傍，畢沅校正本同，文淵閣本爲"旁"字。

(三)歲，文淵閣本爲"歳"字，異體字。

(四)討，文淵閣本、畢沅校正本爲"計"字。

(五)畸，畢沅校正本同，文淵閣本爲"奇"字。

(六)畸，畢沅校正本同，文淵閣本爲"奇"字。

(七)疏，文淵閣本爲"疏"字。

(八)駛，畢沅校正本爲"駃"字，誤。

(九)捨，畢沅校正本同，文淵閣本爲"舍"字。

(十)二，畢沅校正本同，文淵閣本爲"三"字。

(十一)歲，文淵閣本爲"歳"字，異體字。

(十二)於，文淵閣本爲"于"字，異體字。

(十三)㳷,文淵閣本爲"歲"字,異體字。

(十四)時,文淵閣本、畢沅校正本爲"是"字,正。

(十五)工,畢沅校正本爲"功"字。

(以下卷下葉7B)

開修洪口石渠題名記。石多闕字,節畧其文。

永興軍耀州六縣民田,舊資白渠灌溉之利,歷時已久,涇流寖低,渠勢高卬[①],不能取水。廼㳷(一)[②]八月,六縣令率夫數千,集良材起巨堰,堰水入渠,至明年四月去堰,所溉田則(二)二千頃。然堰成輒(三)壞,或數月壞。故興修之功,要爲文具而民無實利。

(一)㳷,文淵閣本爲"歲"字,異體字。

(二)則,畢沅校正本爲"財"字。

(三)輒,文淵閣本爲"輙"字。

大觀元年,今秦鳳路經畧使穆公侍郎京,以太府少卿出使陝西,宣德郎范鎬、承直郎穆卞因言開修洪口石渠之利,穆公具聞于朝,提舉永興軍(以下卷下葉8A)等路常平等事趙公佺被旨(一)[③]相視,具陳可成之策,朝廷從之,遂命趙公總按(二)[④]渠事。

(一)旨,文淵閣本爲"旨"字,異體字。

(二)按,文淵閣本同,畢沅校正本爲"浚"字。

初議鑿石與涇水適平,然後立堰以取水。趙公謂,立堰當爲遠計。廼使渠深下水靣(一)五尺,則無修堰之弊,而利傳(二)且久。既終功,凡石土渠共七千一百一十九尺。石渠北自涇水上流鑿山尾,南與土渠接,初料[⑤]一千四百二十五尺,其後土石接處發土見石,廼展一千七百一十六尺,通計三千一百四十一尺。上廣十有四尺,下廣十有二尺,

① 卬,即仰,向上,高上。

② 廼㳷,這一年,即宋大觀四年,公元1110年。

③ 被旨,即奉旨,接受皇帝詔令。

④ 按,此處爲負責主持義。

⑤ 料,估計,設計。

(以下卷下葉8B)淺深隨山勢，其最深者三十八尺。分隸六縣，會工[①]四十六萬二千九百一十三。料工之始，視石之堅柔，定以尺寸，爲工。其下石頑，攻不中程，乃增工二萬七千九百五十三。凡石渠之工，總四十九萬八百六十六。一[(三)]年九月工興，四年九月畢。

(一)面，文淵閣本同，畢沅校正本爲“面”字，異體字。

(二)博，畢沅校正本同，文淵閣本爲“溥”字。“溥”爲廣大、普遍之義，不如“博”之義貼切。

(三)一，文淵閣本爲“二”字。

土渠北自石渠口，東南與故渠接。初計六千四百五十九尺，而所展石渠既已[(一)]省一千七百一十六尺。其後，接故渠處土雜沙石，隨治隨壞，度不可持久，廼即其右開横渠二百尺，與故(以下卷下葉9A)渠合，地脉堅實，功簡而徑，又省舊所治渠九百六十五尺。實計土渠三千九百七十八尺，上廣五十尺，下廣十有八尺[(二)]，淺深隨地形，其最深者七十五尺。分隸六縣，會工二十一萬一千八百一十六。內涇陽、三原、高陵所隸，有石棚隱土下，厚或一丈，或七尺、八尺，廼損[②]土工一萬一千八百一十一，而增椎鑿之工四萬七千九百七十九。凡土渠之工，總二十六萬[(三)]七千九百八十四。二年九月工興，四年五月畢。

(一)已，文淵閣本同，畢沅校正本爲“巳”字，誤。

(二)十有八尺，文淵閣本同，畢沅校正本爲“五十八尺”，似誤。

(三)二十六萬，文淵閣本同，畢沅校正本爲“二十四萬”。

渠成，惟石渠(以下卷下葉9B)依涇之東岸不當水衝，廼即渠口而工入水，鑿二渠，各開一丈，南渠百尺，北渠百五十尺，使水勢順流而下。又涇水漲溢不常，廼即火燒嶺之北及嶺下四[(一)]石爲二洞，曰廻瀾，曰澄波，限以七尺。又其南爲二閘，曰靜浪，曰平流，限[(二)]以六尺，以節湍激。渠之東岸有三溝，曰大王溝，小王溝，又其南曰透槽溝。夏雨則谿谷水集，每與大石俱下，壅遏渠水。廼各即其處，鑿地陷水[(三)]爲柱，密

① 會工，合計工數，據卷下葉11A言，每方一尺爲一工。

② 損，減省。

布如櫺，貫大木於其上，横當溝之衝。暑雨暴(以下卷下葉10A)至，則水注而下，大石盡格透槽之口，與石棚接，如此已無患。

(一)四，文淵閣本、畢沅校正本爲"因"字。

(二)限，文淵閣本爲"限"字。

(三)水，文淵閣本、畢沅校正本爲"木"字。

餘二溝，則鑿渠兩岸，比[①]大木覆闕(一)。

(一)覆闕，文淵閣本爲"覆其上"，畢沅校正本"覆"字下爲二方框。又文溯閣本以"溝水入於涇"另起段，文淵閣本兩者相接，未另起段。

溝水入於涇。石棚者，石隱地中，上下皆土。不止一處，其當溝口者，水從下過，空入(一)棚，即(二)今所謂暗橋者是也。大王溝、小王溝、透槽溝三溝，皆在古白渠次(三)北，宋豐利溝之東。其溝皆從東來，横衝渠身。開渠之時，將上二溝下流穿斷，惟透槽溝至渠上，適有石棚渠水流於棚下。暴雨則水石從棚上過，流入涇河。惟二(四)三溝水石皆落渠中，故當時樹木爲柵(五)，以拒大石，而砂礫尚入渠內。至前金時，有主簿荆姓者，始當(六)一溝入渠之處，構兩石橋於(七)涇水上，使與溝口相接。其制，橋上外高中低，一如槽狀，若遇溝水暴漲，砂石皆從上過，擗入涇河，而渠方免石壅之患。今人猶呼曰澄水槽。

(一)入，文淵閣本爲"如"字。

(二)即，文淵閣本爲"狀"字。

(三)次，畢沅校正本同，文淵閣本爲"之"字。

(四)二，畢沅校正本同，文淵閣本爲"此"字。

(五)柵，畢沅校正本爲"□"字。

(六)當，畢沅校正本爲"爲"字。

(七)於，畢沅校正本同，文淵閣本爲"于"字，異體字。

又其東且[②]十里(以下卷下葉10B)曰樊坑，當白渠之南岸，其北直大溝。溝水暴(一)則岸壞，與渠流俱潰，壅之，則渠不能容，而下流爲田患。迺累(二)石爲渠岸，東西四十尺，北高八尺，上闊(三)十有七尺。其南

① 比，排列。

② 且，約詞，將近。

石尾相衡（四）而下四十尺，溝水至則渠之所受滿其堤（五）而止，其上泄餘水以注坑中，與涇合。土石之工畢，於是平（六）導涇水深五尺，下寫（七）三白故渠，增溉七縣之田，一晝一夜所溉田六十頃，周一歲（八）可二萬頃。

（一）暴，畢沅校正本同，文淵閣本爲"漲"字。

（二）累，文淵閣本爲"疊"字。

（三）闊，文淵閣本爲"濶"字。

（四）衡，畢沅校正本同，文淵閣本爲"銜"。

（五）堤，文淵閣本爲"隄"字。

（六）平，畢沅校正本爲"乎"字。

（七）寫，畢沅校正本同，文淵閣本爲"瀉"字，"寫"爲"瀉"的本字。

（八）歲，文淵閣本爲"歲"字，異體字。

大觀四年①九月，朝散大夫、專管勾永興軍耀州三白渠公（以下卷下葉11A）事、都大提舉開修石渠、飛騎尉蔡溥記。

本朝（一）②至大元年，承德郎、陝西諸道行御史臺監察御史王琚建言，於（二）宋渠上更開石渠五十一丈，今用之（三）。

（一）本朝，畢沅校正本同，文淵閣本無此二字，誤。

（二）於，畢沅校正本同，文淵閣本爲"于"，異體字。

（三）今用之，畢沅校正本同，文淵閣本無此三字。

元料渠長五十一丈，闊一丈五尺，深二丈（一），計積一十五萬三千工。每方一尺爲一工，已開一十四萬三千五百四十六工五分，未開九千四百五十三工。延祐元年③興役，後至元五年（二）④渠成。延祐元年至三年，皆（三）先開一十二萬三千一百七十九工四分，至元二（四）年再開四千四百零二工一分，五年再開一萬五千九百六十五工。是年秋，故堰至新（以下卷下葉11B）渠口，堰水入渠。王（五）琚，字神瑗，濟南鄒平人，建言未行，去職後再使督之。

---

① 大觀四年，當公元1110年，大觀爲北宋徽宗年號。

② 本朝，指作者所生活的皇朝，即元朝。

③ 延祐元年，當公元1314年，延祐爲元仁宗年號。

④ 後至元五年，當公元1339年。元朝兩次使用至元年號，故以前後標之。前至元系世祖年號，當公元1264—1294年，後至元爲元順帝年號，當公元1335—1340年。

（一）"深二丈"後，畢沅校正本有按語：《元史·河渠志》作"闊一丈，深五尺。"

（二）"後至元五年"後，畢沅校正本有："沅案：《宋史·河渠志》作"至五年"，蓋誤。汪按，是《元史·河渠志》文，畢沅誤書。

（三）皆，文淵閣本無"皆"字。

（四）二，畢沅校正本爲"三"字。

（五）王，畢沅校正本無"王"字。

諸渠（一） 至元十一年九月初二日，准奉大司農司劄付，呈准中書省劄付，先後講究，定條畫使水法度內一欵，節文：後凡文案倣此，皆低行大字書之。自古以來，青治（二）、濁谷、石川、金定、薄臺等水，并耀州、三原、富平、邠州管下淳化縣行流河水，俱係灌溉田禾，於民久利之事。並令河渠司官管屬，聽授節制。每渠設渠（三）直渠長一名，依涇水例，請給申破（四）水直。

（一）諸渠，文淵閣本後增"於"字。

（二）治，文淵閣本爲"冶"字。

（三）設渠，文淵閣本同，畢沅校正本無此二字。

（四）破，畢沅校正本同，文淵閣本爲"報"字。

按《長安志》涇陽、高陵、櫟陽、雲陽、三（以下卷下葉12A）原、富平、醴泉七縣，皆涇水所溉之地。今惟涇陽、高陵全被涇水之利，其雲陽、北境高印，涇水不及。今引治（一）谷水（二）西北淳化界來，分爲七渠，以溉近山之地。三原、北境高印，涇水不及。今引濁谷水（三）西北華原界來，分爲六渠，以溉近山之地。富平、舊時南境北限（四）白渠，澆溉脾陽、大澤（五）、豐潤三鄉，今皆撥屬三原、櫟陽（六）。地即引石川、金定二（七）水以溉，其名見（八）於《志》，曰薄臺川。東南入漆沮河溉民田。○堰武渠，溉民田八里。○白馬渠，溉田十五里。○長澤渠，溉田十五里。○石泉渠，溉田十八（九）里（十）。○永濟渠，溉田二十（十一）里○文昌渠，溉田十里。○懷德渠，溉田三十里（十二）。○陽渠，溉田十五里。○直城渠，溉田二十一（十三）里。醴泉、本漢谷口縣治所在。涇水西，其東北境則入雲陽、涇陽，至今猶有一十（十四）之田在涇（十五）東，與（十六）其灌溉（以下卷下葉12B）夫役不及，宋修石渠六縣夫亦無醴泉，意亦此歟。櫟陽、餘（十七）涇水所溉之外，其東北境頗高，涇不能及。遂引石川水，逕斷原東梁才（十八），遇（十九）白渠西南，以溉其地。武功、唐咸通中，京兆秦[二十]修六門堰，台[二十一]韋川、莫谷、香谷、武安四水，溉武功、興平、咸陽、高陵等田一萬餘頃，今廢。又有昇原渠、普濟渠，皆溉民田，今廢。長安、咸寧。二縣亦有可溉之水，往往廢涸，不能詳記。今知其一，咸寧縣有龍首渠，東南自滻水分出，至城四十餘里，以溉園圃之田。其餘民自跣[二十二]引以溉者又多，官府不治也。按，《志》所載與今異者，恐或各有廢置，是以不同。

(一)治，文淵閣本、畢沅校正本"冶"字，查《水經注疏》卷十六，"趙一清云：顧祖禹曰，《圖經》，中山北接嵯峨，西距冶谷，南並九嵏，涇河自中而出，故名中山。一云，以山在冶谷水西，涇水東也。"則"冶"字爲正。

(二)谷水，畢沅校正本同，文淵閣本"谷水"後增"自"字。

(三)濁谷水，畢沅校正本同，文淵閣本"谷水"後增"自"字。

(四)限，畢沅校正本同，文淵閣本爲"引"字。

(五)澤，畢沅校正本爲"渾"字。

(六)櫟陽，文淵閣本在"櫟陽"二字後增一"餘"字。

(七)二，文淵閣本爲"之"字，誤。

(八)見，畢沅校正本同，文淵閣本爲"是"字，誤。

(九)十八，文淵閣本爲"一十"。

(十)里字後，文淵閣本增"原闕十六字"五字。

(十一)二十，畢沅校正本同，文淵閣本爲"十二"。

(十二)懷德渠，溉田三十里，畢沅校正本同，文淵閣本爲"高望渠，溉田三里"。

(十三)二十一，畢沅校正本同，文淵閣本爲"二十"。

(十四)一十，畢沅校正本同，文淵閣本爲"不毛"。

(十五)涇，畢沅校正本同，文淵閣本爲"涇水"二字。

(十六)與，畢沅校正本同，文淵閣本爲"以"字。

(十七)餘，畢沅校正本、文淵閣本爲"除"字。

(十八)才，畢沅校正本同，文淵閣本爲"村"字。

(十九)遇，文淵閣本爲"過"字。

(二十)秦，文淵閣本同，畢沅校正本爲"奏"字。

(二十一)台，文淵閣本爲"以"字，畢沅校正本爲"冶"字。

(二十二)跣，文淵閣本爲"疏"字。

洪堰制度

聖(一)朝因前代故迹，初修洪口石堰。修洪口即谷口也，前代已有是名。方言云(二)，(以下卷下葉13A)石阻河流爲洪，又蜀人謂水口(三)。今縣有射洪、徐有吕梁二洪，義與此同(四)。當河中流，直抵兩岸，立石囷(五)以壅水，囷(六)行東西長八百五十尺，每行一百零六箇(七)，計十一行，闊(八)八十五尺，總用囷(九)一千一百六十六箇。

(一)聖，畢沅校正本同，文淵閣本爲"本"，當系四庫館臣所改。

(二)云，文淵閣本"云"字下增一"凡"字。

(三)水口，文淵閣本同，畢沅校正本"水口"下增"爲洪"二字。

(四)義與此同，畢沅校正本有按語。"沅案：古曰谷口、曰瓠口，此曰洪口。谷、瓠、洪，三音相近，亦即焦穫之穫也。"

(五)囷，畢沅校正本同，文淵閣本爲"囤"。囷爲圓形糧倉，囤爲以竹篾、荆條或稻草編成的貯糧食器器具。似兩字皆可用，但文溯閣本後段文皆用囤字，則應以"囤"爲是。

(六)囷，畢沅校正本同，文淵閣本爲"囤"，以下段文字較，應爲"囤"字。

(七)箇，文淵閣本同，畢沅校正本爲"個"字，異體字。

(八)闊，文淵閣本爲"濶"字。

(九)囷，畢沅校正本同，文淵閣本爲"囤"，以下段文字較，應爲"囤"字。

照得①洪口往日水擊西岸，渠口在東，勢直衝堰，故常吹去，今來復擊東岸。自癸巳(一)年創立渠堰，每年增修云云。囤行廣密，委是堅牢。雖遇水漲，止是衝破龍口，或捲去堰上石頭，或吹損囤口，或衝透囤眼。故每嵗(二)(以下卷下葉13B)增修，及淘石渠上下泥沙，人功不輟。又舊例，水軍三十人看堰。今議得，令各縣差富實人夫二名，五縣計一十名看堰，若有微損，即便補修。

(一)巳，畢沅校正本同，文淵閣本爲"已"，誤。

(二)嵗，文淵閣本爲"歲"字，異體字。

近年(一)修理物色石囤，每箇用椽木共(二)四十八條、擗稷二條、束條六十簷(三)。石積長五百七丈(四)五尺，高一丈，闊(五)一尺，白草一十簷(六)。椽每人

① 照得，查察而得。舊時下行公文和佈告中常用。

一日採打二條爲一工，橐條每人一日採打一簷爲一工，石積每人一日般(三)運長五尺高一尺濶一尺爲一工，橐條每人一日採打一簷(七)爲一工，石積每人一日般(八)運長五尺高一尺闊(九)一尺爲一工，草每(十)人一日採打五簷(十一)爲一工，編造每囤用夫六名，一日編造一箇爲六工。塡囤，每囤用夫一十二名爲一十二工。□(十二)囤眼每箇石積一百四十五尺(十三)，高一尺，闊(十四)一尺。白草五簷(十五)塡囤眼，每箇夫三名爲三工。

〇下囤脚索，每囤用索一條，長二丈，每條用麻二斤。連囤索(十六)，每囤用索二條，各長三十尺，每條麻半斤。錐囤麻，每箇(以下卷下葉14A)用麻四兩。其餘什物在外。

(一)年，文淵閣本爲"來"字。

(二)木共，文淵閣本爲"兩缺"畢沅校正本爲"兩□"。此爲文溯閣本文字較古之鉄證。

(三)簷，文淵閣本爲"擔"字。

(四)丈，文淵閣本爲"十"。

(五)闊，文淵閣本爲"濶"字。

(六)簷，文淵閣本爲"擔"字。

(七)簷，文淵閣本爲"擔"字。

(八)般，畢沅校正本、文淵閣本爲"搬"字，爲古今字。

(九)闊，文淵閣本爲"濶"字。

(十)每，文淵閣本同，畢沅校正本"每"字後增"一"字。

(十一)簷，文淵閣本爲"擔"字。

(十二)□，空一格，文淵閣本爲"缺"字。

(十三)尺，畢沅校正本爲"丈"字。

(十四)闊，文淵閣本爲"濶"字。

(十五)簷，文淵閣本爲"擔"字。

(十六)每囤用索一條，長二丈，每條用麻二斤。連囤索，此十八字，畢沅校正本同，文淵閣本缺佚。

石渠下廣一丈二尺，上廣一丈四尺。土渠下廣一丈八尺，上廣五尺(一)。深視地形之高下。渠岸兩邊，各空地一丈四尺。

(一)尺，畢沅校正本爲"丈"字。

舊例，岸兩壁無得當攔巡水道徑。後稱空地者(一)此〇按，今見[1]行渠身，即宋之豐利渠也。王御史新開石渠亦同，但身不及耳。其立囤處，河身亦窄。今只用囤二行，數皆減於舊矣。

(一)者，文淵閣本"者"字後增"放"(倣)字。

立三限閘以分水，凡二所。三限閘，其北曰太白渠，中曰中白渠(一)，南白渠。太白之下，是爲邢堰。邢堰之上渠，分爲(以下卷下葉14B)二：北曰務高渠，南曰平皋(二)渠。彭城閘渠分爲四：其北曰中白渠，其南曰中南渠，又其南曰高望渠，又其南曰隅南渠。中南之下，其北分者曰枛(三)波渠，其南分者曰昌連渠。渠岸兩邊各空地八尺，凡渠不能出水，則改而通之。

(一)中白渠，文淵閣本在"中白渠"後增"南曰"二字。

(二)皋，文淵閣本爲"皐"字。

(三)枛，文淵閣本爲"析"字。

照得三限、彭城兩處，盖五縣分水之要。北限入三原、櫟陽、雲陽，中限入高陵、三原、櫟陽，南限入涇陽。至分水時，宜令各縣正官一員，親詣限首眼同分用，庶無偏私。若守閘之官不應，或妄起閘一寸，即有數徼餘(以下卷下葉15A)水透入別縣，甚可(一)關防。

(一)可，畢沅校正本同，文淵閣本爲"宜"字。

三限閘在今洪口下七十里，彭城閘又在下二十里。或曰，平石者，秦人音訛也。今並稱之。

〇《圖經》云：中白渠首承太白渠，東入高陵界。南白渠首承中白渠，亦入高陵界。《長安志》云：白渠自涇陽縣界三限下中限爲一渠，流至縣界。彭城與(一)下分爲四渠。注曰：唐寶歷元年，令(二)劉仁師請更水道，渠成名曰"劉公渠彭城堰"。

〇今按，涇渠水道斗門，時多變易。以故或與舊迹不同，皆因歲(三)久渠深岸高水不能上。故(四)其可通之處，輒(五)爲一渠，其名亦異。今惟三限下正渠及彭城下四渠，猶係舊名。其析波渠道，已非故迹。今中限正渠，彭城

[1] 見，即現，現在。

閘二。其北有一小渠，名曰狂渠。閘下其北又一小渠。名曰寧三[六]渠，若此之類，固不能偹載也。

(一)與，畢沅校正本同，文淵閣本爲“以”字。

(二)令，畢沅校正本爲“今”字，誤。“令”者縣令也。

(三)㳄，文淵閣本爲“歲”字，異體字。

(四)故，畢沅校正本爲“□”格，文淵閣本爲“凡”字。

(五)輒，文淵閣本爲“轍”字。

(六)三，畢沅校正本同，文淵閣本爲“王”字。

立斗門以均水。總爲斗一百三十有五，渠岸兩邊，各空(以下卷下葉15B)地五尺。

限上斗門十九。南邊自[一]白公斗起水，次曰長渠斗、城村[二]斗、染渠斗、駙馬斗、聖女大斗、聖女小斗、智光斗、石𡎚斗、七𡎚斗、何氏斗、李相公斗、威聖斗、店西斗、甯村斗、小留斗、雙槐斗、張房斗、三屋斗，凡一十九。

(一)自，畢沅校正本爲“有”字，誤。

(二)城村，畢沅校正本爲“成邨”二字。

南限斗門十二。自南邊唐婆下斗起水，次唐婆中斗、唐婆上下[一]、楊南斗、杏園斗、端正斗、佛寶斗、盧從斗、長流斗、落橋斗、省斗、曹午斗，凡一十二。

(一)下，文淵閣本爲“斗”字，正。

北[一]限斗門十。南邊西魯斗起水，次赤賜上斗、赤賜下斗、楊三斗、西王郭馬斗，凡五。○北邊小渠，長流馮下斗起水，次長流馮上斗、園內斗、高陽斗、狂渠斗，凡五。

(一)北，畢沅校正本、文淵閣本爲“中”字。文溯閣本誤，因與下“北限斗門”名重複。

北限斗門五。南邊石囤斗起水，次東公土[一]斗、西公主斗、南北王斗，凡四。北邊師和斗一[二]。

(一)土，文淵閣本爲“主”字，正。

(二)一，畢沅校正本無“一”字。

務高斗門十三(一)。南邊安業斗起水，次周閏(二)斗、東安仁斗、長閏斗、段洪斗、歸厚斗、西安仁斗、豐樂斗、通流斗、阜民斗、崴(三)豐斗、閏陵斗、柿園斗、掘斗、大王斗、小王斗、(以下卷下葉16A)景公斗、通玄(四)斗、翟家斗、穆王斗、薦福斗，凡二十一。○北邊廣盈、務高二斗。

(一)十三，畢沅校正本、文淵閣本爲"二十三"。以下列斗名計，"二十三"爲正。

(二)閏，畢沅校正本爲"開"字。

(三)崴，文淵閣本爲"歲"字，異體字。

(四)玄，文淵閣本同，畢沅校正本爲"元"字，爲避清聖祖玄燁名缺筆或改字。

平皋(一)斗門八。南邊觀相下斗起水，次觀相中斗、觀相上斗、曲渠下(二)、曲渠上斗、平皋下斗(三)、平皋(四)中斗、平皋(五)上斗，凡八。

(一)皋，文淵閣本爲"皐"字。

(二)下，文淵閣"下"字後增一"斗"字，正。

(三)皋，文淵閣本爲"皐"字。

(四)皋，文淵閣本爲"皐"字。

(五)皋，文淵閣本爲"皐"字。

中白斗門二十三。南邊永壽斗起水，次安陽斗、安慶斗、東陽斗、善利斗、普濟斗、普閏斗、廣利斗、周吉下斗、周吉上斗、王化斗、任村斗、留趙斗、涓(一)化南北二斗、興聖斗、神策斗，凡十七。北邊武強一斗、閏寧王斗(二)、小渠上斗二、下斗二(三)、中斗一，凡五(四)。

(一)涓，畢沅校正本爲"潛"字。

(二)斗，畢沅校正本佚"斗"字。

(三)二，畢沅校正本爲"一"字。

(四)五，"五"字後畢沅校正本增"斗"字。

中南斗門十五。南邊雨(一)金斗起水，次安陽斗、望豐上下二斗、豐阜斗、豐穰斗、富仁斗、孝義斗、辛家斗、仁壽斗、高望斗，凡十一。○北邊廣濟斗、馬家斗、通遠[二]、六宅[三]，凡四斗[四]。

（一）雨，文淵閣本同，畢沅校正本爲"兩"字。

（二）遠，畢沅校正本同，文淵閣本在"遠"字後增一"斗"字，正。

（三）宅，文淵閣本"宅"字後增一"斗"字，正。

（四）斗，畢沅校正本無"斗"字，誤。

析[一]波斗門一。北邊通利[二]斗一。

（一）析，文淵閣本爲"析"字。

（二）利，畢沅校正本爲"口"格，文淵閣本爲"缺"字。

昌連斗門三。南邊下中上，凡三斗。

高望斗門十一。南邊信陵斗起水，周夏上下二斗、嚴應斗、通利下上[一]二斗、閏益斗、閏仁斗、通閏斗、魏閏斗，北邊任公斗，十[二]。

（一）下上，畢沅校正本爲"上下"二字。

（二）十，畢沅校正本、文淵閣本無"十"字。此處應爲"凡十一斗"。

隅南斗（以下卷下葉16B）門五。南邊信陵斗起水，次安信斗、房家斗、新開斗、東魯斗，凡五。

凡水出斗，各戸自以小渠引入其田，委曲必達。

舊例，仰渠司正官，預爲修渠，砌疊斗口，使無壅滯。

又軆[一]知得人戸偷開斗口，故使渠岸頹[二]毀，望令溫[三]水偏入其地。亦有懶墮[四]不肯修理。仰巡監官、斗門子預爲催督利戸，修理渠口，或令石砌木圍，無致損壞透漏費水。

（一）軆，文淵閣本爲"體"字。

（二）頹，文淵閣本爲"頹"字。

（三）溫，畢沅校正本同，文淵閣本爲"渠"字，正。

（四）墮，文淵閣本爲"惰"字。

又如遇開斗澆田，渠司差人隨逐水頭[一]，監督使水。如（以下卷下葉

17A)有違犯，即便申報。

(一)頭，畢沅校正本"頭"字後增一"蓋"字。

退水槽

凡遇漲水，泄以還河。

邢堰。堰之始，不知起自何時。蓋爲北限地高，水勢不能及，遂引清、冶二谷之水，經三原縣龍橋鎮以東，至邢村，截河爲防堰。其水與涇合流，以溉三原、涇陽，并渭南屯所之田。今其堰長四十餘步，其下水分爲二渠，中有深溝一道，蓋古白渠之故道也。水不敢(一)入，故堰絶之，分灌高田。至今人名其溝曰"乾溝"。

(一)敢，畢沅校正本同，文淵閣本爲"能"字，似正。

凡修渠堰，自八月興工，九月工畢。春首則植榆、柳，以堅堤岸。年例，先於七月委差利戶，各逐地面(一)開淘應干(二)(以下卷下葉17B)行水渠道，須管行水通快。又每遇春首，令各斗利戶，逐其地面(三)，廣栽榆、柳以堅堤岸，免至當時修理，及禁諸人不得斫伐。

(一)面，畢沅校正本同，文淵閣本爲"靣"字，異體字。

(二)干，畢沅校正本同，文淵本爲"于"字。

(三)面，畢沅校正本同，文淵閣本爲"靣"字，異體字。

凡水廣尺深尺爲一徼，以百二十徼爲準。守者以度量水，日其(一)尺寸申報，所司憑以布水，各有差等。

(一)日其，文淵閣本爲"口具"二字。畢沅校正本爲"日具"二字。

舊例，三限、平石兩處，係關防分水禁限。五縣各差監戶一名，與都監一同看守限口，每日探量水深尺寸，赴司申報。徼音叫(一)，古有徼道，謂廵禁道也。水家取以爲量水準則之名。今農者耕地一方，謂之(以下卷下葉18A)一徼，義與此同。其法量初入渠水頭，深廣方一尺謂之一徼。假令渠道上廣一丈四尺，下廣一丈，上下相析(二)，則爲一丈二尺。水深一丈，計積一百二十尺，爲水一百二十徼，是水之至限也。其三限口，各以廣狹視此爲準。守限者每口探量，具徼數申報。所司憑以分俵，水盛則多給，水少則少給。凡遇用水，斗吏具民田多寡入狀，承合得徼數，刻時放水，流畢隨即閉斗，交付以上斗分。大槩水一徼，一晝夜溉田八十畆(三)。違者罪罰(四)。按(五)，今當(六)下(七)流閘下石渠岸裏，有一石龜，前人刻以誌水者也。爲之語曰：水到龜兒觜百二十徼水。嘗聞主守者曰：今水雖至其則，猶不及全徼，盖渠底不及古渠之深也。〇又水法多(八)言水直，直本是程字，亦音訛也。正猶彭城作平石云耳。

(一)呌，文淵閣本同，爲“叫”異體字。

(二)析，畢沅校正本、文淵閣本爲“折”字，似正。

(三)畆，文淵閣本爲“畝”字。

(四)罰，“罰”字後，畢沅校正本爲“□”格，文淵閣本增一“之”字。

(五)按，文淵閣本無此字。

(六)當，畢沅校正本爲“□”格，文淵閣本爲“時”字。

(七)下，畢沅校正本爲“平”字。

(八)多，畢沅校正本爲“後”字。

用水則例(以下卷下葉18B)

凡用水，先令斗吏入狀，官給由(一)帖，方許開斗。

(一)由，畢沅校正本爲“申”字。

舊例，仰上下斗門子預先具狀，開寫斗下村分利戸種到苗稼，赴渠司告給水限，由(一)帖方許開斗。上下斗分承水時，刻澆過苗色頃畝，申破水直。違時者，斟酌斷遣。

(一)由，畢沅校正本爲“申”字。

自十月一日放水，至六月遇漲水歇渠，七月住罷。

照得十月一日放澆夏田，三月澆蔴白地及秋白地，四月止澆一色蔴苗一遍，五月改澆秋苗。今渠司舊(以下卷下葉19A)例，五月澆秋，每夫三十畆(一)。此時蔴正仰澆，秋苗亦渴，放(二)水人戸，計其所利，蔴重于(三)苗，將水分澆。水司爲不係一色，輒(四)便斷罰，深爲未便。議得，各人合得水限，於內分用，又不過其所限，雖非一色苗稼，合從民便，以厚其利。

(一)畝，文淵閣本爲"畝"字。

(二)放，畢沅校正本爲"攸"字。

(三)于，文淵閣本爲"於"字，異體字，畢沅校正本爲"□"字。

(四)輒，文淵閣本爲"輙"字。

又舊例，驗工合澆麥苗秋禾頃畝(一)，間遇天旱，可澆者不得使水，不須澆者却令使水，如此澆漑，妨悞不便。今後驗合澆頃畝(二)，如不過元數，從民便使水，毋得因而多澆，如違斷罰。(以下卷下葉19B)

(一)畝，文淵閣本爲"畝"字。

(二)畝，文淵閣本爲"畝"字。

每夫一名，漑夏秋田二頃六十畝(一)，仍驗其工給水。今實漑一頃八十畝(二)。

(一)畝，文淵閣本爲"畝"字。

(二)畝，文淵閣本爲"畝"字。

照得舊日渠下可澆五縣地九千餘頃，每夫一名澆地一頃三十畝(一)，自十月一日入水漑田，至七月十五日住罷，方才周遍。即今五縣地土，亦已(二)開遍，大約不下七八千頃。所起入(三)夫一千五百名，每夫澆地一頃七十畝(四)，計地二千五百餘頃。亦是十月入水，七月方罷。以此揆之，則所澆之地實同，而入官之地數即(五)少，(以下卷下葉20A)明見其餘地畝，每歲上(六)是貨賂渠斗人吏，盜用澆漑，事發斷罪，民甚苦之。又切知人民數多，一家之地多者不過一二頃，少者或十畝(七)。故一頃三十畝爲限，取夫一名，以此計之，則上戶之家不過二名，下戶或三戶或五戶出夫一名。今日地廣民稀，難同此例，一家所占多者或十頃至五頃，雖小戶不下一頃有餘。是故人民畏其夫多，匿地盜澆，冒罪致罰，接踵相繼。議得，不若全(八)夫一名，依前限一頃三十畝爲則。加地一(以下卷下葉20B)倍，止出夫一名，添給其水。如此加倍，則民雖少，亦可擬往日人戸三分之二矣。如有盗澆，供地不實，嚴行斷罰。

(一)畆，文淵閣本爲"畝"字，異體字。

(二)已，畢沅校正本爲"以"字，誤。

(三)入，畢沅校正本、文淵閣本爲"人"字，正。

(四)畆，文淵閣本爲"畝"字，異體字。

(五)即，畢沅校正本同，文淵閣本爲"則"字。

(六)上，畢沅校正本同，文淵閣本爲"止"字。

(七)畆，文淵閣本爲"畝"字，異體字。

(八)全，畢沅校正本同，文淵閣本爲"令"字。

又舊例，每夫一名計澆田夏田一頃三十畝、秋田四十畝，共(一)一頃七十畝。議得，今地廣人稀，若依舊例，其水有餘，中間不無巡水之徒，令無夫之家買水澆溉。今擬令，人戸更不增添夫數，每夫一名，令澆二頃六十畝，庶望革去買水之弊。

(一)共，畢沅校正本爲"其"字，誤。

又人戸合澆田禾頃畝，照依舊例驗工，輪畨使水，各斗下若有在前(以下卷下葉21A)不出夫役使水之家，今後無得使水濫(一)澆。官斗門子人等私行(二)與水者，依例斷罰。

(一)濫，畢沅校正本爲"監"字。若此，則應在"使水"後斷句，下爲"監澆官斗門子……"。

(二)私行，文淵閣本爲"私賣"二字，畢沅校正本爲"看循"二字。

行水之序，須自下而上，晝夜相繼。不以公田越次，霖潦輟功。

舊例，各斗分須要從下依時使水，澆溉了畢，方許閉斗。隨時交割，以均(一)斗分，無得違越時刻。又使水屯戸，與民挨次自下而上溉田。又體知得用水之家，多使驅丁看水。至冬月澆田，遇夜避寒貪睡，使水空過。至明却(二)稱不曾澆溉，遲違由(三)時，枉費水利。合行(以下卷下葉21B)嚴加斷罰。又五縣行使溉(四)水斗口，舊例自下而上，挨排次序放澆。却因地形高低不等，累經洪水吹灌(五)，渠深地高。在前官司權令打立截堰放澆。今來軆(六)知得其餘斗分,不畏公法屯利人戶將地不盡實報,倚仗人衆,接上築打死(七)堰,將下次利戶合使(八)水直改豁,恣意放澆,直至夜深,却將水直分豁下流。已下利戶不曾隄備,以致泛溢,澆過不應地畝,或還入河,虚費水利。議得,除渠深地高必用倒堰斗口,比及定奪以(以下卷下葉22A)來,權且依舊外,據(九)其餘斗分,務要依例自下而上,挨排次序,照依元供地畝合澆水直放澆,無得似前打立截堰,縱意多澆。違者斷罪。按五縣之地,本皆斥鹵,與他郡絶異。必須常漑,禾稼乃茂。如失疏灌,雖甘澤數降,終亦不成。是以涇渠之利(十),一日而不可廢也。

(一)均,畢沅校正本、文淵閣本爲"上"字,誤。

(二)却,爲"卻"的異體字。

(三)由,畢沅校正本同,文淵閣本爲"田"字,誤。

(四)漑,文淵閣本爲"各"字。畢沅校正本爲"□"格。

(五)灌,文淵閣本、畢沅校正本爲"濯"字。

(六)軆,文淵閣本爲"體"字。

(七)死,畢沅校正本同,文淵閣本爲"私"字。

(八)使,畢沅校正本同,文淵閣本爲"便"字。

(九)據,畢沅校正本同,文淵閣本爲"至"字。

(十)利,畢沅校正本爲"例"字,誤。

諸違官禁作姦弊者,斷罰有差。

照得大司農司元[①]定,若有違犯水法,多澆地畝,每畝罰小麥一石。至元二十年,承奉宣慰司劄付,犯水人戶,有做夫之家,亦有不做夫之家。議得,如係不做夫(以下卷下葉22B)之家,每畝罰小麥一石,興工利戶每畝五斗。至元二十九年,陝西漢中道肅政廉訪司講究得,違犯水法,不做夫之家,每歲減半罰小麥五斗,興工利戶,每畝二斗五升。外據犯罪,每畝笞七下,罪止四十七下。

① 元,當"原"字用。

又按舊例，凡攙越盜用，渠岸修築不牢，澆溉不應地土，渠吏蔽匿不申，及斫護岸樹木，無故於三限行立者，皆有罪罰。

設立屯田(以下卷下葉23A)

庚子年[①]八月欽奉聖(一)旨：以梁泰充宣差規措三白渠使。據梁泰奏告，京兆府有舊來三白渠，兵革以來，渠堰缺壞，地土荒廢。陝西人戶雖有種蒔，不得水利，稅賦不敷軍馬用度(二)。修成渠堰，每畝可收一鍾(三)。遂(四)准奏。仰梁泰就帶元降御前金牌，充宣差(五)措三白渠使，直隸朝廷(六)。

(一)欽奉聖旨，畢沅校正本同，文淵閣本爲"奉旨"二字。似系四庫館臣刪改。

(二)度，畢沅校正本同，文淵閣本"度"字後增一"如"字。

(三)鍾字後，有畢沅按語。沅案：元始《河渠志》云，太宗二十二年梁泰奏請。汪按，此處畢沅誤，據《元史·史渠志三》系太宗十二年。太宗止十三年，無二十二年。

(四)遂，文淵閣本缺此字。

(五)宣差，文淵閣本同，畢沅校正本"宣差"後增"規"字，正。

(六)直隸朝廷，畢沅校正本同，文淵閣本佚此四字。

至元十一年，初立河渠營田使司，安置屯田。二十八年，改屯田總管府。

是年九月十五日奏過事內一件，(以下卷下葉23B)節文：安西府、延安府、鳳翔府這三路，在前交軍立屯，來根脚裏。這軍每[②]不是額定的正軍，有成都府忙併時分，幾處籖(一)來。去年省官人每奏了，這軍交依舊爲民來，若是這軍每散了呵，屯田的勾當得濟的勾當悞了也者。這軍

① 庚子年，據《元史》卷65《河渠志二·三白渠》(中華點校本頁1629)載："京兆舊有三白渠，自元伐金以來，渠隁缺壞，土地荒蕪。陝西之人雖欲種蒔，不獲水利，賦稅不足，軍興乏用。太宗之十二年，梁泰奏：'請差撥人戶牛具一切種蒔等物，修成渠隁，比之旱地，其收數倍，所得糧米，可以供軍。'太宗準奏，就令梁泰佩元降金牌，充宣差規措三白渠使，郭時中副之，直隸朝廷，置司於雲陽縣。所用種田戶及牛畜，別降旨，付塔海紺不於軍前應副。……"則此處之庚子，爲蒙古窩闊台汗十二年，即公元1240年。

② 每，當"們"字用。

每雖交做民呵，只交這的每種田不交罷呵，怎生麽道。額森特穆爾(二)等京兆省官人每，奏將來那般者麽道，聖旨有來，立屯田府的勾當裏，三箇路裏合立三處營田司衙門。休立營田司，立一箇(以下卷下葉24A)屯田總管府衙門，委付着好人管着屯田的勾當中也者麽道。奏呵那般者麽道，聖(三)旨了也。欽此。都省移咨，欽依施行，准此。省府照得營田司已經革罷，即將元管戶牛地土額辦糧草已(四)未送納，及應干不了事件交割外，據六盤迤東彭原等處，元係成都接應軍人改爲民屯，比及別行設官以來，恐悮合辦糧草，擬令元管屯田千戶，時暫拘(五)鈐管辦。皇慶元年再內。至元十一年創立屯田於(六)各縣，交參協濟下戶內。盖(七)撥屯田。○至元二十一年奏過事內一件，在前車(八)站一千戶放罷，收係屯(以下卷下葉24B)田。

(一)籤，文淵閣本、畢沅校正本爲"簽"字。

(二)額森特穆爾，畢沅校正本爲"也先帖木兒"五字，恐系四庫館臣依乾隆旨改蒙古人名。

(三)聖，文淵閣本爲"有"字。

(四)已，畢沅校正本同，文淵閣本爲"巳"字，誤。

(五)拘，文淵閣本同，畢沅校正本爲"抅"字。

(六)於，畢沅校正本同，文淵閣本爲"于"字，異體字。

(七)盖，畢沅校正本同，文淵閣本爲"盡"字。

(八)車，畢沅校正本同，文淵閣本爲"軍"字。

設官四員。達嚕噶齊(一)一員，總管一員，二官銜內立帶兼河渠司事。凡有文移，止稱屯田總管府。爲水事，則稱兼河渠司事。副總管一員，同知一員。

(一)達嚕噶齊，文淵閣本同，畢沅校正本爲"達魯花赤"四字，四庫本當系館臣據乾隆帝令所改。

首領官三員。經歷一員，知事一員，提控按牘一員。吏譯人等一十五人。通事一人，譯吏(一)一人，司吏四人，奏差四人，都監一人，壕寨(二)四人。合(三)一百五十二人。看水(四)洪口囤堰水軍一十名，看守探量三限口水直人夫四名，看守探量彭城限水直人(以下卷下葉25A)夫二名，看守邢堰人夫一名，分俵水直斗門子一百三十五名。

（一）譯吏，畢沅校正本同，文淵閣本爲“譯史”二字。此處以其置於司吏前，似以“譯吏”爲當。

（二）寨，畢沅校正本爲“塞”字。

（三）合，文淵閣本爲“合干”二字，畢沅校正本爲“合千”二字，皆誤。

（四）水，畢沅校正本爲“守”字。

司屬五所。終南、渭南、涇陽、櫟陽四所，各設令一員，丞一員。平凉(一)一所，本府，注擬正、副提領各一人。

（一）凉，文淵閣本爲“涼”字。

屯四十八。終南九屯，懷教屯、樂平屯、忠力屯、曲泉屯、樂成屯、利澤屯、奉上屯、欒村屯、安化屯。渭南一十六屯，懷德屯、懷仁屯、豐濟屯、善慶屯、閏澤屯、永便屯、皂角穹屯、亭利屯、信陵屯、嚴應屯、雨金屯、安陽屯、安慶屯、南永壽屯、北永壽屯、郃陽屯。涇陽九屯，豐閏屯、里仁屯、昭義屯、富安屯、永昌屯、廣倫屯、仁受屯、安信屯、華原屯。櫟陽九屯，歸厚屯、安仁屯、安業屯、豐（以下卷下葉25B）樂屯、萬全屯、廣盈屯、阜盈屯、大有屯、定陵屯。平凉(一)五屯。白店屯、董志屯、南莊屯、南市屯、冉(二)店屯。〇右渭南所屯田，半皆在渭南陸地。終南所屯，全在近山、盩厔等處。涇陽所屯，亦半在醴泉、富平、華原、鄜州、直羅等處。櫟陽所屯，除定陵屯在富平外，八屯皆用涇水石川澆溉。

（一）凉，文淵閣本爲“涼”字。

（二）冉，畢沅校正本爲“再”字。

戶四千八百九十二，地五千六百六十四頃一十二畝六分三釐八毫，內荒閒地一千六百八十七頃九十七畝三分七釐八毫。農器二千二百三十三副八分五釐。牛二千一百零九具一隻九分。每牛一具，以二十分爲率，撥地二頃，納粟麥五十石，內大麥二十石，小麥二十石，粟一(一)十石，草一百束牛一隻者地數以下皆減半，牛三隻以上各隨其分數以增之。

（一）一，畢沅校正本無“一”字。

（以下卷下葉26A）

糧，至大元年舊數九萬三千六百七十九石二斗九升一合六勺，草三十一萬三千七百九十束(一),四萬五千九百二十秤。

(一)束,畢沅校正本同,文淵閣本爲"東"字,正。

至正二年實辦糧數,除倚免事故逃亡等戶外。七萬二千六百五十九石七斗八升二合三勺四抄(一)。大麥二萬六千七百二十五石二斗零四合,〇小麥二萬六千六百八十二石五斗一升八合七勺四抄(二),〇粟一萬七千二百九十七石四斗八合,〇白米八百一十四石五斗二升四合,〇糜子一百五十五石令(三)四升五合九勺,〇粳米五十石八斗八升二合,〇糯米九百三十四石一斗九升九合七勺。草,束(四)二十九萬一千五百一十三束(五),秤四千(以下卷下葉26B)九百三十九秤四觔(六)二兩。

(一)抄,畢沅校正本同,文淵閣本爲"杪"字,誤。

(二)抄,畢沅校正本同,文淵閣本爲"杪"字,誤。

(三)令,畢沅校正本、文淵閣本爲"零"字,"令"似爲"零"俗字。

(四)束,文淵閣本爲"東"字,正。

(五)束,文淵閣本爲"東"字,正。

(六)觔,文淵閣本、畢沅校正本爲"斤"字,異體字。

建言利病

承務郎陝西諸道行御史臺監察御史宋秉亮言[1]:洪口之利始於秦水工鄭國於仲山之下鑿引涇水,首起瓠口,尾注于洛,溉田四萬餘頃。至漢大(一)始[2]中,水利廢壞,趙中大夫白公因其故跡,徙開渠口於上流,首起谷口,尾入石川,以注于渭。降及隋唐,以至亡宋,其利又廢。大觀中,又於小龍潭之上,復開石土渠數里,疏(二)(以下卷下葉27A)引自來之水入渠五尺,賜名曰"豐利渠"。迨今二百餘年,其利漸少。至大間(三),監察御史王承德建言,於豐利渠(四)北開鑿石渠,長五十丈。歲(五)月已久,呑水漸少,入渠之水既微,則築堰勞而民利寡矣。嘗考古今渠利之廢,盖(六)因河身漸低,渠口漸高,水不能入。是白公不容不繼於鄭渠,豐利不得不開於白公之後也。今豐利渠口去水又已漸高,則王御史見

① 《元史·河渠志三》(中華本頁1659)載:"至正三年,御史宋秉亮相視其堰,謂渠積年坎取淤土疊壘於岸,極爲高崇,力難送土於上,因請就岸高處開通鹿巷,以便夫行。廷議允可。"

② 太始,漢武帝年號,當公元前96至前93年。

開石渠又不盡功，若不增治，豈惟漸失民利？慮恐日就湮塞。近因巡歷(以下卷下葉27B)至縣，親詣新舊渠口一一相視，遂採衆論，酌以管見，苟欲其利溥傳(七)，其說有三：一曰盡修渠堰之利，二曰復置兩閘之防，三曰開通出土之便。然其要又在選委得人，不當惜費。今將貼說圖本具呈憲臺，照詳施行。

(一)大，畢沅校正本爲“太”字，正。

(二)踈，文淵閣本爲“疏”字，異體字。

(三)至大間，後有畢沅按語。沅案：《宋史·河渠志》云，三年。

(四)渠字後，文淵閣本增“之”字。

(五)歲，文淵閣本爲“歲”字，異體字。

(六)蓋，文淵閣本爲“葢”字，異體字。

(七)傳，文淵閣本爲“博”字。

一，相視得鄭渠起於(一)瓠口，今駱駝彎西北是也，上至白公渠口二千七百餘步。白公渠口，即今小龍潭下是也，上至宋豐利渠五十六步。豐利渠又上至王御史新開石渠五十六步。已上三堰，西北高而東(以下卷下葉28A)南低，涇水自仲山出，由高而下，河岸去水漸高。今量得鄭公渠口至水靣計高五十餘尺，白公渠口至水面(二)計高一丈三尺，相懸如此，雖欲不改，不可得也。今豐利渠一水，亦高七尺有餘。方新渠未開之時，每歲差民起立石囤堰水，計用囤三百八十箇(三)，高一丈有餘，費役甚廣，而水益艱澁。是以王御史乃於上流窄(四)處踈鑿此渠，止用囤一百八十箇(五)，宜其省費而水可通也。然其底亦高河水三尺，所立囤堰厚止三重，河(以下卷下葉28B)流深處囤之高者乃至一丈五尺，浮坐於地。每遇河水泛漲，不禁衝突，易於傾壞。反不若宋渠之堰，鑿石安立樁橛，猶以爲固也。今涇水石底安樁石眼猶存。是以用費益多，民力益困。詢諸衆言，皆言新石渠起於山脚，地勢高於接流其底，合諸元議(六)猶有三尺未開，是以蓄水不能甚深(七)。今當(八)(九)再令開鑿，加深八尺。如此不待囤堰之設，先有五尺自然之水入渠。其囤但比水高五六尺，則渠受水之多，不言可知。宜計舊堰廣狹，新囤高(以下卷下葉29A)下，即令(十)三重之上，截作九重。囤堰既低且厚，縱遇小漲，只於囤上漫流而過，不至衝激傾倒。設使囤壞，亦不妨自然入渠之水。此法之外，無以復加。

（一）於，畢沅校正本同，文淵閣本爲"于"字，異體字。

（二）面，畢沅校正本同，文淵閣本爲"靣"字，異體字。

（三）箇，畢沅校正本爲"個"字，異體字。

（四）穽，畢沅校正本爲"穿"字，誤。

（五）箇，畢沅校正本爲"個"字，異體字。

（六）合諸元議，文淵閣本爲"既比元言"四字。

（七）是以蓄水不能甚深，此八字文淵閣本缺佚。

（八）今當，文淵閣本爲"宜與舊鑿渠底通行計料"八字。

（九）合諸元議猶有三尺未開，是以蓄水不能甚深。今當，畢沅校正本爲"既比元言，猶有三尺未開，宜與以鑿渠底通行計料"。

（十）令，文淵閣本、畢沅校正本爲"今"字。

一，相視得舊閘二所上下相去四十餘步，中間元用退水舊槽，至今見存。其置槽去處，上離宋渠四百四十九步，離新開石渠五百五十步（一）。退（二）水槽近上三十餘步，渠身（三）兩壁開鑿切（四）口二道，當時設此，蓋遇涇水暴漲及洪堰倒塌之時，即下此閘，以備濁水淤澱，渠道平流。（以下卷下葉29B）一閘在退水槽近下十步，渠身兩壁亦有坊（五）口四道，蓋於住罷澆田之後，水既無用，遂開此閘乃退渠水由槽還河。又當河漲之時，或淨浪不能猝下，或已（六）下而漏漫濁水，併下兩閘，以防不虞。此（七）古人良法，安可廢而不行？近年以來，渠湮岸崩，民漸失利。擬合將二閘修置，以時開閉，則濁泥不得入渠，穿淘之土（八）可以減半。又淨浪相離，新渠窵遠，濁水入渠，必至淤澱。宜將此閘移於（九）渠口近下一二十步安置。

（一）步，文淵閣本缺"步"字。

（二）退，"退"字前，文淵閣本有"原闕六字"四字，畢沅校正本自"五百五十"下，爲六個"□"。以下2行文字分析，似應有"一閘在"三字。

（三）身，畢沅校正本爲"深"字，誤。

（四）切，畢沅校正本同，文淵閣本爲"砌"字。

（五）坊，畢沅校正本爲"切"字，文淵閣本爲"砌"字。坊，通防，《禮記·郊特牲》“祭坊與水庸，事也。”疏：“坊者，所以畜水，亦以彰水。”即指坊之防水隄防的意思。

（六）已，畢沅校正本同，文淵閣本爲“巳”字，誤。

（七）此，“此”字下，文淵閣本、畢沅校正本增一“皆”字。

（八）士，文淵閣本、畢沅校正本爲“工”字。

（九）於，文淵閣本爲“于”字。

一，相視（以下卷下葉30A）得得[一]，洪口以下石土渠十餘里，自古穿淘，兩岸積土如山，舊時將所積高岸開爲通道，名曰鹿巷。凡[二]穿淘泥沙，由鹿巷運於岸外。近年以來，淘出泥土填滿鹿巷口[三]，於岸上堆積。或於[四]霖雨，其土崩塌，復入於渠。是以渠道益淺，水來益小。今觀渠與涇河相望咫尺，運土入河，甚不費力。緣爲累年堆積，以至太多，是以爲難，此皆有司因狥[五]姑息之過也。起夫穿淘妨農病衆，甚爲可憐！擬合於農務未忙，天暖人閒[六]之時，差遣五縣（以下卷下葉30B）人夫，將鹿巷開至平地，搬[七]運積土，遠離渠岸，或運入河，以漸而去。不得似前，輒閉岸巷。叚[八]以歲月，積土漸除，渠道自通，人力既省，官政亦簡，民之受賜，胡可勝言。

（一）相視得得，文淵閣本爲“相視得”三字，文溯閣本似誤重一“得”字。

（二）凡，畢沅校正本同，文淵閣本爲“又”字。

（三）口，畢沅校正本爲“只”字。

（四）於，畢沅校正本同，文淵閣本爲“遇”字。

（五）狥，文淵閣本爲“循”字。

（六）閒，畢沅校正本爲“閑”字，異體字。

（七）搬，畢沅校正本同，文淵閣本爲“般”字，古今字。

（八）叚，文淵閣本爲“假”字。

一，漢之鄭白、宋之豐利，功大而利久者，由其委任得人，不惜財費故也。今自王御史建言以來，三十餘年，而工尚未成者，原其所自，實由選委不當，有所靳惜，不能成爾。今欲開鑿前渠，復修兩閘，監督之官，宜當遴選，工食之給，不可吝惜。自古及今，爲經久之（以下卷下葉31A）計者，不計重費；成非常之功者，惟在得人。今詳此功，勞費雖廣，可以永逸。擬合擇選諳曉水利、練達時宜、廉幹官員，度宜優給，以成久利之功。如其不然，將見五縣之民，日趨窮苦，屯田之置，亦爲虛設。況(一)今石渠已至仲山石脚，更無開展去處。若更不成，是使二千年歷代養民之利，一朝而廢，豈不痛哉！所以行省必合選官興治，毋惜小費，明立賞罰，使有懲勸，然後事可集，而功可成也。

（一）況，文淵閣本爲"況"字。

（以下卷下葉31B）

雲陽人楊景道，嘗論涇水之善。一則民苦渠堰之勞費，獲灌溉之利。一則限畝法弊，倫(一)次不明，致使小民動觸刑憲。即欲上言未果，頗采其說以附于左。其畧曰：

（一）倫，文淵閣本、畢沅校正本爲"論"字。

至元九年至十一年，二次准大司農劄付，勸農官使其悉心講究涇渠利害，與夫一切(一)使水法度，上聞(二)中書省以爲定例。雖其節目若有未詳，然其大綱固已條舉。其後改立官府，至元之法漸以廢弛，水法壞亂，多寡不均。加(三)以囮(四)堰薄踈(五)，渠道淺狹，水利(六)微少。夫役繁重，斷法(七)相繼，使涇水之利，反爲北河(八)之害。今畧舉三，以明其弊。

（一）使其悉心講究涇渠利害，與夫一切，文淵閣本爲"韓大使耀用宋大守等官公同講究"十四字。畢沅校正本爲"勸農官韓副使耀用宋太守等官，二同講究使水法度"二十一字。

（二）上聞，文淵閣本爲"呈准"二字。畢沅校正本爲"王准"二字。

（三）加，畢沅校正本爲"如"字，誤。

（四）囮，畢沅校正本爲"因"字。

（五）薄踈，畢沅校正本爲"疏薄"二字。

（六）水利，畢沅校正本爲"並水邨"三字。

（七）斷法，文淵閣本爲"刑罰"二字，畢沅校正本爲"斷罰"二字。

（八）北河，文淵閣本、畢沅校正本爲"河北"二字。

一，至元定(一)議，提(二)令人戶，依上年額定實(三)數，更不增添。每夫令(四)澆夏秋田二頃七十畝(五)，庶望革去賣水之弊。切詳所議寬限之法如此明白，不見遵依。今欲舉行，宜將二頃六[六]十畝之數停分三次，兩月一週，每次放澆八十七畝，不限名色。自今歲十月爲始，至來年五月，計[七]八箇[八]月。若其渠堰如法，水流不斷，可以澆溉四次。前二次已及元限，後一次爲澆（以下卷下葉32A）秋苗。如是深[九]水大小不一，斷續相繼，可復澆溉，則遠近貧富均獲水利矣。

（一）定，文淵閣本爲"續"字。畢沅校正本爲"績"字。

（二）提，畢沅校正本爲"捉"字。

（三）實，畢沅校正本爲"夫"字。

（四）令，畢沅校正本爲"今"字。

（五）二頃七十畝，畢沅校正本爲"二百六十"。

（六）六，畢沅校正本同，文淵閣本爲"七"字。按"二頃六十畝"三分，爲八十六點三分之一畝，正合"八十七畝"之數，故文淵閣本誤。

（七）計，畢沅校正本爲"就"字。

（八）箇，文淵閣本同，畢沅校正本爲"個"字。

（九）深，文淵閣本爲"渠"。

又水例[一]云，渠下可澆五縣之田九千餘頃。以今屯利人夫一千八百名計之，絶多補少。每夫一名爲田五頃，舊例[二]一名限澆五[三]頃七十畝，是二[四]分之中盜澆者常有二[五]分，是以人皆犯法，動觸刑憲。故至元寬限作二頃六十畝，則明澆者一半，而不及者尙有一半。其法雖未盡善，而猶勝一頃七十畝之少。今以渠水計之，全水一百二十徼，三分去一爲八十徼，一晝夜可澆田六十餘頃。自今歲十月爲始，盡來年五月，計一[六]百四十日，可澆一萬四千餘頃。假使開啓渠堰便利，致使水及百二十徼全數，則一歲所澆，又不止是。今論者皆以即今水小爲難，殊不知今日水數亦不下八十徼矣。全水一歲，每夫可澆一十餘[七]頃。今吏咸[八]作六十徼，一夫猶當澆田五頃。限以二頃六十畝，水小爲難乎[九]！若夫立限太寬，倘遇天旱，近水有力者任[十]意多淫[十一]，貧弱遠水者愈不得（以下卷下葉32B）水[十二]。故就二[十三]頃六十畝爲限，田[十四]雖多亦可周遍，水大則必加倍。況[十五]今既有兩限分水[十六]法，又有交承時日之則，水小則拘限而能均，水大則有時日，民得盡利，此誠得中不易[十七]之良法，並行而不相[十八]悖者也。

（一）例，文淵閣本爲"利"字，誤。

（二）例，畢沅校正本爲"利"字，誤。

（三）五，畢沅校正本同，文淵閣本爲"一"字，正。

（四）二，畢沅校正本同，文淵閣本爲"十"字。

（五）二，畢沅校正本同，文淵閣本爲“八”字。

（六）一，畢沅校正本爲“二”字。

（七）一十餘，畢沅校正本同，文淵閣本爲“田六七”字。

（八）咸，畢沅校正本同，文淵閣本爲“限”字。

（九）水小爲難乎，文淵閣本爲“豈能開至多乎”六字，畢沅校正本爲“豈可開太多乎”六字。

（十）任，畢沅校正本爲“浴”字。

（十一）滛，文淵閣本爲“淫”字。

（十二）水，文淵閣本爲“利”字，畢沅校正本爲“則”字。

（十三）故就二，畢沅校正本爲“一”字。

（十四）田，畢沅校正本爲“□”。

（十五）况，文淵閣本爲“況”字。

（十六）水，文淵閣本爲“澆”字。畢沅校正本爲“□□”空格。

（十七）易，畢沅校正本爲“□”。

（十八）相，畢沅校正本同，文淵閣本無“相”字。

一，各斗下利戶澆田，既無先後排輪之次，亦無各家合使日期，惟以畝數爲限。或遇天旱民急目前之利，違限多澆，欲盡斷罰則傷百姓，若不嚴禁復不能均。人[一]先開斗分，多占月日，及時澆溉，全得其利。近後斗分，往往[二]過時失悞歲，計一歲之中水來不過一二次，水畝限[三]數亦少。合令[四]每水頭一道，斗口幾處，驗各斗人夫多寡，分定合開日時，六十日內，須要周遍，仍令人戶供報花名地段頃畝見數，置簿核[五]寫，合該水程日時[六]，須要自下而上。惟渠漲岸高者。别爲區處。官及斗門子，各收一簿，永爲定式憑驗。使人知某日爲某村之水，某時爲某家使水之期，自然不敢侵越，易避而難犯矣。

（一）人，畢沅校正本爲“又”字。

（二）往往，文淵閣本爲“徃徃”。

（三）畝限，文淵閣本、畢沅校正本爲“限畝”二字。

（四）令，畢沅校正本爲“今”字。

（五）核，文淵閣本爲“詳”字，畢沅校正本爲“該”字。

（六）時，畢沅校正本同，文淵閣本爲“期”字。

一，限首眼同分水。其法今亦廢弛，故五縣水利不（以下卷下葉33A）均。盖洪堰計因（一）人功而成，理宜驗夫用水。但地理近迫（二）不等，渠道懸昂不一，分水之時，斟酌增減，期於均平，可也。如北限昂而中限懸，當增北限而減中限；涇陽近而櫟陽遠，當益櫟陽而損涇陽。仍將各渠實有夫數，各限應得之水。隨水大小，議爲則例，刻之巨石，立於限首。庶使官吏將來有所憑驗，易於舉行。又驗夫二分（三），與合得水程徼數，復如舊日，分作二道，輪畨①澆漑，庶可與其餘水頭一齊周遍，民（四）免盜水之罪矣。又如白渠水小之時，冝（五）將限工并中限權行止在（六），聽下縣先澆。候水大之時，將閆（七）下水程并開二（八）斗或三斗以補之。故限口有誌水石，古語云："水到石人手，限上開三斗。水到石人腰，限上不得澆。"即前人規模之大方也（九）。

（一）因，畢沅校正本爲"用"字。

（二）近迫，文淵閣本爲"近遠"二字，畢沅校正本爲"遠近"二字。

（三）二分，畢沅校正本同，文淵閣本爲"分水"二字。

（四）民，畢沅校正本無"民"字。

（五）冝，文淵閣本爲"宜"字。

（六）在，文淵閣本爲"住"字。

（七）閆，畢沅校正本同，文淵閣本爲"閘"字。

（八）二，畢沅校正本爲"一"字。

（九）大方也，以上自"雲陽人楊景道"至此處之"規模之大方也"，畢沅校正本爲低一格大字，四庫本爲雙行小字。

涇渠總論（以下卷下葉33B）

涇水出安定郡岍頭山，西自平凉（一）界來，經邠州新平、淳化二縣，入乾州永壽縣界，千有餘里，皆在高地。東至仲山谷口，乃趍（二）平壤，是以于此可以疏鑿，以漑五縣之地。夫五縣當未鑿渠之前，皆斥鹵磽確，不可以稼。自被浸灌（三），遂爲沃野，至今千餘年，民賴其利。但渠初鑿之時，渠與河平，勢無齟齬。歲月漱滌，河低渠高，遂不可用。雖白公、趙佺繼之於後，終亦不能久者，盖仲山洪口萬嶺環複，兩崖劃斷，致河流湧出，勢如建瓴，（以下卷下葉34A）復阻石堰，其怒愈甚，土石承委，不得不朒。今其下有小龍潭，其深不測，是水激射而成也。河既漸下，渠岸自高，所灌之田，日復淤開（四），雖強壅遏，竟無良策。今新石渠已

①畨，文淵閣本同，爲"番"字異體。

迫山足，又高三四尺矣。苟不可行，千載之功誠爲可惜。

(一)凉，文淵閣本爲"涼"字。

(二)趍，畢沅校正本同，文淵閣本爲"趨"字。

(三)灌，文淵閣本、畢沅校正本爲"濯"字。

(四)開，文淵閣本、畢沅校正本爲"閉"字。

抑嘗考夫涇之形勢，人有生長其處，耳目習熟，猶或不知。不知韓人鄭國一入敵境，何遽識此，而開萬世之利，不亦神乎！雖然利之所在，害必從之。今五縣之民，歲八月治堰，九月畢工。揵石伐木，掘泥(以下卷下葉34B)懸土，入水置囤，下臨不測。今涇渠兩岸累年淘出泥沙，堆積增益高至三十五尺，下窺渠靣[一]如視井底。每年差五縣人夫入渠負龍撓[二]曳而上，依舊堆積。及洪口安囤之處，水深丈餘，其底皆石，水流湍急，下入龍潭，其深不測，所置囤堰，不時衝壞，石木盡去，杳無餘迹。每年增葺，人役水中至有溺者。

(一)靣，文淵閣本爲"面"字，異體字。

(二)撓，畢沅校正本同，文淵閣本爲"捧"字。

十月引水，以嗣來歲，入秋始罷，又復就役，寒暑晝夜，風雨晦冥，人夫蟻聚，皆環集其上[一]，不敢有片刻之安[二]。水法：自十月秋[三]水，至明年七月始罷，晝夜寒暑，風雨晦冥，不敢暫輟。須循環相繼，然後乃遍。嘗問其故，以爲浚掘或疏水[四]即不洩[五]。盖[六]土性本薄，涇淤[七]瀆淖，反成其癖。正如病人一旦[八]離[九]藥，病即復來。故人有地饞之說。

(一)"風雨晦冥，人夫蟻聚，皆環集其上"諸字，文淵閣本無。

(二)不敢有片刻之安，文淵閣本爲"不得少休"，畢沅校正本爲"不得稍休"。

(三)秋，文淵閣本爲"放"字。

(四)浚掘或疏水，文淵閣本爲"或開疏壅水"字。

(五)洩，畢沅校正本爲"茂"字。

(六)盖，文淵閣本爲"蓋"字。

(七)涇淤，文淵閣本爲"輕於"二字，畢沅校正本爲"涇於"二字。

(八)旦，文淵閣本爲"日"字。

(九)離，畢沅校正本爲"雖"字，誤。

而墾闢耘斂播植之勞，猶不與[①]焉。加以官(以下卷下葉35A)府程督旁午，畦陌條約限禁瑣屑尤甚。近年水脉艱澀，所潤益寡，紛爭訟鬩，姦弊百出。究其委曲，胡可盡言！於是民有上訴，願弛其利，以免劬瘁。有司以故事舊規，不敢輒許。嘗聞諸水家，民田近水而地下者，便而多利；遠水而地高者，難而寡利。又爲限畝所拘，不得盡漑其田。故遠者有願不用水，以免(一)役者。有司以修治役大，近者不能獨富(二)，不敢許也。嗚呼，夫韓本欲疲秦人於一時，不知後世病復甚邪！由是言之，爲之柰(三)何？《傳》曰，其人存，則其政舉；其人亡，則其政息。使西門史公、兒(四)內史、白中大夫爲之，吾知(以下卷下葉35B)其有不患者矣！當今之時，必欲繼疏鑿之功，復古人之迹，使千百世永永而無敝者，世果無高智絶倫卓犖奇偉如若人者哉！

(一)免，文淵閣本、畢沅校正本在"免"字後增一"其"字。

(二)富，文淵閣本爲"當"字。

(三)柰，文淵閣本爲"奈"字，異體字。

(四)兒，畢沅校正本同，文淵閣本爲"倪"字，古今字。

長安志圖卷下

① 不與，不在其中。

文溯閣本四庫全書
墨法集要
校注

(明)沈繼孫　原著

導　讀

筆、墨、紙、硯被視爲文房四寶，是幾千年中國文化傳承的重要工具。文房四寶的製作，工藝複雜，品質優劣差別極大。明以前就有一些諸如《墨譜》、《墨苑》、《墨經》之類的製墨技術書，但因系儒者採訪墨工所著，非經親手試製，疏漏甚多，甚至純系想像臆說，難以憑信。《墨法集要》卻是明初墨師沈繼孫（字學翁）通過向民間製墨大師學習，雜取衆長，又親自長期實踐，總結製作佳墨經驗的技術專著，其中有圖21幅，直觀地顯示了製墨的設備及過程，是中國科技史和文化史的重要文獻。

作者原序署爲洪武戊寅歲，即公元1398年，該書之成書當在其時。原書本已失傳，底本系由乾隆皇帝于乾隆四十一年（1776年）發現於《永樂大典》中，諭令館臣收錄於四庫全書子部譜錄類。

甘肅省圖書館編輯《影印文溯閣四庫全書四種》，由上海古籍出版社於2003年出版，其中收入仿真版文溯閣本《墨法集要》，使我們得以仔細觀察秘藏深閣的這部書的真面貌。文溯閣本《墨法集要》湖藍色絹面包背裝，一冊一卷，朱絲欄。書冊通高32公分，闊20.5公分,版高22.5公分,半葉版闊15.5公分。封面左側偏上簽框中書題爲“欽定四庫全書/子部/墨法集要/御製詩”[①]15字。正文葉1A版框內上方居中鈐12.8×12.8公分“文溯閣寶”朱印，正文末頁（葉48B）版框內上方居中鈐5×5公分“乾隆御覽之寶”朱印。書內含乾隆皇帝《御製題墨法集要圖說》1葉；館臣所撰“提要”2葉；書內文圖48葉，包括圖20葉半、文27葉半。總計51葉。文字每半葉8行，滿行21字，僅卷首提要葉1A2行所

① 文淵閣本因未收入乾隆皇帝之《御製題墨法集要圖說》，故題簽無“御製詩”三字。

錄該書部類之“譜錄類”下有“器物之屬”4個雙行小字及葉16A 6行8個雙行小字的自注文。

我們以文溯閣四庫全書之《墨法集要》書前提要與文淵閣本該書書前提要進行對校，發現文字僅有1處異體字差異。表明二者系由同一未經删改的底本鈔出的。

以文溯閣本與文淵閣本《墨法集要》正文相校，有86處文字不同。其中同一字用不同字體的有52處，二者文字不同而二者皆可者3處。以上二類難分彼此的差異共55處，占文字總差異的63%。另有二者文字相同但皆爲錯訛或不當者3處，或許《永樂大典》原本如此。在其餘可以確定正誤的29處文字差異中，文溯閣本正確而文淵閣本錯訛顛倒缺佚的17處，文淵閣本正確而文溯閣本錯訛顛倒缺佚的12處。以差錯率比較，顯見文溯閣本該書的謄鈔和校對優於文淵閣本該書。

文溯閣本《墨法集要》與文淵閣本雖然同爲據《永樂大典》本鈔出，但二者之間仍出現這麼多的異體字、俗體字、古今字、同義字，主要是四庫館對全書的謄鈔僅有字體（館閣體）要求，而無規範字要求，事實上自秦至清朝廷從未頒佈規範字，以至謄寫人員憑個人書寫習慣寫來。這其實是古代所有手鈔本都存在的一個雖說是不言自明卻又極其重要的問題。

文溯閣本《墨法集要》封面內頁貼黄標示，該書由“總纂官臣陸錫熊覆校，詳校官臣翁樹培”。此署名說明此書經陸錫熊親自覆校過。我們今天以文溯閣本該書與文淵閣本該書對勘後發現前者的錯誤較少，其原因蓋與陸錫熊特别進行的複校有關。

文溯閣本《墨法集要》與文淵閣本還存在著重大的篇目差異，即文溯閣本多出一篇乾隆皇帝撰述的《御製題墨法集要圖說》，卻少了文淵閣本有的沈繼孫撰《墨法集要原序》以及《墨法集要目錄》。

《御製題墨法集要圖說》是四庫文獻中的一篇重要文件，該文言：“《墨法集要》一卷，明洪武間吳郡沈繼孫撰。自言，初受法于三衢墨師，後又從一僧，得墨訣，遂并錄成書，縷析製法，繪圖二十有一，各爲之說，頗切於用。其書向不傳。昨檢《永樂大典》得此，命儒臣錄入四庫全書。原本諸圖間有參錯者，重加釐正，復命徐揚爲設色長卷，以佐幾餘清賞。因成長律并識簡端。”[1]文末附其所撰長律，稱：

隃糜最古《漢書》銓，魏晉逮唐代有焉。磨墨磨人胥實盡，供書供畫祇名傳。繼孫斯得三衢法，韋誕難求一帙編。爲說爲圖臚次第，孰先孰後遞尋沿。因教設色成長卷，便以遣閒佐翰筵。設曰旅獒箴玩物，較於他物此差賢。

該圖說及律詩追述了製墨的歷史，讚譽了沈繼孫刻苦學習和鑽研佳墨製作技術以及該書的價值，揭示了發現《永樂大典》中失傳之該書的經過，要求館臣將其收入四庫全書，表達了乾隆皇帝對該書的極端重視。

乾隆皇帝該序及詩亦收入《四庫全書》集部別集類《御製詩四集》第33卷中，該卷卷目稱“古今體八十五首·丙申一”。丙申爲乾隆四十一年，即公元1776年。是知乾隆皇帝從《永樂大典》中發現該書及撰此詩文的準確年份。查中華書局影印現存《永樂大典》殘本中並無該書，故我們應該感謝乾隆皇帝此舉保存了中國古代科學技術史中的一部重要著述，使其不致因歷史風雲而遺失，同時也由此得知，在編纂四庫全書過程中，乾隆皇帝是做了許多具體工作的。

前已敍述文溯閣本在入藏盛京書庫後，曾由陸錫熊、劉權之等負責兩次復校，對文溯閣本中的文字進行校檢，查出不少問題，一一予以改正。乾隆五十五年五月初四日正在盛京復校文溯閣四庫全書的陸錫熊上摺道：“現在校閱之經史二部各書，除脫文錯簡隨時改正外，查出遺漏圖者有《大清會典》、《易象正》、《明集禮》三種，脫寫全卷有《欽定康濟錄》、鄭樵《通志》二種，脫寫原目敘錄者有《東都事略》、《戰國策校注》二種。”[2]看來，兩次復校對脫佚圖表、篇章查得很嚴。故而可以斷定，文溯閣本《墨法集要》所缺之作者原序及目錄，系館臣在文溯閣本鈔錄時有意刪除，所以兩次復校並未糾正。

至於爲什麼文溯閣本在卷首鈔錄了《御製題墨法集要圖說》，卻將

① 收于文溯閣四庫全書子部《墨法集要》卷首。

②《都察院右副都御史陸錫熊奏詳校文溯閣書籍情形摺》（乾隆五十五年五月初四日），中國第一歷史檔案館編《纂修四庫全書檔案》，上海古籍出版社，1997年，第2176頁。

《永樂大典》本和文淵閣本已有的原書作者沈繼孫撰《墨法集要原序》以及《墨法集要目錄》删去？我們以爲，可能系館臣怕因《原序》内容有損御製《説》的價值從而得罪皇帝故有意爲之。其實，沈氏原序於《墨法集要》是不可或缺的，也不是乾隆皇帝御製《説》可以代替的。該序詳細敍述了沈繼孫對以往諸製墨技術書的評價，他自己四處求師、尤其是向三衢墨師學習的經過，個人據墨師指點，製成佳墨的過程，後又得到一位僧人的墨訣，總結諸位師傅的經驗，並自己鑽研，著述成《墨法集要》一書，受到某客的高度評價等。序末署"洪武戊寅歲"，即洪武三十一年公元1398年，不僅告訴我們該序撰述的時間，同時也讓我們能夠據之斷定該書的準確成書時間。故而，沈繼孫的《序》是《墨法集要》一書的有機組成部分，與乾隆皇帝《御製題墨法集要圖説》相互發明，並無齟齬，四庫館臣將其從文溯閣本中删去實在令人莫明所以。

《墨法集要目錄》份量很小，但對於查詢和閲讀該書是有價值的，本來不必删去。但考慮到古籍中凡單卷本的書多無目錄，則删去目錄亦無大礙。

據《御製題墨法集要圖説》，乾隆帝從《永樂大典》中發現該書後，因"原本諸圖間有參錯者"，命四庫館臣"重加釐正，復命徐揚爲設色長卷，以佐幾餘清賞。"文溯閣本《墨法集要》中有圖21幅，爲黑白線條畫，當非徐揚親筆。但畫工在摹繪書中諸圖時，當以徐揚的彩色長卷爲藍本。因而可以説，文溯閣四庫全書《墨法集要》諸圖，在一定程度上反映了乾隆朝著名宫廷畫師徐揚的筆法。

《永樂大典》本中的《墨法集要》一書久已遺失。《墨法集要》一書，在《販書偶記》、《販書偶記續編》、《中國善本書提要》、《中國古籍善本書目·子部》皆不見著錄。查諸種書目，《墨法集要》除四庫全書七閣本和四庫全書薈要本外，僅有清乾隆四十年武英殿聚珍版，而且皆系清四庫館由《永樂大典》中輯出者。根據上述校檢，文溯閣本該書比文淵閣本文字正確率更高。故而，我們可以斷定文溯閣本《墨法集要》爲現存該書最好的本子，有很高的文獻和學術價值。長期以來，學界有四庫諸本中以文淵閣本版本最好的説法，根據上述校勘，此説似乎並非完全正確，至少以《墨法集要》的兩種本子比較，此説難以成立。又，當代除影印諸四庫全書本及幾種叢書中收有此書外，亦無任何出版家出版過單行本。由此書的版本狀況可以推想，在四庫全書中尚有許多二百年來未見付梓的有重要學術和版本價值的珍稀典籍，應該引起出版界關注。

（封面左上簽框內書）**欽定四庫全書/子部/墨法集要/御製詩**（一）

（一）文淵閣本因未收入《御製題墨法集要圖説》，故封面無"御製詩"三字。

（封內右下貼黄簽書兩行）**總纂官臣陸錫熊**[①]**覆校**

詳校官臣翁樹培（一）

（一）文淵閣貼黄書三行，爲：詳校官中書臣李彤/員外郎臣牛稔文覆勘/謄録監生臣胡潮。

（封底內頁貼黄簽書三行）**總校官編修銜臣朱　鈐**

校對官主事　臣祖之望

謄録監生　臣張　綱

（扉頁書兩行）**墨法集要/欽定四庫全書　子部**

① 四庫全書本來是爲皇帝閲讀編鈔的。在每一部書鈔訖後，都要呈獻乾隆皇帝審閲，故而其中責任人的署名格式悉依給皇帝上疏的標準執行。此處封內貼簽，系乾隆五十五年陸錫熊等人到盛京對入藏文溯閣的四庫全書進行復校時所換貼之簽，劉權之在四庫全書館的官職，系與紀昀同爲總纂官，負責全書的編纂；"臣"字原用小號字書寫，以示自己之卑微；"覆校"指他在這本書復校時所做的具體工作。

御製題墨法集要圖說(一)①

《墨法集要》一卷，明洪武間②吳郡③沈繼孫撰。自言，初受法于三衢④墨師⑤，後又從一僧，得墨訣⑥，遂并錄成書，縷析製法，繪圖二十有一，各爲之說⑦，頗切於用。其書向不傳。昨檢《永樂大典》得此，命儒臣錄入四庫全書。原本諸圖間有參錯者，重加釐正，復命徐揚⑧爲設色長卷，以佐幾⑨餘清賞。因成長律，并識簡端⑩：

　　隃糜最古《漢書》銓⑪，魏晉逮唐代有焉。磨墨磨人胥實盡，供書供畫祇名傳。繼孫斯得三衢法，韋誕⑫難求一帙編。爲說爲圖臚次第，孰先孰後遞尋沿。因教設色成長卷，便以遣閒佐翰筵。設曰旅獒箴玩物，較於他物此差賢。(二)

(一)文溯閣本書首《御製題墨法集要圖說》一文，文淵閣本缺。

(二)本《說》，第一段文字空二字格書寫，乾隆御製詩頂格書寫，現按照現代習慣改爲前段頂格，後段空二字格書寫。

---

① 據《四庫全書》集部別集類《御製詩四集》第33卷所署，乾隆帝撰述該文的時間，是丙申年，即乾隆四十一年，公元1776年。

② 明洪武間，洪武爲明太祖朱元璋時年號，時當公元1368年至1398年。

③ 吳郡，今江蘇省蘇州市一帶。

④ 三衢，古地名，今浙江衢州市的別稱。

⑤ 墨師，制墨師傅。

⑥ 墨訣，口耳相傳的製造墨錠的工藝過程。

⑦ 說，文字解釋。

⑧ 徐揚，乾隆時著名宮廷畫師，吳縣(蘇州)人，字雲亭，善畫山水人物。1751年乾隆首次南巡至蘇州時他恭進畫冊，被皇帝看中，令赴京供奉內廷爲"畫畫人"。他不僅對繪製供皇室玩賞的風花雪月常應制之作應付裕如，而且還特別善於構思和創作重大政治題材的寫實巨製，是以深受器重。除著名的《乾隆南巡圖卷》和《南巡紀道圖卷》之外，徐揚的此類畫作還有《西域輿圖卷》、《平定回部獻俘禮圖卷》、《平定兩金川戰圖冊》、《虎神槍圖軸》、《日月合璧五星聯珠圖卷》、《姑蘇繁華圖卷》等等。這些作品筆墨典雅工致，構圖宏偉縝密，真實而藝術地記錄了乾隆盛世的軍政大事和社會生活場景，不僅是清代宮廷畫之力作，而且早已成爲清史研究不可或缺的圖像史料。

⑨ 幾，皇帝處理政務被稱爲幾。

⑩ 識簡端，指題寫在徐揚所畫彩色長卷的前面。

⑪ 隃靡句，隃靡，古地名，今陝西千陽縣東。又古墨名，爲西漢名墨。《太平御覽》卷605引蔡質《漢官儀》曰："尚書令僕承郎，月賜隃糜大墨一枚、小墨一枚。"

⑫ 韋誕，字仲將，京兆人，曹魏時著名書法家。有文才，善屬辭章。建安中，爲郡上計吏，特拜郎中，稍遷侍中、中書監，以光祿大夫遜位，年七十五卒於家。善楷書，漢魏宮館寶器皆是誕手寫。

(葉1A)

欽定四庫全書　子部
墨法集要(一)　譜錄類器物之屬

(一)《四庫全書總目》頁987上欄爲:墨法集要一卷 永樂大典本。

提 要

臣等謹案:《墨法集要》一卷,明沈繼孫撰。繼孫,洪武時人,但自署其籍爲姑蘇,餘不可考。惟倪瓚《雲林集》①有《贈沈生賣墨詩》序曰:"沈學翁隱居吳市,燒墨以自給,所謂不汲汲於富貴、不戚戚於貧賤者也。烟(一)細而膠清,黑(二)若點漆,(葉1B)近世不易得矣。因賦贈焉。"時代、姓氏、里貫一一相符,則學翁殆繼孫之字歟?!

(一)烟,《金毓黻手定本文溯閣四庫全書提要》(中華全國圖書館文獻縮微複製中心,1999年。以下簡稱"金手定文溯閣本提要")爲"煙"字,繁簡字。

(二)黑,文淵閣本同,《總目》提要爲"墨"字。四庫集部別集類收有元倪瓚《清閟閣集》,其卷六有《贈墨生沈學翁》詩,序云:"沈學翁隱居吳市,燒墨以自給,所謂不汲汲於富貴,不戚戚於貧賤者也。煙細而膠清,黑若點漆,近世不易得矣。因賦贈焉。"則《總目》之"墨"爲訛字。

繼孫自言(一):初受教于三衢墨師,後又從一僧得墨訣,遂併録成書。凡爲圖二十有一,圖(二)各有説。實近代造墨家之所祖也。

①倪瓚《雲林集》,倪瓚,字元鎮,號雲林,元無錫人。畫居逸品,詩文不屑屑苦吟,而神思散朗意格自高,不可限以繩墨。所著匯爲一帙,名《雲林集》。四庫全書集部收入其著作,名《清閟閣集》十二卷。

(一)"言"字,文淵閣本同,《總目》提要爲"云"字。

(二)"圖"字,《總目》提要同,文淵閣本爲"圗"字,異體字。

古墨皆松烟(一)[①],南唐李廷珪(二)[②]始兼用桐油,後楊振、陳道真諸家,皆述其法。元明以來,松烟(三)所製漸亡(四),惟是法獨傳。繼孫所製,今不傳。(五)其工拙雖莫可考,而此書由浸(葉2A)油以至試墨,敘次詳核,各有條理。班班然古法具存,亦可謂深于(六)茲事矣。

(一)"烟"字,金手定文溯閣本提要爲"煙"字。

(二)"珪"字,四庫全書薈萃本爲"圭"字。

(三)"烟"字,金手定文溯閣本提要爲"煙"字。

(四)"亡"字,文淵閣本同,《總目》爲"廢"字。

(五)"惟是法獨傳。繼孫所製,今不傳。"句,文淵閣本同,《總目》提要爲"惟油煙獨行。繼孫墨今已不傳。"

(六)"于"字,文淵閣本同,《總目》提要爲"於"字。

世傳晁氏《墨經》[③],其説太畧。而明以來方氏、程氏諸《譜》,又斤斤惟花紋模式之是矜,不若是書之縷析造法,切於實用。録而傳之,是亦利用之一端,非他襍[④]家技術徒爲戲玩者比也。

乾隆四十六年十一月恭校上

總纂官臣紀昀臣陸錫熊臣孫士毅

總校官臣陸費墀

---

① 松烟,指燃燒松木取其煙灰製墨。

② 李廷珪,南唐時著名製墨師,本姓奚,南唐時賜姓李。本易水人,其父李超唐末徙居歙,以製墨聞。廷珪襲其業,世爲南唐墨官。昔李後主留意筆劄,凡所用澄心堂紙、李廷珪墨、龍尾石硯,三者爲天下之冠。據云,至宋宣和間,黃金可得,李氏之墨不可得。

③晁氏《墨經》,宋晁季一撰《墨經》,收入四庫全書子部簿錄類器物之屬,計三千餘字。

④"襍"字,爲"雜"之今體。

墨法集要原序(一)

(一)《提要》後，文淵閣本有《墨法集要原序》，文溯閣本無此序。今據文淵閣本補於此，以供翻檢。

余録《墨法》既成，客有見者曰：舊傳《墨譜》、《墨苑》、《墨經》之類者多矣，又何用録耶？余曰：墨譜諸家，皆雜取墨工之言，非身歷手試，文具而已，不足憑也。聊舉其一以明之，李廷邽之墨，至宣和間，黄金可得，而李墨不可得矣，爲世所貴如此。其法秘窨，世無知者。譜乃妄譔之，用數藥煮汁，鎔魚膠，和松煤爲之，大可笑也！果可信而可從乎？

余初製墨時，諸方並試之。用藥愈多，而墨愈下。其後受教於三衢之墨師，乃並去藥，惟膠煙細和熟杵之，墨成，色黑而光，真所謂如小兒目睛也。具禮報之，師拒不肯受，惟戒不揚其姓名，恐鄉里同業者知之，或怨。時洪武之初也，至今不得再見之。余家自此從其法以爲墨，識者謂墨有古意。余思念師之德，追憶師之言。繼又得一僧墨訣，遂并録之。余非敢求多於墨譜諸家也，身所歷，手所試，知其實之不戻於古墨工也。客聞而善之曰：可謂墨之實録矣，請以實録名之。使人知墨之法實在此不在彼。其言實可信可從，而於墨譜諸家，實有補其所未究也。

洪武戊寅歲[1]立春日　吳門沈繼孫序

①洪武戊寅歲，洪武三十一年，當公元1398年。

墨法集要目録(一)

(一)文淵閣本有《墨法集要目錄》,文溯閣本無。今據以補之,以供翻檢。

浸油

水盆

油盞

煙椀

燈草

燒煙

篩煙

鎔膠

用藥

搜煙

蒸劑

杵擣[1]

秤劑

錘鍊

丸擀

樣製

印脫

入灰

出灰

水池

試研

①擣,"搗"字異體。

(以下葉1A)

欽定四庫全書　墨法集要

明　沈繼孫　撰

浸 油

古法惟用松燒煙，近代始用桐油、麻子油燒煙。衢人用皂青油燒煙，蘇人用菜子油、豆油燒煙。以上諸油俱可燒煙製墨，但桐油得煙最多，爲墨色黑而光，久則日黑一日。餘油得煙皆少，爲墨色淡而昏，久則日淡一日。

每桐油十五斤(一)①、芝麻油五斤(二)，先將蘇木二兩②，黄連一兩半，(以下葉1B)海桐皮、杏仁、紫草、檀香各一兩，梔子、白芷各半兩，木鼈子仁六枚，右③剉碎，入麻油④内浸半月餘，日常以杖攪動，臨燒煙時下鍋煎，令藥焦，停，冷漉去柤⑤，傾入桐油攪匀，燒之。今時少有用此浸油法者，姑存其古云。

(一)"斤"字，文淵閣本爲"觔"字，觔爲斤的借用字。

(二)"斤"字，文淵閣本爲"觔"字，觔爲斤的借用字。

---

① 觔，即斤，重量單位。明時每斤約當596.82克。

② 兩，其時每斤16兩，每兩約當37.3克

③ 右，古書自右向左書寫，此處指右邊所書諸物。

④ 麻油，即上述芝麻油的簡稱。

⑤ 柤(zhā)，渣滓。

（以下葉3A）

水 盆

用圓厚瓦盆，內濶二尺一寸，緣濶一寸（一），深三寸半，底平緣直。近緣開指大一竅[①]，用綿塞住，以備放水。用長木架高三尺，閣起水盆，以薄磚七塊，遶盆緣排轉。盆中央置濶緣瓦煙筒一箇，內濶六寸，連緣共濶八寸，高與盆口相齊。筒內亦置薄磚一塊，油戔置各（二）磚塊上，低（三）盆口三分，侵水離戔口三分。中央一戔，用鐵鴨脚穿定燈草。每戔納燈草訖，然後傾油將長柄煙椀[②]葢（四）定，燒之。如盆中（以下葉3B）水熱，則頻傾（五）冷水，不可全換冷水，冷則煙不昇上，得煙絶少。但傾（六）水爲妙，若水耗乾，要侵滿時，去了近緣煙椀、油戔各一隻，拔去竅帛，放乾，再塞住漏斗，傾水換之，仍以油戔、煙椀補滿。若水積久生膩[③]浮

① 竅，即洞。

② 椀，碗的異體字。

③ 膩，水垢、油垢或其他污垢。

起，以搭籮去之。盆有油膩，乾硬黏定邊緣，刀鏟去之，清水洗淨，方可再用。

(一)一寸，文淵閣本爲"一尺"。按緣爲邊，指水盆的邊沿，若爲一尺，則其厚無比。似以文溯閣本"一寸"爲正。

(二)"各"字，疑應爲"擱"字，或因音近而誤。

(三)"低"字，文淵閣本爲"底"字，誤。

(四)"葢"字，文淵閣本爲"蓋"字，異體字。

(五)"傾"字，文淵閣本爲"侵"字。按此處爲傾倒之義，應爲"傾"，"侵"字誤。

(六)"傾"字，文淵閣本爲"侵"字，誤。

一法，用杉爲槽貯水，底板最厚，四向牆板次之，內長七尺，濶一尺四寸，深三寸半。平中用長木梁一條，界爲兩路，麻筋油灰黏固縫道，莫令滲漏。槽尾近底處開一圓(以下葉4A)竅，以備放水。高三尺櫈兩條擱(一)之磚，襯[①]油餞於水內，煙椀兩路葢(二)之。每槽用餞椀各二十隻。燒法與水盆同。亦有石爲槽者。

(一)"擱"字，文溯閣本爲"閣"字，擱的古字。

(二)"葢"字，文淵閣本爲"蓋"字，異體字。

① 襯，墊。

（以下葉6A）

油　䀋

用壯厚缸沙油䀋，濶四寸半，平穩濶足窑水通滿者，以薄磚襯[1]高，頓放水盆內。低盆口三分，不宜太低，低則煙飛散，拘收不住，得煙少。或置水槽中亦然。

若用過油䀋內外不淨，以竹篦子刮之，次以稻稈灰揩擦。若更不淨，用刀鏟淨，再以水洗，拭乾。一法，不用灰擦，置米飲[2]中煮數沸，刷洗去其油膩。

① 襯，墊。

② 米飲，米湯，米湯有去污功能。

（以下葉8A）

煙 椀

用淘鍊細土燒長柄瓦椀，圓濶五寸三分，深二寸五分，柄長三寸，連柄高五寸五分。內深潭似釜，必磨砑十分光滑。以椀唇外置瓦盆緣上，內置瓦筒緣上，須椀心正對燄頭罩之。椀口緣塗些薑汁，急手[1]掃煙。若煙椀油污內外，皆便拭淨。倘污煙煤，不堪用矣。

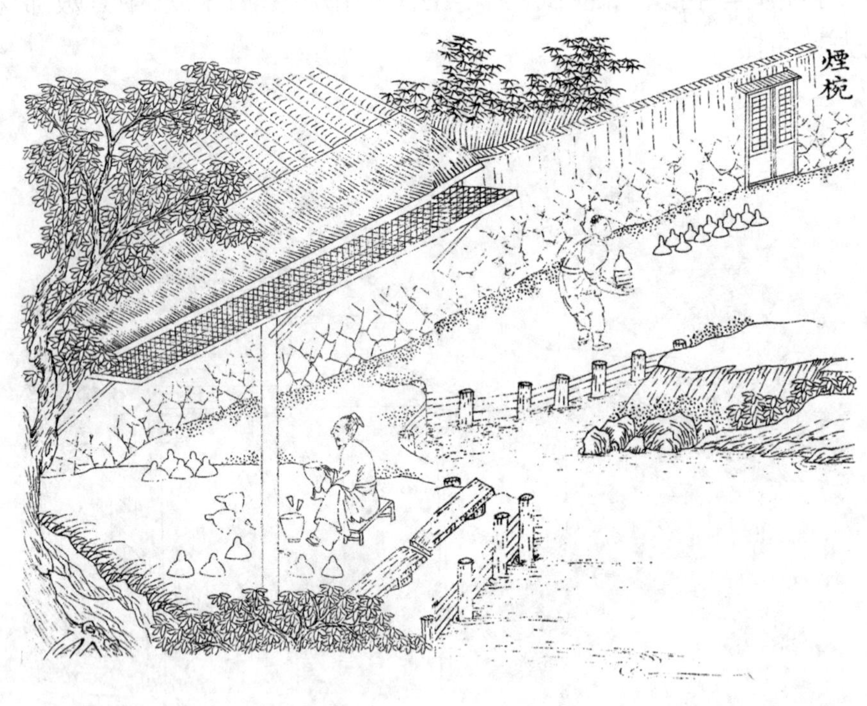

（以下葉10A）

燈 草

揀肥大黃色堅實燈草，截作九寸爲段，理去短瘦，取首尾相停者，

① 急手，手快速動作。

每用十二莖[①]，以少綿纏定頭於粗板上，以手搓捲成一條，令實。復以少綿纏定尾。夏極熱時，減去草兩莖，只用十莖搓捲。仍舊用十二莖，則得煙雖多而不良。候捲得四五百條，方用蘇木濃汁煎燈草數沸，候紫色漉出，晒令極乾，紙裹[(一)]藏之，毋令塵污。用則旋取。

（一）裹，文淵閣本爲“褁”字，異體字。

（以下葉12A）

燒　煙

宜秋深初冬，於明亮密室，上置仰塵[②]，四向周密，背處開一小門，高限[③]掛紙簾。水盆置木架上，盆竅向架外，塞住竅，侵水滿磚，襯油⿰角戔於水內，每⿰角戔傾油八方，納燈草訖，煙椀葢[(一)]之，勿見風，致煙落，約四

① 莖，量詞，今用根字。

② 仰塵，在室內高處擋灰塵的篷，即頂棚。

③ 高限，高門檻。

五刻，掃煙一度，則一度剔去燈草，逐𧥵以筯剪去燈煤[①]，棄于(二)水鉢內。否則燈花罩了火燄，煙不能起。以鵝翎掃煙入瓦盆中，經宿始可併聚一器(三)，蓋(四)之，須以空煙椀一隻替下有煙椀。掃之，敲(以下葉12B)碎巴豆三四粒，納油𧥵中發煙燄，得煙多。每日約掃二十餘度，掃遲則煙老，雖多而色黄，造墨無光不黑。室中可置水盆十枚，自早至暮燒之。須揀無風之日，若有風或煙房不密，得煙皆少。夏煙亦老，必頻換冷水及減燈草爲良。每桐油一百兩得煙八兩，此爲至能。忌油滴煙中及紅煙燈花落煙內，則不堪用。

(一)"葢"字，文淵閣本爲"蓋"字，異體字。

(二)"于"字，文淵閣本爲"於"字，異體字。

(三)"器"字，文淵閣本爲"室"字，誤。

(四)"葢"字，文淵閣本爲"蓋"字，異體字。

① 燈煤，燈草桿頭燃燒後變成的黑灰。

（以下葉14A）

篩煙

於密室中，以手按定細生絹篩子，徐徐摩，下小口光淨缸內。去其毛翎、紙屑，貯於紙糊籠中，繩懸梁間，毋近牆壁，以傷濕氣[①]。用則旋取。或皮紙糊袋藏之，亦佳。煙乃至輕之物，切忌露篩，露篩則飛揚滿室矣。

（以下葉16A）

鎔膠

魚鰾膠，用清白如綿者，冷水侵一宿令軟，快[②]斧剁碎。每膠一兩，

① 傷濕氣，受濕氣所傷，變得潮濕。

② 快，鋒利。

入巴豆仁五粒，槌碎，與膠和勻，箬葉[①]褁[②]定，緊繫之。煮十數沸，去箬葉，乗[③]熱(一)入濶口瓶中，急杵極爛無核[④]，和藥汁內，重湯[⑤]煮化。若用牛皮膠，當揀黃明[⑥]煎造得法者，有等煎生者，煮不化。剉如指面(二)[⑦]大片子。臨用，先以些水灑(三)潤，候軟，方下藥汁中，重湯煮化。已上二膠，臨鎔之際，用慢火煎，長竹箄不住手攪，候之沫消清徹(四)爲度，煮化得膠清，(以下葉16B)墨乃不膩，此最緊要大法。

(一)熱，文淵閣本爲"熟"字，誤。

(二)面，文淵閣本爲"靣"字，俗體字。

(三)灑，文淵閣本爲"洒"字，俗體字。

(四)徹，文淵閣本爲"澈"字。

每(一)桐油煙一(二)十兩，正月、二月、十月、十一月、十二月，用牛膠四兩半、藥水一十兩；四月、五月、八月，用牛膠五兩半、藥水九兩半；六月、七月，用牛膠六兩、藥水九兩。每松煤[⑧]一斤(三)，用牛膠四兩或五兩，藥水四時俱用半斤(四)，春、冬宜減膠增水，仲夏、季夏、孟秋[⑨]宜增膠減水。濾膠用細絹綿濾最佳，若布濾，粗脚並下，製墨有病。藥水亦重絹濾之。魚鰾膠不可純用，止可用九分牛膠，一分魚膠(五)。若二分，便纏筆難寫。世俗見坡詩[⑩]有(以下葉17A)"魚膠熟萬杵"之句，便謂墨須用魚膠。癡漢面(六)前，難以說夢。又貨[⑪]墨者無一人肯辨(七)其非，詐言魚膠良是，由是人信爲然，堪一笑也！凡使牛膠，必以好牛皮，或做鼓處

① 箬葉，竹葉。

② 褁，爲"裹"的異體字。

③ 乗，爲"乘"的異體字。

④ 核，此處指硬塊。

⑤ 湯，熱水。

⑥ 黃明，黃色而且明亮。

⑦ 指面，指甲蓋。

⑧ 松煤，搜集的松木燃燒產生的煙灰。

⑨ 仲夏、季夏、孟秋，五月、六月、七月的別稱。

⑩ 坡詩，指蘇軾(字東坡)詩。詩見《東坡全集》卷14《孫莘老寄墨四首》，全文爲："徂徠無老松，易水無良工。珍材取樂浪，妙手惟潘翁。魚胞熟萬杵，犀角盤雙龍。墨成不敢用，進入蓬萊宮。蓬萊春晝永，玉殿明房櫳。金箋灑飛白，瑞霧縈長虹。遙憐醉常侍，一笑開天容。"

⑪ 貨，出售。

裁下剩牛皮煎成者方好。若熟皮家刮下皮屑煎成者，力淺不可堪用。膠好方始有力，可以減斤(八)兩。用墨因膠少煙多故倍加黑，名爲輕膠墨，色黑且清，利于(九)速售。但年遠久藏，慮恐色退。若造久藏墨，須用桐油燒煙十兩，陳年牛膠(十)四兩半，陳年魚膠半兩，秦皮、蘇木各半兩，煎濃(以下葉17B)汁，搜和蒸杵製之，歲久愈黑愈堅矣。予舊時荆溪吳國良所造牛膠墨，至今五六十年，儼如古墨。何言牛膠之墨不善耶！

(一)每，文淵閣本後增“用”字。

(二)一，文淵閣本脱“一”字，誤。

(三)斤，文淵閣本爲“觔”字，觔爲斤的借用字。

(四)斤，文淵閣本爲“觔”字，觔爲斤的借用字。

(五)膠，文淵閣本爲“鰾”字，按，魚鰾膠亦可簡稱魚膠，但魚鰾非魚膠，故文淵閣本誤。

(六)面，文淵閣本爲“靣”字，俗體字。

(七)辨，文淵閣本爲“辯”字，誤。

(八)斤，文淵閣本爲“觔”字，觔爲斤的借用字。

(九)于，文淵閣本爲“於”字，異體字。

(十)膠，文淵閣本爲“皮”，誤。

世有造熱膠墨者，非膠帶熱下也，於鎔膠之時傾藥水在內，候膠煮得清熟，若藥水耗少更添得所，方可搜煙。必上甑[①]蒸透，硬劑杵成熟劑，取出用力揉軟，才堪丸擀上印，如此造者，謂之熱膠墨也。

有造冷膠墨者，非膠待冷下也。但以膠投藥水中煮化，不問清濁生熟，傾入烟(一)中，團得成劑，便上印。脱不蒸不杵，以此膠力(以下葉18A)不匀，姿質頓劣。如此造者，謂之冷膠墨也。

(一)烟，文淵閣本爲“煙”字，異體字。

凡造膠製墨，宜在正月、二月、十月、十一月。餘月造者大熱，則造膠不凝，製墨多碎。大寒則造膠凍瘃，製墨斷裂。小墨尙可，大墨决(一)不可爲也。

(一)决，文淵閣本爲“決”字，異體字。

---

① 甑，今稱蒸鍋，古時以陶土製作。

（以下葉20A）

用　藥

用藥之法，非惟增光助色取香而已，意在經久，使膠力不敗，墨色不退，堅如犀石，瑩澤豐腴，膩理可愛，此古人用藥之妙也。藥有損有益[①]，須知其由。且如緑礬、青黛作敗，麝香、雞子青[②]引濕，榴皮、藤黄减黑，秦皮書色不脱，烏頭膠力不騫，紫草、蘇木紫、礦銀、硃[(一)][③]、金箔助色發艷。俗呼艷爲雲頭。魚膠增黑，多則膠筆鋒，牛膠多亦然，又無雲頭色少黑。魚膠、牛膠皆陳久者好。有用羣隊香藥以解（以下葉20B）膠煤氣者，但欲其香，不知爲病[④]損色。且上甑一蒸之後，香氣全無，用之何益？惟入薔薇露者，其香經久不歇。其次則丸擀之時，旋入腦

① 損益，增減。

② 雞子青，雞蛋清，即雞蛋白。

③ 硃，硃砂的簡稱。

④ 病，毛病、缺點、缺陷。

麝。天氣冷時，隔宿浸藥；暖時，當日五更浸藥。皆浸至辰已(二)間，帶藥入鍋，煎至濃稠，絹濾去柤，矴[①]清(三)，逼去(四)濃脚。用之，先以膠烊開，次下研細杏仁攪匀，細絹抆[②]去柤脚，入前淨藥汁內，重湯煮化。搜煙造墨，蔭乾試之，無泛沫。不膩藥有當研入(五)細末，旋和入劑中者，腦麝、硃(六)砂、籐黄、螺青、金箔之類也。然欲墨之黒，一(以下葉21A)須煙淳，二須膠好而減用，三須萬杵不厭，此不易之法，不可全藉乎藥也。

(一)硃，文淵閣本爲"朱"字，古今字。

(二)辰已，文淵閣本爲"辰巳"二字，正。按"辰巳"爲古代地支法紀時用詞，辰巳二時辰，約當上午七時至十一時。

(三)矴清，文淵閣本同。按，矴即碇，停船時鎭船用的石礅。此處似用作沉澱之澱字，然古籍中不見此用法，或二本皆誤書别字。

(四)去，文淵閣本爲"出"字，義同，皆可。

(五)入，文淵閣本爲"爲"字。

(六)硃，文淵閣本爲"朱"字，古今字。

① 矴(dìng)，即碇，停船時鎭船用的石礅。此處似用作沉澱之澱字。

② 抆，擦拭。

(以下葉23A)

搜煙

秤淨煙一斤(一)於白瓷盆,盆置櫈上。取煮化膠藥汁,乘熱以綿濾下煙之中央,急手搜[①]匀,便入搜如細砂狀,寧乾勿濕,捻作毬子[②]。如盆底有煙膠粘定,隨即鏟下捻聚,與毬子以布共裹(二),上甑蒸之。大墨最難,搜和只宜於軟,硬則燥裂。手劑及有紋墨劑,宜半軟。脫子墨劑,宜極軟。硬則難脫,不美滿。洗光墨劑,亦宜軟,貴在揉搙多,則墨無病。當於正月、二月、三月、九月、十月、十一月爲之,餘月非(以下葉23B)宜也。

(一)"斤"字,文淵閣本爲"觔"字,觔爲斤的借用字。

(二)"裹"字,文淵閣本爲"褁"字,異體字。

① 搜,借作"溲",拌和、調和。

② 毬子,圓蛋形。

（以下葉25A）

蒸劑

用瓦甑或木甑嵌在鍋中，底下水莫近甑。甑底以篾襯滿，取前布裹(一)毬子入甑，箬匳①荅(二)之，四圍毋得走氣。猛火蒸之，約十數沸。候甑內氣合，匳上汁(三)下如雨，方可取出，乘熱入臼杵擣。蒸時不可間斷火氣，生熟不勻。一劑必作三次替換蒸之，若杵後仍復乾硬，灑(四)些藥汁再蒸。或秤下塊子停久凝硬，鎚打不軟，揉搙不開者，亦再蒸之，始可用度。

(一)"裹"字，文淵閣本爲"褁"字，異體字。

(二)"荅"字，文淵閣本爲"蓋"字，異體字。

(三)"汁"字，文淵閣本爲"汗"字，正。

(四)"灑"字，文淵閣本爲"洒"字，"灑"的通用字。

① 匳(gǎn)，器物的蓋子。

（以下葉27A）

杵搗（一）

用青石臼一枚，外不拘方圓，內深圓光滑如釜。檀木爲杵，長六尺餘。取蒸透毬子傾臼中，乘熱以手按平，徐徐杵打俱實。乃使二人互杵擣之，擣得成餅（二），均匀分一半蒸，留一半擣。候擣得熟，即（三）換出甑中者擣之。如此互換，蒸擣得十分成熟，方得（四）住擣。貴在擣得四向捲起如椀楪，乃摺轉四角，再擣。假如辰時下臼擣起，擣到午時方爲成熟。塊劑常要擣溫，休得遲慢凝併定了。若塊劑輥[1]（以下葉27B）出難擣，再用一人以木鍬捺住擣之。倘乾燥黏杵，灑（五）藥水少許於劑上，不可多。約杵七八百杵或千杵，柔軟成熟爲度。古語云："擣不厭多，愈擣愈堅"，此其法也。出臼後，乘（六）熱搓爲條子，任意大小作劑秤之。遲慢則凝硬難搓矣。

（一）搗，文淵閣本同，與"擣"爲通用字。然文淵閣本目錄及二本內文皆用"擣"，則似用字不一致。

（二）餅，文淵閣本爲"熟"字，誤。

（三）即，文淵閣本爲"却"字，誤。

（四）得，文淵閣本爲"可"字，皆可。

（五）灑，文淵閣本爲"灑"字，俗體字。

（六）乘，文淵閣本爲"乗"字，異體字。

① 輥（gǔn），滾動。

（以下葉29A）

秤劑

取出臼成熟塊子置桌上，搓揉作長條，濕布密裹(一)，納溫暖釜中。旋取出，切爲小塊，秤架上每段秤準。凡濕劑重一兩四錢者，乾之則得一兩。餘皆倣此秤之。放瓷瓶中，濕布罯[①]葢(二)，或頓湯內，逐塊取出鎚鍊。

（一）"裹"字，文淵閣本爲"褁"字，異體字。

（二）"葢"字，文淵閣本爲"蓋"字，異體字。

① 罯(àn)，覆。

（以下葉31A）

鎚 鍊

用五人相次[①]，各備鐵碪、鐵鎚。每人取劑一丸，鐵鉗夾定，置于[(一)]碪上，鎚二百餘下，麤[②]劑方成光劑。再鎚二百餘下，光劑始成硬劑。再鎚二百餘下，硬劑方成熟劑，與麵[(二)]劑相似，方可丸擀。鎚時若乾燥黏杵，畧蘸些藥汁潤之。古語云："一鎚一折鬬手捷"，是此法也。

（一）于，文淵閣本爲"於"字，異體字。

（二）麵，文淵閣本爲"麪"字，異體字。

① 相次，一個接一個。

② 麤，粗字的通用字。

（以下葉33A）

丸擀

以鎚鍊成熟劑子，於光滑硬木桌上摶揉軟。逐塊旋入腦麝，再加摶揉匀，方可丸擀。所貴一氣搓得成就爲善。若搓不熟，則生硬核，或開裂縫，猶如炭紋。劑不可冷，冷則乾硬難搓，不能霑黏成就。劑大難搓。假如四兩重者，須分作兩塊，各人搓一塊，候搓得熟，卻併作一塊再搓，方可。丸擀急手爲光劑，緩手爲皴劑，一丸即成，不利於再。必搓得如彈子圓滑無絲毫摺縫，方以摶板擀成形（以下葉33B）製，端正捺平，乃上印脫。更入後項香料，久遠研磨，香韻不退。薔薇露、香片、麝腦(一)右爲細末，再乳如粉，無聲爲度，每入少許丸擀。

（一）香片、麝腦，文淵閣本爲"麝香、片腦"。按，中藥中無"香片"，有"片腦"。《本草綱目》卷34木部一"龍腦香"，"[釋名]片腦（綱目），羯婆羅香（衍義），膏名婆律香。""[時珍曰]龍腦者，因其狀加貴重之稱也。以白瑩如冰，及作梅花片者爲良，故俗呼爲冰片腦，或云梅花腦。番中又有米腦、速腦、金腳腦、蒼龍腦等稱，皆因形色命名，不及冰片、梅花者也。清者名腦油，《金光明經》謂之羯婆羅香。[恭曰]龍腦是樹根中乾脂。婆律香是根下清脂。舊出婆律國，因以爲名也。"①《本草》諸方中多"麝香、片腦"或"沉香、片腦"或"乳香、片腦"連用。故文淵閣本用"香片、麝腦"爲誤。

樣製

墨之式樣，當取則②於古人，無大小厚薄之限。葢(一)厚大利久，薄小利新(二)。厚大難工，薄小易善，故墨工不善(三)爲厚大。然太大則不便於用，太小則難以得色③。要之，厚大雖可貴，不若三四兩者得其中也。古墨形製，多有紋理可尚，(以下葉34A)其法秘而不傳，鮮有知者。茲恐久後湮沒，筆④于(四)此編，庶傳不朽也。

(一)葢，文淵閣本爲"蓋"字，異體字。

(二)新，文淵閣本爲"漸"字。按墨錠薄小則易磨耗，故多用新墨，"漸"字誤。

(三)善，文淵閣本爲"喜"字，正。

(四)于，文淵閣本爲"於"字，異體字。

斜皮紋法

搓揉塊子十分成熟，摶爲彈丸，置當風處少頃，却輕輕左揉，轉成紋，擀長，捺平，便上印板印訖，取起停晾⑤性定，乃入灰也(一)。

(一)也，文淵閣本爲"池"字。按，灰置池內，故單稱灰可，復稱灰池亦可。

古松皮法

如製八寸長之墨，只擀六寸長條子，用紙簾輥動烘之。(以下葉34B)

① 李時珍《本草綱目》，第三冊，中國書店，1988年，第121頁。

② 則，準則。

③ 得色，指磨出墨汁。

④ 筆，書寫。

⑤ 晾(làng)，把物品放在通風或者陰涼處，使其乾燥。

若欲麤紋緊火烘，細紋慢火烘。待皮面(一)①稍乾②，以摶板鬆③上聲讀。長八寸，用力壓平，即成紋也。候冷入灰，窨乾刷淨，隨意刻字填金。

(一)面，文淵閣本為"靣"字，俗體字。

金星紋法

以軟劑摶為彈丸，濃膠水署潤皮面(一)，金薄④裹(二)滿，置當風處少頃。候稍乾，向左揉轉成紋，擀長，捺平。不用板印，紙襯入灰。候乾，不用蠟(三)，以玉研光，隨意刻字填青。

(一)面，文淵閣本為"靣"字，靣為俗體字。

(二)裹，文淵閣本為"褁"字，異體字。

(三)蠟，文淵閣本在蠟字後增一"刷"字，當。

銀星紋法(以下葉35A)

與前金星紋法同，但改用銀箔裹(一)。

(一)"裹"，文淵閣本為"褁"字，異體字。

羅紋法

脫子不拘方圓，以稀眼硬生羅依脫子大小剪下，膠水黏在脫內，上下兩面(一)皆用，或只用一面(二)。亦得取軟光劑子擀長，捺平，依脫內大小，一體嵌下，用力壓實，取出紙襯，入灰窨乾(三)，刷光，任意刻字，或就刻字脫內。

(一)"面"字，文淵閣本為"靣"字，靣為俗體字。

(二)"面"字，文淵閣本為"靣"字，靣為俗體字。

(三)"乾"字，文淵閣本為"乾"字，異體字。

---

① 皮面，表面，表皮。

② 乾，"乾"的異體字。

③ 鬆，原注："上聲讀"，似即將其用為動詞。鬆長，即使墨條子鬆動變長。

④ 金薄，今寫為金箔、金粉，系鎚成的黃金薄片或黃金細粉末。

嵌金字法

先鎔化牛膠，以少許薑汁和勻，筆蘸塗刻字內，候乾，以(以下葉35B)金箔量大小吹上，紙覆半時[①]。新散毫筆拂淨，則金字粲然。此法最妙。

(以下葉37A)

脫 印(一)

摶板長一尺一寸、濶三寸、厚一寸，字板長一尺，捺板如其長，並要平正光滑，以棗木爲之。以擀板推擀成形製，置字板上，以捺板平平下印之。若造脫子大墨，最難得。劑子滿脫內，又難得實，須用壓麵(二)床

① 半時，半個時辰，約當今之一小時。

坐木擔壓之，方得四圍都到，稜角美滿。

（一）脱印，文淵閣本目錄及二本之圖爲“印脱”，似文溯閣本標題誤倒。

（二）“麵”字，文淵閣本爲“麫”字，異體字。

（以下葉37B）

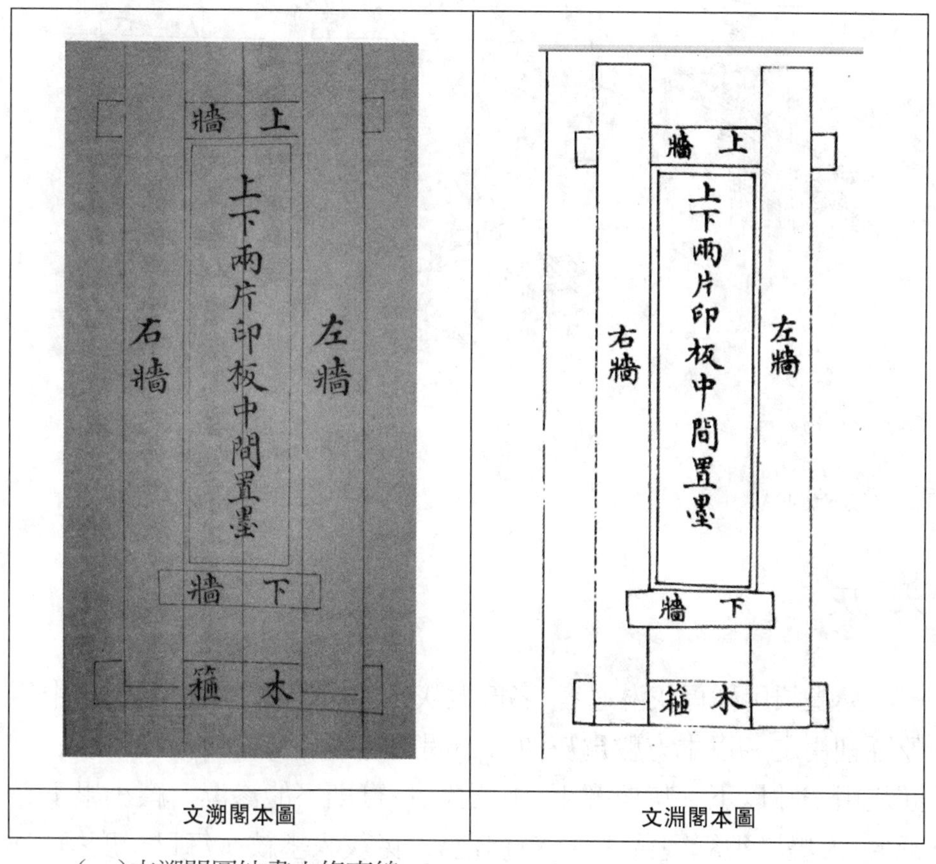

文溯閣本圖	文淵閣本圖

（一）文溯閣圖缺畫六條直線。

墨脱之製，七木輳成，四木爲牆，夾兩片印板在内，板刻墨之上下印文，上牆露筍，用櫋[①]下（以下葉38A）牆暗筍，嵌住牆末，用木箍之，出墨則去箍。

① 櫋，同閂，今作栓字。

（以下葉40A）

入灰

𡎺墨須用稻稈灰淋過者，名曰敗灰。其灰作池，無性不猛，日中晒乾羅細用之。以木方盤爲灰池。不問四時天氣，底灰皆用一寸以上，面灰用一寸以下。灰要攤平，不要捺實，實則不能滲濕。𡎺小墨不必紙襯，大墨必須紙襯爲佳，一免損色，二免灰入墨紋。每日一度換灰，須以一半乾灰、一半舊灰和匀用之。不可見風，見風墨斷。出灰太軟亦斷，出灰太乾則裂。不軟不硬，始可出灰。出灰（以下葉40B）之後，以刷刷淨，便以腦麝錫合灌之，紙裹(一)藏之。若風中吹晾，則墨屈(二)裂。

（一）裹，文淵閣本爲"褁"字，異體字。

（二）屈，文淵閣本爲"曲"字，似以"屈"字爲妥。

須記下𡎺、出𡎺日期。凡二月、三月、八月、九月，灰池可𡎺二層；四月、五月、六月、七月，可𡎺一層；十月、十一月、十二月、正月，可𡎺三層。且如蔭三層者，先鋪底灰一寸，排墨一層；又鋪灰一寸，排墨一層；又鋪灰一寸，排墨一層，却鋪灰一寸葢(一)之，此爲三層也。春冬蔭一錢、二錢重者，一日兩夜出灰；秋夏(二)蔭，則一日一夜出灰。春冬蔭一兩、二兩重者，二日三夜出灰。大畧如此，亦難太(以下葉41A)拘日數(三)。但以墨相擊，其聲乾響，即可出灰。此是蔭松煙墨法。若蔭油煙墨，當稍遲出灰。葢(四)油煙墨元①用藥水倍多於松煙墨，故乾遲也。

(一)葢，文淵閣本爲"蓋"字，異體字。

(二)秋夏，文淵閣本爲"夏秋"，以下文"春冬"類比，則"秋夏"爲正，文淵閣本顛倒。

(三)數，文淵閣本爲"期"，似皆可。

(四)葢，文淵閣本爲"蓋"字，異體字。

夏宜高屋陰涼處蔭之，冬宜密室向陽處蔭之。冬灰宜厚，夏灰宜薄。

夏秋蒸濕之時，膠怕蒸敗，最難製墨，可停造也。深冬極寒之時，膠怕凍敗，亦難造也。冬月濕劑莫久停几案，急急入蔭，久蔭出灰遲者，則粗白如松煙色，終刷不光。灰濕則晒，天陰則炒。冬寒，蔭室中晝夜不去火。然火大、火暴皆爲墨病，須審(以下葉41B)用之也。

蔭大墨法，先用稍乾灰鋪平底下，以紙上下襯墨，以灰葢(一)之。經一日取出，別換潤灰，如前紙襯灰葢(二)，一日一度，換灰換紙。約五六日，候墨乾時，不用紙襯，只以墨入乾灰。假如辰時一換，午時一換，戌時一換，一日三度乾灰換之。約五六日，候墨十分乾訖，取出刷淨，且未可上蠟，厚紙裹(三)起，無風處，半日(四)之後，方可見風。凡治造半斤(五)重墨，宜用此法。

(一)葢，文淵閣本爲"蓋"字，異體字。

(二)葢，文淵閣本爲"蓋"字，異體字。

(三)裹，文淵閣本爲"褁"字，異體字。

(四)日，文淵閣本爲"月"字。以"出灰"段之文稱"置當風處吹晾一兩日，候表裏徹乾"看，以"日"字爲是。

---

① 元，借作"原"字，本來。

(五)斤,文淵閣本爲“觔”字,借用字。

(以下葉43A)

出 灰

取墨出灰,刷淨,排細篩中。陰晾一兩日,再刷淨。置當風處吹晾一兩日,候表裏徹乾,以粗(一)布擦去浮煙,硬刷蘸蠟刷光爲度。墨乾硬刷,則光澤有色。未乾而刷,則皮面灰色,永刷不黑。惟水洗研光者,明亮如漆。

(一)“粗”字,文淵閣本爲“麤”字,通用字。

（以下葉45A）

水 池

石池貯水，其上置板，板上置墨，以舊細草鞋底蘸些水摩擦，令墨平整，絹袋[一]拭淨，停哏候乾，刷過，麄布擦光，馬腦石打砑訖，囊貯懸於高處，候徹乾，紙裹[二]藏之。每候[三]晴明時取出，乾帛拭過，風[四]哏片時收之。若蒸濕時，畧用火焙，但如人體之溫，不可熱也。經三兩夏過，膠性乾透，漸自不蒸。

（一）袋，文淵閣本爲"帛"字，似正。

（二）裹，文淵閣本爲"裹"字，異體字。

（三）候，文淵閣本爲"俟"字，義同。

（四）"風"字後，文淵閣本增"中"字，當。

初出灰墨，亦可以焙。焙法，于[一]焙籠上[二]置一枚紙灰缸，深埋熟炭團一箇①，徐徐焙去濕氣，杉匣藏之。外用（以下葉45B）黑光漆，內不漆，置床上近人氣處。以熟漆署刷墨上，免濕蒸侵也。若製下新墨，便經一蒸，精華盡去，不堪用矣。

（一）"于"字，文淵閣本爲"於"字，異體字。

（二）"上"字，文淵閣本爲"下"字，誤。

（以下葉47A）

試墨（一）

墨徐徐上下直研，自然無沫清徹。若急急縱橫亂研，自然生沫漬膩。善墨研之如研犀，惡墨研之如研泥。李陽冰②云："用則旋研，毋令停久，停久則塵埃相雜，膠力隳亡如泥，不任下筆矣。"墨色以紫光爲

① 箇，個的異體字。

② 李陽冰，唐代文字學家、書法家。字少溫，趙郡（治今河北趙縣）人。爲李白族叔。歷集賢院學士，晚爲少監，人稱李監。李陽冰以篆學名世，精工小篆，圓淳瘦勁，爲秦篆一大變革，被譽爲李斯後小篆第一人，對後世頗有影響。

上，墨(二)光次之，青光又次之，白光爲下矣。光之與色，不可偏廢，以久而不渝者爲貴。惟忌膠光不取也。古墨多有有色而無光者，葢(三)因蒸濕敗之使然，非善者也。其善者黯而不浮，明而有艷，(以下葉47B)澤而無漬，是謂紫光，墨之絶品也。

(一)“試墨”，文淵閣本及其目錄爲“試研”二字，似爲當。

(二)“墨”字，文淵閣本爲“黑”字，正。

(三)“葢”字，文淵閣本爲“蓋”字，異體字。

以墨試墨，不若以紙試墨。或以硯試，或以指甲試者，皆未善。東坡云[①]：“世人論墨，多貴其黑，而不取其光。光而不黑，固爲棄物。若黑而不光，索然無神彩，亦復無用。要使其光清而不浮，湛湛如小兒目睛，乃爲佳也。”

霉天用墨，研過便拭乾，免得蒸敗。

凡用墨，須滴水研之，不可以墨入硯池，擁水研也。

① 蘇軾之文，見《山堂肆考》(文淵閣四庫全書本)卷177所引，題《光如目睛》云：“《志林》：世人論墨，多貴其黑，而不取其光。光而不黑，固爲棄物。若黑而不光，索然無神采，亦復無用。要使其光清而不浮，湛湛如小兒目睛，乃爲佳也。”然今本《東坡志林》無此文。

文溯閣本四庫全書
璇璣圖詩讀法
校注

（明）康萬民　原著

導　讀

《璇璣圖詩》又稱《織錦回文詩》，是前秦苻堅(357—385年在位)時，始平(治在今陝西興平縣東北19里)青年女子蘇蕙寫給任官遠方的丈夫竇滔表達離別之情的閨閣回文詩。該詩以五彩絲線繡於一塊八寸見方的錦帕上，詩共29行，每行29字，中心空缺1字，總計840字。後人感慨其詩圖之妙，在中央增一"心"字，成爲後來流傳的841字。蘇蕙在詩心書"璇璣圖詩"四字，則《璇璣圖詩》系作者自命名。詩以璇璣命名，喻其如日月七星在天體運行，錯綜復雜，卻又有其內在規律。840字的文字方陣縱橫反復、上下左右、裏外交互、順逆循環、斜角隔行閱讀，皆可以成詩，是撰成較早、影響最大的一部回文詩。

關於蘇蕙生平及撰寫《回文詩》由來，早期就有不同說法。唐修《晉書·列女傳》言："竇滔妻蘇氏，始平[①]人也，名蕙，字若蘭。善屬文。滔，苻堅時爲秦州刺史，被徙流沙，蘇氏思之，織錦爲《回文旋圖詩》以贈滔。宛轉循環以讀之，詞甚淒惋，凡八百四十字，文多不錄。"[②]傳爲武則天所撰《璇璣圖詩讀法記》[③]稱："前秦苻堅時，秦州刺史扶風竇滔妻蘇氏，陳留令武功道質第三女也，名蕙，字若蘭，識知精明，儀容秀

① 始平，縣名，郡名，此處指縣名，治在今陝西興平市東北十九里。史爲樂主編《中國歷史地名大辭典》(中國社會科學出版社，2005年，下冊，第1733頁)稱："始平縣，三國魏黃初元年(220)改平陵縣置，屬扶風郡。治所在今陝西咸陽市西北十八里。十六國前秦苻堅移治茂陵城(今興平市東北十九里)，爲始平郡治。……"

②《晉書》卷96《列女竇滔妻蘇氏傳》，中華書局，1974年，第2523頁。趙逵夫《蘇蕙〈回文璇璣圖〉的文化蘊含和社會價值》(刊《陝西師範大學學報》1999年第4期)一文認爲，蘇蕙傳基本上據臧榮緒《晉書》成。

③ 該文收入文溯閣本《璇璣圖詩讀法》卷首。

麗，謙默自守，不求顯揚。行年十六，歸于竇氏，滔甚敬之。然蘇性近於急，頗傷妬嫉。滔字連波，右將軍真之孫，朗之第二子也。風神秀偉，該通經史，允文允武，時論高之。苻堅委以心膂之任，備歷顯職，皆有政聞。遷秦州刺史，以迕旨謫戍燉煌。會堅寇晉襄陽，慮有危逼，籍滔才畧，乃拜安南將軍，留鎮襄陽焉。初[①]，滔有寵姬趙陽臺，歌舞之妙，無出其右。滔置之別所，蘇氏知之，求而獲焉，苦加捶辱，滔深以爲憾。陽臺又專伺蘇氏之短，諂毁交至，滔益忿焉。蘇氏時年二十一。及滔將鎮襄陽，邀其同往，蘇氏忿之，不與偕行。滔遂攜陽臺之任，斷其音問。蘇氏悔恨自傷，因織錦回文，五綵相宣，瑩心耀目。其錦，縱廣八寸，題詩二百餘首，計八百餘言，縱横反覆，皆成章句。其文點畫無缺，才情之妙，超今邁古，名曰《璇璣圖》。然讀者不能盡通，蘇氏笑而謂人曰：'徘徊宛轉，自成文章。非我佳人，莫之能解。'遂發蒼頭齎致襄陽焉。滔省覽錦字，感其妙絶，因送陽臺之關中，而具車徒盛禮，邀迎蘇氏歸於漢南，恩好愈重。"考武則天之文，詳則詳矣，卻頗難徵實。如稱蘇蕙爲武功人，就與《璇璣圖詩》詩心"始平蘇氏"之自署不諧。再如稱竇滔"拜安南將軍，留鎮襄陽"，亦於史無據。《晉書·苻堅載記》云："太元四年，苻丕陷襄陽，……（苻堅）以其中壘梁成爲南中郎將、都督荆揚州諸軍事、荆州刺史，領護南蠻校尉，配兵一萬鎮襄陽"。[②]鎮襄陽者乃梁成，非蘇蕙丈夫竇滔。甚至文末所署"如意元年五月一日大周天冊金輪皇帝"也大有問題。如意元年，當公元692年，其時武氏尊號爲"聖神皇帝"。其稱"天冊金輪聖神皇帝"系證聖元年（695年）九月至神龍元年（705年）正月事。[③]所以古人懷疑《記》非武氏所撰。趙逵夫《蘇蕙〈回文璇璣圖〉的文化蘊含和社會價值》善意爲之彌合，認爲，如意系永昌之誤書，武則天《記》作于永昌元年（689年），可備一說。因該《記》流傳有序早經著錄，我們沒有必要否定武氏撰文的可能性，但對其中所言蘇蕙生平諸事，不可全信，更不能憑其去懷疑《晉書》的記載。

① 初，"初"的異體字。

②《晉書》卷113《苻堅載記》，中華書局，1974年，第2901頁。

③《舊唐書》卷6《則天皇后本紀》，中華書局，1975年，第121-125頁。

《璇璣圖詩》流傳久遠。晉崔鴻《前秦錄》、臧榮緒《晉書》即述其事[①]，南朝江淹、吳均、梁元帝、庾信、隋薛道衡都有詩詠歎。《隋書·經籍志四》著錄："《織錦廻文詩》一卷，苻堅秦州刺史竇氏妻作。"[②]武則天《記》讚揚："蘇氏……錦字回文，盛見傳寫，是近代閨怨之宗旨，屬文之士咸龜鏡焉。朕聽政之暇，留心墳典，散帙之次，偶見斯圖。因述若蘭之才，復美連波之悔過。遂製此記，聊以示將來也。"[③]由是該詩流傳更廣，被唐徐堅《初學記》、宋桑世昌《回文類聚》、明張之象《古詩類苑》、馮惟訥《古詩紀》、馮夢龍《醒世恒言》、清萬樹《璇璣碎錦》、吳景旭《歷代詩話》等書收錄，歷代名家如唐蔡省風、宋黄庭堅、秦觀、蘇軾、清李因篤等詠誦。清李汝珍撰小說《鏡花緣》，巧妙地將武則天《記》及《璇璣圖詩》全文及讀法收入，使其更廣泛地在民間傳播。

歷代釋讀《璇璣圖詩》者眾。武則天《記》稱從中讀出二百餘首詩，唐宋間僧人起宗[④]將其用5彩分爲7圖147段，讀出三言、四言、五言、六言、七言詩共3752首。[⑤]明朝武功人康萬民，在僧人起宗的基礎上，又採用正讀、反讀、起頭讀、逐步退一字讀、倒數逐步退一字讀、横讀、斜讀、四角讀、中間輻射讀、角讀、相向讀、相反讀等12種讀法，增讀得五言、六言、七言詩4206首，加上起宗所讀詩，總計讀得詩7958首，著成《璇璣圖詩讀法》一書，是古代《璇璣圖詩》讀法的集大成者[⑥]。清初，武功康呂賜（1643–1731年），言"專錄其詩圖並校諸讀法，合爲一編存之。後有授梓者，可於諸圖依增讀原刻分別，俱如織錦彩色顏之木，以

① 見《太平御覽》卷520，宋吳淑《事類賦》自注。

②《隋書》卷35《經籍四》，中華書局，1973年，第1085頁。

③ 大周金輪皇帝御製《璇璣圖詩讀法記》，收於四庫全書該書書首。

④ 起宗究竟是何時代人，是道士還是和尚，明清學者有不同說法。郎瑛《七修類稿》卷39《蘇若蘭織璇璣圖詩》稱"皇朝起宗和尚"。皇朝指明朝。四庫全書子部雜家類雜纂中所收元陶宗儀《說郛》卷78上《織錦璇璣圖》按語中，稱："起宗道人分圖析類，獨得其旨。"文溯閣本《璇璣圖詩讀法·凡例》稱："起宗道人"。我們據宋人桑世昌編《回文類聚》（文淵閣四庫全書本）卷一，"又五色讀法"中錄宋太宗至道元年（995年）十一月六日廣慧夫人之文，斷起宗爲宋太宗以前人。

⑤ 明郎瑛《七修類稿》卷39，上海書店出版社，2001年，第411頁。

⑥ 熊家振修、張塤纂《扶風縣誌》（乾隆四十四年〔1779〕刻），稱讀出詩9958首。

便觀覽。”[①]似乎《璇璣圖詩讀法》即其最後編成。黄虞稷《千頃堂書目》著錄者恐即該版。四庫全書館據湖北巡撫採進本將該書收入集部別集類。

文溯閣本《璇璣圖詩讀法》灰褐色絹面包背裝，一冊上、下卷，朱絲欄。書冊通高32公分，闊20.5公分,版高22.5公分,半葉版闊15.5公分。封面左側偏上簽框中書題“欽定四庫全書/集部/璇璣圖詩讀法/卷上下”17字。卷上葉1A版框內上側居中鈐12.8×12.8公分“文溯閣寶”朱印，卷下末葉(葉33)A版框內因前4行有文字，故在其後4行之上方居中鈐5×5公分“乾隆御覽之寶”朱印。書內總計64葉，卷首有館臣所撰“提要”2葉，唐武則天御製《璇璣圖詩讀法記》及清初康呂賜《蘇若蘭織錦回文璇璣圖詩暨諸讀法合刻識言》2葉，《凡例》2葉；內文卷上26葉，卷下32葉。文字每半葉8行，滿行21字，小字或注文雙行，行29字。

我們參照文淵閣本，對文溯閣本《璇璣圖詩讀法》進行了校勘。發現兩者的文字差異總計有260處。其中用不同的異體字、古今字、正俗字、通假字、避諱字的達139處；雖用字不同，但含義相同或相近，兩者皆可的4處；雖有差別，難辨或不需論正誤的16處；兩本相同，可能底本有誤有別的22處；兩本大幅文字顛倒或文字差异的5處。以上三類難分彼此的差異共186處，占文字總差異的71.5%。在其餘可以確定正誤的74處文字差異中，除8處兩本皆誤者以外，文溯閣本正確而文淵閣本錯訛或缺佚的32處，文淵閣本正確而文溯閣本錯訛或缺佚的34處，顯見文淵閣本該書与文溯閣本該書的謄鈔和校對差距甚小，而文溯閣本亦有許多文字可糾補文淵閣本。

《璇璣圖詩讀法》文溯閣本及文淵閣本之間文字差誤的造成有諸多原因。兩本出現這麼多的異體字，主要是四庫館對全書的謄鈔僅要求用館閣體，而無規範字體的要求，以至謄寫人員鈔書時，不一定完全按照底本的寫法，而是憑個人書寫習慣寫來。這其實是古代所有手鈔本都存在的一個重要問題。另外，蘇蕙《璇璣圖詩》長期以鈔本流傳，

① 康呂賜《蘇若蘭織錦回文璇璣圖詩暨諸讀法合刻識言》，收錄於文溯閣本《璇璣圖詩讀法》卷首。

宋代才有刻本，由於鈔書者學識不同、治學態度有別，各本之間魚魯亥豕極爲難免。宋桑世昌編著《回文類聚》時，就已感慨："《璇璣圖》士夫家所藏類不同，有前序而無凡例者十常八九，故艱於句讀，且複差舛。予嘗參考訂證幾數十處，其文頗備，但有合兩存者。"[①]而所謂回文詩，實際上是古人的一種文字閱讀遊戲，原詩圖若有一兩個字不同，閱讀出來的詩就會出現成十上百的差異。例如文溯閣本中的幾個圖中，"佞"、"奸"二字顛倒，"啇"、"商"二字雜廁，於是讀詩中就出現了與文淵閣本的諸多不同，其間的是非判斷頗費腦筋。當然，我們不能苛求四庫館臣整理和鈔校出一部與原作完全相同的《璇璣圖詩讀法》。因爲840字的原詩在古代諸本中就不完全相同，館臣無法判定孰是孰非。即使原詩確定，要按照起宗和康萬民既定的閱讀標準去查改讀出的數千首詩，不僅要耗費大量時間，而且稍一走眼就會出錯，更何況在乾隆皇帝的催逼下，四庫館臣爲了趕進度，實在沒有可能去細緻地做這件事。

總之，通過對文溯閣本《璇璣圖詩讀法》與文淵閣本該書的細緻校勘，我們發現，兩本文字差異頗多，不僅書寫文字有很多字體不同，更有卷數標示不一(一卷或二卷)、對皇帝之名諱或不諱、文章標題有或無、兩本文字數葉顛倒紊亂，文溯閣本提要還刪除了文淵閣本一段錯誤的考證文字。可以說，比起文淵閣本，文溯閣本《璇璣圖詩讀法》實際上是一種另有特點的古籍版本，其文獻版本和學術價值很高。

《璇璣圖詩讀法》一書，除收入四庫全書之外，未見他處著錄。當代除影印文淵閣、文津閣四庫本中收有此書外，亦無任何出版家出版過單行本。由此書的版本狀況可以推想，在四庫全書中尚有許多二百年來未見付梓的珍稀典籍，應該引起出版界關注。

① 《回文類聚》卷一《璇璣圖考異》，影印文淵閣《四庫全書》集部總集類。

封面左上角簽框內書：欽定四庫全書/集部/璇璣圖詩讀法/卷上下

封內右下貼黃簽，分兩行書寫：詳校官臣[①]劉權之
覆核官臣陸錫熊[(一)]

封底內面左下黃簽，分三行書寫：總校官編修銜臣朱鈐
校對官學正臣翁樹棠
謄錄監生臣秦江[(二)]

（一）文淵閣本封內貼黃簽書"詳校官監察御史臣曹錫寶、檢討臣何思鈞覆勘"。

（二）文淵閣本封底內貼黃簽書"總校官編修臣王燕緒/校對官中書臣盛惇崇/謄錄監生臣張恒"。

① 四庫全書本來是爲皇帝閱讀編鈔的。在每一部書鈔訖後，都要呈獻乾隆皇帝審閱，故而書中責任人的署名格式悉依給皇帝上疏的規矩執行。如此處，"詳校官"系劉權之在復校文溯閣四庫全書時的官職，"臣"字用小號字書寫，以示己之卑微。下行之"總校官編修銜臣朱鈐"，指朱鈐之職爲鈔校文溯閣本四庫全書的校勘總負責人，而他當時的官銜爲編修。

欽定四庫全書[①]　集部[②](一)
璇璣圖詩讀法　別集類[③]一(二)

(一)部，文淵閣本後增"二"字。

(二)文淵閣本"一"字後有"晉"字。按此處系標明本書之著作年代，《璇璣圖詩》爲十六國前秦苻堅時作品，雖可依正統觀點標爲晉，《璇璣圖詩讀法》卻是明人作品。故此標示是有問題的。

提　要[④]

臣等謹案：《璇璣圖詩讀法》二卷(一)，明康萬民撰。

(一)"二卷"，《總目》及文淵閣書前提要作"一卷"，不同。按，對《璇璣圖詩讀法》的卷數，諸書記載不一。清《千頃堂書目》卷32著錄"康萬民《織錦回文詩譜》二卷"，清撰《續文獻通考》卷198著錄爲"康萬民《璇璣圖詩讀法》一卷"。文溯閣本及文淵閣本正文皆書爲卷上、卷下，而非卷一卷二，但二者內容並無太大不同，則二卷或一卷僅是視上、下卷各爲一卷或總爲一卷而已。查文溯閣本《長

---

① 欽定，皇帝親自審定。四庫全書，清乾隆三十七年至五十二年(1772—1787年)朝廷組織4000多位學者編鈔成的一部大型叢書。收書3460餘種、79300餘卷、36300餘冊。全書分經、史、子、集四部排列，故稱爲四庫全書。

②集部，中國傳統古籍四部分類法中的一部，主要收詩文詞及其評論作品。四庫全書中的集部書，分爲五類九屬。即楚辭類、別集類、總集類、詩文評類、詞曲類，詞曲類下分詞集、詞選、詞話、詞譜詞韻、南北曲五屬。

③ 別集類，四庫全書集部下的一類，主要收各時代個人的作品。

④《提要》系指四館全書整理者所做該書的作者、時代、成書情況、內容，及有關問題考辨等的介紹文字。《提要》鈔於各書之書首，稱書前提要。另外四庫全書總纂對全部提要進行整齊修改，編刊成《四庫全書總目》(又稱《四庫全書總目提要》)，有中華書局1965年版。

安志圖》內文分爲卷上、卷中、卷下，該書《提要》、《總目》、文淵閣本、文淵閣本《提要》皆稱其爲"三卷"。由此可見，四庫館在書籍分卷的過程中，標準並不明確，以至各行其是。

萬民字無渗，武功人，海之孫也①。蘇蕙織錦囬（一）文，古今傳爲佳話。劉勰《文心雕龍》稱"囬（二）文所興，道原爲始"②，則齊梁之際，尚未見其圖。此圖及武曌（三）序，均莫知所從來。考《晉書·列女傳》③載：苻（四）堅秦州④剌（五）史竇滔，有罪徙⑤流沙⑥，其妻蘇蕙織錦爲《回文旋圖詩》。無滔鎮襄陽⑦及趙陽臺讒間事⑧。又考《晉書·孝武帝紀》稱，太元

① "海之孫也"，海指康海（1475—1540年），字德涵，號對山、沜東漁父，明代著名文人、學者，明前七子之一。弘治十五年狀元，歷任翰林院修撰、經筵講官。力陳改善吏制，裁汰庸官，重用才智之士，興利除弊。後因被歸爲劉瑾餘黨卸職。著有《武功縣志》及雜劇《中山狼》、散曲集《沜東樂府》、詩文集《對山集》、雜著《納涼餘興》、《春遊餘錄》等。

② 言回文詩最早起於名"道原"的人。引文見《文心雕龍·明詩》（趙仲邑譯注，灕江出版社，1982年，第55頁）。因諸史中無道原其人，故梅慶生《文心雕龍音注》以爲"原"是"慶"字之誤，指劉宋時人賀道慶，其有四言回文。據稱，此時蘇蕙《璇璣圖詩》尚未傳至南朝，故有是說。《總目》之《回文類聚》提要認爲，蘇氏詩並非最早的回文詩，三國曹植之《鏡銘》八字，回環讀之無不成文，當爲回文之始。

③《晉書》卷96《列女竇滔妻蘇氏傳》（中華書局，1974年，第2523頁）："竇滔妻蘇氏，始平人也，名蕙，字若蘭。善屬文。滔，苻堅時爲秦州刺史，被徙流沙，蘇氏思之，織錦爲回文旋圖詩以贈滔。宛轉迴圈以讀之，詞甚淒惋，凡八百四十字，文多不錄。"

④ 秦州，十六國州名，治今甘肅天水市秦城區。

⑤ 徙，流放。

⑥ 流沙，泛指我國西北方之沙漠地區，或認爲指今內蒙古額濟納旗之古居延海，亦有認爲指今新疆境內白龍堆沙漠一帶。有記載實指竇滔所徙流沙爲敦煌。

⑦ 鎮襄陽，管領守禦襄陽，即擔任襄陽地區軍政主官。襄陽，郡名，治今湖北襄樊市襄陽城。

⑧ 趙陽臺讒間蘇氏事，見《詩話總龜後集》卷41《歌詠門》，原文爲"《璇璣圖序》云：'前秦安南將軍竇滔有寵姬趙陽臺，歌舞之妙，無出其右。滔置之別所。妻蘇知之，求而獲焉，苦加撻辱，滔深恨之。陽臺又專伺蘇之短，讒毀交至，滔益忿。蘇氏年二十一，滔鎮襄陽，與陽臺之任，絕蘇氏之音問。蘇悔恨自傷，因織錦回文題詩二百餘首，計八百餘字，縱橫反復，皆爲文章，名曰《璇璣圖》，遣蒼頭齎至襄陽，滔覽錦字，感其妙絕，因送陽臺之關中，而具車從迎蘇氏，恩好愈重。'苕溪漁隱曰：'王初寮有《點絳唇》一詞，送韓濟之歸襄陽云：峴首亭空，勸君休墮《羊碑》淚。宦遊如寄，且伴仙山翁醉。說與鮫人，莫解江皋佩。將歸思，暈紅縈翠，袖細織回文字。初寮用〔前〕事以其漢上故〔事〕，然於送人之詞，似難用也。〔《侍兒小名錄》，同上〕"

四年，苻(六)丕陷襄陽。①《苻堅載記》稱，以其中壘梁成爲南中郎將、都督荆揚州諸軍事，荆州刺(七)史，領護南蠻校尉，配兵一萬鎮襄陽。②亦不言竇滔。與《序》所言，全然乖異。《序》末稱："如意元年五月一日"③。是時，《晉書》久成④，不應矛盾至此。又其文萎弱，亦不類初唐文體，疑後人依託⑤。然《晉書》稱，其圖凡八百四十字⑥，縱横宛轉以讀之，文多不録。則唐初實有是圖。

(一)囬，爲"回"字的異體，文淵閣本及《金毓黻手定本文溯閣四庫全書提要》爲"回"字。

(二)囬，爲"回"字的異體，文淵閣本及《金毓黻手定本文溯閣四庫全書提要》爲"回"字。

(三)"武曌"二字，文淵閣本同，《四庫全書總目》(以下簡稱《總目》)提要爲"唐則天皇后"五字。當系總纂爲避唐皇后名諱所改。乾隆四十二年，乾隆皇帝曾因四庫館進呈的李廌《濟南集》中，直稱漢武帝爲"漢徹"而發佈聖諭，斥責道："朕於異代之臣尚不欲直呼其名，乃千古以下之臣，轉將千古以上之君稱名不諱，有是理乎?"且言："朕命諸臣辦理四庫全書，親加披覽，見有不協於理者，如關帝舊謚之類，即降旨隨時釐正。"⑦我們以爲，由是才有了本書中將"武曌"改爲"唐武則天皇后"之事。然撰寫《璇璣圖詩讀法記》時，武則天已經建周稱帝，並非皇后，故此處改稱"唐武則天皇后"，仍系存有錯誤之正統觀。

(四)"苻"字，《總目》提要同，文淵閣本書前提要爲"符"字，誤。

(五)"剌"字，文淵閣本書前提要及《總目》提要爲"刺"，正。

(六)"苻"字，《總目》提要同，文淵閣本書前提要爲"符"字，誤。

---

① 苻丕陷襄陽，見《晉書》卷9《孝武帝紀》(中華書局，1974年，第229頁)，文云："(太元)四年……二月戊午，苻堅使其子丕攻陷襄陽，執南中郎將朱序。"

②以梁成領襄陽事，見《晉書》卷113《苻堅載記》(中華書局，第2901頁)，文云："太元四年，晉兖州刺史謝玄率衆數萬次於泗汭，將救彭城。苻丕陷襄陽，執南中郎將朱序，送于長安，堅署爲度支尚書。以其中壘梁成爲南中郎將、都督荆揚州諸軍事、荆州刺史，領護南蠻校尉，配兵一萬鎮襄陽，以征南府器杖給之。"

③ 如意爲武周年號，如意元年，當公元692年。

④《晉書》撰成於貞觀二十二年，當公元648年。

⑤ 依託：即假託。古人有將自撰文或自著書冒稱系前代某名人所著者，此類書學界稱爲僞書，此類文學界稱爲僞文。

⑥ 其圖縱横各29行，總計841字。據傳蘇蕙原圖爲840字，其中心之"心"字爲後人所添加，遂成841字。

⑦《四庫全書總目》卷首《聖諭》，中華書局，1965年，第5頁下欄。

（七）"剌"字，文淵閣本書前提要及《總目》提要爲"刺"，正。

又李善註江淹《別賦》[①]引《織錦囬(一)文詩序》曰(二)："竇滔秦州被徙沙漠，其妻蘇氏秦州，臨去別蘇誓不再娶，至沙漠便(三)娶婦。蘇氏織錦端中作此迴(四)文詩以贈之。苻國時人也。"其説亦與《晉書》合，益知詩真而序僞。考黄庭堅詩已(五)用連波悔過(六)、陽臺暮雨事[②]，其僞當在宋以前也。(七)

乾隆四十七年十月恭校上。(八)

總纂官[③]臣紀昀、臣陸錫熊、臣孫士毅

總校官[④]臣陸費墀

（一）囬，"回"字的異體，文淵閣本及《金毓黻手定本文溯閣四庫全書提要》爲"回"字。

（二）曰，《總目》提要同，文淵閣本書前提要缺佚此字。

（三）便，文淵閣本書前提要同，《總目》提要爲"更"字，亦可。

（四）迴，《總目提要》及文淵閣本書前提要皆作"回"，回、迴爲同義字，皆可。

（五）已，文淵閣本書前提要同，《總目》提要爲"巳"，誤。

（六）悔過，《總目》提要同，文淵閣本書前提要爲"悔遏"，誤。

（七）《總目》提要及文淵閣本書前提要以下有一段文字，文溯閣本因其所考失誤而刪削。下錄文淵閣本所增文字（《總目》提要與其文字不同之處以"校勘記"置於括弧內）：

《序》稱，"其錦縱廣八寸，題詩二百餘首，計八百餘言，縱橫反覆，皆成章句。"黄伯思《東觀餘論》謂："其圖本五色相宣，因以別三、五、七言之異。後人流傳，不復施采，故迷其句讀。"又謂："嘗于（校勘記：《總目》爲"於"字。）王晉玉家得唐申誠之釋，而後曉然。"今誠本已不傳。僧起宗以意推求，得三、四、五、六、七言詩三千七百五十二首，分爲七圖。萬民更爲尋繹，又于（校勘記：《總目》爲"於"字。）第三（校勘記：《總目》爲"二"字。）

① 文見李善《文選注》，第16卷。

② 黄庭堅詩見《山谷集》卷10（影印文淵閣本《四庫全書》集部別集類二），詩名《題蘇若蘭回文錦詩圖》，詩云："千詩織就回文錦，如此陽臺暮雨何。亦有英靈蘇蕙手，只無悔過竇連波。"

③ 總纂官，指四庫全書館總纂官，共三員，領導全書的編纂工作。

④ 總校官，指四庫全書館總校官，領導全書的校勘工作。

圖內增立一圖，併增讀其詩至四千二百六首，合起宗所讀，共成七千九百五十八首。因(校勘記:《總目》無"因"字。)合兩家之圖，輯爲此編。夫但求協韻成句，而不問文(校勘記:《總目》無"文"字。)義之如何，輾轉鉤連，旁行斜上，原可愈增愈多。然必以爲若蘭本意如斯，則未之能信。存以爲藝林之玩可矣。起宗不知何許人。王士楨(校勘記:"楨"字，《總目》作"禛"。按本應爲"禛"，二者皆系爲避清世宗名諱改。)《居易錄》載，趙孟頫妻管道昇《璇璣圖》真蹟，已稱起宗道人云云，則其人當在宋元間也。

計二百六十四字。這一段文字考證發明《璇璣圖詩》五色讀法的僧人起宗爲宋元間人，證據有問題，結論更是錯誤的。考證所用證據應該是盡可能最原始的資料，而所引黄伯思《東觀餘論》云云，並不是最早用五色本讀詩的。黄伯思文撰於政和七年(1117年)[①]。而南宋桑世昌編《回文類聚》[②]轉錄廣慧夫人所述以五色讀法讀出3752首詩的文字在至道元年(995年)。廣慧夫人稱:"蘇蕙《織錦回文》及今已久，所以欲見其彩色，宛然一如蕙之手著者，甚爲難得。八月廿日(太宗)駕幸翠微殿賞桂，詔令賦詩，見御案所置一幅，五色相宜，讀之易明，因照式記之，以志不忘。"其文且詳述五色之閱讀方法。五色讀法即起宗所用之法，故起宗當爲宋初以前人。清吳景旭《歷代詩話》卷23云:"唐有《璇璣圖記》，起宗道人分爲七圖，得三、四、五、六、七言者，總計三千七百三十四首。"判定起宗爲唐朝人。由此可定，文淵閣《提要》此段考證的結論是錯誤的。大概陸錫熊等在複校時發現了這些問題後，遂將其刪除。

(八)乾隆四十七年十月恭校上，文淵閣本爲"乾隆四十六年四月恭校上"。

① 宋黄伯思《東觀餘論》卷下《跋織錦回文圖後》，影印文淵閣《四庫全書》子部雜家類。

② 宋桑世昌編《回文類聚》卷一，影印文淵閣《四庫全書》集部總集類。桑世昌，南宋人，據《直齋書錄解題》卷14稱，其爲陸游外甥，最遲亦應是宋理宗(1225—1264年)時代人。

璇璣圖詩讀法記[①]

前秦苻堅時，秦州刺史扶風[②]竇滔妻蘇氏，陳留令武功[③]道質第三女也，名蕙，字若蘭，識知精明，儀容秀麗，謙默自守，不求顯揚。行年[④]十六，歸[⑤]于[(一)]竇氏，滔甚敬之。然蘇性近於急，頗傷妒嫉[⑥]。

(一)于，文淵閣本爲"於"字，異體字。

滔字連波，右將軍真之孫，朗之第二子也[⑦]。風神秀偉，該通經史，允文允武[⑧]，時論高之[⑨]。苻堅委以心膂[⑩]之任，備歷顯職，皆有政聞。遷秦州刺史，以迕旨[(一)][⑪]謫戍燉煌。會堅寇晉襄陽[⑫]，慮有危逼，籍滔才畧，乃拜[⑬]安南將軍，留鎮襄陽焉。初[(二)]，滔有寵姬趙陽臺[(三)]，歌舞之妙，無出其右[⑭]。滔置之别所，蘇氏知之，求而獲焉，苦加捶辱，滔深以爲憾。陽臺又專伺蘇氏之短，謟毁交至，滔益忿焉。蘇氏時年二十一。及滔將鎮襄陽，邀其同往，蘇氏忿之，不與偕行。滔遂攜陽臺之

① 此即周武則天皇帝御製序。

② 扶風，郡名，十六國時治今陝西涇陽縣西北。此言，竇滔爲扶風人。

③ 陳留，縣名，治今河南開封市東南陳留鎮；武功，縣名，東漢至晉間治嫠城，今陝西咸陽市陽陵區永安村。此處言蘇蕙系武功人，然《璇璣圖詩》詩心有"始平蘇氏"之自署，是則第一手資料稱蘇氏爲始平人。

④ 天行曰歲，人行曰年。行年，即年齡。

⑤ 歸，即嫁，指女子出嫁。

⑥ 姤(gòu)，好，善。姤嫉，好嫉妒。

⑦《晉書》中無名竇真、竇朗者。

⑧ 允文允武，文事和武功兼備。

⑨ 高之，高度評價他。

⑩ 心膂，即心腹。膂，脊樑骨。

⑪ 迕旨，違背皇帝旨意。

⑫ 襄陽，郡名，治今湖北襄樊市襄陽城。

⑬ 拜，任命。

⑭ 無出其右，意爲沒有人比她的歌舞更美妙。古以右爲大爲尊，左爲小爲卑。

任[①],斷其音問[②]。蘇氏悔恨自傷,因織錦回(四)文,五綵相宣[③],瑩心耀目。其錦,縱廣八寸,題詩二百餘首,計八百餘言,縱横反覆,皆成章句。其文點畫無缺,才情之妙,超今邁古,名曰《璇璣圖》。然讀者不能盡通,蘇氏笑而謂人曰:"徘徊宛轉,自成文章。非我佳人[④],莫之能解[⑤]。"遂發蒼頭[⑥]齎致襄陽焉。滔省覽[⑦]錦字,感其妙絶,因送陽臺之關中,而具車徒盛禮,邀迎蘇氏歸於漢南,恩好愈重。

(一)㫖,文淵閣本同,"旨"的異體字。

(二)初,文淵閣本爲"初",異體字。

(三)臺,文淵閣本爲"臺",異體字。

(四)回,文淵閣本爲"回",異體字。

蘇氏著文詞五千餘言。屬隋季[⑧]喪喪(一)亂,文字散落,追求不獲。而錦字回文,盛見傳寫,是近代閨怨之宗㫖(二),屬文之士咸龜鏡[⑨]焉。朕聽政之暇,留心墳典[⑩],散帙之次,偶見斯圖。因述若蘭之才,復美連波之悔過。遂製此記,聊以示將來也。

如意元年五月一日　大周天冊金輪皇帝御製[⑪]

---

① 之任,到達任所。

② 音問,音訊,問候。

③ 五彩相宣,(彩色絲線織成的回文詩中)五種色彩相互彰顯。

④ 據古人解釋,"我佳人"指其丈夫竇滔。

⑤ 莫之能解,即莫能解之,無法讀懂。

⑥ 蒼頭,本指以深青色巾包頭者,即奴僕。

⑦ 省覽,閲讀。

⑧ 隋季,隋朝末年。

⑨ 龜鏡,借鑒。古代因龜能長壽,以爲其有靈性,而以龜甲占卜,測知未來;鏡系用以照人面,以知面容之潔汙或好醜。因龜鏡有預測及鑒照面容的功能,故賦其以借鑒之義。

⑩ 墳典,本指三皇五帝之書,後泛指歷代著述。

⑪《序》末稱"如意元年五月一日,大周天冊金輪皇帝御製"。如意元年,當公元692年,其時武氏號"聖神皇帝"。武氏稱"天冊金輪聖神皇帝"系證聖元年(695年)九月至神龍元年(705年)正月事。[查《舊唐書》卷6《則天皇后本紀》,武則天于載初元年(690年)九月九日革唐命,改國號爲周,改元爲天授,加尊號爲"聖神皇帝";長壽二年(693年)加"金輪聖神皇帝"號;次年五月加"越古金輪聖神皇帝"號;證聖元年(695年)加"慈氏越古金輪聖　皇帝"號;九月加"天冊金輪聖神皇帝"號;神龍元年(705年)正月上尊號"則天大聖皇帝"。]故由《序》所書年號及尊號之訛誤,即可證《序》或非武氏所撰。

（一）喪，文淵閣本爲“喪”，異體字。

（二）旨，文淵閣本同，“旨”的異體字。

蘇若蘭織錦回文璇璣圖詩暨諸讀法合刻識言（一）

南阿山人康呂賜[①]曰：余録先太史《縣志》[②]真本，悉依原編，獨蘇氏詩未録[③]。非敢輕有變置，故附數語録本之末，述先太史之意，冀來者之鑒余志也。茲專録其詩圖，並校諸讀法，合爲一編存之。後有授梓[④]者，可於諸圖依增讀、原刻分别，且俱如織錦采[⑤]色顔[⑥]之木，以便觀覽。則作者、讀者巧思悉傳，而斯文乃犁然，可以備吾邑文藝中之一觀矣！

（一）此文標題《蘇若蘭織錦回文璇璣圖詩暨諸讀法合刻識言》，文淵閣本缺佚。

① 康呂賜（1643—1731年），字複齋，號一峰，自稱南阿山人，明朝學者康海後裔，清前期學者，著有《四書語錄》、《易語錄》、《雜語錄》等。所作《南阿遺稿》，內容涉獵廣泛，尤多記武功風土人情。

② 先太史《縣誌》，指康海所撰《武功縣誌》。康海曾任翰林院修撰，故稱其爲太史。

③ 康海撰《武功縣誌》卷3《人物志第六》有：“苻秦竇滔妻蘇氏，名蕙，字若蘭，陳留令武功蘇道質第三女也。年十六歸於竇氏滔，甚敬之。苻堅冦襄陽，以滔爲安南將軍留鎮襄陽，滔攜寵姬趙陽臺徃，蘇氏怨之，不肯與俱，而滔竟與斷音問。後蘇氏悔恨自傷，因織錦爲回文，縱廣八寸，計八百餘言，縱橫反復，皆成文章。因以寄滔襄陽。滔覽之，感其意，於是迎蘇氏來襄陽，而歸陽臺於關中，恩好愈篤焉。著有文詞五千餘言，隋亂不傳，祗傳其回文。回文有武后記言蘇氏事甚詳。”該志未錄蘇蕙《璇璣圖詩》。

④ 授梓，指交付刻印。

⑤ 采即彩，顏色。

⑥ 顏，此處用作動詞，爲塗畫色彩之意。

凡 例

康萬民曰：蘇氏以深閨螺黛[①]，感悟其夫，一旦精意所聚，於八百餘言中，上陳天道，下悉人情，中稽物理[②]，旁引廣譬[③]，具網兼羅，文詞巨麗，興寄超逺[(一)]。自是後，才人韻士[④]曾未有方[⑤]而效之者，此幾非人爲所能與矣。意者，天欲發此一段竒[(二)]巧，假若蘭於尺幅之間，偶露機倪。又假起宗道人，因其脉絡，疏其神髓，豈獨庸才未易以識？即問之蘇氏，蘇氏且不可知，又問之起宗。及余之增讀是詩，所獲逾起宗又倍餘，而尚或未能盡者，復何所知哉！姑以其已見者，臚列凡例如左[⑥]。

(一)逺，文淵閣本同，爲"遠"的異體字。

(二)竒，文淵閣本同，爲"奇"的異體字。

一、是圖縱横八寸，共計八百四十一言。分朱、墨、青、紫、黄五彩，蘇氏以爲"表裏宛轉，無非文章。非我佳人，莫之能觧[(一)]。"佳人，葢[(二)]謂其夫滔也。當時讀法不傳。自唐武后下，讀者十數家，多不過數百首。獨起宗道人因彩分圖，因圖分詩，讀至三千七百五十二首。予縱觀數四[⑦]，似有未盡。乃於諸圖中，增讀得四千二百六首，合原讀共七千九百五十八首。

(一)觧，文淵閣本爲"解"，異體字。

(二)葢，文淵閣本同，爲"蓋"的異體字。

一、是圖合之爲一，分之爲七。若七政經天[⑧]，粲然明備。余於第

① 螺黛：畫眉的墨。

② 物理，萬事萬物的道理。

③ 譬，比喻。

④ 才人韻士，指詩人。

⑤ 方，即倣。

⑥ 古籍爲直行書寫或刊刻，故前文在右，後文在左。此處言左，即指以下文字。

⑦ 數四，言次數非常多，非實指四次。

⑧ 七政，古人把金、木、水、火、土五星，加上日、月，合稱爲七政或七曜。七政經天，即天體運行。

三圖內增飾一圖，共計八圖。又若太極[①]分爲八卦，至六十四卦，又可至四千九十六卦，生生不已[(一)]。然余亦不敢羼楚蘭反。[(二)]叙[(三)]圖次，紊亂舊章，只附於第三圖後，曰附增第三圖。

(一)已，文淵閣本爲"巳"字，誤。

(二)楚蘭反，原爲小字，系用反切法注"羼"字的讀音。文淵閣本同。

(三)叙，文淵閣本爲"敘"字，異體字。

一、余於起宗原讀外，又增讀，非好爲駢指蛇足也。如第三圖內，顛倒囘[(一)]文，此收彼遺，彼收此遺，遂有脱落。第五圖內，借字羅互[②]分讀，第四圖却又不然。余摭[(二)]此二端，引伸觸類，皆因其所本有者蒐[(三)]括之耳。至新增一圖，則獨爲管見[③]云。

(一)囘，文淵閣本爲"回"字，異體字。

(二)摭，文淵閣本爲"摭"字，異體字。

(三)蒐，文淵閣本爲"搜"字，皆爲"搜"的異體字。

一、囘[(一)]文四句內有複韻者，古詩不拘。如《小宛》之詩，"我心憂傷，念昔先人，明發不寐，有懷[(二)]二人"[④]爲可例。圖內複韻詩遺者甚多，俱標出。

(一)囘，文淵閣本同，爲"回"字異體。

(二)懷，文淵閣本同，爲"懷"的異體字。

一、余增讀詩內，多叶[⑤]古韻。起宗所遺，或於韻學有未盡諳乎？

① 太極，本指天地未開、混沌未分陰陽之前的狀態。比較早使用太極概念的，有莊子和《易傳》，一般在宇宙論、方法論上，用的太極概念，主要繼承自《易傳》："易有太極，是生兩儀。兩儀生四象，四象生八卦。"意爲易成卦的過程，先是有太極，尚未開始分開蓍草（易占卜用蓍草做工具），分蓍占後，便形成陰陽二爻，稱作兩儀。二爻相加，有四種可能的形象，稱爲四象。由它們各加一爻，便成八卦。這裏講的是八卦畫出的過程。

② 羅互，分佈排列。

③ 管見，一己之見，用管字表謙虛。

④《小宛》詩，見《詩經·小雅》。據稱爲大夫刺周宣王之詩。此四句詩意爲，（今王才智褊小，將顛覆祖業，所以）我的內心十分憂傷，追念早先的文王和武王。從夜晚到天明，我無法寢寐，懷念二位先王。

⑤ 叶（xié），和，合。"協"的古字。

此余用古韻而讀益多也。

一、界畫此圖，多以五色繪地[①]，以墨書。或先用墨書，後以五色旁畫。余按五色，即以五色書字，俾蘇氏杼柚[②]，本面一覽瞭然，以供賞鑒家一快。

① 地，即底，指圖上的底色。

② 杼柚，即杼軸，杼軸爲織布機的兩個部件，杼柚組織經緯而成布，用以比喻詩文的組織、構思。

（以下卷上葉1A）

欽定四庫全書　璇璣圖詩讀法　卷上

明　康萬民　撰

（以下卷上葉1B葉2A）

苻秦武功蘇氏蕙若蘭織錦回文璇璣圖詩①其采式，詳讀法內。

仁智懷德聖虞唐貞妙顯華重榮章臣賢惟聖配英皇倫匹離飄浮江湘津
傷嗟情家明葩榮志庭闈亂作人讒奸佞凶[一]害我忠貞桑凶[二]慈雍思恭基河
慘嘆中無鏡紛爲篤明難受消源禍因所恃恣極驕盈榆頑孝和淑自爲隔
懷懷傷君朗光誰終榮苟不義姬班女婕妤辭輦漢成薄浸休家貞記孝塞
慕所路房容珠感誓城傾在戒后孽嬖趙氏飛燕實生景讒退遠[三]敦貞敬殊
增離曠幃餙[四]曜思穹熒猶炎盛興漸至大伐用昭青青昭愚謙危節所是山
憂經遐清華英多蒼形未在愼深[五]慮微察遠[六]禍在防萌西滋㴱疑容持從梁
心荒淫[七]忩[八]想感所欽岑幽巖峻嵯峨深[九]淵重涯經網羅林光流電逝推生民
堂妃闈飛衣誰追何思情時形寒歲識凋松徳居歎如陽移陂施爲祗差生[十]
空后中奮袞爲相如感傷在勞貞物知終始舊獨懷何潛[十一]西不何誰神無感
惟自節能我容聲將自孜君想顏喪[十二]改華容是爲女賤曜日日激與通者曠
思興厲不歌冶同情寧[十三]孜側夢[十四]仁賢別行士念誰賤鄙翳白無憒將上採悲[十五]
詠風樊歎發觀羽纓龍旂容衣詩情明顯怨哀情時傾英殊衰殊身節菲路
和周楚長雙華宮憂虎彫餙綉始璇璣圖義年勞歎奇[十六]華年有志餝忩[十七]葑長
音南鄭歌商流徵殷繁華觀曜終始心詩興感遠[十八]殊浮沉[十九]時盛意麗哀遺身

---

① 原詩直行豎寫，爲方便現代讀者閱讀，現改錄爲横行横寫。但以下校注者所製彩圖，仍照原樣爲直行。

藏邵衞詠齊曜情多文曜壯顏無平蘇氏理往憂歲異浮惟必心華惟下微
摧伯女志興榮傷患藻榮麗充端比作麗辭日思慕世異逝倏(二十)違榮感體惘
悲窮(廿一)河遐碩翠感生嬰漫丁寃詩風興鹿鳴懷悲哀誰逝倏(廿二)無一俯憂作巳(廿三)
聲宼廣路人粲我艱是漫是何桑翳感孟宣傷感情者頹(廿四)然盈體仰情者處
發淑思逶其葳情惟憂何艱生時盛昭業傾思永戚我流若不忠容何成幽
曲姿歸迤頎蕤悲苦懷思苦我章徽恨微㢧(廿五)悼歎戚知沙馳虧離儀貲辭房
秦王懷土眷舊鄉身加兼愁悴少精神遐幽曠遠離鳳麟龍昭德懷聖皇人
商(廿六)遊桑鳩揚仇傷榮身我乎集殃愆辜何因備嘗苦辛當神飛文遺分歸賤
紘西翳雙激好摧君深(廿七)日潤浸愆思罪積怨其根難尋所明輕殊孤乖雁
爲激階陰巢水悲容仁均物品育施生天地德貴平均匀專通身粲妾殊翔女
楚步林燕情思發離濱漢之步飄飄離微隔喬木誰陰一感寄飭散聲應有
流東桃飛泉君歎殊心改者惑暱親聞逺(廿八)離殊我同衾志精浮光離哀傷柔
清廊休翔流長愁方禽伯在誠故遺舊廢故君子惟新貞微雲輝羣悲春剛
琴芳蘭凋茂熙陽春牆面殊意感(廿九)故新霜氷(三十)齊潔志清純望誰思想懷所親

(一)凶,文淵閣本同,凶的俗字。

(二)凶,文淵閣本同,凶的俗字。

(三)逺,文淵閣本爲“遠”,異體字。

(四)餙,爲飾的俗字,文淵閣本爲“飭”。朱駿聲《說文通訓定聲·頤部》以爲“飭,假借爲飾”,則二者爲假借字。

(五)深,文淵閣本爲“湥”,“深”的古體字。

(六)逺,文淵閣本同,爲“遠”的異體字。

(七)滛,文淵閣本爲“淫”,異體字。

(八)忘,文淵閣本爲“忘”,異體字,借用爲“妄”。

(九)深,文淵閣本爲“湥”,異體字。

(十)生,文淵閣本及明馮惟訥撰《古詩紀》卷48《蘇若蘭璇璣圖詩並序讀法》[①]同爲“生”,但《初學記》本[②]、宋桑世昌撰《回文類聚》卷1《璇璣圖》爲“士”字,二者難辨正誤。

(十一)潛,文淵閣本爲“潛”,系潛字正體。

(十二)喪,文淵閣本爲“喪”,異體字。

---

① 該本及下文宋世昌《回文類聚》本,皆見影印文淵閣《四庫全書》,集部八·總集類。

②《初學記》卷27《寶器部·錦第六·詩》【前秦苻堅秦州刺史竇韜妻蘇氏《織錦回文七言詩》】。

(十三)寗，文淵閣本爲“寧”，系寧字正體。

(十四)夣，文淵閣本爲“夢”，系夢字正體。

(十五)悲，文淵閣本同，《初學記》卷27《寶器部》詩【前秦苻堅秦州刺史竇韜妻蘇氏《織錦回文七言詩》】爲“怨”字。

(十六)竒，文淵閣本爲“奇”字，系奇字正體。

(十七)𢖽，文淵閣本爲“忘”字，系忘字正體，借用爲“妄”。

(十八)逺，文淵閣本爲“遠”，異體字。

(十九)沉，文淵閣本爲“沈”字，系沉字本字。

(二十)倐，文淵閣本爲“條”字，系條字正體。

(二十一)窃，文淵閣本爲“窈”字，系窈字正體。

(二十二)倐，文淵閣本爲“條”字，系條字正體。

(二十三)巳，文淵閣本爲“已”字，兩本皆誤，以其連成之辭句的含義推測，似應爲“己”字。《初學記》本[①]爲“己”。

(二十四)顔，文淵閣本爲“顏”，異體字。

(二十五)玄，文淵閣本同，皆爲避清聖祖玄燁名諱而缺“玄”字末筆。

(二十六)商，文淵閣本爲“啇”字。按，文溯閣本《璇璣圖詩》中既有用作五音之一的“啇”字，如“音南鄭歌啇流徵”，又有用作弦樂指法的“商(zhāi)”字，如“商弦激楚流清琴”。然文淵閣本《璇璣圖詩》中只有“啇”字而無“商”字，我們不能依文淵閣本判定文溯閣本的是非。故凡遇二字之不同，一概不定正誤。

(二十七)深，文淵閣本爲“湥”，異體字。

(二十八)逺，文淵閣本爲“遠”，異體字。

(二十九)意感，文淵閣本同，《初學記》卷27《寶器部·錦第六·詩》【前秦苻堅秦州刺史竇韜妻蘇氏《織錦回文七言詩》】爲“或憶”二字。

(三十)氷，文淵閣本爲“冰”字，系冰字本體。

①《初學記》卷27《寶器部·錦第六·詩》【前秦苻堅秦州刺史竇韜妻蘇氏《織錦回文七言詩》】。

（以下卷上葉2B）

璇璣圖詩采式[①]

四圍“仁智”之[②]“湘津”，“津河”之“剛親”，“親所”之“芳琴”，“琴清”之“傷仁”，從第八字“貞(一)志”横過，由“蒼欽”、“所感”(二)逆上[③]之“荒心”，餘(三)“倫桑”之“西林”，“林光”之“生民”，“春芳(四)”之“榮身”，“身鄉”之“王秦”，“純貞”之“當麟”，“麟龍”之“皇人”，以紅書[④]爲第一圖。

（一）貞，文淵閣本爲“真”字，文溯閣本卷上葉1B圖2行小字右行由上往下第8字亦爲“真”字，則文淵閣本爲正。

（二）所感，文淵閣本爲“欽所”。

（三）餘，此外之意，文淵閣本缺佚此字，誤。

（四）芳，文淵閣本同，文溯閣本卷上葉2A圖7行左行小字由上往下第8字爲“方”字。是則“芳”字誤。

自八行第八字“欽岑”之“羅林”，“林陽”横過之“沙麟”，“麟鳳”逆上之“加身”，“身苦”横囘(一)[⑤]之“何欽”，以紅書爲第二圖。

（一）囘，文淵閣本同，爲“回”字異體。

（以下卷上葉3A）

四圍縱横初(一)行、八行、十五行、二十二行、二十九行，及“仁嗟”斜至“春親”，“琴廊”斜至“基津”，以紅書爲第三圖。以上起宗舊圖説。但餘圖有於此圖借字，有礙。今推縱横初行、八行紅書，余以紅線界畫即準之，讀者審焉。

（一）初，文淵閣本爲“初”，異體字。

---

① 采式，指用彩色的樣式，采，即彩。

② 之，到，指從圖中某字到某字。下同。

③ 逆上，倒著上，指由下往上。

④ 書，書寫，指用某種顏色的筆書寫字。

⑤ 横回，横著向右側。古書一般爲直行書寫，自右往左看。此處卻是由左往右看，故謂回。

自正中行“音南”之“遺身”，横中行“臣佞[一]”之“舊新”，斜行“仁嗟”之“春親”，“琴廊”之“基津”，以紅書，爲附增第三圖。此圖自唐以來至起宗俱未拈出。

(一)佞，文淵閣本爲“奸”，按文溯閣本卷上葉1B圖2行左行小字由上往下第15字爲“奸”字，諸本同。則文溯閣本“佞”字爲誤。

四隅[①]“嗟情”之“英多”，“遊桑”之“長愁”，“神飛”之“悲春”，“㐫[一]慈”之(以下卷上葉3B)“持從”，縱横皆六字，以墨書爲第四圖。以上起宗舊圖説。此圖内借字成言，亦如第五圖。乃起宗獨於此中不相假借，何也？余推而廣之，所得益多，實取象於第五圖云。

(一)㐫，文淵閣本同，凶的俗字。

正面“妃闈”至“蕤悲”，“移陂”至“眥辭”，縱六字、横十三字；兩旁“庭闈”之“防萌”，“身我”之“維[一]新”，縱十三字、横六字；以青[二]書爲第五圖。起宗舊圖説。

(一)維，文淵閣本同，按文溯閣本卷上葉2A圖7行左行小字由下往上第10字爲“惟”字，諸本同。“維”爲“惟”字異體。

(二)青，文淵閣本爲“靑”字，異體字。

中方正面“龍旂”之“麗充”，“哀情”之“慕世”，縱四字、横五字；(以下卷上葉4A)兩旁“寒歲”之“行士”，“詩風”之“微玄[一]”。縱五字、横四字，以紫書爲第六圖。起宗舊圖説。

(一)玄，文淵閣本同，系因避清聖祖玄燁名諱而缺末筆。

中方四隅“思情”至[一]“側寥[二]”，“嬰漫”之“苦我”，“愆居”之“賤鄙”，“懷悲”之“戚知”，縱横皆四字；又中縱各五字，“詩情”之“顯怨”，“端比”之“麗辭”横各五字；“詩始”之“無端”，“怨義”之“理辭”，空中心“璇璣圖始平[②]蘇氏詩心”九字，以黄書爲第七圖。起宗舊圖説。

---

① 隅，角落。

② 始平，十六國前秦苻堅時縣名，治茂陵城，在今陝西興平縣東北十九里，亦爲始平郡治所。此爲蘇蕙自署其系始平縣人。

(一)至,文淵閣本爲"之"字,"之""至"義同。

(二)夢,文淵閣本爲"夢"字,異體字。

校釋者據上文試繪彩色《璇璣圖詩》(见彩插)。

(以下卷上葉4B-5A)

圖一

琴	清	流	楚	激	絃	商	秦	曲	發	聲	悲	摧	藏	音	和	詠	思	惟	空	堂	心	憂	增	慕	懷	慘	傷	仁
芳							王														荒							智
蘭							懷														淫							懷
凋							土														妄[一]							德[二]
茂							眷														想							聖
熙							舊														感							虞
陽							鄉														所							唐
春	方	殊	離	仁	君	榮	身														欽	蒼	穹	誓	終	篤	志	貞
牆																												妙
面																												顯
殊																												華
意																												重
感																												榮
故																												章
新																												臣
霜																												賢
氷[三]																												惟
齊																												聖
潔																												配
志																												英
清																												皇
純	貞	志	一	專	所	當	麟														林	西	昭	景	薄	榆	桑	倫
望							龍														光							匹
誰							昭														流							飄[四]
思							德[五]														電							離[六]
想							懷														逝							浮
懷							聖														推							江
所							皇														生							湘
親	剛	柔	有	女	爲	賤	人	房	幽	處	已[七]	憫	微	身	長	路	悲	曠	感	生	民	梁	山	殊	塞	隔	河	津

(一)妄，文淵閣本爲“忘”，“妄”爲本字，“忘”爲借用字。

(二)德，文淵閣本爲“徳”，異體字。

(三)氷，文淵閣本爲“冰”，異體字。

(四)飄，文淵閣本爲“離”字。

(五)德，文淵閣本爲“徳”，異體字。

(六)離，文淵閣本爲“飄”字。

(七)巳，文淵閣本爲“已”，正。

(以下卷上葉5B)

讀法一

自“仁”字起順讀，每首四句，句七言。

仁智懷[一]德[二]聖虞唐①，真妙顯華重榮章。
臣賢惟聖配英皇②，倫匹離飄浮江湘③。
真志篤終誓穹蒼，欽所感想忘[三]淫荒。
心憂增慕懷[四]慘傷，真[五]志篤終誓穹蒼。
欽所感想忘[六]淫荒，心憂增慕懷[七]慘傷。
仁智懷[八]德[九]聖虞唐，(以下卷上葉6A)欽所感想忘[十]淫荒。
心憂增慕懷[十一]慘傷，仁智懷[十二]德[十三]聖虞唐。
真志篤終誓穹蒼，真妙顯華重榮章。
真妙顯華重榮章，臣賢惟聖配英皇。
倫匹離飄浮江湘，津河隔塞殊山梁。
臣賢惟聖配英皇，倫匹離飄浮江湘。
津河隔塞殊山梁，民生感曠悲路長。
民生推逝電流光，(以下卷上葉6B)倫匹離飄浮江湘。
津河隔塞殊山梁，民生感曠悲路長。

① 虞唐，或寫作唐虞，傳説爲古代最英明的兩位君主。其中，唐指五帝之一的帝堯，爲陶唐氏；虞指五帝之一的帝舜，爲有虞氏。

② 英皇，堯女舜妻。傳説，堯年老後，四嶽推薦舜爲其接班人。堯爲考驗舜之德行，將兩個女兒嫁給舜。二女名娥皇、女英，統稱英皇。

③ 傳説，舜年老時南巡途中死於蒼梧之野。其妃娥皇、女英哭夫而自投湘水，死後化成湘水女神。

身微惘巳(十四)處幽房，

民生推逝電流光，林西昭景薄榆桑。

以上共詩十首[①]。

(一)懷，文淵閣本同，爲"懷"的異體字。

(二)德，文淵閣本爲"德"，異體字。

(三)忩，文淵閣本同，"忘"的異體字，借用爲"妄"。

(四)懷，文淵閣本同，爲"懷"的異體字。

(五)真，文淵閣本佚"真"字，誤。

(六)忩，文淵閣本同，"忘"的異體字，借用爲"妄"。

(七)懷，文淵閣本同，爲"懷"的異體字。

(八)懷，文淵閣本同，爲"懷"的異體字。

(九)德，文淵閣本爲"德"，異體字。

(十)忘，文淵閣本爲"忩"，異體字，借用爲"妄"。

(十一)懷，文淵閣本同，爲"懷"的異體字。

(十二)懷，文淵閣本同，爲"懷"的異體字。

(十三)德，文淵閣本爲"德"，異體字。

(十四)巳，文淵閣本同。應爲"己"字。二者皆誤。

"津河"之"柔剛"十首。

"親所"之"蘭芳"十首。

"琴親"之"慘傷"十首。

三段讀法俱同前，各得詩十首。

右第一圖，共詩四十首。

回(一)文括入後讀法中，

新讀無所增。

(一)回，文淵閣本同，爲"回"字異體。

① 以上諸詩共31句，若以每首詩4句計，爲7首零3句詩。文淵閣本同。不知此處言"十首"，從何而來？或兩本皆有遺漏。

（以下卷上葉7B-8A）

圖二

身	苦	惟	艱	生	患	多	殷	憂	纏	情	將	如	何	欽
加														岑
兼														幽
愁														巖
悴														峻
少														嵯
精														峨
神														深
遐														淵
幽														重
曠														涯
遠														經
離														網
鳳														羅
麟	沙	流	頹	逝	異	浮	沉	華	英	翳	曜	潛	陽	林

（以下卷上葉8B）

讀法二

自"欽"字起順讀，每首四句，句七言。

欽岑幽巖峻嵯峨，深淵重涯經網羅。

林陽潛曜翳英華，浮沉[一]異逝頹流沙。

深淵重涯經網羅，英華 流沙 幽遐

"林陽"之"兼加"

"沉[二]浮"之"患多"

"麟鳳"之"如何"（以下卷上葉9A）

"神精"之"嵯峨"

"身苦"之"網羅"

"殷憂"之"英華"

右第二圖，共詩八首。

回文括入後讀法中，

新讀無所增。

（一）浮沉，文淵閣本爲"沉浮"。

(二)沉，文淵閣本爲"沈"字，爲"沉"字本字。

（以下卷上葉9B）

圖三

琴	清	流	楚	激	絃	商[一]	秦	曲	發	聲	悲	摧	藏	音	和	詠	思	惟	空	堂	心	憂	增	慕	懷	慘	傷	仁
芳	廊						王							南							荒						嗟	智
蘭		桃					懷							鄭							淫					中		懷
凋			燕				土							歌							妄[二]				君			德[三]
茂				水			眷							商							想			容				聖
熙					好		舊							流							感		曜					虞
陽						傷	鄉							徵							所	多						唐
春	方	殊	離	仁	君	榮	身	苦	惟	艱	生	患	多	殷	憂	纏	情	將	如	何	欽	蒼	穹	誓	終	篤	志	貞
牆							加	懷						繁						思	岑							妙
面							兼		何					華					傷		幽							顯
殊							愁			是				觀				君			巖							華
意							悴				冤			曜			夢				峻							重
感							少					端		終		詩					嵯							榮
故							精						平	始	璇						峨							章
新	舊	聞	離	天	罪	辜	神	恨	昭	感	興	作	蘇	心	璣	明	別	改	知	識	深	微	至	嬖	女	因	佞[四]	臣
霜							遐						氏	詩	圖						淵							賢
氷							憂[五]					辭		興		怨					重							惟
齊							曠				懷			感			念				涯							聖
潔							遠			感				遠				爲			經							配
志							離		戚					殊					懷		網							英
清							鳳	知						浮						如	羅							皇
純	貞	志	一	專	所	當	麟	沙	流	頽	逝	異	浮	沉[六]	華	英	翳	曜	潛	陽	林	西	昭	景	暮[七]	榆	桑	倫
望						神	龍							時							光	滋						匹
誰					輕		昭							盛							流		謙					離
思				粲			德[八]							意							電			遠				飄
想			散				懷							麗							逝				貞			浮
懷		哀					聖							哀							推					自		江
所	春						皇							移[九]							生						基	湘
親	剛	柔	有	女	爲	賤	人	房	幽	處	已[十]	憫	微	身	長	路	悲	曠	感	生	民	梁	山	殊	塞	隔	河	津

(一)啇,據文溯閣本卷上葉2A圖5行右上第1字爲“商”,但據文淵閣本應爲“啇”。

(二)妄,文淵閣本爲“忞”,借用爲“妄”。

(三)德,文淵閣本爲“德”,異體字。

(四)佞,文淵閣本及文溯閣本卷上葉1 B圖皆爲“奸”字,應系底本有誤。

(五)憂,文淵閣本爲“幽”, 正。文溯閣本誤。

(六)沉,文淵閣本爲“沈”字,沉爲沈字後起字。

(七)暮,文淵閣本爲“薄”字,正。

(八)德,文淵閣本爲“德”,異體字。

(九)移,文淵閣本爲“遺”字,或系文溯閣本謄寫者誤書。

(十)巳,文淵閣本爲“已”,應爲“己”,二者皆誤。

(以下卷上葉10B)

讀法三之一

自初行退一字成句,句七言,每首四句。以下遞退一句成章。

智懷(一)德(二)聖虞唐真,妙顯華重榮章臣。
賢惟聖配英皇倫,匹離飄浮江湘津。
桑榆薄景昭西林,佞(三)因女孌至微深(四)。
淵重涯經網羅林,識知改別明璣心。
(以下卷上葉11A)峨嵯峻巖幽岑欽,志篤終誓穹蒼欽。
岑幽巖峻嵯峨深,微至孌女因佞(五)臣①。
淵重涯經網羅林,識知改別明璣心。
思傷君夢(六)詩璇心,璣明別改知識深。
圖怨念爲懷(七)如林,詩興感遠(八)殊浮沉(九)。
氏辭懷(十)感戚知麟,(以下卷上葉11B)蘇作感興(十一)昭恨神。
平端寃是何懷(十二)身,始終觀曜(十三)繁華(十四)殷。
何如將情纏憂殷,繁華觀曜終始心。
多患生艱惟苦身,徵流商(十五)歌鄭南音。
所感想忘(十六)荒淫(十七)心,堂空惟思詠和音。

① “深微至孌女因佞臣”,此八字雙行小字書寫,但系正文,而非注文。

憂增慕懷(十八)慘傷仁,(以下卷上葉12A)多曜容君中嗟仁。

傷慘懷(十九)慕增憂心,智懷(二十)德(二十一)聖虞唐貞(二十二)。

以上一段,得詩二十二首。

以下共一十六段,讀法俱如上,共九十六首。詳書新增讀內。

(一)懷,文淵閣本同,"懷"的異體字。

(二)德,文淵閣本爲"徳"字,異體字。

(三)佞,文淵閣本爲"奸"字,文溯閣本卷上葉1B圖亦爲"奸",或系底本有誤。

(四)深,文淵閣本爲"湥"字。按"湥"(tū),流也,流貌。與"深"的古字"湥"字不同,顯然文淵閣本鈔校者系書寫"湥"字時缺筆劃致誤。

(五)佞,文淵閣本爲"奸"字,文溯閣本底本誤。

(六)夢,文淵閣本爲"夢"字,異體字。

(七)懷,文淵閣本同,"懷"的異體字。

(八)遠,文淵閣本同,"遠"的異體字。

(九)沉,文淵閣本爲"沈"字,沉爲沈字後起字。

(十)懷,文淵閣本同,"懷"的異體字。

(十一)感興,文淵閣本爲"興感",正。

(十二)懷,文淵閣本同,爲"懷"的異體字。

(十三)觀曜,文淵閣本爲"曜觀",正。

(十四)繁華,文淵閣本爲"華繁"。

(十五)商,文淵閣本爲"商",正。

(十六)忘,文淵閣本爲"忩",異體字,借用爲"妄"。

(十七)荒淫,文淵閣本爲"淫荒",正。

(十八)懷,文淵閣本同,"懷"的異體字。

(十九)懷,文淵閣本同,"懷"的異體字。

(二十)懷,文淵閣本同,"懷"的異體字。

(二十一)德,文淵閣本爲"徳",異體字。

(二十二)貞,文淵閣本爲"真"字,正。

新增讀法三之一

其法於舊讀款式內,依前詩讀完,餘依凡例增詩法讀去,俱爲新得者。其什浩繁，不能備録，惟逐段分(以下卷上葉12B)之，其後倣此。

"智懐(一)"之"湘津"讀法俱如前增詩法，在凡例內。"所懐(二)"之"芳琴"

"河隔"之"剛親"　　"清流"之"傷仁"

以上四段，遞句退成囘(三)文，每段各增詩十六首，共六十四首。合原讀八十八首，總一百五十二首。

(一)懐，文淵閣本同，"懷"的異體字。

(二)懐，文淵閣本同，"懷"的異體字。

(三)囘，文淵閣本同，"回"的異體字。

"妙顯"之"梁民"　　"士(一)感"之"望純"

"清志"之"商秦"　　"曲發"之"唐真"(以下卷上葉13A)

以上四段，遞句退成囘(二)文，每段各增詩十五首，共六十首。合原讀百首，總一百六十首。

(一)士，文淵閣本爲"生"字，正。

(二)囘，文淵閣本同，"回"的異體字。

"賢惟"之"長身"　　"微憫"之"霜新"

"故感"之"藏音"　　"和詠"之"章臣"

以上四段，遞句退成囘(一)文，每段各增詩十六首，共六十四首。合原讀九十六首，總一百六十首。

(一)囘，文淵閣本同，"回"的異體字。

(以下卷上葉13B)

"匹離"之"房人"　　"賤爲"之"牆春"

"陽熙"之"堂心"　　"憂增"之"皇倫"

以上四段，遞句退成囘(一)文，每□(二)各增詩十八首，共七十二首。合原讀九十六首，總一百六十八首。

(一)囘，文淵閣本同，"回"的異體字。

(二)□，原空格，爲缺字待補，據文淵閣本，所缺爲"段"字。

讀法三之二

自上橫行退一字成句，以後遞退一句成章。

傷慘懷[一]慕增憂心，堂空惟思詠和音。
藏摧悲聲發曲(以下卷上葉14A)秦，商[二]弦激楚流清琴。
王懷土眷舊鄉身，南鄭歌商[三]流徵殷
多患生艱惟苦身，繁華觀曜終始心。
憂纏情將如何欽，荒淫忘[四]想感所欽。
如何[五]將情纏憂殷，徵流商[六]歌鄭南音[七][①]
多患生艱惟苦身，繁華觀曜終始心。
(以下卷上葉14B)思傷君夢[八]詩璇心，始終觀曜繁華[九]殷。
平端寃是何懷[十]身，蘇作興感昭恨神。
氏辭懷[十一]感戚知麟，詩興感遠[十二]殊浮沉[十三]。
圖怨念爲懷[十四]如林，璣明改別[十五]知識深。
岑幽巖峻嵯峨深，識知改別明璣心。
(以下卷上葉15A)淵重涯經網羅林，微至變女因佞[十六]臣。
蒼穹誓終篤志真，妙顯華重榮章臣。
唐虞聖德[十七]懷[十八]智仁，多曜容君中嗟仁。
智懷[十九]德[二十]聖虞唐真，傷慘懷[二十一]慕增憂心。

以上一段，得詩二十二首。以下一十六段，讀俱如上，詳讀新增之內。

(一)懐，文淵閣本同，“懷”的異體字。

(二)商，文淵閣本爲“商”字。二本原詩圖不同所致。

(三)商，文淵閣本爲“商”字，正。

(四)忘，文淵閣本爲“忩”字，後者爲異體字，均借用爲“妄”。

(五)如何，文淵閣本爲“何如”，正。

(六)商，文淵閣本爲“商”字。

(七)流商歌鄭南音，原爲雙行小字。文淵閣本亦同爲小字，或因本行僅餘三字格，遂書爲小字。

(八)夢，文淵閣本同，按文淵閣本《璇璣圖詩》爲“夢”字，其字書寫不統一。

① “流商歌鄭南音”，此六字雙行小字，但系正文，而非注文。

(九)觀曜繁華,文淵閣本爲"曜觀華繁",正。

(十)懐,文淵閣本同,"懷"的異體字。

(十一)逺,文淵閣本同,"遠"的異體字。

(十二)懐,文淵閣本同,"懷"的異體字。

(十三)沉,文淵閣本爲"沈"字,異體字。

(十四)懐,文淵閣本同,"懷"的異體字。

(十五)改别,文淵閣本爲"别改",正。

(十六)佞,文淵閣本爲"奸"字,正。

(十七)德,文淵閣本爲"徳"字,異體字。

(十八)懐,文淵閣本同,"懷"的異體字。

(十九)懐,文淵閣本同,"懷"的異體字。

(二十)德,文淵閣本爲"徳"字,異體字。

(二十一)懐,文淵閣本同,"懷"的異體字。

(以下卷上葉15B)

新增讀法三之二

"傷慘"之"清琴"讀法俱前。"芳蘭"之"所親"

"剛柔"之"河津"　　"湘江"之"智仁"

以上四段,遞句退成回文,每段各增詩十六首,共六十四首。合原讀八十八首,總一百五十二首。

"堂空"之"陽春"　　"牆面"之"賤人"

"房幽"之"匹倫"　　"皇英"之"憂心"(以下卷上葉16A)

以上四段,遞句退成回(一)文,每段各增詩十五首,共六十首。合原讀一百首,總一百六十首。

(一)回,文淵閣本同,"囘"的異體字。

"藏摧"之"故新"　　"霜氷(一)"之"微身"

"長路"之"賢臣"　　"章榮"之"和音"

以上四段,遞句退成回(二)文,每段各增詩十六首,共六十四首。合原讀九十六首，總一百六十首。

(一)氷,文淵閣本同，"冰"的本字。

(二)回，文淵閣本同，"圓"的異體字。

(以下卷上葉16B)

"商(一)弦"之"清純"　"望誰"之"士(二)民"

"梁山"之"妙真"　"唐虞"之"曲秦"

以上四段，遞句退成回(三)文，每段各增詩十八首，共七十二首。合原讀九十六首，總一百六十八首。

(一)商，文淵閣本爲"啇"，據文溯閣本《璇璣圖詩讀法》，應爲"商"字。

(二)士，文淵閣本爲"生"字，正。

(三)回，文淵閣本同，"圓"的異體字。

新增讀法三之三原讀無詩法，只有章法，故畧其圖不録，惟録新增者。

自兩間行退一字成句，以下遞退一句成章，又縱横返復讀。

(以下卷上葉17A)

"荒淫(一)"之"生民"　"王懐(二)"之"皇人"

"志篤"之"芳(三)春"　"桑榆"之"貞純"

"生推"之"荒心"　"皇聖"之"王秦"

"方殊"之"志真"　"真(四)志"之"桑倫"

以上八段，遞句退成回(五)文，每段各增詩三十九首，共三百一十二首。合原讀五百四首，總八百一十六首。

(一)淫，文淵閣本爲"滛"字，異體字，然文淵閣本他處皆書"淫"字，此處不應書"滛"字。

(二)懐，文淵閣本同，"懷"的異體字。

(三)芳，文淵閣本同，據諸圖應爲"方"，兩本皆誤。

(四)真，文淵閣本爲"貞"字，正。

(五)回，文淵閣本同，"圓"的異體字。

"岑幽"之"長身"　"加兼"之"剛親"(以下卷上葉17B)

"何如"之"故新"　"陽潛"之"所親"

"羅網"之"和音"　　　"鳳離"之"清琴"
"苦惟"之"章臣"　　　"沙流"之"湘津"

以上八段,遞句退成同(一)文,每段各增詩四十五首,共三百六十首。合原讀三百七十六首,總七百三十六首。

(一)同,文淵閣本同,"囬"的異體字。

"淵重"之"房人"　　　"遐幽"之"望純"
"多患"之"清純"　　　"浮異"之"牆春"(以下卷上葉18A)
"峨(一)嵯"之"曲秦"　　　"精少"之"陽春"
"憂纏"之"皇倫"　　　"華英"之"桑民"

以上八段,遞句退成同(二)文,每段各增詩五十八首,共四百六十四首。合原讀四百一十六首,總八百八十首。

(一)文溯閣本與文淵閣本自此出現大段文字順序顛倒。文溯閣本葉18A1-8行及18B1-4行共12行,與文淵閣本之葉19A7、8行及葉19B全部,及葉20A1-2行共12行,文字相同;葉18B5-8行共4行,與文淵閣本葉19A3-6行共4行,文字相同;葉19A及B全部文字,及葉20A1-2行,共18行,與文淵閣本葉18A及B全部文字,及葉19A1-2行,共18行,文字相同。

(二)同,文淵閣本爲"回"字。

"光流"之"剛親"　　　"龍昭"之"牆春"
"當所"之"芳琴"　　　"榮君"之"所親"
"鄉舊"之"故新"　　　"所感"之"清琴"(以下卷上葉18B)
"蒼穹"之"湘津"　　　"西昭"之"長身"

以上八段,遞句退成同(一)文,每段各增詩二十九首,共二百三十二首,合原讀九十六首,總三百二十八首。

(一)同,文淵閣本爲"回"字。

(以下卷上葉18B5行)

新(一)增讀法三之四原讀無詩法,故不録。

自中行退一字成句,以下遞退一句成章。

"南鄭"之"遺身"　　　"佞(二)因"之"舊新"

"遺哀"之"南音"　　　"舊聞"之"佞(三)臣"(以下卷上葉19A)

以上四段,遞句退成回(四)文,每段各增詩三十六首,共一百四十四首。合原讀三百三十六首,總三百八十首。

(一)自"新增讀法三之四"(文溯閣本卷上葉18B5行)至"總三百八十首"(文溯閣本卷上葉19A3行),文淵閣本在葉19A3-6行及葉18A1-3行。

(二)佞,文淵閣本爲"奸"字。

(三)佞,文淵閣本爲"奸"字。

(四)回,文淵閣本同,"囬"的異體字。

"繁(一)華"之"房人"　　　"識知"之"清純"

"浮殊"之"曲秦"　　　"恨昭"之"皇倫"

以上四段,遞句退成回(二)文,每段各增詩一百七首,共四百二十八首。合原讀二百九十六首,總七百二十四首。

(一)自"繁華"(文溯閣本卷上葉19A4行)至"總一百六十八首"(文溯閣本卷上葉20A2行)與文淵閣本葉18A4行至葉19A2行相同。

(二)回,文淵閣本同,"囬"的異體字。

(以下卷上葉19B)

"詩興"之"剛親"　　　"蘇作"之"所親"

"始終"之"清琴"　　　"璣明"之"湘津"

以上四段,遞句退成回(一)文,每段各增詩五十九首,共二百三十六首。合原讀一百三十六首,總三百七十二首。

(一)回,文淵閣本同,"囬"的異體字。

"時盛"之"望純"　　　"辜罪"之"賤人"

"徵流"之"陽春"　　　"微至"之"梁民"

以上四段,遞句退成回(一)文,每段各增詩二(以下卷上葉20A)十八首,共一百一十二首,合原讀五十六首,總一百六十八首。

(一)回,文淵閣本同,"囬"的異體字。

讀法三之五

自角斜退一字成句，以下遞退一句成章。

嗟中君容曜多欽，思傷君夢(一)詩璇心。

氏辭懷(二)感戚知麟，神輕粲散哀春親。

龍昭德(三)懷(四)聖皇人，當所專一志貞純。

(以下卷上葉20B)沙流頹逝異浮沉(五)，鳳離遠(六)曠幽遐神。

詩興感遠(七)殊浮沉(八)，時盛意麗哀遺身。

華英翳曜潛陽林，浮異頹(九)逝流沙麟。

蘇作感興(十)昭恨神，辜罪天離間舊新。

遐阻(十一)曠遠(十二)離鳳麟，精少愁悴(十三)兼加身。

(以下卷上葉21A)圖怨念爲懷(十四)如林，滋謙遠(十五)貞自基津。

西昭景薄榆桑倫，光流電逝推生民。

羅網經涯重淵深，陽潛曜翳英華沉(十六)。

平端宛是何懷(十七)身，傷好水燕桃廊琴。

榮君仁離殊方春，鄉舊眷土懷(十八)王秦。

(以下卷上葉21B)加兼愁悴少精神，苦惟艱生患多殷。

璣明別改知識深，微至嬖女因佞(十九)臣。

淵重涯經網羅林，始終觀曜繁華(二十)殷。

(一)夢，文淵閣本同，"夢"的異體字。

(二)懷，文淵閣本同，"懷"的異體字。

(三)德，文淵閣本爲"徳"字，異體字。

(四)懷，文淵閣本同，"懷"的異體字。

(五)沉，文淵閣本爲"沈"字，古今字。

(六)遠，文淵閣本同，"遠"的異體字。

(七)遠，文淵閣本同，"遠"的異體字。

(八)沉，文淵閣本爲"沈"字，古今字。

(九)頹，文淵閣本爲"頽"字，異體字。

(十)感興，文淵閣本爲"興感"二字。

(十一)阻，文淵閣本爲"幽"字。

(十二)遠，文淵閣本同，"遠"的異體字。

(十三)愁悴，文淵閣本爲"悴愁"二字。

(十四)懷,文淵閣本同,“懷”的異體字。

(十五)遠,文淵閣本同,“遠”的異體字。

(十六)沉,文淵閣本爲“沈”字,古今字。

(十七)懷,文淵閣本同,“懷”的異體字。

(十八)懷,文淵閣本同,“懷”的異體字。

(十九)佞,文淵閣本爲“奸”字。

(二十)觀曜繁華,文淵閣本爲“曜觀華繁”,正。

多患生艱惟苦身,徵流商(一)歌鄭南音。
岑幽巖峻嵯峨深,淵重涯經網羅林。
光流電逝推生民(二)①,滋謙遠(三)貞自基津。
(以下卷上葉22A)陽潛曜翳英華沉(四),西昭景薄榆桑倫。
如懷爲念(五)怨圖心,微至孌女因佞(六)臣。
章榮重華顯妙真,賢惟聖配英華(七)倫。
識知改別明璣心,蘇作感興(八)昭恨神。
氏辭懷(九)感戚知麟,平端寃是何懷(十)身。
(以下卷上葉22B)詩興感遠(十一)殊浮沉(十二),始終曜觀華繁殷。
圖怨念爲懷(十三)如林,璇詩夢(十四)君傷思欽
何如將情纏憂殷,多患生艱惟苦身。
榮君仁離殊方春(十五),加兼愁悴少精神。
傷好水燕桃廊琴,懷(十六)何是寃端平心。
(以下卷上葉23A)鄉舊眷土懷(十七)王秦,繁華觀曜終始心。
詩興感遠(十八)殊浮沉(十九),圖怨念爲懷(二十)如林。
氏辭懷(二十一)感戚知麟,璣明別改知識深。

(一)商,文淵閣本爲“啇”字,正。

(二)林光流電逝推生民,此八字爲雙行小字,文淵閣本同。

(三)遠,文淵閣本同,“遠”的異體字。

(四)沉,文淵閣本爲“沈”字,異體字。

(五)懷,文淵閣本同,“懷”的異體字。

(六)佞,文淵閣本爲“奸”字,正。

① “林光流電逝推生民”,此八字雙行小字,但系正文,而非注文。

(七)華，文淵閣本爲"皇"字，正。

(八)感興，文淵閣本爲"興感"，正。

(九)懐，文淵閣本同，"懷"的異體字。

(十)懐，文淵閣本同，"懷"的異體字。

(十一)逺，文淵閣本同，"遠"的異體字。

(十二)沉，文淵閣本爲"沈"字，異體字。

(十三)懐，文淵閣本同，"懷"的異體字。

(十四)夢，文淵閣本同，"夢"的異體字。

(十五)身榮君仁離殊方春，此八字爲雙行小字，文淵閣本同。

(十六)懐，文淵閣本同，"懷"的異體字。

(十七)懐，文淵閣本同，"懷"的異體字。

(十八)逺，文淵閣本同，"遠"的異體字。

(十九)沉，文溯閣本爲"沈"字，異體字。

(二十)懐，文淵閣本同，"懷"的異體字。

(二十一)懐，文淵閣本同，"懷"的異體字。

蘇作興感昭恨神，平端寃是何懐(一)身

徵流啇(二)歌鄭南音，藏摧悲聲發曲秦。

(以下卷上葉23B)和詠思惟空堂心，蒼穹誓終篤志真。

唐虞聖徳(三)懐(四)智仁，傷慘懐(五)慕增憂心。

妙顯華重榮章臣，賢惟聖配英皇倫。

佞(六)因女孌至微深，所感想忘(七)淫荒心。

堂空惟思詠和音，藏摧悲聲發曲秦(八)。

南鄭歌啇(九)流徵殷，憂增慕懐(十)慘傷仁。

智懐(十一)徳(十二)聖虞唐真，(以下卷上葉24A)嗟中君容曜多欽。

以上一段，得詩五十九首。以下共十六段，讀法俱如上，詳書增讀之內。

右第三圖，共詩三千五百一十八首。

(一)懐，文淵閣本同，"懷"的異體字。

(二)啇，文淵閣本爲"商"，正。

(三)徳，文淵閣本爲"德"，異體字。

（四）懷，文淵閣本同，“懷”的異體字。

（五）懷，文淵閣本同，“懷”的異體字。

（六）佞，文淵閣本爲“奸”字，正。

（七）忘，文淵閣本爲“忩”字，異體字，借用爲“妄”。

（八）音藏摧悲聲發曲秦，此八字爲雙行小字，文淵閣本同。

（九）商，文淵閣本爲“啇”字，正。

（十）懷，文淵閣本同，“懷”的異體字。

（十一）懷，文淵閣本同，“懷”的異體字。

（十二）德，文淵閣本爲“徳”字，異體字。

新增第三圖讀法三之五

“嗟中”之“春親”詩法、讀法俱如上。

“廊桃”之“基津”

“春哀”之“嗟仁”（以下卷上葉24B）

“基自”之“廊琴”

以上四段，遞句退成回(一)文，每段各增詩五十一首，共二百四首。合原讀二百三十六首，總四百四十首。

（一）回，文淵閣本同，“囬”的異體字。

“思傷”之“望純”

“懷(一)何”之“梁民”

“知戚”之“憂心”

“如懷(二)”之“陽春”（以下卷上葉25A）

以上四段，每段各增詩一百九首，共四百三十六首。合原讀二百六十四首，總七百首。

（一）懷，文淵閣本同，“懷”的異體字。

（二）懷，文淵閣本同，“懷”的異體字。

“氏辭”之“霜新”

“圖怨”之“長身”

"璇詩"之"和音"

"平端"之"故新"

以上四段，遞句退成回[一]文，每段各增詩七十一首，共二百八十四首。合原讀一百四首，(以下卷上葉25B)總三百八十八首。

(一)囘，文淵閣本同，"回"的異體字。

"神輕"之"牆春"

"滋謙"之"房人"

"多曜"之"曲秦"

"傷好"之"清純"

以上四段，遞句退成囘[一]文，每段各增詩一十四首，共五十六首。合原讀四十八首，總一百四首。(以下卷上葉26A)

右第三圖，原讀詩三千五百一十八首，增讀詩三千七百八十八首。總七千三百六首[二]。讀法括入後圖中。

(一)囘，文淵閣本同，"回"的異體字。

(二)七千三百六首，文淵閣本爲"七千三百一十六首"。按以三千五百一十八首加三千七百八十八首，計七千三百六首，則文溯閣本爲正。

（以下卷下葉1A）

欽定四庫全書　璇璣圖詩讀法　卷下

明　康萬民　撰

（以下卷下葉1B、2A）

附增第三圖

琴														音														仁
	廊													南													嗟	
		桃												鄭												中		
			燕											歌											君			
				水										商										容				
					好									流									曜					
						傷								徵								多						
							身							殷							欽							
								懷						繁						思								
									何					華					傷									
										是				觀				君										
											怨㈠			曜			夢											
												端		終		詩												
													平	始	璇													
新	舊	聞	離	天	罪	辜	神	恨	昭	感	興	作	蘇	心	璣	明	別	改	知	識	深	微	至	變	女	因	佞㈡	臣
													氏	詩	圖													
												慈㈢		興		怨												
											懷			感			念											
										感				遠				爲										
									戚					殊					懷									
								知						浮						如								
							麟							沉㈣							林							
						神								時								滋						
					輕									盛									謙					
				粲										意										遠				
			散											麗											貞			
		哀												哀												自		
	春													遺													基	
親														身														津

(一)怨,文淵閣本爲“冤”,正。

(二)佞,文淵閣本爲“奸”字,正。

(三)慈,文淵閣本爲“辭”字,正。

(四)沉,文淵閣本爲“沈”字,古體字。

(以下卷下葉2B)

附增第三圖讀法一

自“詩興”起,於中心一句,各頂字倒換,互旋八面(一),分讀七言四句。

詩興感遠(二)殊浮沉(三),始終觀曜繁華(四)殷。

蘇作感興(五)昭恨神,璣明別改知識深。

“詩興”之“識深”讀法具前。“始終”之“恨神”

“璣明”之“浮沉(六)” “蘇作”之“繁殷”

“圖怨”之“知麟” “平端”之“思欽”(以下卷下葉3A)

“璇詩”之“如林” “氏辭”之“懷(七)身”

以上四正四隅,共得詩八首。

(一)面,文淵閣本爲“靣”,異體字。

(二)遠,文淵閣本同,“遠”的異體字。

(三)沉,文淵閣本爲“沈”,古體字。

(四)觀曜繁華,文淵閣本爲“曜觀華繁”。

(五)感興,文淵閣爲“興感”。

(六)沉,文淵閣本爲“沈”,古體字。

(七)懷,文淵閣本同,“懷”的異體字。

“詩興”之“懷(一)身” “氏辭”之“繁殷”

“蘇作”之“思欽” “平端”之“識深”

“始終”之“如林” “璇詩”之“浮沉(二)”

“璣明”之“知麟” “圖怨”之“恨神”

以上八面,左旋讀得詩八首。

(一)懷,文淵閣本同,“懷”的異體字。

(二)沉,文淵閣本爲“沈”,古體字。

"詩興"之"思欽"　　"圖怨"之"繁般"(以下卷下葉3B)

"璣明"之"懷(一)身"　　"璇詩"之"恨神"

"始終"之"知麟"　　"平端"之"浮沉(二)"

"蘇作"之"如林"　　"氏辭"之"識深"

以上八面右旋,讀得詩八首,共二十四首。

(一)懐,文淵閣本同,"懷"的異體字。

(二)沉,文淵閣本爲"沈",古體字。

附增第三圖讀法二

自"詩興"頂字兩分,四正四隅,各倒換互旋,分讀七言四句。

詩興感逺(一)殊浮沉(二),時盛意麗哀遺身。

始終觀曜繁華(三)(以下卷下葉4A)般,徵流商(四)歌鄭南音。

"詩興"之"南音"讀法具前。　　"始終"之"遺身"

"璣明"之"舊新"　　"蘇作"之"佞(五)臣"

以上四正分,讀得詩四首。

(一)逺,文淵閣本同,"遠"的異體字。

(二)沉,文淵閣本同,然該本圖爲"沈"字,則此處不應書"沉"。

(三)觀曜繁華,文淵閣本爲"曜觀華繁"四字,正。

(四)商,文淵閣本爲"商"字,正。

(五)佞,文淵閣本爲"奸"字,正。

"詩興"之"舊聞(一)"　　"蘇作"之"南音"

"始終"之"識深"　　"璣明"之"浮沉(二)"

以上四正左旋,讀得詩四首。

(一)聞,文淵閣本爲"新"字,正。

(二)沉,文淵閣本爲"沈"字,古體字。

"詩興"之"佞(一)臣"　　"璣明"之"南音"(以下卷下葉4B)

"始終"之"舊新"　　"蘇作"之"遺身"

以上四正右旋，讀得詩四首。

(一)佞，文淵閣本爲“奸”字，正。

“璇詩”之“廊琴”　　“平端”之“春親”

“氏辭”之“基津”　　“圖怨”之“嗟仁”

以上四隅左旋，讀得詩四首。

“璇詩”之“基津”　　“圖怨”之“春親”

“氏辭”之“廊琴”　　“平端”之“嗟仁”

以上四隅右旋，讀得詩四首。(以下卷下葉5A)

“詩興”之“廊琴”　　“蘇作”之“嗟仁”

“始終”之“基津”　　“璣明”之“春親”

以上一正間一隅，左旋，讀得詩四首。

“詩興”之“嗟仁”　　“璣明”之“廊琴”

“始終”之“春親”　　“蘇作”之“基津”

以上一正間一隅，右旋，讀得詩四首。

“氏辭”之“南音”　　“平端”之“佞(一)臣”

“璇詩”之“遺身”　　“圖怨”之“舊新”(以下卷下葉5B)

以上一隅間一正，左旋，讀得詩四首。

(一)佞，文淵閣本爲“奸”字，正。

“氏辭”之“佞(一)臣”　　“圖怨”之“南音”

“璇詩”之“舊新”　　“平端”之“遺身”

以上一隅間一正，右旋，讀得詩四首。

(一)佞，文淵閣本爲“奸”字，正。

“詩興”之“春親”　　“氏辭”之“舊聞(一)

"蘇作"之"廊琴"　　　"平端"之"南音"

"始終"之"嗟仁"　　　"璇詩"之"佞[二]臣"

"璣明"之"基津"　　　"圖怨"之"遺身"(以下卷下葉6A)

以上八面[三]左旋,讀得詩八首。

(一)聞,文淵閣本爲"新"字,誤。

(二)佞,文淵閣本爲"奸"字,正。

(三)面,文淵閣本爲"靣"字,異體字。

"詩興"之"基津"　　　"圖怨"之"佞[一]臣"

"璣明"之"嗟仁"　　　"璇詩"之"南音"

"始終"之"廊琴"　　　"平端"之"舊新"

"蘇作"之"春親"　　　"氏辭"之"遺身"

以上八面[二]右旋,讀得詩八首,共五十二首。并前二十四首,總七十六首。

(一)佞,文淵閣本爲"奸"字,正。

(二)面,文淵閣本爲"靣"字,異體字。

附增第三圖讀法三(以下卷下葉6B)

自中行退一字,於八面[一]俱只取一句,顛倒囘[二]文,七言四句。

南鄭歌商[三]流徵殷,廊桃燕水好傷身。

舊聞離天罪辜深[四],春哀散粲輕神麟。

"南鄭"之"神麟"讀法具前。"廊桃"之"時沉[五]"

"舊聞"之"滋林"　　　"春哀"之"徵深"

"遺哀"之"多欽"　　　"基自"之"微殷"

"佞[六]因"之"傷身"　　　"嗟中"之"辜神"

(以下卷下葉7A)以上八面左旋,讀得詩八首。

(一)面,文淵閣本爲"靣"字,異體字。

(二)囘,文淵閣本爲"回"字,異體字。

(三)商,文淵閣本爲"啇"字,正。

(四)深,文淵閣本爲"神"字,誤。

（五）沉，文淵閣本爲“沈”字，古體字。

（六）佞，文淵閣本爲“奸”字，正。

“南鄭”之“滋林”　　“嗟中”之“時沉（一）”

“佞（二）因”之“神麟”　　“基自”之“辜神”

“遺哀”之“傷身”　　“春哀”之“徵殷”

“舊聞”之“多欽”　　“廊桃”之“微（三）深”

以上八面（四）右旋，讀得詩八首。

（一）沉，文淵閣本爲“沈”字，古體字。

（二）佞，文淵閣本爲“奸”字，正。

（三）微，文淵閣本爲“微”字，異體字。

（四）面，文淵閣本爲“靣”字，異體字。

自中行四正面（一）間讀，各取一句，顛倒回（二）文，七言四句。

南鄭歌商（三）流徵殷，舊聞離天罪辜神。

遺哀意麗盛時（以下卷下葉7B）沉（四），佞（五）因女孌至微（六）深。

“南鄭”之“微（七）深”讀法具前。“舊聞”之“徵殷”

“遺哀”之“辜神”　　“佞（八）因”之“時沉（九）”

以上四正左旋，讀得詩四首。

（一）面，文淵閣本爲“靣”字，異體字。

（二）回，文淵閣本同，爲“回”字異體字。

（三）商，文淵閣本爲“啇”字，正。

（四）沉，文淵閣本爲“沈”字，古體字。

（五）佞，文淵閣本爲“奸”字，正。

（六）微，文淵閣本爲“微”字，異體字。

（七）微，文淵閣本爲“微”字，異體字。

（八）佞，文淵閣本爲“奸”字，正。

（九）沉，文淵閣本同，然該本圖爲“沈”字，則此處不應書“沉”字。

“南鄭”之“辜神”　　“佞（一）因”之“徵殷”

“遺哀”之“微（二）深”　　“舊聞”之“時沉（三）”

以上四正右旋，讀得詩四首。

（一）佞，文淵閣本爲“奸”字，正。

（二）微，文淵閣本爲“微”字，異體字。

（三）沉，文淵閣本爲“沈”字，古體字。

自四隅“嗟中”起，如四正讀法。（以下卷下葉8A）

“嗟中”之“滋林”　　“廊桃”之“多欽”

“春哀”之“傷身”　　“基自”之“神麟”

以上四隅左旋，讀得詩四首。

“嗟中”之“傷身”　　“基自”之“多欽”

“春哀”之“滋林”　　“廊桃”之“神麟”

以上四隅右旋，讀得詩四首。

自“南鄭”一正一隅，各間一句，分讀法。

南鄭歌商流徵殷，舊聞離天罪辜神。

廊桃燕水好傷（以下卷下葉8B）身，春哀散粲輕神麟。

“南鄭”之“神麟”讀法具前。“廊桃”之“時沉（一）”

“舊聞”之“滋林”　　“春哀”之“微（二）深”

“遺哀”之“多欽”　　“基自”之“徵殷”

“佞（三）因”之“傷身”　　“嗟中”之“辜神”

以上八面（四），一正一隅，各間一句，左旋，讀得詩八首。

（一）沉，文淵閣本爲“沈”，古體字。

（二）微，文淵閣本爲“微”，異體字。

（三）佞，文淵閣本同，然據文淵閣本《讀法》，應爲“奸”字，則文淵閣本之“佞”爲錯字。

（四）面，文淵閣本爲“靣”，異體字。

“南鄭”之“滋林”　　“嗟中”之“時沉（一）”（以下卷下葉9A）

“佞（二）因”之“神麟”　　“基自”之“辜神”

"遺哀"之"傷身"　　"春哀"之"徵殷"

"舊聞"之"多欽"　　"廊桃"之"微[三]深"

以上一正一隅,各間一句,右旋,讀得詩八首。

(一)沉,文淵閣本爲"沈",古體字。

(二)佞,文淵閣本爲"奸",正。

(三)微,文淵閣本爲"微",異體字。

自"南鄭"只用正面[一]一句,餘用三隅三句,讀七言四句。

南鄭歌商[二]流徵殷,廊桃燕水好傷身。

春哀散粲輕神麟,基自貞遠謙滋林。

"南鄭"之"滋林"讀法具前。"舊聞"之"多欽"(以下卷下葉9B)

"遺哀"之"傷身"　　"佞[三]因"之"神麟"

以上左旋,讀得詩四首。

(一)面,文淵閣本爲"靣"字,異體字。

(二)商,文淵閣本爲"啇"字,正。

(三)佞,文淵閣本爲"奸"字,正。

"南鄭"之"神麟"　　"佞[一]因"之"傷身"

"遺哀"之"多欽"　　"舊聞"之"滋林"

以上右旋,讀得詩四首。

(一)佞,文淵閣本爲"奸"字,正。

自"嗟中[一]"斜行,只用一句,餘用三正面[二]三句,讀七言四句。

"嗟中[三]"之"時沉"

"廊桃"之"微[四]深"(以下卷下葉10A)

"春哀"之"徵殷"

"基自"之"辜神"

以上左旋,讀得詩四首。

(一)中,文淵閣本爲"仁",誤。

(二)面,文淵閣本爲"靣"字,異體字。

(三)中,文淵閣本爲"仁",誤。

(四)微，文淵閣本爲"㣲"，異體字。

"嗟中[一]"之"辜神"

"基自"之"微殷"

"春哀"之"徵深"

"廊桃"之"時沉[二]"

以上右旋，讀得詩四首，共得詩六十四首。

(一)中，文淵閣本爲"仁"，誤。

(二)沉，文淵閣本爲"沈"，古體字。

(以下卷下葉10B)右附增第三圖，共得詩一百四十首。

(以下卷下葉11A空白)

(以下卷下葉11B、12A)

圖四

廊	東	步	堦[一]	西	遊
休	桃	林	陰	翳	桑
翔	飛	燕	巢	雙	鳩
流	泉	清	水	激	揚
長	君	思	悲	好	仇
愁	嘆	發	容	摧	傷

經	離	所	懷[二]	歎	嗟
遐	曠	露[三]	傷	中	情
清	幃	房	君	無	家
華	飾[四]	容	朗	鏡	明
英	曜	珠	光	紛	葩
多	思	感	誰	爲	榮

微	精	感	通	明	神
雲	浮	寄	身	輕	飛
輝	光	飭	粲	殊	文
羣	離	散	妾	孤	遺
悲	哀	聲	殊	乖	分
春	傷	應	翔	雁	歸

滋	愚	讒	浸	頑	凶
蒙	謙	退	休	孝	慈
疑	危	遠	家	和	雍
容	節	敦	貞	淑	思
持	所	貞	記	自	恭
從	是	敬	孝	爲	基

(一)堦,文淵閣本爲"階",異體字。

(二)懐,文淵閣本爲"懷",異體字。

(三)露,文淵閣本爲"路",正。

(四)飾,文淵閣本爲"飭",系"飾"的假借字。

(以下卷下葉12B)

讀法四

自"嗟"字起,反覆讀,亦可分讀。

嗟歎懐[一],所離經。
遐曠路,傷中情。
家無君,房幃清。
華飭[二]容,朗鏡明。
葩紛光,珠曜英。
多思感,誰爲榮。

"嗟歎"之"爲榮"讀法具前。"榮爲"之"歎嗟"

"經離"之"思多"　　"多思"之"離經"

三言十二句,四首。

(一)懐,文淵閣本同,"懷"的異體字。

(二)飭,文淵閣本同,爲"飾"的假借字。

懐[一]歎嗟,所離經。
路曠遐,傷中情。
君無家,房幃清。
容飭[二](以下卷下葉13A)華,朗鏡明。
光紛葩,珠曜英。
感思多,誰爲榮。

"懐[三]歎"之"爲榮"讀法具前。"誰爲"之"歎嗟"

"所離"之"思多"　　"感思"之"離經"

三言十二句,四首。

(一)懐,文淵閣本同,"懷"的異體字。

(二)飭，文淵閣本同，"飾"的假借字。

(三)懐，文淵閣本同，"懷"的異體字。

嗟歎懐[一]，傷中情。
家無君，朗鏡明。
葩紛光，誰爲榮。

"嗟歎"之"爲榮"讀法具前。"榮爲"之"歎嗟"

"經離"之"思多"　　　"多思"之"離經"

三言六句，四首。

(一)懐，文淵閣本同，"懷"的異體字。

(以下卷下葉13B)

懐[一]歎嗟，傷中情。
君無家，朗鏡明。
光紛葩，誰爲榮。

"懐[二]歎"之"爲榮"讀法具前。"誰爲"之"歎嗟"

"所離"之"思多"　　　"感思"之"離經"

三言六句，四首。共一十六首。

(一)懐，文淵閣本同，"懷"的異體字。

(二)懐，文淵閣本同，"懷"的異體字。

"遊西"之"摧傷"

"卤頑"之"爲基"

"神明"之"雁歸"

以上[一]三段，讀法俱同前。

四[二]段，每段各得詩一十六首。(以下卷下葉14A)

右第四圖，共詩六十四首。

(一)以上，文淵閣本無"以上"二字。

(二)"四"字前，文淵閣本有"以上"二字。

新增讀法四

自"嗟"字起，兩分讀；或間一句，羅文互用，分讀作三言；或借一字，作四言；借二字，作五言。如第五圖讀法。

懷(一)歎嗟，傷中情。
君無家，朗鏡明。
光紛葩，誰爲榮。

"懷(二)歎"之"爲榮"讀法具前。"誰爲"之"歎嗟"
"所離"之"思多"　　"感思"之"離經"
三言六句，四首。

(一)懷，文淵閣本同，"懷"的異體字。
(二)懷，文淵閣本同，"懷"的異體字。

(以下卷下葉14B)

嗟歎懷(一)，路曠遐。
家無君，容飾華。
葩紛光，感思多。

"嗟歎"之"思多"讀法具前。"榮爲"之"離經"
"經離"之"爲榮"　　"多思"之"歎嗟"
三言六句，四首。

(一)懷，文淵閣本爲"懷"字。

懷(一)歎嗟，路曠遐。
君無家(二)，容飭華。
光紛葩，感思多。

"懷(三)歎"之"思多"讀法具前。"所離"之"爲榮"
"誰爲"之"離經"　　"感思"之"歎嗟"
三言六句，四首。

(一)懷，文淵閣本同，"懷"的異體字。
(二)君無家，文淵閣本爲"家無君"，誤。
(三)懷，文淵閣本同，"懷"的異體字。

(以下卷下葉15A)

懷(一)所離經，傷路曠遐。
君房幃清，朗容飭華。
光珠曜英，誰感思多。

"懷(二)所"之"思多"　"誰感"之"離經"
"所懷(三)"之"爲榮"　"感誰"之"歎嗟"

右兩分，各借一字互用，分讀四言六句，四首。

(一)懷，文淵閣本同，"懷"的異體字。

(二)懷，文淵閣本同，"懷"的異體字。

(三)懷，文淵閣本同，"懷"的異體字。

懷(一)所離經，路傷中情。
君房幃清，容朗鏡明。
光珠曜英，感誰爲榮。

"懷(二)所"之"爲榮"讀法具前。"誰感"之"歎嗟"（以下卷下葉15B）
"所懷(三)"之"思多"　"感誰"之"離經"

右兩分，各借一字間一句，羅互，分讀四言六句，四首。

(一)懷，文淵閣本同，"懷"的異體字。

(二)懷，文淵閣本同，"懷"的異體字。

(三)懷，文淵閣本同，"懷"的異體字。

歎懷(一)所離經，中傷路曠遐。
無君房幃清，鏡朗容飭華。
紛光珠曜英，爲誰感思多。

"歎懷(二)"之"思多"讀法具前。"爲誰"之"離經"
"離所"之"爲榮"　"思感"之"歎嗟"

右兩分，各借二字互用，分讀五言六句，四首。

(一)懷，文淵閣本同，"懷"的異體字。

(二)懷，文淵閣本同，"懷"的異體字。

（以下卷下葉16A）

歎懷(一)所離經，曠路傷中情。

無君房幃清，飭容朗鏡明。

紛光珠曜英，思感誰爲榮。

“歎懷[二]”之“爲榮”讀法具前。“爲誰”之“歎嗟”

“離所”之“思多”　　“思感”之“離經”

右兩分，各借二字，間一句互用，分讀五言六句，四首。

(一)懷，文淵閣本同，“懷”的異體字。

(二)懷，文淵閣本同，“懷”的異體字。

“階西”之“摧傷”

“浸頑”之“爲基”（以下卷下葉16B）

“通明”之“雁歸”

三段讀法俱同前。

右四段，每段各增詩二十八首。

合原讀六十四首，總一百七十六首。

（以下卷下葉17A空白）

（以下卷下葉17B、18A）圖五

姿	淑	窕	窈	伯	邵	南	周	風	興	自	后	妃
歸	思	廣	河	女	衞	鄭	楚	樊	利[一]	節	中	闈
迤	逶	路	遐	志	詠	歌	長	歎	不	能	奮	飛
碩	其	人	碩	興	齊	商	雙	發	歌	我	兖	衣
蕤	葳	粲	翠	榮	曜	流	華	觀	冶	容	爲	誰
悲	情	我	感	傷	情	徵	宮	羽	同	聲	相	追

禽	心	濱	均	深	身
伯	改	漢	物	日	我
在	者	之	品	潤	乎
誠	惑	步	育	浸	集
故	暱	飄	施	愆	殃
遺	親	飄	生	思	愆
舊	聞	離	天	罪	辜
廢	遠	微	地	積	何
故	離	隔	德[二]	怨	因
君	殊	喬	貴	其	備
子	我	木	平	根	嘗
惟	同	誰	均	難	苦
新	衾	陰	匀	尋	辛

形	熒	城	榮	明	庭
未	猶	傾	苟	難	闈
在	炎	在	不	受	亂
愼	盛	戒	義	消	作
深	興	后	姬	源	人
慮	漸	孽	班	禍	讒
微	至	嬖	女	因	奸
察	大	趙	婕	所	佞
遠[三]	伐	氏	好	恃	凶
禍	用	飛	辭	恣	害
在	昭	燕	輦	極	我
防	青	實	漢	驕	忠
萌	青	生	成	盈	貞

馳	若	然	倏	逝	惟	時	年	殊	白	日	西	移
虧	不	盈	無	倏	必	盛	有	衰	無	日	不	陂
離	忠	體	一	違	心	意	志	殊	憤	激	何	施
儀	容	仰	俯	榮	華	麗	飭	身	將	與	誰	爲
貲	何	情	憂	感	惟	哀	志	節	上	通	神	祇
辭	成	者	作	體	下	遺	葑	菲	採	者	無	差

(一)利,《讀法》及文淵閣本爲"厲"字。

(二)德,文淵閣本爲"德",異體字。

(三)逺,文淵閣本同,"遠"的異體字。

(以下卷下葉18B)

讀法五

自中行各借一字,互用,分讀四言成句,亦可六言,左右分讀法。

邵南周風,興自后妃。
衞鄭楚樊,厲節中闈。
詠歌長歎,不能奮飛。
齊商雙發,歌我衮衣。
曜流華觀,冶容爲誰。
情徵宮羽,同聲相追。

"邵南"之"相追"讀法具前。"情徵"之"后妃"
"周南"之"情悲"　"宮徵"之"淑姿"
(以下卷下葉19A)四言十二句,四首。

周風興自后妃,楚樊厲節中闈。
長歎不能奮飛,雙發歌我衮衣。
華觀冶容爲誰,宮羽同聲相追。

"周風"之"相追"讀法具前。　"宮羽"之"后妃"
"邵伯"之"情悲"　"情傷"之"淑姿"
六言六句,四首。

周風興自后妃,邵伯窈窕淑姿。
楚樊厲節中闈,衞女河廣思歸。
長歎不能奮飛,詠志遐路逶迤。
雙發歌(以下卷下葉19B)我衮衣,齊興碩人其頎。
華觀冶容爲誰,曜榮翠粲葳蕤。
宮羽同聲相追,情傷感我情悲。

"周風"之"情悲"讀法具前。　"情傷"之"后妃"
"邵伯"之"相追"　"宮羽"之"淑姿"
六言十二句，四首。

邵伯窈窕淑姿，周風興自后妃。
楚樊厲節中闈，衛女河廣思歸。
詠志遐路逶迤，長歎不能奮飛。
雙發歌我袞衣，齊興碩人其頎。
曜榮翠粲葳蕤，華觀冶容(以下卷下葉20A)爲誰。
宮羽同聲相追，情傷感我情悲。

"邵伯"之"情悲"讀法具前。　"情傷"之"淑姿"
"周風"之"相追"　"宮羽"之"后妃"
六言十二句，四首。

"惟時"之"成辭"
"奸佞"之"防萌"
"何辜"之"惟新"
三段讀法俱同前。(以下卷下葉20B)
以上四段，每段各得詩十六首。
右第五圖，共詩六十四首。

新增讀法五

各取兩邊四字成句，或兩分，或間隔一句，羅互，爲四言、六言分讀法。

興自后妃，厲節中闈。
不能奮飛，歌我袞衣。
冶容爲誰，同聲相追。

"興自"之"相追"讀法具前。　"同聲"之"后妃"(以下卷下葉21A)
"窈窕"之"情悲"　"感我"之"淑姿"
四言六句，四首。

興自后妃，窈窕淑姿。
厲節中闈，河廣思歸。
不能奮飛，遐路逶迤。
歌我衮衣，碩人其頎。
冶容爲誰，翠粲葳蕤。
同聲相追，感我情悲。

"興自"之"情悲"讀法具前。 "同聲"之"淑姿"
"窈窕"之"相追" "感我"之"后妃"
四言十二句，四首。

（以下卷下葉21B）

興自后妃，窈窕淑姿。
河廣思歸，厲節中闈。
不能奮飛，遐路逶迤。
碩人其頎，歌我衮衣。
冶容爲誰，翠粲葳蕤。
感我情悲，同聲相追。

"興自"之"相追"讀法具前。 "感我"之"淑姿"
"同聲"之"后妃" "窈窕"之"情悲"
四言十二句，四首。

興自后妃，河廣思歸。
不能奮飛，碩人其頎。
冶容爲誰，感我情悲。（以下卷下葉22A）

"興自"之"情悲"讀法具前。 "同聲"之"淑姿"
"窈窕"之"相追" "感我"之"后妃"
兩邊分讀，左右遞退，四言六句，四首。

周風興自后妃，衞女河廣思歸。
長歎不能奮飛，齊興碩人其頎，
華觀冶容爲誰，情傷感我情悲。

“周風”之“情悲”讀法具前。　“宮羽”之“淑姿”

“邵伯”之“相追”　“情傷”之“后妃”

兩邊分讀，左右遞退，六言六句，四首。

（以下卷下葉22B）

“白日”之“成辭”

“作亂[一]”之“防萌”

“集乎”之“惟新”

三段讀法俱同前。

（一）亂，文淵閣本爲“辭”字，誤。

以上四段，每段各增詩二十首，共八十首。合原讀六十四首，總一百四十四首。

（以下卷下葉23A空白）

（以下卷下葉23B、24A）圖六

												藻	文	繁	虎	龍												
												榮	曜	華	彫	旍												
												麗	壯	觀	飾	容												
												充	顏	曜	綉	衣												
								章	時	桑	詩						仁	顏	貞	寒								
								徽	盛	翳	風						賢	散[一]	物	歲								
								恨	昭	感	興						別	改	知	識								
								微	業	孟	鹿						行	華	終	凋								
								位[二]	傾	宣	鳴						士	容	始	松								
												日	往	感	年	衰[三]												
												思	憂	遠	勞	情												
												慕	歲	殊	歎	時												
												世	異	浮	奇	傾												

(一)散,文淵閣本爲"喪"字,正。

(二)伭,文淵閣本爲"玄"字,皆爲避康熙皇帝玄燁名諱用字。

(三)衺,文淵閣本爲"哀"字,正。

(以下卷下葉24B)

讀法六

自"寒歲"五言反覆讀。

寒歲識凋松,貞物知終始。
顏衺改華容,仁賢别行士。

"寒歲"之"行士"讀法具前。"士行"之"歲寒"
"松凋"之"賢仁" "仁賢"之"凋松"
五言四句,四首。

寒歲識凋松,始終知物貞。
顏衺改華容,士行别賢仁。

"寒歲"之"賢仁"讀法具前。"仁賢"之"歲寒"(以下卷下葉25A)
"松凋"之"行士" "士行"之"凋松"
五言四句,四首。

"詩風"之"微伭(一)"
一段,讀法俱同前。
以上二段,每段各得詩八首。

(一)伭,文淵閣本爲"玄"字,皆系避康熙皇帝名諱用字。

龍虎繁文藻,榮曜華彫旍。
容飭觀壯麗,充顏曜綉衣。

"龍虎"之"綉衣"讀法具前。"衣綉"之"虎龍"
五言四句,二首。

(以下卷下葉25B)

藻文繁虎龍,榮曜華彫旍。

麗壯觀飭容，充顏曜綉衣。

“藻文”之“綉衣”讀法具前。　　“充顏”之“虎龍”

五言四句，二首。

“衰[一]年”之“竒[二]傾”

一段，讀法俱同前。

以上二段，每段各得詩四首。

右第六圖，共詩二十四首。

(一)衰，文淵閣本爲“哀”字，正。

(二)竒，文淵閣本同，“奇”字的異體。

新增讀法六(以下卷下葉26A)

自“寒歲”，五言從外讀入，從内讀出。

寒歲識凋松，仁賢别行士。

顏喪[一]改華容，貞物知終始。

“寒歲”之“終始”讀法具前。　　“仁賢”之“華容”

“松凋”之“物貞”　　“士行”之“喪[二]顏”

從外讀入，五言四句，四首。

(一)喪，文淵閣本爲“喪”，異體字。

(二)喪，文淵閣本爲“喪”，異體字。

貞物知始終，顏喪[一]改華容。

仁賢别行士，寒歲識凋松。

“貞物”之“凋松”讀法具前。　　“顏喪[二]”之“行士”

“始終”之“歲寒”　　“容華”之“賢仁”(以下卷下葉26B)

從内讀出，五言四句，四首。

(一)喪，文淵閣本爲“喪”，異體字。

(二)喪，文淵閣本爲“喪”，異體字。

“詩風”之“孟[一]宣”

一段，讀法俱同前。

以上二段，每段各增詩八首。

(一)孟，文淵閣本爲"孔"字，誤。

龍虎繁文藻，旂彫華曜榮。
容飭觀壯麗，衣綉曜顔充。

五言四句，一首。

藻文繁虎龍，充顔曜綉衣。
麗壯觀飭容，榮曜華彫旂。

"藻文"之"彫旂"讀法具前。 "充顔"之"飭容"(以下卷下葉27A)
從外讀入，五言四句，二首。

榮曜華彫旂，麗壯觀飭容。
充顔曜綉衣，藻文繁虎龍。

"榮曜"之"虎龍"讀法具前。 "麗壯"之"綉衣"
從內讀出，五言四句，二首。

"衰(一)年"之"異世"
一段，讀法俱同前。

以上二段，每段各增詩五首，共二十六首。合原讀二十四首，總五十首。

(一)衰，文淵閣本爲"哀"字，正。

（以下卷下葉27B、28A）圖七

懷	憂	是	嬰						寧	自	感	思
思	何	漫	漫						孜	孜	傷	情
苦	艱	是	丁						側	君	在	時
我	生	何	寃						夢	想	勞	形
				端	無	終	始	詩				
				比				情				
				作				明				
				麗				顯				
				辭	理	興	義	怨				
悼	思	傷	懷						念	是	舊	愆
歎	永	感	悲						誰	爲	獨	居
戚	戚	情	哀						賤	女	懷	歎
知	我	者	誰						鄙	賤	何	如

（以下卷下葉28B）

讀法七

自"思感"四言反覆讀，中段四言，亦可作五言。

思感自寧，孜孜傷情。

時在君側，夢[一]想勞形。

"思感"之"勞形"讀法具前。　　　"形勞"之"感思"

四言四句，二首。

（一）夢，文淵閣本爲"夢"字，異體字。

寧自感思，孜孜傷情。

側君在時，夢[一]想勞形。

"寧自"之"勞形"讀法具前。　　　"夢[二]想"之"感思"

四言四句，二首。

（一）夢，文淵閣本爲"夢"字，異體字。

(二)夢,文淵閣本爲"夢"字,異體字。

(以下卷下葉29A)

"愆舊"之"何如"

"嬰是"之"何寃"

"懷傷"之"者誰"

三段讀法俱同前。

以上四段,每段各得詩四首,共一十六首。

詩情明顯,怨義興理。
辭麗(一)作比,端無終始。

"詩情"之"終始"讀法具前。 "始終"之"情詩"

"辭麗"之"興理" "理興(二)"之"麗辭"(以下卷下葉29B)

"情明"之"始詩" "麗作"之"理辭"

"無終"之"比端" "義興"之"顯怨"

"顯明"之"義怨" "比作"之"無端"

四言四句,十首。

(一)辭麗,文淵閣本爲"麗辭"二字,誤。

(二)理興,文淵閣本爲"興理"二字,誤。

詩情明顯怨,怨義興理辭。
辭麗作比端,端無終始詩。

"詩情"之"始詩" "詩始"之"情詩"

"辭麗"之"理辭" "辭理"之"麗辭"

"端比"之"無端" "怨顯"之"義怨"(以下卷下葉30A)

"端無"之"比端" "怨義"之"顯怨"

五言四句,八首。

以上一段,得詩一十八首。

右第七圖,共詩三十四首。通共得詩三千七百五十二首。

新增讀法七

自"寧自"作四言，從外讀入，從內讀出，又於中央空方四方，一段回環，互搭讀。

（以下卷下葉30B）

寧自感思，夢(一)想勞形。
側君在時，孜孜傷情。

"寧自"之"傷情"讀法具前。　"夢(二)想"之"在時"

從外讀入，四言四句，二首。

(一)夢，文淵閣本同，"夢"的異體字。

(二)夢，文淵閣本同，"夢"的異體字。

孜孜傷情，側君在時。
夢(一)想勞形，寧自感思。

"孜孜"之"感思"讀法具前。　"側君"之"勞形"

從內讀出，四言四句，二首。

(一)夢，文淵閣本同，"夢"的異體字。

孜孜傷情，寧自感思。
夢(一)想勞形，側君在時。

"孜孜"之"在時"讀法具前。　"側君"之"傷情"（以下卷下葉31A）

從下句間遞讀，四言四句，二首。

(一)夢，文淵閣本同，"夢"的異體字。

"念是"之"獨居"

"懷(一)憂"之"漫漫"

"悼思"之"感悲"

三段讀法俱同前。

以上四段，每段各增詩六首，共二十四首。

(一)懷，文淵閣本同，"懷"的異體字。

詩情明顯，辭麗(一)作比。端無終始，怨義興理。

理與義怨，比作麗辭。始終無端，顯明情詩。(以下卷下葉31B)

端無終始，怨義興理。詩情明顯，辭麗(二)作比。

比作麗辭，詩情明顯。理與義怨，始終無端。

辭麗作比，怨義興理。詩情明顯，端無終始。

始終無端，顯明情詩。理與義怨，比作麗辭。

怨義興理，端無終始。詩情明顯，辭麗作比。

比作麗辭，始終無端。顯明情詩，理與義怨。

右中央空心一方，四言四句，八首。

(一)辭麗，文淵閣本爲"麗辭"二字，誤。

(二)辭麗，文淵閣本爲"麗辭"二字，誤。

以上五段，共增詩三十二首。合原讀三十四(以下卷下葉32A)首，總六十六首。

右七圖，并附增一圖，共八圖，新增詩四千二百六首。合原讀三千七百五十二首，共七千九百五十八首。

(以下卷下葉32B)

璇璣圖詩讀法卷下

文溯閣本《易圖說》校勘研究

清朝乾隆年間編撰成的大型叢書《四庫全書》，當時共鈔成七份，分儲清宮、圓明園、承德避暑山莊、瀋陽故宮、揚州、鎮江、杭州。經過200多年風雨，僅有三部半倖存於世。上世紀80年代以來，學者日益重視該書的學術和社會價值，譽其爲"傳統文化之總匯，古代典籍之淵藪"，而興起了研究和影印的熱潮。如今，收藏於蘭州的文溯閣本，是唯一尚未公開出版的一分存世四庫全書鈔本。爲了正確評估文溯閣本四庫全書的文獻版本價值，我們在文溯閣四部書中各選一種，與文淵閣本進行對勘，勘校出許多文字差異及內容不同，發現其價值絕不在文淵閣本之下。本文即以《易圖說》[①]爲例，刊佈其校勘記並加以評述。

一

《易圖說》是宋代學者吳仁傑撰著的一部演繹古周易卦象爲圖，以明其旨的易經研究專著。吳仁傑[②]，字斗南，一字南英，號蠹隱，洛陽(今河南洛陽東)人，寓居昆山，故多稱其爲昆山人。吳氏博洽經史，尤精漢史，曾講學于朱熹之門。淳熙五年(1178年)進士，官羅田縣令，自刊《兩漢刊誤補遺》十卷。歷任國子學錄、四明通守。慶元二年

① 該書收入甘肅省圖書館編輯《影印文溯閣四庫全書四種》，上海古籍出版社，2003年。

② 吳仁傑，《宋史》無傳，其生平事蹟陳述主要參考《宋史》、《宋會要輯稿》，文淵閣本四庫全書《兩漢刊誤補遺·書前提要》，文淵閣本四庫全書《離騷草木疏·跋》，以及李裕民《四庫提要訂誤》(書目文獻出版社，1990年，第3頁)。

(1196年),任主管戶部架閣文字點檢試卷[1]。六年囑方燦刊其《離騷草木疏》四卷。此外,吳氏還撰有《古周易》十二卷,《集古易》一卷,《尙書洪範辨圖》一卷,《禘祫綿蕞書》三卷,《樂舞新書》二卷,《廟制罪言》二卷,《郊祀贅說》二卷,《鹽石論》丙丁兩卷、《漢通鑒》、《陶靖節先生年譜》等。[2]

《易圖說》爲輔助《古周易》而作。該書謂六十四正卦爲伏羲所作,故其書首列八純卦各變八卦之圖;謂卦外六爻及六十四覆卦爲周文王所作,故其書列一卦變六十四卦圖,及六爻皆變則占對卦、皆不變則占覆卦圖;又謂《序卦》爲伏羲所作,《雜卦》爲文王所作,今之爻辭當爲《繫辭》傳,今之《繫辭》傳當爲《說卦》傳。其說頗新奇,與先儒之說迥異,在易學研究史上獨樹一幟,後世對此毀譽不一。

文溯閣本《易圖說》草綠色絹面包背裝,通高32公分,闊20.5公分,版高22.5公分,半葉版闊15.5公分,一冊三卷,朱絲欄。封面左側偏上簽框中書題爲"欽定四庫全書/經部/易圖說卷一至三"15字。正文葉1A[3]版框內上方居中鈐12.8×12.8公分"文溯閣寶"朱印,正文末頁(卷三葉18B)版框內上方居中鈐5×5公分"乾隆御覽之寶"朱印。書內含館臣所書"提要"兩葉,康熙丙辰(1676年)納蘭成德(字容若)撰《易圖說序》兩葉,"卷一"八葉,"卷二"二十一葉,"卷三"十八葉,總計五十一葉。每半葉八行,滿行二十一字,雙行小字夾註,注文滿行二十一字。

據文溯閣本該書書前提要所署,本書於乾隆四十七年(1782年)十月鈔校奉上。查文淵閣本該書著錄爲乾隆四十年五月鈔校畢,本書鈔校遲後七年半。再查此次校勘之文溯閣本史部《長安志圖》,子部《墨法集要》,集部《璇璣圖詩讀法》,分別鈔進於乾隆四十七年十一月、乾隆四十六年十一月、乾隆四十七年十月,可知,文溯閣本四庫全書的鈔校時間比較集中,甚至是倉促的。據《纂修四庫全書檔案》記載,乾隆帝曾要求第二分四庫全書,即文溯閣四庫全書,"限以一年完竣。"永瑢於乾隆四十七年十一月二十八日上摺,報告"第二份應繕各書,業經

① 【清】徐松輯:《宋會要輯稿》選舉二二之一三,中華書局,1957年。

② 據《宋史·藝文志》,卷202、203、204、205,中華書局,1977年。

③ A、B分別指每葉的正面和反面。

全數呈覽”。[1]則此四種書的鈔校畢日期正好處於該部書鈔校的一年期內。

二

以下謹按照文溯閣本《易圖說》順序，對照文淵閣本《易圖說》的圖文，進行校勘，撰述校勘記於下。因原文爲手寫繁體字，故本文完全使用繁體字或原用異體字。

（一）文溯閣本文字卦圖正確，而文淵閣本訛誤者6處。如《提要》葉1A2[2]行爲“《易圖說》/易類”，A3行“提要”，文淵閣本爲A2行“提要/易類”，A3行“《易圖說》”。參四庫其他書目《提要》可知，文淵閣本誤。卷一葉7A4行，第1字“夬”，文淵閣本爲“犬”字。此處“乾下兑上”當爲《夬》卦，文溯閣本正。卷二葉15B1行中倒字“上爻姤䷫”，“姤”字，通志堂經解本《易圖說》同，文淵閣本爲“渙”字。此處是《大過》“䷛”卦上爻變其他爻不變而得“䷫”，“䷫”“巽下乾上”爲《姤》卦，文淵閣本作“渙”，誤。卷三葉5B1行，“大過”，“大”字，文淵閣本爲“太”字，誤。卷三葉14B8行，“得土而成”，“得”字，通志堂本同，文淵閣本爲“待”字。查古經學著作，有“得土而成”之説，亦有“待土而成”之説，只用字不同而已。然而本書卷三葉13B8行有“東坡云，五行蓋交相成也，水、火、木、金得土而成。”文淵閣本亦用“得”字。不應隔一葉就改用“待”字。故文淵閣本爲誤。

（二）文溯閣本文字卦圖訛誤，而文淵閣本正確者23處。如卷一葉2A8行，“䷦蹇”，文淵閣本爲“䷦蹇”，查《周易》第三十九卦《蹇》卦艮下坎上，爲“䷦”，文溯閣本誤。卷一葉4A6行，“六爻皆不變而以覆者占者一卦”，“覆者”，文淵閣本、通志堂本爲“覆卦”，似正。卷一葉6B6行，“坤下巽上豫”，“坤下巽上”，文淵閣本、通志堂本爲“坤下震上”。查《周易》《豫》卦“坤下震上”，文溯閣本誤。卷一葉6B7行，“震下坤上觀”，“震下坤上”，文淵閣本、通志堂本爲“坤下巽上”。查《周易》《觀》

① 中國第一歷史檔案館編《纂修四庫全書檔案》，上海古籍出版社，1997年，第1688頁。

② 爲省篇幅，以下凡標明葉數或行數的數碼字皆用阿拉伯數字。

卦"坤下巽上"，文溯閣本誤。卷一葉6B8行，"巽下震上復"，"巽下震上"，文淵閣本作"震下坤上"，查《周易》《復》卦"震下坤上"，文溯閣本誤。卷一葉7A6行，"䷳"，文淵閣本作"䷲"，此處《艮》《震》兩卦互爲覆卦，文溯閣本誤。卷二葉2A1行，"君子非禮勿履"，"勿"字，文淵閣本爲"弗"字。《周易》第三十四卦《大壯雷天大壯震上乾下》有"君子以非禮弗履。"則弗字爲正。卷二葉4A7行，"六爻皆倒覆之，易爲覆卦"，"易"字，文淵閣本、通志堂爲"是"字。依卷二葉4B2行，"六爻皆變七爲乾是爲正卦"，B5行"六爻皆變八爲坤是爲之卦"判斷，當以"是"字爲確，文溯閣本誤。卷二葉7A6行，"其繇與今易文全遇"，"遇"字，文淵閣本爲"異"字，正。卷二葉7B8行，"以震水坤土爲說"，"以震"，文淵閣本爲"車坎"。查《國語》卷十《晉語四》，晉公子重耳在秦，"公子親筮之，曰：'尚有晉國。'得貞屯、悔豫，皆八也。筮史占之，皆曰：'不吉。閉而不通，爻無爲也。'司空季子曰：'吉。是在《周易》，皆利建侯。不有晉國，以輔王室，安能建侯？我命筮曰尚有晉國，筮告我曰利建侯。得國之務也，吉孰大焉！震，車也；坎，水也；坤，土也；屯，厚也；豫，樂也。車班外內，順以訓之，泉原以資之，土厚而樂其實。不有晉國，何以當之？……"[①]又《周易》各卦之象徵，此處是取"震爲車"，"坎爲水""坤爲土"之意，故當是"以震車坎水坤土爲說"，文溯閣本誤。卷二葉8B8行，"[卦圖]坎覆卦"，"[卦圖]"，文淵閣本爲"[卦圖]"，此處爲坎卦，文溯閣本誤。卷二葉9A8行，"與兑見巽伏羲同"，"羲"，文淵閣本、通志堂本爲"義"，正。卷二葉10B3行，"皆遇六"，"六"字，文淵閣本爲"九"字。在《周易》中，老陽爲"九"，老陰爲"六"，少陽爲"七"，少陰爲"八"，"九""六"爲可變之數，此處"老陽變少陰"，故當爲"皆遇九老陽變少陰"。文溯閣本誤。卷二葉10B6行，"蒙臨觀頤坎晉明夷蹇萃解"，"萃解"二字，文淵閣本爲"解萃"，依《周易》"解"爲第四十，"萃"爲第四十五，則以文淵閣本爲正。卷二葉15A，五個卦圖皆爲[卦圖]，而文淵閣本則上爲[卦圖]，中間自右至左三卦圖分别爲[卦圖] [卦圖] [卦圖]，最下之卦圖爲[卦圖]。依其卦名論，文淵閣本諸卦圖皆正確，文溯閣本諸卦圖皆誤。卷二葉15A，下方

① 《國語》卷10《晉語四》，上海古籍出版社，1978年，第2册，第362頁。

有倒"初二三四五六"字，"六"字，文淵閣本爲"上"字，《周易》中，別卦六爻的爻位名從下向上，分別爲"初二三四五上"，故此處當以"上"爲妥，文溯閣本誤。卷二葉18A，中間居中"䷒"，文淵閣本、通志堂本爲"䷻"，此處是"本卦屯""䷂"二爻變其他爻不變而得"節""䷻"卦，文溯閣本誤。卷二葉18B2行偏上，"四爻之剝"，"四"字，文淵閣本爲"二"字，此處"四爻之剝"右有文字"初爻之損"，左有文字"三爻之蠱"，故"四爻之剝"之"四"當爲"二"，文溯閣本誤。卷二葉20B7行，"初與上二與四三與四相爲覆卦"，"二與四"，文淵閣本爲"二與五"。依文章上下文，根據本葉反面5–6行"屯之二與蒙之五爲覆，蒙之二亦與屯之五爲覆，屯之三與蒙之四爲然，蒙之三與屯之四亦莫不然"判斷，"二與五三與四"相爲覆卦。文溯閣本誤。卷三葉1B5行，"革䷩"，文淵閣本爲"睽䷥"。此處屬"四爻相應者二十四卦"之列，又是以"舊說初與四二與五應三與上應者"。文溯閣本"䷩"，其初與四、二與五、三與上皆爲陰陽相應，是"六爻皆應者"，不屬"四爻相應者"，故文溯閣本"䷩"爲誤。又6行有"鼎""革"兩卦互爲覆卦且滿足"四爻相應者"，故文溯閣本第五行倒"革"字亦誤。考倒"革"字下有"家人"兩字，而"家人""䷤"卦與"睽"卦互爲覆卦，且滿足舊說"四爻相應者"，故文淵閣本正確。卷三葉2B3行，"噬嗑"兩字上有"䷚"，文淵閣本爲"䷔"，查"噬嗑"卦"震下離上"爲"䷔"，文溯閣本誤。卷三葉4B6行，"今說不同"，文淵閣本作"今說亦然"。查其上文有"舊說兩爻四爻應者各二十四卦、六爻皆應若無應者各八卦"，細考"今說"，"今說"亦滿足"兩爻四爻應者各二十四卦、六爻皆應若無應者各八卦"，完全與"舊說"相同，故此處應是"今說亦然"。又查其下文爲"但所取之卦不同耳"，"但"表轉折，表明"今說"只是各爻對應"所取之卦"的方式與"舊說"不同，轉折之後意爲"不同"，則轉折之前意當相同，亦可推出此處爲"今說亦然"。故文溯閣本誤。卷三葉10B7行，"一卦卦爲者七"，文淵閣本、通志堂本爲"一卦爲占者七"，似正。

（三）文淵閣本正確，而文溯閣本圖片文字應倒未倒者2處。《易圖說》中有一些圖，其文字往往用全倒字或側倒字。卷三葉2A1行，正"否"字，文淵閣本爲倒"否"字，正。卷三葉2A2行，正"既濟"二字，文淵閣本爲倒"既濟"，正。

（四）文溯閣本正確，文淵閣本文字圖片缺脱的3處。書首《提要》之後有康熙丙辰二月納蘭成德（容若）所撰《易圖説序》，凡463字。文淵閣本無此序。卷一葉6A8行，"䷜"上有一倒"坎"字及雙行倒"坎上坎下"四小字。文淵閣本、通志堂本缺佚。卷一葉6A8行，"䷝"上有一倒"離"字及雙行倒"離上離下"四小字。文淵閣本、通志堂本缺佚。

（五）文溯閣本衍文或脱文，文淵閣本正確的6處。卷一葉3B8行"五爻變者六卦"，葉4A1行又有此6字，重復。卷二葉5B5行，首"爻"，文淵閣本無，文溯閣本系誤衍"爻"字而又誤寫爲爻。卷二葉6A2行，"案此得卦爲爲坤不言坤者"，"爲爲"，文淵閣本、通志堂本皆僅一"爲"，文溯閣本衍一"爲"字。卷二葉6A7行，小字"以屯卦通此卦"，"屯"字後，文淵閣本增"本"字，此處，6行有"本卦屯"三字，《屯》爲本卦，7行有"覆卦蒙"三字，《蒙》卦爲《屯》覆卦，故此處當爲"以屯本卦通此卦"，文溯閣本佚一"本"字。卷三葉15B2行，"土無成數，而《洛書》之數四十有五，成數十"，"五"，文淵閣本、通志堂本"五"字後有"土"字。考該書卷三葉13B8行至葉14A3行有："水火木金得土而成，故一得五而成六，二得五而成七，三得五而成八，四得五而成九，土得水之一、火之二、木之三、金之四而成十"，即土成數十。再聯繫"成數十"之上下文，判斷此處原文當爲"土無成數，而洛書之數四十有五，土成數十，而河圖之數五十有五者"，故文溯閣本缺佚一字。文淵閣本書末有端平丙申（1236年），吳人何元壽刊後跋語170字，文溯閣本無。

（六）文溯閣本與文淵閣本分别用異體字、古今字、通用字，兩者皆可的69處。卷一葉1A2行，"説"，文淵閣本爲"説"，異體字。同樣以"説"爲"説"的還有卷二葉1A2行、卷三葉1A2行、卷三葉4A1行、卷三葉4A2行、卷三葉4B3行、卷三葉4B4行、卷三葉4B6行、卷三葉14B5行，計9例。卷二葉2B4行，4個"陰"字，文淵閣本爲"隂"，異體字。同樣以"陰"爲"隂"字的還有卷二葉2B5行2字、卷二葉2B6行、卷二葉2B7行2字、卷二葉2B8行2字、卷二葉3A4行2字、卷二葉10B1行、卷二葉10B3行2字、卷二葉10B5行、卷二葉10B8行、卷二葉11A3行、卷二葉11A5行、卷二葉11A7行、卷二葉12A7行、卷二葉12A8行2字、卷二葉12B1行、卷二葉12B2行、卷二葉12B3行2字、卷二葉12B8行、卷二葉13A1行、卷三葉5A6行、卷三葉10B4行、卷三葉14B4行，計33例。《提要》葉1A2行，“圖”，文淵閣本爲“圗”，異體字。同樣以“圖”爲“圗”的還有《提要》葉1A4行、《提要》葉1A6行、《提要》葉1A7行、《提要》葉1B1行、《提要》葉1B3行、《提要》葉1B4行、卷三葉12A1行，計8例。卷一葉8A5行，“頤”，文淵閣本爲“頥”字，系“頤”字異體字。卷三葉15A7行，“葢”，文淵閣本爲“蓋”，異體字。同樣以“葢”爲“蓋”的還有卷二葉19A4行、卷三葉10A6行、卷三葉13B8行，計4例。卷二葉7A1行，“葢”，文淵閣本爲“蓋”。同樣以“葢”爲“蓋”的還有卷三葉17A4行、卷三葉18B7行，計3例。《提要》葉2A1行，“偹”，文淵閣本爲“備”，異體字。卷二葉6B4行，“《歸藏》”，“藏”，文淵閣本爲“蔵”，異體字。卷二葉19B6行，“澤之潤木之悅”，“悅”，文淵閣本爲“恱”，異體字。卷二葉11B7行，“注疏既通乾坤之策”，“疏”，文淵閣本爲“踈”，異體字。卷二葉12A5行，“覆卦總一卦之爻”，“總”，文淵閣本爲“緫”，異體字。卷二葉21A2行，“當更攷之”，“攷”，文淵閣本爲“考”字，異體字。卷二葉21A2行，“前輩因蔡墨之說”，“輩”，文淵閣本爲“軰”字，異體字。卷一葉1A3行，“吳仁傑撰”，“吳”，文淵閣本爲“吴”，異體字。同樣以“吳”爲“吴”的還有卷三葉1A3行，計2例。卷三葉1A6行，“隨”，文淵閣本爲“随”，俗體字。卷三葉12B7-8行，“與《河圖》相發明”，“明”，文淵閣本爲“眀”，異體字。

（七）文字不同，但含義相同或相近，兩者皆可者3處。如卷二葉3A5行，“鄭氏”，文淵閣本、通志堂本爲“鄭夬”。《經義考》卷十九“吳仁傑曰，鄭夬以序卦爲文王六十四卦，雜卦爲伏羲六十四卦，其說非是。”鄭夬亦可稱鄭氏，故兩本皆可。卷二葉4A2行，“今之用易者”，“用”字，文淵閣本爲“言”字，二者皆可。卷二葉19A1-2行，“而第七爻亦通爲覆卦者也”，“通”字後，文淵閣本、通志堂本增“兩卦”二字，皆可。

（八）文字相同或不同，都是錯誤的2處。卷二葉3B5行，“[illegible]三方三洲，三部三家”，“[illegible]”，文淵閣本同。考太玄卦，分三贊，由三贊四次組合而構成一首（相當於“卦”），共81首。四重贊名從上至下依次爲：方、州、部、家。此處是“三方三洲，三部三家”，當爲“𝍖”，兩本皆誤。

卷三葉11A3-4行,"黄鍾、大吕、南吕、姑洗、應鍾、蕤賓謂之七始",文淵閣本及通志堂本同,言七始,卻僅有六,似缺一。《隋書·音樂志》鄭譯答蘇夔曰:"周有七音之律,《漢書·律曆志》天地人及四時謂之七始,黄鍾爲天始,林鍾爲地始,太蔟爲人始,是爲三始。姑洗爲春,蕤賓爲夏,南吕爲秋,應鍾爲冬,是爲四時。四時三始,是以爲七。"[①]則兩種四庫本及通志堂本皆缺一。

三

上列以文溯閣本《易圖説》與文淵閣本對校結果,表明二者文字卦圖及格式等方面存在114處差異。具體講,除有兩本用異體字的69處,兩本文圖不同但皆可者3處,兩本文圖皆誤者2處以外,文溯閣本誤而文淵閣本正確者29處,文淵閣本誤而文溯閣本正確者11處。可以看出,文淵閣本《易圖説》的鈔寫校勘品質略高於文溯閣本。學界流傳現存3部半四庫全書中,文淵本的鈔寫校勘品質最好。現在看來,此説法並非定論。雖然文溯閣本《易圖説》的校勘品質不如文淵閣本,但筆者所校其他3種文溯閣本書中,有兩種(《長安志圖》《墨法集要》)文淵閣本的錯誤率較高,有一種(《璇璣圖詩讀法》)文溯閣本的錯誤率較高。必須説明,當初甘肅省圖選擇仿真影印文溯閣四庫全書的庫本時,主要是從"書寫優美,文圖並茂"[②]著眼,並未對其文字進行校勘。由此可見,從隨機抽取的文溯閣本書與文淵閣本書的認真校勘結果可以看出,兩閣書的鈔寫與校勘品質雖然存在每本書的個體差異,但從全書看,則各有優劣、差距不大。通過對兩閣《易圖説》進行校勘,糾正各本中的錯誤與紕漏,達到兩閣本子互正的目的,提高四庫本古籍書的文獻價值,終將嘉惠學林。

文溯閣本與文淵閣本《易圖説》最大的差異是前者書首有納蘭成德463字《序》,後者無;後者書末有宋端平丙申(1236年)吴人何元壽

① 《隋書》卷14《音樂志》,中華書局,1973年,第346-347頁。

② 甘肅省圖書館編輯《影印文溯閣四庫全書四種》(上海古籍出版社,2003年)隨書附《〈四庫全書〉簡介》一紙文字。

刊後跋語170字，前者無。此事牽涉到四庫館時的一樁學術公案。

原來，康熙間著名學者徐乾學着力搜集唐宋元人的經解著作一百餘種，並加以校勘整理，《易圖說》即在其中。徐氏康熙九年爲一甲三名進士，授編修，十一年爲順天鄉試副考官，兵部尚書明珠之子納蘭成德[①]爲取中舉人，徐氏遂成爲納蘭成德之座師。多年來，納蘭成德有意搜集唐宋以來諸家解經之作，並商請學友秦松齡、朱彝尊協助求購，雖間有所得，但版本較差，成效甚微。納蘭成德稱："間以啓于座主徐先生，先生乃盡出其藏本示余小子曰：是吾三十年心力所擇取而校訂者。余且喜且愕，求之先生，鈔得一百四十種，自《子夏易傳》外，唐人之書僅二三種，其餘皆宋元諸儒所撰述，而明人所著間存一二。請捐資，經始與同志雕版行世。"[②]有了徐乾學校訂過的140種經解著作，有的換成他自己和友朋搜集的更好的本子，納蘭成德對其進行校勘，撰寫了71種經解的64篇序跋，將諸書分爲《易》、《書》、《詩》、《春秋》、《三禮》、《孝經》、《論語》、《孟子》、《四書》九類，捐資鳩工，於康熙十九年刊刻成書，名《通志堂經解》。其中就包括《易圖說》。乾隆五十年（1785年）初，四庫全書館進呈補刊《通志堂經解》一書，前有納蘭成德所作之序。乾隆皇帝言"朕閱成德所作序文，係康熙十二年。計其時成德年方幼稚，何以即能淹通經術?"遂命軍機處查實，軍機大臣奏曰："成德於康熙十一年壬子科中式舉人，年十五歲。是年順天鄉試，副考官系徐乾學。十二年癸丑科中式進士，年十六歲。十五年丙辰科殿試改用侍衛，改名性德。"[③]據軍機大臣奏，編刊並爲《通志堂經解》撰序時成德僅十六歲，乾隆帝認爲，成德年幼學力不足，不可能編出這種碩儒才能編出之叢書，遂斷定，是順天鄉試副考官徐乾學爲阿附明珠而將納蘭成德取爲舉人，又中式進士，且將自己裒輯之《通志堂經解》，令成德出

---

① 納蘭成德，字容若，滿洲正黄旗人，康熙十四年進士。以避皇太子允礽名諱，改名納蘭性德。頗受康熙帝賞識，授其三等侍衛，再遷至一等侍衛，賦乾清門應制詩，譯御製《松賦》，稱旨。並嘗奉使塞外宣撫、受款。三十一歲卒。傳見《清史稿》卷484《文苑傳一》，中華書局，1998年，第13361頁。

②納蘭成德《通志堂經解·序》，康熙十九年刻本。

③中國第一歷史檔案館編《纂修四庫全書檔案》，上海古籍出版社，1997年，第1871頁，乾隆五十年二月二十八日《軍機大臣奏遵旨查明成德履歷情形並擬寫諭旨進呈片》。

名刊刻，以邀名譽。遂於二月二十九日下諭，稱："夫徐乾學、成德二人，品行本無足取。而是書薈萃諸家，典贍賅博，實足以表章六經。朕不以人廢言，故命館臣將版片之漫漶斷闕者補刊齊全，訂正訛謬，以臻完善，嘉惠儒林。但徐乾學之阿附權門，成德之濫竊文譽，則不可不抉其隱微，剖悉原委，俾定論昭然，以示天下後世。着將此旨錄載書首。"①乾隆皇帝所作推斷，存在着證據錯誤的問題。事實上，此處關於納蘭成德生平記載有誤，據徐乾學《通議大夫一等侍衛進士納蘭君墓誌銘》、姜宸英《通議大夫一等侍衛進士納蘭君墓表》可知：成德生於順治十一年，康熙十一年壬子科舉人，時年十八歲；明年參加康熙十二年癸丑科會試，時年十九歲。越三年廷對成進士已在康熙十五年丙辰，時年二十二歲，病故於康熙二十四年乙丑五月三十日，終年三十一歲。又成德中式進士時間，查鄂爾泰等修《八旗通志（初集）》卷一百二十五《選舉表一·進士》載："康熙十五年丙辰科""成德，滿洲。補殿試，改名性德，仕至一等侍衛。"②又查王鐘翰點校《清史列傳》卷七十一載："（性德）康熙十五年進士"③。《清史稿·文苑一》載成德"康熙十四年成進士，年十六。"有誤。納蘭成德所撰《通志堂經解總序》署爲康熙十五年，其時成德編成此書時爲二十二歲，並非"幼稚"。一位"數歲即習騎射，稍長工文翰"④的青年才子來說，在師長和朋友的幫助下，編成一部經學叢書並非不可能。其二，成德所出之納蘭氏，實即葉赫那拉氏，當年與皇族愛新覺羅氏有仇。乾隆皇帝的聖旨，不僅刊于武英殿版《通志堂經解》書首，亦鈔入四庫書中凡從《通志堂經解》中選用書的書首，並刪削各書中所有納蘭性德的序，難逃借文字報復之嫌。

據《四庫全書總目》卷三提要所標，四庫諸閣《易圖說》的底本爲

---

① 文淵閣本經部《合訂刪補大易集義粹言》書首，又《纂修四庫全書檔案》第1094件《諭內閣〈通志堂經解〉系徐乾學裒輯成德出名刊刻》，上海古籍出版社，1997年，第1872頁。

② 鄂爾泰等修《八旗通志（初集）》卷135《選舉表一·進士》載："康熙十五年丙辰科""成德，滿洲。補殿試，改名性德，仕至一等侍衛。"（東北師範大學出版社，1985年，第3400頁。）

③ 王鐘翰點校《清史列傳》卷71："（性德）康熙十五年進士"。（中華書局，1987年，第5808頁。）

④《清史稿》卷484《文苑傳一性德傳》，中華書局，1998年，第13361頁。

"兩江總督采進本"。[①]查《四庫采進書目》,兩江總督第一次進呈書目有"《易圖說》(三卷)宋吳仁傑著,一本"[②]。並未標明其爲何版本。考乾隆三十八年(1773年)四庫開館後,兩江總督高晉奏摺中稱:"欽奉上諭,以崑山徐氏之傳是樓素有藏書,命臣實力購覓。當查該宦傳是樓雖於雍正十二年不戒於火,遺籍無存,然徐氏所藏,豈無流播人間書籍?……茲據上元縣知縣曾曰琇覓得已故尚書徐乾學所刻唐宋以來經學各書,共一百三十八種,計一千七百九十卷,呈送前來……今欽奉特旨,纂輯四庫全書,以經學之書爲第一庫,則此書有裨經學,似亦足備采擇"[③]。若依《四庫提要》所標,則四庫全書《易圖說》所據底本,即此次高晉所獻徐乾學所刻經學各書[④]。前引納蘭性德《通志堂經解總序》言,系從徐乾學處"鈔得一百四十種",則徐氏原書尚存。或者說,兩江總督所獻"徐乾學所刻唐宋以來經學各書",並非《通志堂經解》之刻本。內之《易圖說》當有宋何元壽之跋,而無納蘭成德之《序》。此特徵,正與文淵閣本《易圖說》情況相同,因此可以肯定,文淵閣本《易圖說》確實正如《總目》提要所言,系以"兩江總督采進本"爲底本鈔寫的。《通志堂經解》本之《易圖說》,前有納蘭成德康熙丙辰(十五年)二月《吳氏易圖說序》,後有宋何元壽端平丙申四月既望的《跋》。文溯閣本《易圖說》中有納蘭性德的《序》,則其所依當非無《序》之徐乾學本,而是據《通志堂經解》本。但該本因何刪漏何元壽《跋》,則難以揣測。

① 《四庫全書總目》,中華書局,1965年,第14頁。

② 吳慰祖校訂《四庫采進書目》第36頁,中華書局,1960年。

③ 中國第一歷史檔案館編《纂修四庫全書檔案》,上海古籍出版社,1997年,第136頁所收乾隆三十八年六月二十八日《兩江總督高晉奏覓得徐乾學所刻經學各書開單呈覽摺》。

④徐乾學刻《通志堂經解》,江蘇古籍出版社2002年。

文溯閣本《長安志圖》校勘研究

歷經200多年風雨而倖存的三部半《四庫全書》鈔本，是我國古代文化的瑰寶，在文獻學上也有無可比擬的價值。其中收藏于臺北的文淵閣本於1986年由臺灣商務印書館影印出版，化一爲萬，使學界如沐甘霖，推動了四庫學的大發展。2005年商務印書館影印出版收藏於國家圖書館的文津閣本。2006年杭州出版社影印出版補鈔齊全的收藏于杭州的文瀾閣本。國家指定收藏於蘭州九州臺藏書樓的文溯閣本,是唯一尚未公開出版的存世四庫全書鈔本。爲了正確評估文溯閣本四庫全書的文獻版本價值，我們從文溯閣中選出史部《長安志圖》[1]一書，與文淵閣本進行對勘，勘校出許多文字差異、內容不同及缺文互補，判定兩者出自不同底本，其文獻版本價值很高。本文即刊佈其校勘記並加以論評。

一

文溯閣本《長安志圖》紅色絹面包背裝，一冊上中下三卷。書冊通高32公分，闊20.5公分,版高22.5公分,闊15.5公分。封面左側偏上書簽題"欽定四庫全書/史部/長安志圖/上至下卷"。總計八十一葉。有館臣所書"提要"三葉；至正二年秋九月朔李好文撰《長安志圖原序》二葉；卷上十八葉，包括目錄一葉、圖十一葉半、文五葉半；卷中二十七葉，包括目錄一葉、圖五葉、圖志雜說一十八篇二十一葉；卷下三十五葉，包括目錄一葉、圖二葉、圖說因革制度則例屯田利病總論六篇三十

① 該書收入甘肅省圖書館編輯《影印文溯閣四庫全書四種》，上海古籍出版社，2003年。

二葉。每圖占一葉，僅卷上《城市制度圖》占半葉。圖之方位一般爲上南下北左西右東，也有與其相反者。內頁朱絲欄，每半葉8行，滿行二十一字，雙行小字夾註，注文滿行二十一字。

《長安志圖》爲元代學者李好文撰。李好文，字惟中，大名路東明縣（今山東東明縣境）人，元代最重要的史學家之一。英宗至治元年（1321年）進士，先後任大名路浚州判官、翰林國史院編修、國子助教、太常博士、國子博士、國子監丞、監察御史、河南浙東兩道廉訪司事、國子祭酒、陝西行臺治書侍御史、河東道廉訪使、同知太常禮儀院事、禮部尚書、治事侍御史、翰林侍講學士兼國子祭酒、太常禮儀院使、翰林學士承旨諸職。參與撰修遼、金、宋三《史》，撰有《太常集禮》、《端本堂經訓要義》、《大寶錄》、《大寶高抬貴手》諸書。

至正元年至二年、至正四年李好文兩任陝西行臺治書侍御史[①]。在《長安志圖原序》中，作者述其著書之發端及情況。言他初赴任，"由潼關而西至長安，所過山川城邑，或遇古跡必加詢訪。嘗因暇日出至近甸，望南山，觀曲江，北至故漢城，臨渭水而歸。數十里中，舉目蕭然，瓦礫蔽野，荒基壞堞，莫可得究。稽諸地志，徒見其名，終亦不敢質其所處。因求昔所見之圖，久乃得之。於是取志所載宮室、池苑、城郭、市井，曲折方向，皆可指識瞭然，千百世全盛之跡如身履而目接之。"於是他根據舊有長安地區古跡圖，"與同志較其訛駮，更爲補訂，釐爲七圖。又以漢之三輔及今奉元所治，古今沿革廢置不同，名勝古跡，不止乎是，涇渠之利，澤被千世，是皆不可遺者，悉附入之，總爲圖二十有二，名之曰《長安志圖》。"[②]四庫本《長安志圖提要》稱："此書蓋再任陝西時作也。"[③]判定《長安志圖》撰成於至正四年，所斷當有誤。查李好文《長安志圖原序》署爲"至正二年秋九月"。一般學者自著書的序文多是在書完成或接近完成時撰寫，如果李好文是至正四年才寫作該書，他不應該在兩年前就先寫好序文。而書中所附陝西諸道行御史臺監察御史樵隱必申達而所撰《涇渠圖序》亦署爲"至正二年冬十

① 《元史》卷183《李好文傳》，中華書局，1976年，第4216–4217頁。

② 文溯閣本《長安志圖》卷首《長安志圖原序》。

③ 文溯閣本《長安志圖·提要》葉1A。

月”，該序稱：“甫至，聞前祭酒李公惟中，今爲行御史臺治書侍御史，每以撫字爲念，嘗刻涇水爲圖，集古今渠堰興壞廢置始末，與其法禁條例、田賦名數、民庶利病，合爲一書，名之曰《涇渠圖說》，索而讀之，信乎其有裨於治也！”[①]可見此序寫作時，至少書的卷下部分已經鎸版。李好文求得必申達而《序》後，又將其補刻於卷下部分之前。另外，書中所錄地方錢糧資料，止於“至正二年實辦糧草數”[②]。看來，《長安志圖》定當撰成於至正三年(1343年)初以前。

《長安志圖》是長安及其周圍地區宮闕、陵寢、名勝及涇渠沿革制度的一部地理類著作，是中國都城史和農業灌溉史的重要文獻。全書共分上中下三卷。卷上收圖12幅[③]，包括《漢三輔圖》、《奉元城圖》、《太華圖》、《漢故長安城圖》、《唐禁苑圖》、《唐大明宮圖》、《唐宮城圖》、《唐城市制度圖》、《城南名勝古跡圖》、《唐驪山宮圖》上中下，諸圖直觀地標明漢唐至元代長安地區宮闕、陵寢、墓葬、寺廟、城池、名勝等的情況，並以文字說明其始建、沿革、四至、碑銘、事蹟等，對研究古都長安的歷史風物有極爲重要的價值。卷中收圖5幅，包括《咸陽古跡圖》、《唐昭陵圖》上下、《唐建陵圖》、《唐乾陵圖》。諸圖詳繪其城邑、宮室、廟觀、墓葬、原池、村寨、池囿等，其《昭陵圖說/諸陵附》中，首錄宋游師雄《昭陵圖記》的全部文字，次錄宋游師雄、趙楷《高宗乾陵圖記》，且錄入參加高宗葬禮而立石像於陵前的六十一位首領中尚能辨識的三十九位首領的國名、官銜及其姓名，爲我們保留了元代所見諸碑的文字狀況，極爲寶貴。其《圖志雜說》分別詳細論說了龍首山、北斗城、小兒原、村名、漢瓦、長陽、樊川、杜陵、前代陵冢、火餘碑、試官石、關中碑刻、圖志、水磨賦等關中名勝古跡典故的來龍去脈，其補遺考證了長安城的興廢及秦先君陵寢所在，補充了地方誌的闕佚。如果說該書前兩卷有裨於考古博聞，卷下則是專注于民生的篇什。自古關中被稱爲天府，蓋因有鄭國渠和白渠的修建，諸渠千百年間經精心維護，長期發揮作用。卷下收圖2幅，即《涇渠總圖》、《富平石川溉田圖》，詳細繪出諸

①《長安志圖》卷下葉1B，民國20年長安縣誌局刊印，四庫本缺載該序。

② 文溯閣本《長安志圖》卷下葉26。

③ 畢沅校本《長安志圖》卷上增《奉元州縣圖》、《唐皇城圖》，與四庫本不同。

渠的走向、閘斗、支分，沿境村屯、城池、管理機構位置等。其後是關於涇渠因革制度及利弊等的六篇論說，總標以《涇渠圖說》之名。內《渠堰因革》分別考述了鄭国渠、六輔渠、白公渠、豐利渠的因革，以及宋、元對諸渠維修添建及其灌溉的狀況。《洪堰制度》則專門闡述了在渠上所修石堰、斗門、退水槽等設施的過程及用工等。《用水則例》着重討論了諸渠如何放水分水及處罰違規官吏及農民的辦法。《設立屯田》著錄了自蒙古窩闊台汗十二年(1240年)設三白渠使興修關中水利，至元十一年設立河渠營田使司開始屯田，以後在關中的屯田情況、機構及官吏設置、屯田處所、戶地農器、耕牛數量，及至正元年、二年的糧草數字。《建言利病》載元至正間監察御史宋秉亮對涇渠疏通和加強管理建議的上疏，且附當地人楊景道論涇水澆灌管理辦法的意見。《涇渠總論》論涇渠之功與弊，提出解決涇渠之弊的辦法。卷下關于涇渠灌溉系統利病的討論，對關中農田水利建設以及社會民生有著十分重要的意義。

二

我們按照文溯閣本《長安志圖》順序，對照文淵閣本《長安志圖》的圖文，進行校勘，《提要》且以《四庫全書總目》〔以下簡稱《總目》〕及《金毓黼手定本文溯閣四庫全書提要》〔以下簡稱《金本》〕校勘，內文且以民國20年長安縣誌局刊印畢沅校正本《長安志圖》〔以下簡稱“畢沅校正本”〕校勘，發現文溯閣本與文淵閣本《長安志圖》存在423處文字或其他差異。因原文爲手寫繁體字，故校文亦以繁體字或異體字撰成。

(一)《提要》的文字差異

在編纂《四庫全書》過程中，四庫館臣每校定一部書，都在卷首寫一篇提要，論述該書的作者、內容、宗旨、流傳情況及爭論問題等。總纂官紀昀、陸錫熊等將收入《四庫全書》及存目各書提要彙集起來，加以綜合、刪改、補充，按照四部分類法予以編排，撰成《四庫全書總目》(又稱《四庫全書總目提要》)一書。同時，各庫《四庫全書》各書卷首仍然有提要。所謂“今於所列諸書，各撰爲提要，分之則散弁諸編，合之則共爲總目。"[①]學者將分别收藏於文淵閣等七閣《四庫全書》的每一種書卷首之提要,稱爲"書前提要"、"庫本提要"、"卷首提要"或"原本提要"。《文溯閣四庫全書提要》是指文溯閣《四庫全書》各書卷首之提要。

文溯閣本《長安志圖》書前提要與文淵閣本提要及《四庫全書總目》之提要相校勘,有6處文字互異。其中,有1處文溯閣本正而文淵閣本誤者。葉1B2行,"遷河東道廉訪使","使"字,《總目》同,文淵閣本作"史"。有1處兩者皆可者。葉2A1-2行,"總爲圖二十有二","爲"字,《總目》同,文淵閣本爲"序"字。有2處可能因爲體制原因而文溯閣本比文淵閣本缺字者。葉1A1行,"史部",文淵閣本爲"史部十一"。葉1A2行,"地理類",文淵閣本"類"字後增"七"字。有2處的差異恐系四庫館官員加工潤色所致。葉1A7-8行,"更爲補訂者如漢之三輔及元奉元所屬者附入","者如"二字,《總目》及文淵閣本皆作"又以"。葉2B2行,"《千頃堂書目》載此編作《長安圖記》",《總目》下增"於本書爲合"五字。按,《總目》所謂"於本書爲合",系指書名乎,抑或內容乎?不得而知。且《長安志圖》在《千頃堂書目》中稱《長安圖記》,二者不合[②]。二者內容,更難以比較,《總目》稱《千頃堂書目》"傳寫多訛,不盡可據。"則二者內容亦不盡合。故《總目》此說爲誤。

著名文獻學家金毓黼先生1933年擔任奉天圖書館副館長時,組織人員以廣東刊本《四庫總目》爲底本,以其與文溯閣各書提要對照,增削改定,輯成《文溯閣四庫全書提要》一書[③],於1935年由遼海書社排印出版。1999年中華全國圖書館文獻縮微複製中心將此書定名爲《金毓黼手定本文溯閣四庫全書提要》影印出版130部。我們將其與文溯閣《長安志圖》書前提要進行勘校,僅發現一處不同,即葉1A2行,"地理類","類"字後,《金本》增"七"字,或許系其所用底本廣東刊本《四庫總目》原文如此,校改者未曾刪削。

(二)闕文互補

以《長安志圖》文溯閣本與文淵閣本相校勘,兩本都有多處闕文。

① 《欽定四庫全書卷首·凡例》,見《四庫全書總目》,中華書局,1965年,第17頁。

② 清盧文弨《補遼金元史藝文志》卷1著錄爲《長安圖記》,與《千頃堂書目》之書名合。

③ 《靜晤室日記》卷71,遼沈書社1993年,第3024頁。

闕文形成的原因可能有三，一鈔校者粗心，二所據底本文字不同，三底本原來就有殘蠹。現存《長安志圖》的各種版本皆有闕文。對底本原有之闕文，四庫兩本標示闕文的方法並不相同，文溯閣本在闕文處空若干白格，表示所闕字數，且在第一個空格之右上角書一"闕"字，文淵閣本則在闕文處空若干格，小字書寫"原闕十三字"或"原闕五字"等。我們在校勘過程中發現，兩本的闕文並不是完全相同的，有文溯閣本闕而文淵閣本不闕的，有文淵閣本闕而文溯閣本不闕的。如此，四庫全書的二閣本子可以互補部分闕文。

其中，文溯閣本可補文淵閣本文字缺佚的23處。如卷上葉1A3行，"元李好文撰"，文淵閣本佚此五字。卷上葉1B3行，"唐城市制圖"，文淵閣本佚"圖"字。卷上葉10A1行，圖名"城市制度圖"，文淵閣本佚"圖"字。卷中葉1A"目錄"3行，"元李好文撰"，文淵閣本無此五字。卷中葉1A"目錄"5行，"唐昭陵圖上"，文淵閣本無"上"字。卷中葉1A"目錄"6行，"唐昭陵圖下"，文淵閣本無此五字。卷中葉10A6–7行小字夾註，"昆陵都護阿史那彌則一"，"一"字，文淵閣本無"一"字。卷中葉21A2行小字夾註，"而唐碑尤盛云"，文淵閣本無"云"字。卷中葉21A4行小字夾註，"今唯儒生駱天驤嘗錄石刻一編"，"今"字，文淵閣本無。卷下葉1A目錄3行，"元李好文撰"，文淵閣本無此五字。卷下葉1B4行，"涇渠總論"，文淵閣本爲"總論"二字。查兩種本子之卷下文字標題皆爲"涇渠總論"，則文溯閣本爲正。卷下葉11A2行，"本朝至大元年"，文淵閣本無"本朝"二字。卷下葉11A3行，"開石渠五十一丈，今用之"，"今用之"三字，文淵閣本缺佚。卷下葉11A7行小字夾註，"皆先開一十二萬三千一百七十九工四分"，"皆"字，文淵閣本無。卷下葉13B3–4行小字夾註，"每個用椽木共四十八條"，"木共"二字，文淵閣本爲"兩缺"。卷下葉13B8行小字夾註，"每囤用索一條，長二丈，每條用麻二斤。連囤索"，文淵閣本缺佚此十八字，上下文義遂發生錯誤。卷下葉16A7行小字夾註，"北邊通利斗一"，"利"字，文淵閣本爲"缺"字。似其所據底本原爲缺字。卷下葉16A8行小字夾註，"北邊任公斗十"，"十"字，文淵閣本缺佚。卷下葉18A5行小字夾註，"按，今當下流閘下石渠岸裏"，"按"字，文淵閣本無此字。卷下葉23A4行，

"遂准奏","遂"字,文淵閣本佚此字。卷下葉23A5-6行,"充宣差措三白渠使,直隸朝廷","直隸朝廷"四字,文淵閣本缺佚。卷下葉29A6行,"離新開石渠五百五十步,退水槽近上三十餘步","五百五十步",文淵閣本缺"步"字,卻在"五十"二字後書"原闕六字"。文溯閣本可補文淵閣本之缺。卷下葉32B1行小字夾註,"並行而不相悖者也",文淵閣本佚一"相"字。

文淵閣本可補文溯閣文字奪脫的28處。卷上葉1B1行,"唐大明宮圖"下,文淵閣本增"東內苑附"四小字。卷上葉1B7行,"唐驪山宮圖下"頁末,文淵閣本增"長安志圖卷上目録"八字。卷上葉2A"漢三輔圖"中,中部右側"隃"字,文淵閣本爲"隃縣"二字。卷上葉6A1-2行,"遷都龍首川","川"字後,文淵閣本有小字注"《通鑒》作龍首山"。 卷上葉6A4行,"城制南爲斗形", "爲"字後,文淵閣本後有"南"字,正。卷上葉6A4行,"十二城門,街",文淵閣本爲"十二城門,八街",當正。卷上葉9A1行,"唐宮城圖"內圖上側爲宮城橫牆,自右往左畫有四個大小不一的城門,文溯閣本僅右起第二門書爲"安禮門",右起第三門書爲"□□門",其他兩門未書名。文淵閣本四門全部書寫其名,右起第一門爲"玄德門",第二門爲"安禮門",第三門爲"玄武門",第四門爲 "嘉猷門"。卷上葉10A"城市制度圖"第三層,中間下"平□署",缺佚一字,文淵閣本爲"平準署"。卷上葉14A5-6行,"至大四年改奉路","奉"字後,文淵閣本增"元"字,正。卷中葉2A"咸陽古跡圖",右下"唐柳",文淵閣本爲"唐柳堤",增一"堤"字。卷中葉2A"咸陽古跡圖",下"秦馬廄"之下繪有一池,無名,文淵閣本池下方框內書"林皇九井"四字池名。卷中葉6B"唐高宗乾陵圖",正中兩坐獅之間空白處,文淵閣本有"石獅二各高一丈二尺" 九字。卷中葉10B1行小字夾註,"十姓可汗阿史那元","元"字後,文淵閣本有"慶"字。卷中葉16A1行,"但所以製之之意","但"字後,文淵閣本增"不知"二字,似正。卷中葉26A5行,"德公、宣成公葬陽","宣"字後,文淵閣本增一"公"字。春秋時秦國君主有宣公、成公,則文淵閣本爲正。卷下葉2B《涇渠總圖》左中"駱駝",文淵閣本爲"駱駝灣"三字,增一"灣"字。卷下葉2B《涇渠總圖》右下,自右而左"唐渠□起水十二斗",文淵閣本爲

"唐渠下起水十二斗",增一"下"字。卷下葉2B《涇渠總圖》右下,"廣□屯",文淵閣本爲"廣備屯",增一"備"字。卷下葉2B《涇渠總圖》右下,"□洪渡",文淵閣本爲"流洪渡",增一"流"字。卷下葉3《富平縣境石川溉田圖》最下方,文淵閣本有"櫟陽縣境"、"三原縣境"諸字,文溯閣本缺佚。卷下葉10A2–3行,"比大木覆"後爲"闕"字,下接"溝水入於涇"意爲中間有缺文。文淵閣本爲"比大木覆其上溝水入于涇",文淵閣本可補文溯閣本缺文。卷下葉12A6行小字夾註,"石泉渠,溉田十八里","里"字後,文淵閣本增"原闕十六字"五字。卷下葉14A5行小字夾註,"後稱空地者此",文淵閣本"者"字後增"放"(倣)字。卷下葉14A8行,"中曰中白渠,南白渠","南"字前,文淵閣本爲"南曰"二字,正。卷下葉16A2行小字夾註,"曲渠下、曲渠上斗","下"字後,文淵閣本增一"斗"字,正。卷下葉16A6行小字夾註,"北邊廣濟斗、馬家斗、通遠、六宅","通遠"、"六宅"後,文淵閣本皆增"斗"字,正。卷下葉18A4–5行小字夾註,"違者罪罰","罰"字後,文淵閣本增一"之"字。卷下葉23A4行,"修成渠堰","修"字前,文淵閣本增一"如"字。

(三)文字和圖片正訛

文溯閣本與文淵閣本各自存在一些文字和圖片訛誤,也有互正關係。

文溯閣本文字正確,而文淵閣本訛誤者57處。如《原序》葉1A3行,"分郊畫畿","畿"字,文淵閣本爲"幾"字,誤。《原序》葉2B2–3行,"將適古今之源流","源"字,文淵閣本爲"宜"字,誤。卷中葉4"唐昭陵圖下",葉面折頁處左側第一方框內書"寶國寺",文淵閣本爲"寶林寺",查《長安志》卷十,應爲寶國寺,文淵閣本誤。卷中葉7B4行,"與夫刻蕃酋之形","蕃"字,文淵閣本爲"番"字,誤。卷中葉8A8行,"貞觀中擒伏歸和者","和"字,文淵閣本爲"順"字,游師雄《昭陵圖記》[①]爲"和"字,文溯閣本爲正。卷中葉8B7行,"焉耆王龍突騎支","焉"字,文淵閣本爲"馬"字,游師雄《昭陵圖記》爲"焉"字,文淵閣本誤。卷中葉9A4行小字夾註,"斧鐵申威",文淵閣本爲"斧鉞伸威",查宋游師雄

① 《金石粹編》卷141,葉1B面,中國書店1985年影印本,第4冊。

《題六駿碑》爲"斧鐵申威"。卷中葉10A4行小字夾註,"故左武衛將軍兼雙司","司"字,文淵閣本爲"可"字。卷中葉15A4行,"雖塵壤漬蝕","漬"字,文淵閣本爲"潰"字。卷中葉17A7行,"又並其子讀書之所也","並"字,文淵閣本爲"送"字,誤。卷中葉17B1行,"西河將軍之山林也","河"字,文淵閣本爲"何"字,誤。卷中葉18A7行小字夾註,"豈以後爲博陵所葬","爲"字,文淵閣本爲"葬",誤。卷中葉18B7行,"設爲當時帝王之陵","爲"字,文淵閣本爲"謂",誤。卷中葉19B7行小字夾註,"谷山常有雲氣","山"字,文淵閣本爲"上"字,"谷上"義不通,似以"谷山"(即山谷和山上)爲是。卷中葉19B8行小字夾註,"張建有《石子坡賦》","子"字,文淵閣本爲"字"字。卷中葉21A6行小字夾註,"得無有志於斯乎","於斯乎"三字,文淵閣本爲"乎云爾"。後者"云爾"純屬累贅。卷中葉21B1–2行,"或與古跡顯然相戾者","古"字,文淵閣本爲"故"字。古跡不可稱爲故跡,"故"字誤。卷中葉22A5行,"其牆二里許","牆"字後,文淵閣本增一"約"字,與後"許"字含義重複,不當。卷中葉23B2行,"消息斡運","運"字,文淵閣本爲"連"字。卷中葉24A8–B1行,"充牣旨美","牣"字,文淵閣本爲"物"字。按"牣",牛肥意,當以文溯閣本爲是。卷中葉25A5行小字夾註,"終南曉望蹋龍尾","蹋"字,文淵閣本爲"踏"字。查《韓昌黎全集》卷五《酬司門盧四兄雲夫院長望秋作》[①]中爲"蹋",則文溯閣本爲正。卷中葉25B8行,"夫武氏之威,震嚇一時","嚇"字,文淵閣本爲"赫"。卷中葉26B2行小字夾註,"則此里名恐亦與城相近",文淵閣本爲"凡以里名者恐亦有相近者"。文溯閣本文義清楚,文淵閣本句難以讀通,似誤。卷下葉4B3行小字夾註,"不得鄭國之漑灌者也","漑灌",文淵閣本爲"灌漑",《史記》、《漢書》皆用"漑灌"而不用"灌漑",如《漢書·息夫躬傳》(中華書局,1962年,第2182頁)"躬又言:'秦開鄭國渠以富國強兵,今爲京師,土地肥饒,可度地勢水泉,廣漑灌之利。'"故文淵閣本誤。卷下葉4B3行小字夾註,"更開六道小渠","開"字,文淵閣本爲"辟"。卷下葉5A3行小字夾註,"涇塞下行","下"字,文淵閣本爲

① 《韓昌黎全集》卷5,中國書店1991年影印本,第80頁。

"不"。聯繫上文文字環境,"下行"指涇水無法流入地勢高的鄭國渠,只好順涇河河道向下流,故以文溯閣本爲正。卷下葉5A3–4行小字夾註,"今自渠口上去谷口五里","自"字,文淵閣本爲"白",誤。卷下葉5B5行小字夾註,"其文附後","附後"二字,文淵閣本爲"略曰"。按《長安圖志》以下爲該碑全文,故用"附後"爲正。卷下葉6A2行,"可自仲山傍鑿石渠","傍"字,文淵閣本爲"旁"。傍字有依山勢之義,爲正。卷下葉8A4行,"則無修堰之弊,而利慱且久","慱"字,文淵閣本爲"溥","溥"爲廣大、普遍之義,不如"慱"之含義貼切。卷下葉10B4行,"其南石尾相沖而下四十尺","沖"字,文淵閣本爲"衜"。卷下葉12A4行小字夾註,"舊時南境北限白渠","限"字,文淵閣本爲"引"。卷下葉12A5行小字夾註,"其名見於《志》","見"字,文淵閣本爲"是",誤。卷下葉12B2行小字夾註,"逕斷原東梁才遇白渠西南","逕"字,文淵閣本爲"徑",徑爲路,誤;"遇"字,文淵閣本爲"過"字。卷下葉13A6行,"自癸巳年創立渠堰","巳"字,文淵閣本爲"已",誤。卷下葉16A8行小字夾註,"北邊任公斗十","任"字,文淵閣本爲"仁"字。卷下葉17B8行小字夾註,"徹音叫","叫"字,文淵閣本爲"葉",誤。卷下葉18A5行小字夾註,"今當下流閘下石渠岸裏,有一石龜","當"字,文淵閣本爲"時"字,誤。卷下葉20A2行,"叉切知人民數","叉"字,文淵閣本爲"乂",誤。卷下葉21A5行,"隨時交割,以均斗分","均"字,文淵閣本爲"上",誤。卷下葉21A8行,"遲違由時,枉費水利","由"字,文淵閣本爲"田"字,誤。卷下葉21B1行,"又五縣行使漑水斗口舊例","漑"字,文淵閣本爲"各",誤。卷下葉21B5行,"將下次利戶合使水直改豁","使"字,文淵閣本爲"便",誤。卷下葉24A4行,"即將元管戶牛地土額辦糧草已未送納","已"字,文淵閣本爲"巳"字,誤。卷下葉24A8行小字夾註,"在前車站一千戶放罷","車"字,文淵閣本爲"軍"字。元代文獻中多見"車站人戶"之詞,當以"車"爲正。卷下葉24B7行小字夾註,"譯吏一人","吏"字,文淵閣本爲"史",此處以其置於諸司吏職前,似以"譯吏"爲當。卷下葉24B7–8行,"合一百五十二人","合"字後,文淵閣本衍一"千",誤。卷下葉26A4–5行,"七萬二千六百五十九石七斗八升二合三勺四抄","抄"字,文淵閣本爲"杪"。

按，抄爲古量名。《孫子算經》“十撮爲一抄，十抄爲一勺，十勺爲一合，十合爲一升。”文淵閣本“杪”字誤。卷下葉26A6行小字夾註，“小麥二萬六千六百八十二石五斗一升八合七勺四抄”，“抄”字，文淵閣本爲“杪”，誤。卷下葉29A1行，“即令三重之上”，“令”字，文淵閣本爲“今”，似以“令”字爲當。卷下葉29A7行，“渠身兩壁開鑿切口二道”，“切”字，文淵閣本爲“砌”，誤。卷下葉29B1行，“渠身兩壁亦有坊口四道”，“坊”字，文淵閣本爲“砌”字。坊，通防，《禮記·郊特牲》“祭坊與水庸，事也。”疏：“坊者，所以畜水，亦以彰水。”即指坊之防水隄防的意思。卷下葉29B3行，“或已下而漏漫濁水”，“已”字，文淵閣本爲“巳”字，誤。卷下葉32A1行小字夾註，“又水例云”“例”字，文溯閣本爲“利”，誤。卷下葉31B1行小字夾註，“一則限畝法弊，倫次不明”，“倫”字，文淵閣本爲“論”字，誤。卷下葉31B5行小字夾註，“一至元定議”，“定”字，文淵閣本爲“續”。卷下葉31B7行小字夾註，“宜將二頃六十畝之數停分三次，兩月一周，每次放澆八十七畝”，“二頃六十畝”，文淵閣本爲“二頃七十畝”，按“二頃六十畝”三分，爲八十六點三分之一畝，約合“八十七畝”之數，故文淵閣本誤。卷下葉32A2行小字夾註，“舊例一名限澆五頃七十畝”，“五頃”，文溯閣本爲“一”，誤。卷下葉32A8-B1行小字夾註，“貧弱遠水者愈不得水”，“得水”二字，文淵閣本爲“得利”，誤。卷下葉32B6行小字夾註，“合該水程日時”，“時”字，文淵閣本爲“期”，誤。卷下葉33A5行小字夾註，“止在聽下縣先澆”，“在”字，文淵閣本爲“住”，誤。卷下葉33B5行，“自被浸灌，遂爲沃野”，“灌”字，文淵閣本爲“濯”，誤。卷下葉34B7行小字夾註，“蓋土性本薄，涇淤瀆淖，反成其癖”，“涇淤”二字，文淵閣本爲“輕於”，誤。

文溯閣本正確，而文淵閣本圖片文字顛倒者4處。卷下葉2《涇渠總圖》及葉3《富平縣境石川溉田圖》，順序與目錄合。文淵閣本將《涇渠總圖》與《富平縣境石川溉田圖》位置顛倒，誤。卷中葉26A7行，“桓公葬義里丘北”，“義里丘”三字，文淵閣本爲“義丘里”。查《史記·秦始皇本紀》：“桓公享國二十七年居雍高寢，葬義里丘北。”[①]則文溯閣本爲

① 《史記》卷6《秦始皇本紀》，中華書局，1982年，第286頁。

正。卷下葉4B3行小字夾註，“素不得鄭國之溉灌”，“溉灌”二字，文淵閣本爲“灌溉”。《史記》、《漢書》皆用“溉灌”而不用“灌溉”，如《漢書·息夫躬傳》“躬又言：‘秦開鄭國渠以富國強兵，今爲京師，土地肥饒，可度地勢水泉，廣溉灌之利。’”[①]故文淵閣本誤。卷下葉32B5行小字夾註，“水畝限數亦少”，“畝限”二字，文淵閣本爲“限畝”，似誤。

文溯閣本文字訛誤，而文淵閣本正確者72處。卷上葉2《漢三輔圖》圖說全文爲“前漢京兆尹縣十一，左馮翊縣二十四，後扶風縣二十，後漢併省不同。三輔，漢初因秦舊名內史，尋又分左、右。至大初已後遂更之，皆治長安城中，長吏谷在其縣。光武東都之後，扶風出治槐里，馮翊出治而高陵。”文中“京兆尹縣十一”，文淵閣本爲“京兆尹縣十二”，按《漢書·地理志》爲“十二”；“後扶風縣二十”，文淵閣本爲“右扶風縣二十一”，按《漢書·地理志》爲“二十一”；“大初”，文淵閣本爲“太初”；“長吏谷在其縣”之“谷”字，文淵閣本爲“各”；“出治而高陵”，文淵閣本爲“出治高陵”。除“太初”亦可書爲“大初”外。其餘4處皆文淵閣本爲正。卷上葉2B“漢三輔圖”右上，“鎬水”，文淵閣本爲“滈水”，正。卷上葉2B“漢三輔圖”右上，“滴水”，文淵閣本爲“潏水”，正。卷上葉3A“奉元城圖”中，中間偏下加方格書倒寫“民安”二字，文淵閣本爲“民居”，當正。卷上葉6A1行，“符魏”二字，文淵閣本爲“苻秦”，正。以“苻”作“符”的錯字，在卷中葉25A8行小字夾註、卷中葉18B7行、卷中葉19A6–7行、卷中葉19A7行尚有4處。卷上葉9A“唐宮城圖”右下，有2行圖說，其第2行“奠膳廚”，文淵閣本爲“典膳廚”。據徐松《增訂唐兩京城坊考》[②]附“西京宮城圖”，應爲“典膳廚”。卷上葉10A“城市制度圖”下欄圖說5行“今門小不能記”，“門”字，文淵閣本作“圖”字，似以“圖”字爲正。卷上葉18下欄圖說4–5行，“始營鄉湯”，“鄉”字,文淵閣本爲“御”字，似正。卷中葉4A“唐昭陵圖下”,最左側下方框內書“西接建安”,“安”字,文淵閣本爲“陵”字，正。卷中葉7A5行，“秦陵之因金粟堆”，“秦”字,文淵閣本爲“泰”，正。卷中葉8A5行，“宰相李勣已下一十二人”，“一十二”,文淵閣本爲“一十三”，游師雄《昭陵

① 《漢書》卷45《息夫躬傳》，中華書局，1962年，第2182頁。

② 清徐松《增訂唐兩京城坊考》，三秦出版社，1996年。

圖記》爲“一十三”，文淵閣本正。卷中葉9A4行小字夾註，“瀍間求靜”，文淵閣本爲“瀍澗未靜”，查宋游師雄《題六駿碑》爲“瀍澗未靜”四字。卷中葉9A5行小字夾註，“慂策騰空”，文淵閣本爲“應策騰空”，查宋游師雄《題六駿碑》爲“應策騰空”四字。卷中葉9A5行小字夾註，“入險權敵”，“權”字，文淵閣本爲“摧”，查宋游師雄《題六駿碑》爲“摧”字。卷中葉9A7行小字夾註，“月精高駕”，“高駕”二字，文淵閣本爲“按轡”，查宋游師雄《題六駿碑》爲“按轡”二字。卷中葉9A7行小字夾註，“弘天載戢”，“弘天”二字，文淵閣本爲“弧矢”二字，查宋游師雄《題六駿碑》爲“弧矢”二字。卷中葉10B2行小字夾註，“子持勒羯達健”，“持”字，文淵閣本爲“特”字，正。卷中葉12B4行，“皆據同阜之勢”，“同”字，文淵閣本爲“岡”字，正。卷中葉13B4行，“使失當時樓觀在上”，“失”字，文淵閣本爲“夫”字。卷中葉13B6行，“子恐不知而論”，“子”字，文淵閣本爲“予”字，當正。卷中葉17B1行，“河將軍之山林也”，“河”字，文淵閣本爲“何”字。卷中葉19B6行，“凡數百後林木廬舍亦無存者”，“後”字，文淵閣本爲“處”字，正。卷中葉19B8行小字，“《石子坡賦》子云”，“子云”二字，文淵閣本爲“序云”，正。卷中葉20B5行，“色黑而綦”，“綦”字，文淵閣本爲“瑩”字,正。卷中葉21A5行小字夾註，“垂六十年終”，“終”字，文淵閣本爲“然”字，正。卷中葉21A7行，“國制”，“國”字，文淵閣本爲“圖”字，正。卷中葉23A7行，“砰砰砌砌”，“砌砌”二字，文淵閣本爲“磕磕”二字。據《漢語大字典》頁155“砌，強也。”頁1028“磕，同‘磕’，象聲詞。”則“磕”字爲正。卷中葉25A2行小字夾註，“惠帝所築不是外城”，“不”字，文淵閣本爲“乃”字。以文意推之，當以“乃”字爲是。卷中葉26B3行，“獻公葬鬮圍”，“鬮圍”2字，文淵閣本爲“囂圉”。按《史記·秦始皇本紀》[①]“獻公享國二十三年，葬囂圉”，則文淵閣本爲正。卷中葉26B4行，“孝公葬禹圉”，“禹”字，文淵閣本爲“弟”。按《史記·秦始皇本紀》[②]“孝公享國二十四年，葬弟圉”，則文淵閣本爲正。卷下葉4A8行，“畝皆收一鍾”，文

①《史記》卷6《秦始皇本紀》，中華書局，1982年，第288頁。

②《史記》卷6《秦始皇本紀》，中華書局，1982年，第288頁。

淵閣本爲"收皆畝一鍾"。查《史記·河渠志》[1]爲"收皆畝一鍾",則文淵閣本爲正。卷下葉4B1-2行,"秦請鑿六輔渠","秦"字,文淵閣本爲"奏",當正。卷下葉4B6行小字夾註,"亦曰洛山","山"字,文淵閣本爲"水",正。卷下葉7A4行,"民以時重困","時"字,文淵閣本爲"是",正。卷下葉9B3-4行,"嶺下四石爲二洞","四"字,文淵閣本爲"因",似正。卷下葉9B7-8行,"鑿地陷水爲柱","水"字,文淵閣本爲"木",正。卷下葉11B8行,"請給申破水直","破"字,文淵閣本爲"報",當正。卷下葉12A2行小字夾註,"今引治谷水西北淳化界來","治"字,文淵閣本爲"冶"字,查《水經注疏》卷十六,"趙一清云:顧祖禹曰,《圖經》,中山北接嵯峨,西距冶谷,南並九嵕,涇河自中而出,故名中山。一云,以山在冶谷水西,涇水東也。"則"冶"字爲正。卷下葉12A4行小字夾註,"地即引石川、金定之水以溉","地"字前,文淵閣本增一"餘"字,似正。卷下葉12B1行小字夾註,"餘涇水所溉之外","餘"字,文淵閣本爲"除",以文意分析,文淵閣本爲正。卷下葉13A2行,"立石困以壅水困行",兩"困"字,文淵閣本皆爲"囤"字。困爲圓形糧倉,囤爲以竹篾、荆條或稻草編成的貯糧食器具。似兩字皆可用,但文溯閣本後文皆用囤字,則應以"囤"爲是。卷下葉13A3行,"總用困一千一百六十六個","困"字,文淵閣本爲"囤",正。卷下葉14B3行,"其北分者曰柝波渠","柝"字,文淵閣本爲"析"字。查《涇渠總圖》A中間偏下標爲"析波渠",故文淵閣本爲正。卷下葉16A6行,"柝波斗門一","柝"字,文淵閣本爲"析",正。卷下葉15B3行小字夾註,"自南邊唐婆下斗起水,次唐婆中斗、唐婆上下","唐婆上下",文淵閣本爲"唐婆上斗",正。卷下葉15B4行小字夾註,"北限斗門十","北"二字,文淵閣本爲"中"。"北限斗門"與下"北限斗門"名重複,故文淵閣本正。卷下葉15B6行小字夾註,"次東公土斗、西公主斗","土"字,文淵閣本爲"主",正。卷下葉15B7行,"務高斗門十三","十三",文淵閣本爲"二十三"。以下列斗名數計,"二十三"爲正。卷下葉16B4行,"望令溫水偏入其地","溫"字,文淵閣本爲"渠"字,正。卷下葉17A6行小字夾

[1]《史記》卷29《河渠志》,中華書局,1982年,第1408頁。

註,“水不敢入”,“敢”字,文淵閣本爲“能”,正。卷下葉17A8–B1行,“各逐地面開淘應干行水管道”,“干”字,文淵閣本爲“于”,正。卷下葉19B6行,“所起入夫一千五百名”,“入”字,文淵閣本爲“人”字,正。卷下葉21B2–3行,“累經洪水吹灌,渠深地高”,“灌”字,文淵閣本爲“濯”。卷下葉22A1行,“據其餘斗分”,“據”字,文淵閣本爲“至”,似正。卷下葉26A2行,“草三十一萬三千七百九十束”,“束”字,文淵閣本爲“束”,正。同樣的情況,在卷下葉26A8行小字夾註2處,共3處。卷下葉29B8行,“相視得得”,文淵閣本爲“相視得”三字,文溯閣本似誤重一“得”字。卷下葉29B6行,“穿淘之士可以減半”,“士”字,文淵閣本爲“工”,正。卷下葉32A1行小字夾註,“如是深水大小不一”,“深”字,文淵閣本爲“渠”字,正。卷下葉32A2–3行小字夾註,“限澆五頃七十畝,是二分之中盜澆者常有二分”,文淵閣本爲“限澆一頃七十畝,是十分之中盜澆者常有八分”。卷下葉32A7行小字夾註,“每夫可澆一十餘頃”,“一十餘”三字,文淵閣本爲“田六七”,以下之文義論,似文淵閣本爲正。卷下葉33A1行小字夾註,“但地理近迫不等”,“近迫”二字含意相近,文淵閣本爲“近遠”,正。卷下葉33A5–6行小字夾註,“將閸下水程並開二斗或三斗以補之”,“閸”字,文淵閣本爲“閘”。卷下葉343行,“所灌之田,日複淤開”,“開”字,文淵閣本爲“閉”,正。

(四)文字有差別但兩者皆可

文溯閣本與文淵閣本《長安志圖》的一些文字差別,是兩者皆可的,這些差別主要有兩類;一類是分別用異體字、古今字、通用字、避諱字的;另一類是二者文字的含義相同或相近,都能說通的。

用異體字、古今字、通用字、避諱字詞的138處。《原序》葉1B6行“於是取志所載”,“於”字,文淵閣本爲“于”字,通用字。同樣的情況,在卷上葉10B6行、卷上葉13A6行、卷上葉13A7行、卷上葉14A6行、卷上葉18 A《唐驪山宮圖下》、卷中葉11A1行小字夾註、卷中葉11A7–8行小字夾註、卷中葉12A3行、卷中葉14A2行、卷中葉14B7行小字夾註、卷中葉15A8行、卷中葉15B3行、卷中葉16B8行、卷中葉22A1行、卷中葉22B2行、卷中葉24A5行、卷中葉27A2行、卷下葉4B8行、卷下葉7A2行、卷下葉10A7行小字夾註、卷下葉11A3行、卷下葉24A7–8

行小字夾註、卷下葉27B5行、卷下葉29B8行，共25處。卷上葉10A"城市制度圖"下欄圖說1行，"四面"之"面"字，文淵閣本爲"靣"字，異體字。同樣的情況，在卷上葉12A7行2處、卷中葉15B7行、卷中葉18A4行、卷中葉23A5行、卷下葉17A8行、卷下葉28A3行，計8處。卷上葉10A"城市制度圖"下欄圖說1行，兩處"畫"字，文淵閣本皆爲"畫"，異體字。卷上葉11A6行，"隆慶坊"，"隆"字，文淵閣本爲"隆"，異體字。卷中葉7B7行，"其封內周回一百二十里"，"回"字，文淵閣本爲"回"，異體字。同樣的情況，在卷中葉10A8行小字夾註，共2處。卷中葉8A4-5行，"妃嬪越國大妃燕氏已下八人"，"大"字，文淵閣本爲"太"字。"大"、"太"二字古通用。同樣的情況，尙有卷中葉12B8行、卷下葉26B5行，計3處。卷上葉2A《漢三輔圖》，左上"豊水"，文淵閣本爲"豐水"，"豊"爲"豐"之俗體字。卷上葉13A7行，"且傷唐人冒疾"，"冒"字，文淵閣本爲"媢"字。按，媢，嫉妒之意。冒，同"媢"，嫉妒。二字相通。卷上葉14A3行，"內重其趾尙在"，"趾"字，文淵閣本爲"址"字。趾通址，基礎部分。卷上葉18"唐驪山宮圖下"，下欄圖說17-18行"其它"，文淵閣本爲"其他"。卷中葉9B1行小字夾註，"聳轡平壠"，"壠"字，文淵閣本爲"隴"字。卷中葉10B6行小字夾註，"吐蕃大酋長賛婆"，"賛"字，文淵閣本爲"贊"，異體字。卷中葉12A2行，"蹠龍首"，"蹠"字，文淵閣本爲"疏"。同樣的情況，在卷下葉6B6行、卷下葉12B5行、卷下葉26B8行，共4處。卷中葉12A4行，"東西橫亘"，"亘"字，文淵閣本爲"亙"。同樣的情況，在卷中葉18B3行，共2處。卷中葉12B4行，"酇侯所作"，"酇"字，文淵閣本爲"酇"。同樣的情況，在卷中葉12B5行，共2處。卷中葉12B5行，"恵帝始築都城"，"恵"字，文淵閣本爲"惠"。同樣的情況，在卷中葉24B6行、卷中葉25A1行小字夾註、卷中葉25A2行小字夾註、卷中葉26A8行、卷中葉26B4行，共6處。卷中葉13A3行，"豈後人偶以近似而目之也歟"，"歟"字，文淵閣本爲"與"字。同樣的情況，在卷中葉15B4行、卷中葉16A5行，共3處。卷中葉15A8-B1行，"羽陽千歲"，"歲"字，文淵閣本爲"歲"，異體字。同樣的情況，在卷中葉16A2行、卷中葉22A8行、卷下葉5B7行、卷下葉6A4行、卷下葉7A2行、卷下葉7A3行、卷下葉7B3行、卷下葉

10B7行、卷下葉13A8行、卷下葉15A5行小字夾註、卷下葉15B8行小字夾註、卷下葉27A3行，共13處。卷中葉17A8行，“曰塔坡者，以其浮屠故名”，“屠”字，文淵閣本爲“圖”。卷中葉18A4行，“據地六十畆”，“畆”字，文淵閣本爲“畝”。同樣的情況，在卷下葉18A4行小字夾註、卷下葉19A1行、卷下葉19A5行、卷下葉19A7行、卷下葉19B1行、卷下葉19B2行小字夾註、卷下葉19B4行、卷下葉19B7行、卷下葉20A3行，共10處。卷中葉18B6行，“盖是秦陵”，“盖”字，文淵閣本爲“蓋”，繁簡字。同樣的情況，在卷下葉34B7行小字夾註，共2處。卷中葉20A5-6行，“振盪廻薄”，“盪”字，文淵閣本爲“蕩”，異體字。卷中葉22A2行，“遺迹尙存”，“迹”字，文淵閣本爲“跡”，異體字。卷中葉23A2行，“脩竹蔽日”，“脩”字，文淵閣本爲“修”。卷中葉23A3-4行，“抱瓮無譏”，“瓮”字，文淵閣本爲“甕”。卷中葉24A5行，“况”字，文淵閣本爲“況”。卷中葉24A8行，“飛潜”，“潜”字，文淵閣本爲“潛”。卷中葉24B1行，“占”字，文淵閣本爲“旨”。同樣的情況，在卷下葉8A1行，共2處。卷中葉25A7行小字夾註，“今圭峰草堂是也”，“峰”字，文淵閣本爲“峯”，異體字。卷中葉25B8行，“大槩不出秦雍之域也”，“槩”字，文淵閣本爲“槪”。卷中葉26A6行小字夾註，“冢”字，文淵閣本爲“塚”。同樣的情況，在卷中葉26B5行小字夾註4處、卷中葉26B6行小字夾註2處、卷中葉26B8行小字夾註2處，共9處。卷下葉7B5行，“然堰成輒壞”，“輒”字，文淵閣本爲“輙”字。同樣的情況，在卷下葉15A5行小字夾註、卷下葉19A3行，共3處。卷下葉10B3行，“上闊十有七尺”，“闊”字，文淵閣本爲“濶”。同樣的情況，在卷下葉11A4行、卷下葉13A3行、卷下葉13B4行小字夾註、卷下葉13B5行小字夾註、卷下葉13B7行小字夾註，共6處。卷下葉10B4-5行，“渠之所受滿其堤而止”，“堤”字，文淵閣本爲“隄”。卷下葉10B6行，“下寫三白故渠”，“寫”字，文淵閣本爲“舄”。卷下葉13B5行小字夾註，“石積每人一日般運長五尺高一尺闊一尺爲一工”，“般”字，文淵閣本爲“搬”，通。卷下葉14B1行，“南曰平皋渠”，“皋”字，文淵閣本爲“臯”字。同樣的情況，在卷下葉16A1行、卷下葉16A2行小字夾註3處，共5處。卷下葉16B4行，“又軆知得人戶偷開斗口”，“軆”字，文淵閣本爲

"體"。同樣的情況,在卷下葉21B3行,共2處。卷下葉16B4行,"故使渠岸頽毀","頽"字,文淵閣本爲"頺"。卷下葉30B1行,"搬運積土","搬"字,文淵閣本爲"般",通。卷下葉23B3行,"幾處籤來","籤"字,文淵閣本爲"簽"字,異體字。卷下葉26A7行小字夾註,"糜子一百五十五石令四升五合九勺","令"字,文淵閣本爲"零"。"令",零的俗字。卷下葉26B1行,"九百三十九秤四觔二兩","觔"字,文淵閣本爲"斤"。"觔",斤之借字。卷下葉27A5行,"蓋因河身漸低","蓋"字,文淵閣本爲"葢",異體字。卷下葉33B3行,"乃趁平壤","趁"字,文淵閣本爲"趂"字,"趁",趂字俗體。卷下葉34B2行小字夾註,"下窺渠靣如視井底","靣"字,文淵閣本爲"面",異體字。卷下葉35A8行,"兒內史","兒"字,文淵閣本爲"倪"字,古今字。卷上葉10A"城市制度圖"下欄圖說1行,"皆民人居","民"字,文淵閣本爲"市"人居。按唐人諱太宗名諱,故"民"改"市"字。

文字不同,但含義相同或相近,兩者皆可者51處。《原序》葉2B2行,"觀是圖者","者"字,文淵閣本爲"也"字。卷上葉11A4行小字夾註1行,"其城之南横街十","其"字,文淵閣本爲"皇"字,二者皆可。卷中葉9A7行,"巉之琬琰","巉"字,文淵閣本爲"鐫"字,皆可。卷中葉11A2行小字夾註,"上詣青霄","霄"字,文淵閣本爲"冥"字,皆可。卷中葉12A3行,"坡陀豆出","豆"字,文淵閣本爲"互"字。卷中葉12B1行,"《周地圖》曰",文淵閣本爲"《周地圖》記曰",增一"記"字。卷中葉13A5行,"張西京臺觀之盛","張"字,文淵閣本爲"遂覺"二字,皆可。卷中葉13B5行,"則數公之言未可遽爲張大也","爲"字,文淵閣本爲"謂"字。卷中葉15A7行,"供奉無疆","供奉"二字,文淵閣本爲"德合"。卷中葉16B4行"周處士瓊","瓊"字前,文淵閣本增"韋"字。卷中葉19B5行,"山嶺摧陷其平地","其"字後,文淵閣本增一"下"字,皆可。卷中葉19B7行小字夾註,"並山之民言","並"字,文淵閣本爲"華"字,畢沅校正本爲"近"字,"並"字可作"全"、"所有"、"以及"解,故三者皆可。卷中葉20A1行小字夾註,"睹而賦之","睹"字,文淵閣本爲"觀"字,皆可。卷中葉20A3行,"唐武皇垂拱二年","皇"字,文淵閣本爲"后"字,二者皆可。卷中葉20B1-2行,"初不類爲碑者","者"字,文淵閣本爲“也”字，二者皆可。卷中葉20B4行，“今人意本欲傳遠”，“今人”二字，文淵閣本爲一“其”字，二者皆可。卷中葉21A4行小字夾註，“附其所類《志》後”，“所”字後，文淵閣本增一“著”字。卷中葉22A4-5行，小字夾註“內苑北牆”，文淵閣本爲“內苑之北牆”，增一“之”字。卷中葉23A1行，“李太白嘗居此也”，“也”字，文淵閣本爲“地”字。卷中葉24A7-8行，“水老天深”，“水”字，文淵閣本、畢沅校正本爲“木”字。卷中葉24B8行小字夾註，“昔湣帝建興元年”，“昔”字，文淵閣本爲“晉”字。按建興爲晉湣帝年號，晉對元，亦可視爲“昔”。卷中葉25B8行，“其發時掘也”，“時掘”二字，文淵閣本爲“掘處”。卷下葉4B4行小字夾註，“亦號輔渠”，“號”字，文淵閣本爲“曰”。卷下葉5B1行小字夾註，“涇水不得過”，“得”字，文淵閣本爲“能”。卷下葉6A7行，“相地討工”，“討”字，文淵閣本爲“計”字。卷下葉6B2行，“合計工六十一萬七百有畸”，“畸”字，文淵閣本爲“奇”。按，“畸”亦有數之零餘者之義，故二者皆可。卷下葉6B6行，“計工四十九萬八百有畸”，“畸”字，文淵閣本爲“奇”。卷下葉10A4行小字夾註，“皆在古白渠次北”，“次”字，文淵閣本爲“之”字。卷下葉12A2行小字夾註，“今引治谷水西北淳化界來”，“谷水”二字後，文淵閣本增一“自”字。卷下葉12A3行小字夾註，“今引濁谷水西北華原界來”，“谷水”二字後，文淵閣本增一“自”字。卷下葉12B8行，“聖朝因前代故跡”，“聖”字，文淵閣本爲“本”，當系明清人所改。卷下葉13B4行小字夾註，“石積長五百七丈五尺”，“七丈五尺”字，文淵閣本爲“七十五尺”，亦可。卷下葉15A1行，“甚可關防”，“可”字，文淵閣本爲“宜”字。卷下葉15A5行小字夾註，“故其可通之處，輒爲一渠”，“故”字，文淵閣本爲“凡”，二者皆可。卷下葉17B4-5行，“守者以度量水日其尺寸申報”，“日其”二字，文淵閣本爲“口具”，似皆可。卷下葉18A1-2行小字夾註，“上下相析，則爲一丈二尺”，“析”字，文淵閣本爲“折”。卷下葉19B8行，“而入官之地數即少”，“即”字，文淵閣本爲“則”。卷下葉20A1行，“每歲上是貨賂渠斗人吏”，“上”字，文淵閣本爲“止”。卷下葉20A8行，“不若全夫一名”，“全”字，文淵閣本爲“令”，二者皆可。卷下葉21B5行，“接上築打死堰”，“死”字，文淵閣本爲“私”。 卷下葉27A2-3行，“於豐利渠北"，"渠"字後，文淵閣本增"之"字，皆可。卷下葉29B4行，"此古人良法"，"此"字後，文淵閣本增一"皆"字。卷下葉30B2行，"叚以歲月"，"叚"字，文溯閣本爲"假"字，亦可。卷下葉31B5行小字夾註，"使涇水之利，反爲北河之害"，"北河"二字，文淵閣本爲"河北"，皆可。卷下葉32B1行小字夾註，"況今既有兩限分水法"，"水"字，文淵閣本爲"澆"字。卷下葉33A3-4行小字夾註，"又驗夫二分"，"二分"字，文淵閣本爲"分水"。卷下葉32B6行小字夾註，"置簿核寫"，"核"字，文淵閣本爲"詳"字，皆可。卷下葉34B2行小字夾註，"每年差五縣人夫入渠負龍撓曳而上"，"撓"字，文淵閣本爲"牽"，"撓"字有抓義，故兩字皆可。卷下葉34B6行小字夾註，"自十月秋水，至明年七月始罷"，"秋"字，文淵閣本爲"放"。兩字皆可說通。卷下葉34B7行小字夾註，"正如病人一旦離藥，病即復來"，"旦"字，文淵閣本爲"日"字，二者皆可。卷下葉35A5行小字夾註，"故遠者有願不用水，以免役者"，"免"字後，文淵閣本增一"其"，兩者皆可。

（五）文字相同或不同，都是錯誤的

校勘中發現《長安志圖》文溯閣本與文淵閣本的某些文字雖然相同，但兩者皆錯，或者兩者文字雖然不同，也是兩者皆錯。

兩本文字相同，兩本皆誤者2處。卷中葉9B1行小字夾註，"回鞭定蜀"，"鞭"字，文淵閣本同。查宋游師雄《題六駿碑》[①]爲"聳轡平隴，回鞍定蜀"，則二本皆誤。卷中葉11A1行，"宜其立隴完固"，"立"字，文淵閣本同，畢沅校正本爲"邱"字，當正。

兩本文字不同，兩者皆誤者8處。卷上葉2A"漢三輔圖"左下，"栒邑，今邠州三源縣"，"源"字，文淵閣本爲"原"字，"三源縣"，畢沅校正本爲"三水縣"，正。卷上葉13反1-2行，"鄜州觀察友使石蒼舒書"，文淵閣本無"友"字，畢沅校正本爲"右"字，正。卷中葉8B7行，"龜茲王訶黎布失畢於闇信"，文淵閣本同，畢沅校正本爲"龜茲王訶黎布失畢於闐信"，衍一"失"字，畢沅案語稱："今游師雄石刻列名十二人，誤合……訶黎失布失畢及於闐信爲一人"[②]，則四庫兩本"於闇信"

① 《金石粹編》卷139，葉3B面，中國書店1985年影印本，第4冊。

② 畢沅校正本《長安志圖》，卷中，葉8A，長安縣誌局民國20年印本。

之"闇"字皆誤。卷中葉20A1行小字夾註,"皇統已巳春","已巳"二字,文淵閣本同。查歷史年曆表,金熙宗皇統九年爲己巳年,四庫兩本皆誤。卷中葉24A5行,"莊生監於止水",文淵閣本同,《莊子》:"人莫鑒於流水,而鑒於止水"[①],四庫本"監"字誤。卷中葉26A6行小字夾註,"《皇覽》曰:塚在橐泉祈年觀下","泉"字,文淵閣本爲"宫"。據《三輔黄圖》卷一"橐泉宫:《皇覽》曰秦穆公冢在橐泉宫祈年觀下",則文溯閣本、文淵閣本皆缺字。卷下葉14A5行小字夾註,"後稱空地者此","者"字後,文淵閣本增一"放"字,實應爲"仿"字。卷下葉23A5-6行,"充宣差措三白渠使","差"字後,畢沅校正本有"規"字,查本段上文稱"宣差規措三白渠使"之銜,則兩四庫本皆缺佚"規"字。

（六）文字不同,顯然爲原作者或館臣改寫者

文溯閣本與文淵閣本《長安志圖》文字不同,顯然因底本不同或爲原作者、館臣改寫者有16處。如《原序》葉2A2行,"是前志圖固有之",文淵閣本爲"則此圖前世固有之"。卷上葉14A4-5行,"自聖朝定鼎以來,四海一統,奄有天下",文淵閣本爲"本朝奄有天下",有很大改動。卷中葉16A5-6行,"猶屬近古尚質也歟",文淵閣本爲"猶見近古尚質也與",有二字不同,但含義一致。卷中葉21A6行小字夾註,"刋補駱志所闕,續有得者則刻于後",文淵閣本爲"刋補駱志闕失,因增續得碑刻於後"。卷下葉10A3行小字夾註,"其當溝口者,水從下過空入棚,即今所謂暗橋者是也",文淵閣本爲"其當溝口者,水從下過,空如棚狀,今所謂暗橋者是也"。卷下葉21A1-2行,"私行與水者",文淵閣本爲"私賣與水者"。卷下葉23A1行,"庚子年八月欽奉聖旨",文淵閣本佚"欽""聖"二字,當系底本不同。卷下葉24A2行,"道聖旨了也","聖"字,文淵閣本爲"有"字,似所據底本不同所致。卷下葉28B5行,"其底合諸元議猶有三尺未開",文淵閣本爲"其底既比元言猶有三尺未開",皆可。卷下葉28B5-6行,"是以蓄水不能甚深,今當再令開鑿,加深八尺",文淵閣本爲"宜與舊鑿渠底通行計料,再令開鑿,加深八尺",二者差別,或因底本不同所致。卷下葉31B3行小字夾註,"勸農

① 《莊子·內篇上·德充符第五》葉8A,《百子全書》,浙江人民出版社影印掃葉山房1919年石印本,第8冊。

官使其悉心講究涇渠利害,與夫一切使水法度”,文淵閣本爲“勸農官韓大使耀用宋大守等官,公同講究使水法度”,二者差别較大,似因底本不同所致。卷下葉31B3行小字夾註,“上聞中書省以爲定例”,“上聞”二字,文淵閣本爲“呈准”,似因底本不同所致。卷下葉31B5行小字夾註,“斷法相繼”,“斷法”二字,文淵閣本爲“刑罰”,二者皆可,似因底本不同所致。卷下葉32A8行小字夾註,“限以二頃六十畝,水小爲難乎”,“水小爲難乎”五字,文淵閣本爲“豈能開至多乎”,二者文字不同,皆可。卷下葉34B4-5行,“寒暑晝夜,風雨晦冥,人夫蟻聚,皆環集其上,不敢有片刻之安”,文淵閣本爲“寒暑晝夜,不得少休。”二者差異,恐系原作者修改所致。卷下葉34B7行小字夾註,“嘗問其故,以爲浚掘或疏水即不泄”,“浚掘或疏水”五字,文淵閣本爲“或開疏壅水”五字;畢沅校正本爲“以爲或開疏壅,禾即不茂”,三者差異,恐系原作者修改所致,由此可見,二閣書所據底本,或系元李好文原作的不同定本。

(七)文字不同,難辨正誤者

文溯閣本與文淵閣本《長安志圖》文字不同,難辨正誤者22處。卷上葉2A“漢三輔圖”中,中部偏左2行“平陵”下注“平長安陽四縣”,文淵閣本注文爲“平安長陽四縣”諸字,未知孰是。卷中葉4“唐昭陵圖下”,葉面折頁處左側第二方框內書“四聖寺”,“四”字,文淵閣本爲“啓”字,畢沅校正本爲“證”字。卷上葉18A“唐驪山宫圖下”,下欄圖說17行“以備齋祖”,“祖”字,文淵閣本爲“祀”字。“祖”字,在《漢語大字典》、《辭源》、《康熙字典》中皆無,不知爲何字,無法斷其正誤。卷中葉3B“唐昭陵圖上”,右上“才人徐氏墓”下畫有一殿房,上方框內書“百”字,佚二字,文淵閣本書爲“百花寺”三字,畢沅校正本爲“百城寺”三字。卷中葉6B“唐高宗乾陵圖”,左中稍下“八接碑”,文淵閣本爲“無字碑”。按乾陵墓前神道兩側有兩塊各高7米左右的石碑,西邊爲述聖碑,東邊爲無字碑。無字碑由一整塊巨石製成。述聖碑碑身由數塊巨石榫卯相接而成,今人稱之爲“七節碑”,或唐人稱爲“八接碑”。故文溯閣本之碑名與文淵閣本碑名,實各指一碑,難分正誤。卷中葉10A8

行小字夾註,“曰回地羅征”,“曰”字,文淵閣本爲“白”字。卷中葉10B5行小字夾註,“十姓大首領鹽颰颬[①]”,“颬”字,文淵閣本爲“颬”字。卷中葉10B5行小字夾註,“右金吾衛大將軍兼泃本都督五姓口囚　面葉護昆職”,“咽”字,文淵閣本爲“啕”字。卷中葉13A8行B1行,“若播岸而臨坈,登木杪以闚泉”,“坈”字爲“坑”字異體;“闚”字,文淵閣本爲“矙”(同“瞰”)字。按《文選》卷六左思《魏都賦》注引王褒《甘泉賦》曰:“十分未升其一,增惶懼而目眩;若播岸而臨坑,登木末以窺泉。”不知李好文所據何本。卷下葉6B8行至葉7A1行,“總二萬五千九十有三頃”,“二萬”二字,文淵閣本爲“三萬”。卷下葉8B5行,“一年九月工興”,“一”字,文淵閣本爲“二”。卷下葉10A6行小字夾註,“惟二三溝,水石皆落渠中”,“二”字,文淵閣本爲“此”字。卷下葉12A6行小字夾註,“石泉渠,漑田十八里”,“十八”二字,文淵閣本爲“一十”。卷下葉12A6行小字夾註,“永濟渠,里”,“二十”二字,文淵閣本爲“十二”。卷下葉12A6-7行小字夾註,“懷德渠,漑田三十里”,文淵閣本爲“高望渠,漑田三里”。卷下葉12A7行小字夾註,“直城渠,漑田二十一里”,“二十一”,文淵閣本爲“二十”。卷下葉12A8行小字夾註,“至今猶有一十之田在涇東”,“一十”二字,文淵閣本爲“不毛”;“涇”字後,文淵閣本增一“水”字。卷下葉12A8行小字夾註,“與其灌漑”,“與”字,文淵閣本爲“以”。卷下葉12B2行小字夾註,“逕斷原東梁才遇白渠西南”,“才”字,文淵閣本爲“村”。卷下葉15A7行小字夾註,“名曰甯三渠”,“三”字,文淵閣本爲“王”。 卷下葉26A5行小字夾註,“大麥二萬六千七百二十五石”,“六”字,文淵閣本爲“二”。卷下葉32A7行小字夾註,“今吏咸作六十徽”,“咸”字,文淵閣本爲“限”。

(八)格式不同或段篇佚失

兩本格式不同或正文與注文混淆者3處。卷上葉18正B“唐驪山宮圖下”,圖頁內下欄爲圖說二十九行,文淵閣本另起頁頂格書寫。卷中葉22A4-5行,小字夾註“跡皆高數丈,其南卻是平地,全無系著。其北樓基西,有小牆基,折而西去,即內苑北牆也”,此35字文淵閣本、畢

① 此處空一字格。

沅校正本均爲大字正文。自葉31B1行"雲陽人楊景道",至卷下葉33A7行"規模之大方也"雙行小字夾註,畢沅校正本爲低一格大字。

兩本或畢沅校正本段落篇什缺佚者2處。卷下葉3《富平縣境石川溉田圖》後,畢沅校正本增必申達而《涇渠圖序》394字,四庫二本皆缺。卷下葉4-葉5B2行共26行,《渠堰因革》之"一曰""二曰""三曰"文字,畢沅校正本全缺,文自"四曰"起。

《涇渠圖序》全文爲:

古者,因井田而通溝洫,勤播殖以盡地力。陂澤之利,其昉於此乎!太史公作《史記》而書《河渠》,自時厥後,術智之士能以水利利民者,代有人焉。關中自秦鄭國疏涇水,溉斥鹵田爲沃野,民賴其饒者二千年。國家因前代故跡梁石,引水注塡閼以糞民疇,廣屯田以助經費,設官分屬如古郡守刺史職甚重也!然而日久法禁弛而人斃滋,典守者或不知其所事,積習垢玩,使古人良法美政幾乎熄矣。走年二十餘,從先君宦遊於關中,已知涇溝爲民利害,而未識其詳也。後三十年,遂備員御史。甫至,聞前祭酒李公惟中,今爲行御史臺治書侍御史,每以撫字爲念,嘗刻涇水爲圖,集古今渠堰興壞廢置始末,與其法禁條例、田賦名數、民庶利病,合爲一書,名之曰《涇渠圖說》,索而讀之,信乎其有裨於治也!嗚呼其知恤哉!夫居其職而不知其所以爲職,非智也。知其職所當爲而不爲之,非仁也。今也,食君之祿,治君之民,邈焉如視越人之肥瘠,而反攘剝之、暴戾之,豈士君子之心哉!因書其端,以諗夫涖事者。

至正二年冬十月日,奉訓大夫陝西諸道行御史臺監察御史樵隱必申達而序。

(九)四庫本可糾正《元史》錯誤

文溯閣本與文淵閣本《長安志圖》中有一處相同的文字,可糾正《元史》之誤。即卷下葉11A6-7行,"延祐元年興役,後至元五年渠成",文淵閣本同。"後至元五年",《元史·河渠志·涇渠》爲"自延祐元年興工,至五年渠成"[1]。按《長安圖志》下注文云:"延祐元年至三年,皆

① 《元史》卷66《河渠志三》"涇渠",中華書局,1976年,第1659頁。

先開一十二萬三千一百七十九工四分；至元二年再開四千四百零二工一分，五年再開一萬五千九百六十五工。是年秋，故堰至新渠口，堰水入渠。”顯然，“後至元五年渠成”的說法是正確的。四庫本此處文字可糾《元史》之誤。

三

上列以文溯閣本《長安志圖》與文淵閣本對校結果，表明二者文字圖片及格式等方面存在423處差異。造成這些差異的原因是多方面的。首先，人工鈔寫的書籍，繪製的圖片，往往與鈔寫者或繪畫者的知識水準、做事態度，甚至寫字習慣有很大關係，難免出現差異。從《長安志圖》文溯閣本與文淵閣本中異體字、古今字、通用字的運用，可以看出兩位鈔寫者的寫字習慣。“面”字，文淵閣本鈔寫者全用的“靣”字；“太”字，文溯閣本鈔寫者往往寫成“大”字；“於”字，文淵閣本多寫成“于”字。卷上葉13反1–2行，“鄜州觀察友使石蒼舒書”，畢沅校正本爲“右”字，當是因爲“右”“友”音同而被文溯閣本寫成別字。“癸巳年”，文淵閣本鈔成“癸已年”；“分郊畫畿”，文淵閣本鈔成“分效畫幾”，顯見該本鈔寫者學識不及文溯閣本的鈔寫者。四庫館中謄寫書籍時，文字的鈔寫與圖片的繪製，含圖片頁中文字的書寫，可能不一定是同一人所爲。我們發現，文溯閣本《長安志圖》卷上葉10與葉11的字體差別頗大，顯然並非同一人所書。原來，葉10A有6行是《城市制度圖》，其餘12行皆爲正文。看來，葉10的圖文皆爲畫工所爲，故而與其餘葉面正文的書寫者寫出的字體不同。文溯閣本《長安志圖》的畫工與文淵閣本《長安志圖》的畫工亦非同一個人。我們比較兩本的圖，總的看，文溯閣本的圖不如文淵閣本的精細，圖中的文字書寫亦較爲粗糙，不少字可能因爲底本不清就乾脆留下了空白。文溯閣本與文淵閣本圖文品質的差距中，文溯閣本的圖片繪製及圖片文字的正確率比起文淵閣本要差許多。但文淵閣本卷下的兩幅圖（《涇渠總圖》與《富平縣境石川漑田圖》）竟然前後裝訂顛倒，不知是哪個環節出了問題。我們分析四庫書應是先一葉葉鈔寫和繪圖，然後再合到一起由專人裝訂，很可能是在將幾幅圖轉了幾道手後順序產生錯誤，裝訂者又疏於檢查，以至造成如此錯誤。第二，校勘者校勘不精。四庫全書館是一個龐大的修書機構，其職官設置及任事人員達360餘人[①]，劉鳳強從現存檔案中查出尚有131人曾參與過四庫館的工作，加上數以千計的謄錄書手、供事、雜役等，四庫館總參與人數約爲4500人[②]。但四庫館中日常實際在館人數與總人數有很大的差距。以下是現存檔案中賞賜四庫館物品時的人數名單表。[③]

時　間	總裁	總閱	總纂	提調	總校	纂修及分校等	合計
乾隆四十二年十月二十七日	10	無	3	12	9	128	162
乾隆四十四年十月二十七日	10	10	3	10	11	145	189
乾隆四十四年十一月十八日	4	11	3	10	11	148	187
乾隆四十四年十二月二十四日	4	11	3	11	11	141	181
乾隆四十五年十一月初二日	10	無	4	11	8	153	186

四庫全書是一部總計730 819 000字的巨型叢書[④]，以上表中最高在館總校及分校人數161人計，每人僅校勘每分繕出書的任務即爲4 539 248字，文溯閣書鈔校總計一年時間，以全年300個工作日計，每人每日必須校出15131字，方能趕上進度，這實在是很難完成的任務。然而，這些校官在校勘鈔寫出的文溯閣書的同時，還要從事新書的編纂工作。我們查《纂修四庫全書檔案》，乾隆四十七年鈔繕第二分（文溯閣）四庫全書時，就同時在編纂《開國方略》、《滿洲源流考》、《蘭州紀略》、《日下舊聞錄》、《河源紀略》、《盛京通志》、《續通志》、《皇朝通典通志》等大書，還在從事《永樂大典》的輯書工作，並且隨時承擔着毀書、挖改書籍的"重任"。特別是毀書、挖改書籍是一項特殊的任務，一不小心就會受到乾隆皇帝的嚴厲處分，這就分散了館臣很大一部分精

① 乾隆四十七年七月十九日《奉旨開列辦理四庫全書在事諸臣職名》，《四庫全書總目》，中華書局，1965年，第11-16頁。

② 蘭州大學劉鳳強碩士學位論文《四庫全書館研究》。

③中國第一歷史檔案館編《纂修四庫全書檔案》，上海古籍出版社，1997年，第745、1116、1127、1140、1226頁。

④乾隆五十一年二月十六日《吏部尚書劉墉等奏遵旨清查四庫全書字數書籍完竣緣由摺》："辦理三分全書，每分計字七萬萬三千零八十一萬九千字。"（中國第一歷史檔案館編《纂修四庫全書檔案》，上海古籍出版社，1997年，第1928頁。）

力。他們還能有多少精神去做文溯閣四庫全書的校勘工作？只得敷衍了事。以至後來乾隆皇帝批評："文溯閣全書訛謬甚多，且有脫寫全卷者，皆原辦各員校辦草率所致。"①而對有關人員嚴加懲處。其實文溯閣本鈔校品質不高僅是在仔細查勘後的意見，比起其他各庫來說，文溯閣本的鈔校品質並不差，在此也需申明。第三，文溯閣本《長安志圖》繕寫時所據原書底本蠹蝕嚴重，且經多次修改，一些地方因底本蝕殘，只得空缺，有些字難以辨識，鈔寫者只好據猜忖書寫，而難免出錯。在文溯閣本《長安志圖》中，《原序》就有兩處計18字缺文，卷中葉10有31字缺文，卷下葉29又有6字缺文。至於"長吏各在其縣"之"各"字書爲"谷"字；"潏水"書爲"滴水"，都可視爲文溯閣本鈔寫者因底本字跡不清而據猜忖書寫出現的文字訛誤。更有一些地方，文溯閣本、文淵閣本及畢沅校正本文字皆不相同，顯然因底本不一或者經館臣、畢氏幕僚改訂致此。如文溯閣本卷中葉21A6行小字夾註，"刋補駱志所闕，續有得者則刻于後"，文淵閣本爲"刋補駱志闕失，因增續得碑刻於後"，畢沅校正本爲"刊補駱志闕略，因增續得碑刻於後"，如此也造成諸種鈔繕書的文字差異。

長期以來，學界有一種說法，現存諸四庫本的鈔寫校勘品質，以文淵閣本爲最佳，其他諸本較差。其理由是，文淵閣本庋藏於宮廷，乾隆皇帝隨時可能御覽，由於害怕卷內文字訛脫引起龍顏不悅而遭致不測之禍，鈔校者更爲細心認真，故而文淵閣本的鈔校水準上乘。文溯閣本遠藏盛京（今瀋陽）書庫，乾隆皇帝難以御幸，存在一些文字差誤，至少不會引來貶遣之禍，因而文溯閣本的鈔校品質比起文淵閣本有很大差距。但我們對《長安志圖》文溯閣本與文淵閣本進行對勘的結果，推翻了上述憶說。文溯閣書前《提要》與文淵閣本比較有1處前者正確而後者錯誤。以兩本正文比校，文溯閣本可補文淵閣本文字缺佚、文溯閣本文字正確而文淵閣本訛誤、文溯閣本文辭圖片正確文淵閣本顛倒者85處，文淵閣本可補文溯閣本文字缺佚、文淵閣本文字正確而文溯閣本訛誤的100處。

①《清高宗實錄》卷1363乾隆五十五年九月甲午諭。

文溯閣本與文淵閣本《長安志圖》之所以文字繕寫校勘品質相差無幾，原因是多方面的。首先因爲文溯閣本是在文淵閣本鈔出以後的第二分四庫鈔本。一般情況下，第一分鈔本（文淵閣本）經過一段時間的閱讀查檢，會發現一些不足或問題，在鈔第二分書時就可以有所改正。其次，第二分書也是鈔校一批，隨即進呈皇帝御覽一批，制度嚴密，鈔校諸臣在進行文溯閣本鈔校工作時"如履薄冰"，極爲小心。第三，文溯閣本在入藏盛京書庫後，曾由陸錫熊、劉權之等負責於乾隆五十五年和乾隆五十七年兩次複校，對文溯閣本中的文字曾做過多次校檢，查出不少問題，一一予以改正。乾隆五十五年，陸錫熊曾上書報告其第一次對文溯閣書的校檢情況，說：

> 茲臣等自三月內分書校勘以來，每日帶同看書人等嚴立課程，卯入戌出，細心繙檢，敬照三閣釐定章程，於應刪應訂之處，逐一刊正。其填寫部類、抽撤考證及譯改遼、金、元人地官名，亦均詳悉畫一妥辦，務在疵纇[①]盡除，勒成定本，不敢稍有疏漏。現在各員名下分閱之書，業經全數校畢。臣履行核簽，亦已次第竣事。計閱過書六千一百餘函，此內點畫訛誤隨閱隨改外，共查出謄寫錯落、字句偏謬書六十三部，漏寫書二部，錯寫書三部，脫誤及應刪處太多應行另繕書三部，匣面錯刻、漏刻者共五十七部。內除錯落偏謬各書俱已隨時繕補改正，匣面錯落各處亦經一面抽改添刻外，其漏寫、錯寫等書，俟臣回京同紀昀查明，與應行另繕之本，俱即自行賠寫完妥……[②]

文溯閣本《長安志圖》封面內頁貼黃標示，該書詳校官爲潘曾起，復核官爲陸錫熊，未標二人官銜。底頁內面貼黃僅標示"謄錄附生臣丁文蓮"。我們分析，這是乾隆五十五年對文溯閣四庫全書進行第一次複校後的貼簽。四庫全書總纂官、都察院右副都御史陸錫熊主持此次複校工作。乾隆五十五年三月二十九日《都察院副都御史陸錫熊奏詳校文溯閣全書辦法摺》稱："臣總司核簽，仍兼分閱。與詳校之劉權

① 疵纇(lèi)，缺點，毛病。

②乾隆五十五年七月十二日《都察院右副都御史陸錫熊奏查勘文溯閣書籍完竣摺》，中國第一歷史檔案館編《纂修四庫全書檔案》，上海古籍出版社，1997年，第2191–2192頁。

之、鄭際唐、闞愧、潘曾起、翁方綱等，每人應分一千餘函。"[①]則翰林院編修、廣西學政潘曾起是這次複校的主要成員，具體分工校閱《長安志圖》等書。據文溯閣本書前《提要》所署，本書於乾隆四十七年(1782年)十一月鈔校畢。查文淵閣本書前《提要》著錄爲乾隆四十六年六月鈔校畢，兩書鈔校時間僅隔一年五個月。但所署"四十七年十一月"，應是文溯閣本《長安志圖》原鈔本的時間。由現存庫本底頁内貼黄僅有謄錄者姓名，而無文溯閣書總校官朱鈐及校對官職名看，今存文溯閣庫本《長安志圖》系乾隆五十五年複校的重鈔抽換本。我們在文溯閣本《長安志圖》中發現葉碼有明顯改寫痕跡者22處。包括卷上葉十二、十三、十四，卷中葉十三、十四、十九、二十一、二十二、二十三，卷下葉九、十三、十四、十七、二十二、二十三、二十四、二十七、二十九、三十一、三十二、三十三、三十四。它們說明，抽換本鈔成後，又查出缺葉或葉碼錯誤，故而再次補鈔或對所標葉碼進行了改寫。陸錫熊等人的複校，保證了文溯閣本較高的鈔寫品質。當然，由於複校時間倉促，這一次只有三月至七月不足五個月，每人要複校1千餘函，仍難免有所疏漏。

經校勘，文淵閣本與文溯閣本《長安志圖》文字差異很大，許多差異不可能是四庫館臣或鈔手的失誤造成的。其中，兩本文字不同，但含義相同或相近，兩者皆可者52處；兩本文字相同，兩本皆誤者3處；兩本文字不同，兩者皆誤者7處；文字不同，難辨正誤者22處；兩本文字不同，顯然因底本不同或爲原作者、館臣改寫者16處。從這些文字差別，是否可以得出文溯閣本《長安志圖》與文淵閣本的底本很可能不同的結論？這倒促使我們去探討文溯閣本《長安志圖》的版本問題。

據必申達而於元朝至正二年十月《涇渠圖序》[②]，該書著成不久即有作者原刻本。然原刻本或其他元朝本不見諸家著錄。錢大昕《元史藝文志》史部地理類僅稱"李好文《長安志圖》三卷"，[③]並無版本記錄。查《中國地方誌聯合目錄》[④]，李好文《長安志圖》現存者，除民國20年

① 中國第一歷史檔案館編《纂修四庫全書檔案》，上海古籍出版社，1997年，第2174頁。

②《長安志圖》卷下，葉2，民國20年長安縣誌局鉛印單行本。

③ 錢大昕《元史藝文志》，卷二葉9A，江蘇書局刊版。

④《中國地方誌聯合目錄》，中華書局，1985年，第162頁。

長安縣誌局刊單行本外，其餘明清諸刻本鈔本皆附刊于宋敏求《長安志》後。此種附刊本，有明成化間合陽書堂刻本，明嘉靖間李經刻本，清乾隆四十三年吳氏古歡堂鈔本，乾隆四十九年靈岩山館刻畢沅校正本。據王重民《中國善本書提要》[①]載，美國國會圖書館藏有明嘉靖間刻本《長安志圖》二冊，爲其時西安知府李某所刻，前有嘉靖十年(1531年)康海序，及至正二年(1342年)作者自序。此本殆與上載嘉靖李經刻本爲同一刊本。傅增湘《藏園群書經眼錄》[②]二"史部"載，有嘉靖十一年[③]李經刊于西安的《長安志》附《圖》三卷，李文藻跋錄朱彝尊跋語稱"其字畫粗惡"。又有盧氏抱經堂藏影寫明成化本《長安志》附《圖》三卷。看來，《長安志圖》的明刊本，僅有成化合陽書堂刻本及嘉靖十年李經刻本二種。

王重民先生稱《長安志圖》"自嘉靖至乾隆，似無別刻。"[④]四庫本就應該是《長安志圖》自明本以後較早的清代鈔本。《四庫全書總目》提要稱，《長安志圖》系據"安徽巡撫采進本。"[⑤]又稱，"此本乃明西安府知府李經所鋟，列于宋敏求《長安志》之首，合爲一編。……今仍分爲二書，各著於錄。"[⑥]很顯然，文淵閣本的《長安志圖》系以明嘉靖十年李經刻本爲底本繕寫而成。由於文溯閣本與文淵閣本《長安志圖》二者差別甚大，我們判斷，文溯閣本的底本應與文淵閣本的底本不同，亦就是說，文溯閣本應出自另一底本。

那麼文溯閣本《長安志圖》的底本是否爲明成化合陽書堂刻本呢？乾隆四十九年靈岩山館刻《經訓堂叢書》畢沅校正本系依據于明成化合陽書堂刻本。畢沅校正本在清代民國多次刊印，有光緒十三年影印《經訓堂叢書》本，光緒十七年思賢講舍重刻靈岩山館本，民國20年長安縣誌局印本，臺灣新文豐公司《叢書集成新編》史地類影印本

① 《中國善本書提要》，上海古籍出版社，1983年，第191頁。

② 傅增湘《藏園群書經眼錄》第2冊，中華書局，1983年，第398-399頁。

③ 嘉靖本年代應以康海序所署年代(嘉靖十年)判定，傅增湘先生似乎斷爲康海序之次年刊印，故有嘉靖十年與嘉靖十一年之別。

④ 《中國善本書提要》，上海古籍出版社，1983年，第191頁。

⑤ 《四庫全書總目》，中華書局，1965年，第620頁。

⑥ 《四庫全書總目》，中華書局，1965年，第621頁。

等。諸本中,以長安縣誌局鉛印本最爲疏朗清晰。我們對文溯閣本《長安志圖》與民國20年長安縣誌局校印畢沅校正本進行了校勘,發現二者文字亦差別甚大。文溯閣本有李好文《原序》,畢沅校正本無。畢沅校正本卷下二圖之後,有至正二年(1342年)奉訓大夫陝西諸道行御史臺監察御史必申達而所撰394字的《涇渠圖序》,文溯閣本無之。文溯閣本卷下葉4-葉5B2行行共26行,《渠堰因革》之"一曰""二曰""三曰"文字,畢沅校正本全缺,文自"四曰"起。其餘各種文字的差異尚達270餘處。如文溯閣本卷中葉20B4行,"今人意本欲傳遠",畢沅校正本爲"令其本欲傳遠"。文溯閣本卷下葉31B4行小字夾註,"加以囤堰薄疎,管道淺狹,水利微少",畢沅校正本爲"如以因堰疏薄,管道淺,並水郵微少"。文溯閣本卷下葉31B3行小字夾註,"上聞中書省以爲定例","上聞"二字,畢沅校正本爲"王准"。可見文溯閣本《長安志圖》亦與畢沅校正不是據同一底本繕錄,或者說文溯閣本《長安志圖》的底本不是明成化合陽書堂刻本。辛德勇《考<長安志><長安志圖>的版本——兼論呂大防<長安圖>》[1]認爲,今存各種《長安志》(包括《長安志圖》)的版本均來源於明成化本和嘉靖本,而成化本和嘉靖本又源於同一種元刻本。然依本文校勘分析,文溯閣本既非源于明成化本,又非源於明嘉靖本,而是出自乾隆以前之某一不知名版本。此不知名版本,很可能是在文淵閣本鈔成以後才發現的。我們的這一判斷,在《長安志圖》版本的研究上,似也有特別的意義。

以文溯閣本《長安志圖》與文淵閣本校勘的結果證明,四庫全書各庫本可能並非出自同一底本,文字往往差異較多,而形成新的版本。因此,我們不能將四庫全書各庫本視爲一種版本看,而應明確各自版本之不同,在研究和引用時,必須明確標示其爲文淵閣本、文溯閣本或文津閣本,否則就可能因無法查證,而出現問題。這是必須引起學者嚴重關切的。

① 辛文收入作者《古代交通與地理文獻研究》一書,中華書局,1996年。

文溯閣本《墨法集要》校勘研究

歷經200多年風雨而倖存於世的三部半《四庫全書》鈔本，是我國歷代文獻的淵藪，古代文化的瑰寶，有著極爲重要的價值。自1986年起，臺灣和大陸陸續影印出版了現存的兩部半《四庫全書》鈔本，國家指定收藏於蘭州的文溯閣本,是唯一尚未公開出版的存世四庫全書鈔本。爲了正確評估文溯閣本四庫全書的價值，我們從中選出子部《墨法集要》一書，與文淵閣本該書進行對勘，勘校出許多文字差異、篇目不同，發現該書有很高的文獻版本價值。本文即刊佈其校勘結果並加以論說。

筆、墨、紙、硯被視爲文房四寶，是幾千年中國文化傳承的重要工具。墨碇的製作，工藝複雜，而且優劣差別極大。明以前就有一些諸如《墨譜》、《墨苑》、《墨經》之類的製墨技術書，但因系儒者採訪墨工所著，非經親手試製，疏漏甚多，甚至純系想像臆說，難以憑信。《墨法集要》卻是明初墨師沈繼孫（字學翁）通過向民間製墨大師學習，雜取衆長，又親自長期實踐，總結製作佳墨經驗的技術專著，其中有圖21幅，直觀地顯示了製墨的設備及過程，是中國科技史和文化史的重要文獻。作者原序署爲洪武戊寅歲，即公元1398年，該書之成書當在其時。原書本已失傳，底本系由乾隆皇帝于乾隆四十一年（1776年）發現於《永樂大典》中，諭令館臣收錄於四庫全書子部譜錄類。

文溯閣本《墨法集要》書前提要之末署，本書於“乾隆四十六年（1781年）十一月恭校上”。查文淵閣本該書著錄爲乾隆四十六年九月鈔校進呈，兩書鈔校時間僅相隔兩個月。

甘肅省圖書館編輯《影印文溯閣四庫全書四種》，由上海古籍出版社於2003年出版，其中收入仿真版文溯閣本《墨法集要》，使我們得以仔細觀察秘藏深閣的這部書的真面貌。文溯閣本《墨法集圖》湖藍色絹面包背裝，一冊一卷，朱絲欄。書冊通高32公分，闊20.5公分,版高22.5公分,半葉版闊15.5公分。封面左側偏上簽框中書題爲"欽定四庫全書/子部/墨法集要/御製詩"[①]15字。正文葉1A版框內上方居中鈐12.8×12.8公分"文溯閣寶"朱印，正文末頁(葉48B)版框內上方居中鈐5×5公分"乾隆御覽之寶"朱印。書內含乾隆皇帝《御製題墨法集要圖說》1葉；館臣所撰"提要"2葉；書內文圖48葉，包括圖20葉半、文27葉半。總計51葉。文字每半葉8行，滿行21字，僅卷首提要葉1A2行所錄該書部類之"譜錄類"下有"器物之屬"4個雙行小字及葉16A 6行8個雙行小字的自注文。

我們以文溯閣四庫全書之《墨法集要》與文淵閣本該書進行了對校，發現兩本《提要》文字僅有1處異體字差異。文溯閣本正體的"圖"字文淵閣本爲異體"圗"。表明二者系由同一未經刪改的底本鈔出的。

文溯閣本與文淵閣本《墨法集要》正文相校，有86處文字不同。

有用異體字、俗體字、古今字、同義字者51處。如"葢"字，文淵閣本爲本體字"蓋"，12處；"裹"字，文淵閣本爲異體字"褁"，9處；"斤"字，文淵閣本爲借用字"觔"，7處；"面"字，文淵閣本爲俗體字"靣"，6處；"于"字，文淵閣本爲異體字"於"，5處；"灑"字，文淵閣本爲俗體字"洒"，3處；"硃砂"的"硃"字，文淵閣本爲古字"朱"，2處；"麵"字，文淵閣本爲異體字"麪"，2處；"烟"字，文淵閣本爲本體字"煙"，1處；"粗"字，文淵閣本爲通用字"麤"，1處；"擱"字，文淵閣本爲古體"閣"字，1處；"乘"字，文淵閣本爲異體字"乗"，1處；"候"字，文淵閣本爲同義字"俟"，1處。

有文溯閣本正確而文淵閣本訛誤者15處。即：正文葉3A2行，"緣闊一寸"，"一寸"，文淵閣本爲"一尺"。按，緣爲邊，指水盆的邊沿，若爲一尺，則其厚無比。當以文溯閣本"一寸"爲正。正文葉3A6行，"低盆口三分"，"低"字，文淵閣本爲"底"字，誤。正文葉3B1行，"則頻傾冷水"，"傾"字，文淵閣本爲"侵"字，誤。正文葉3B2行，"但傾水爲

① 文淵閣本因未收入乾隆皇帝之《御製題墨法集要圖說》，故題簽無"御製詩"三字。

妙”,“傾”字,文淵閣本爲“侵”字,誤。正文葉12A8行,“併聚一器”,“器”字,文淵閣本爲“室”字,誤。正文葉16A4行,“乘熱入闊口瓶中”,“熱”字,文淵閣本爲“熟”字,誤。正文葉16B8行,“一分魚膠”,“膠”字,文淵閣本爲“鰾”字。按,魚鰾膠亦可簡稱魚膠,但魚鰾非魚膠,故文淵閣本誤。正文葉17A2行,“貨墨者無一人肯辨其非”,“辨”字,文淵閣本爲“辯”字,誤。正文葉17A8行,“陳年牛膠四兩半”,“膠”字,文淵閣本爲“皮”字,誤。正文葉27A4行,“搗得成餅”,“餅”字,文淵閣本爲“熟”字,以上下文看,似以“餅”字爲當。正文葉27A5行,“即換出甑中者擣之”,“即”字,文淵閣本爲“卻”字,誤。正文葉33B6行,“薄小利新”,“新”字,文淵閣本爲“漸”字。按墨錠薄小則易磨耗,故多用新墨,“漸”字誤。正文葉40B2行,“則墨屈裂”,“屈”字,文淵閣本爲“曲”字,似以“屈”字爲妥。正文葉41B6行,“半日之後,方可見風”,“日”字,文淵閣本爲“月”字,以“出灰”段之文稱“置當風處吹晾一兩日,候表裏徹幹”看,以“日”字爲是。正文葉45A7行,“於焙籠上置一枚紙灰缸”,“上”字,文淵閣本爲“下”字,誤。

有文溯閣本訛誤而文淵閣本正確者9處。即:正文葉16B1行,“每桐油煙十兩”,“每”字後,文淵閣本增一“用”字,正。正文葉20B4行,“皆浸至辰已間”,“已”字,文淵閣本爲“巳”字,按辰巳系古代以地支法紀時所用詞,約當於上午7-11時,故文溯閣本之已爲誤。正文葉20B7行,“不膩藥有當研入細末”,“入”字,文淵閣本爲“爲”字,正。正文葉25A4行,“甑上汁下如雨”,“汁”字,文淵閣本爲“汗”字,正。正文葉33B2行,“香片、麝腦”,文淵閣本爲“麝香、片腦”。按,中藥中無“香片”,有“片腦”,即龍腦香。《本草》諸方中多“麝香、片腦”或“沉香、片腦”或“乳香、片腦”連用。《本草綱目》卷三十四木部一“龍腦香”,“[釋名]片腦(綱目),羯婆羅香(衍義),膏名婆律香。[時珍曰]龍腦者,因其狀加貴重之稱也。以白瑩如冰,及作梅花片者爲良,故俗呼爲冰片腦,或云梅花腦。番中又有米腦、速腦、金腳腦、蒼龍腦等稱,皆因形色命名,不及冰片、梅花者也。清者名腦油,《金光明經》謂之羯婆羅香。[恭曰]龍腦是樹根中乾脂。婆律香是根下清脂。舊出婆律國,因以爲名也。"[①]文溯閣本"香片、麝腦"爲誤。正文葉33B6行,"墨工不善爲厚大","善"字,文淵閣本爲"喜"字,正。正文葉45A3行,"絹袋拭淨","袋"字,文淵閣本爲"帛"字,正。正文葉47A1行,"試墨","墨"字,文淵閣本爲"研"字,查文溯閣本葉48圖名亦爲"試研",故似以"研"字爲正。正文葉47A5行,"墨光次之","墨"字,文淵閣本爲"黑"字,正。

有文溯閣本正確,文淵閣本文字脱佚或顛倒者2處。正文葉16B1行,"每桐油煙一十兩","一"字,文淵閣本缺佚,誤。正文葉40B7行,"秋夏蔭","秋夏"二字,文淵閣本爲"夏秋",以下文"春冬"擬比,則"秋夏"爲正,文淵閣本顛倒。

有文溯閣文字脱佚或顛倒,文淵閣本正確者3處。即:正文葉34B7行,"不用蠟","蠟"字後,文淵閣本增"刷"字,當。正文葉45A5行,"風眼片時收之""風"字後,文淵閣本增"中"字,當。正文葉37A1行,標題"脱印",二本之圖及文淵閣本目録皆爲"印脱",則文溯閣本標題誤倒。

有二本文字不同,兩者皆可者3處。即:正文葉20B5行,"逼去濃腳用之","去"字,文淵閣本爲"出"字,皆可。正文葉34A6行,"乃入灰也","也"字,文淵閣本爲"池"字,按,灰置池內,故單稱灰可,複稱灰池亦可。正文葉41A1行,"亦難太拘日數","數"字,文淵閣本爲"期"字,似皆可。

有二本文字相同,但皆爲錯訛或不當者3處。即:正文葉3A6行,"油觥置各磚塊上","各"字,文淵閣本同,疑應爲"擱"字,或因音近而誤,或原本即如此誤寫。正文葉20B5行,"去柤矴清","矴清"二字,文淵閣本同。按,矴即碇,停船時鎮船用的石礅。此處似用作沉澱之澱字,然古籍中不見此用法,或二本皆誤書别字,或原本即如此誤寫。正文葉27A1行,標題"杵搗","搗"字,文淵閣本同,與"擣"爲通用字。然文淵閣本目録及二本內文皆用"擣",則似用字不一致。

以上校勘結果告訴我們,文溯閣本《墨法集要》與文淵閣本該書相校,總計有86處文字差異。其中同一字用不同字體的有51處,二者文

① 李時珍《本草綱目》,第3冊,中國書店,1988年,第121頁。

字不同而二者皆可者3處。以上二類難分彼此的差異共54處，占文字總差異的63%。另有二者文字相同但皆爲錯訛或不當者3處，或許《永樂大典》原本如此。在其餘可以確定正誤的29處文字差異中，文溯閣本正確而文淵閣本錯訛顛倒缺佚的17處，文淵閣本正確而文溯閣本錯訛顛倒缺佚的12處。以差錯率比較，顯見文溯閣本該書的謄鈔和校對優於文淵閣本該書。

文溯閣本《墨法集要》與文淵閣本雖然同爲據《永樂大典》本鈔出，但二者之間仍出現這麼多的異體字、俗體字、古今字、同義字，主要是四庫館對全書的謄鈔僅有字體（館閣體）要求，而無規範字要求，事實上自秦至清朝廷從未頒佈規範字，以至謄寫人員憑個人書寫習慣寫來。這其實是古代所有手鈔本都存在的一個雖說是不言自明卻又極其重要的問題。

文溯閣本《墨法集要》封面內頁貼黃標示，該書由"總纂官臣陸錫熊覆校，詳校官臣翁樹培"。此署名說明此書經陸錫熊親自覆校過。查文溯閣本經部《易圖說》、史部《長安志圖》、集部《璇璣圖詩讀法》封面內頁貼黃皆稱"覆核官臣陸錫熊"。核與校雖說都是對書本鈔寫品質的檢查，但校是一字一字地對看，核是抽查，相對較爲粗疏。既然本書貼黃稱"覆校"，則此次陸氏的校勘當更爲認真細緻。原來，文溯閣本入藏盛京書庫後，曾由陸錫熊、劉權之等負責於乾隆五十五年和乾隆五十七年兩次復校，對文溯閣本中的文字進行校檢，查出不少問題，一一予以改正。乾隆五十五年，陸錫熊上書報告其第一次對文溯閣書的校檢情況，說："茲臣等自三月內分書校勘以來，每日帶同看書人等嚴立課程，卯入戌出，細心繙檢，敬照三閣釐定章程，於應刪應訂之處，逐一刊正。其填寫部類、抽撤考證及譯改遼、金、元人地官名，亦均詳悉畫一妥辦，務在疵纇盡除，勒成定本，不敢稍有疏漏。現在各員名下分閱之書，業經全數校畢。臣履行核簽，亦已次第竣事。計閱過書六千一百餘函，此內點畫訛誤隨閱隨改外，共查出謄寫錯落、字句偏謬書六十三部，漏寫書二部，錯寫書三部，脫誤及應刪處太多應行另繕書三部，匣面錯刻、漏刻者共五十七部。內除錯落偏謬各書俱已隨時繕補改正，匣面錯落各處亦經一面抽改添刻外，其漏寫、錯寫等書，俟臣回京同紀昀查明，與應行另繕之本，俱即自行賠寫完妥……”[①]看來，這部書在復校時分工翁樹培進行校對後，陸錫熊又進行過一次認真的復校。由此，我們今天以文溯閣本該書與文淵閣本該書對勘後發現前者的錯誤較少，其原因蓋與陸錫熊特別進行的復校有關。

《永樂大典》本中的《墨法集要》一書久已遺失。查諸種書目，《墨法集要》除四庫全書七閣本和四庫全書薈要本外，僅有清乾隆四十年武英殿聚珍版，而且皆系清四庫館由《永樂大典》中輯出者。根據上述校檢，文溯閣本該書比文淵閣本文字正確率更高。故而，我們可以斷定文溯閣本《墨法集要》爲現存該書最好的本子，有很高的文獻和學術價值。長期以來，學界有四庫諸本中以文淵閣本版本最好的說法，根據上述校勘，此說似乎並非完全正確，至少以《墨法集要》的兩種本子比較，此說難以成立。

又，《墨法法要》一書，在《販書偶記》、《販書偶記續編》、《中國善本書提要》、《中國古籍善本書目·子部》皆不見著錄。當代除影印諸四庫全書本中收有此書外，亦無任何出版家出版過單行本。由此書的版本狀況可以推想，在四庫全書中尚有許多二百年來未見付梓的有重要學術和版本價值的珍稀典籍，應該引起出版界關注。

文溯閣本《墨法集要》與文淵閣本還存在着重大的篇目差異，即文溯閣本多出一篇乾隆皇帝撰寫的《御製題墨法集要圖說》，卻少了文淵閣本有的沈繼孫撰《墨法集要原序》以及《墨法集要目錄》。

《御製題墨法集要圖說》是四庫文獻中的一篇重要文件，該文言："《墨法集要》一卷，明洪武間吳郡沈繼孫撰。自言，初受法於三衢墨師，後又從一僧，得墨訣，遂並錄成書，縷析製法，繪圖二十有一，各爲之說，頗切於用。其書向不傳。昨檢《永樂大典》得此，命儒臣錄入四庫全書。原本諸圖間有參錯者，重加釐正，復命徐揚爲設色長卷，以佐幾餘清賞。因成長律並識簡端。"[②]文末附其所撰長律，稱：

隃麋最古《漢書》銓，魏晉逮唐代有焉。磨墨磨人胥實盡，供

① 乾隆五十五年七月十二日《都察院右副都御史陸錫熊奏查勘文溯閣書籍完竣摺》，中國第一歷史檔案館編《纂修四庫全書檔案》，上海古籍出版社，1997，第2191–2192頁。

② 收於文溯閣四庫全書子部《墨法集要》卷首。

書供畫衹名傳。繼孫斯得三衢法，韋誕難求一帙編。爲說爲圖臚次第，孰先孰後遞尋沿。因教設色成長卷，便以遣閒佐翰筵。設曰旅獒箴玩物，較於他物此差賢。

該圖說及律詩追述了製墨的歷史，讚譽了沈繼孫刻苦學習和鑽研佳墨製作技術以及該書的價值，揭示了發現《永樂大典》中失傳之該書的經過，要求館臣將其收入四庫全書，表達了乾隆皇帝對該書的極端重視。

乾隆皇帝該序及詩亦收入《四庫全書》集部別集類《御製詩四集》第33卷中，該卷卷目稱"古今體八十五首·丙申一"。丙申爲乾隆四十一年，即公元1776年。是知乾隆皇帝從《永樂大典》中發現該書及撰此詩文的準確年份。查中華書局影印現存《永樂大典》殘本中並無該書，故我們應該感謝乾隆皇帝此舉保存了中國古代科學技術史中的一部重要著述，使其不致因歷史風雲而遺失，同時也由此得知，在編纂四庫全書過程中，乾隆皇帝是做了許多具體工作的。

前已敍述文溯閣本在入藏盛京書庫後，曾由陸錫熊、劉權之等負責兩次復校，對文溯閣本中的文字進行校檢，查出不少問題，一一予以改正。乾隆五十五年五月初四日正在盛京復校文溯閣四庫全書的陸錫熊上摺道："現在校閱之經史二部各書，除脫文錯簡隨時改正外，查出遺漏圖者有《大清會典》、《易象正》、《明集禮》三種，脫寫全卷有《欽定康濟錄》、鄭樵《通志》二種，脫寫原目敘錄者有《東都事略》、《戰國策校注》二種。"[①]看來，兩次覆校對脫佚圖表、篇章查得很嚴。故而可以斷定，文溯閣本《墨法集要》所缺之作者原序及目錄，系館臣在文溯閣本鈔錄時有意刪除，所以兩次覆校並未糾正。

至於爲什麼文溯閣本在卷首鈔錄了《御製題墨法集要圖說》，卻將《永樂大典》本和文淵閣本已有的原書作者沈繼孫撰《墨法集要原序》以及《墨法集要目錄》刪去？我們以爲，可能系館臣怕因《原序》內容有損御製《說》的價值從而得罪皇帝故有意爲之。其實，沈氏原序於《墨法集要》是不可或缺的，也不是乾隆皇帝御製《說》可以代替的。該序

① 《都察院右副都御史陸錫熊奏詳校文溯閣書籍情形摺》（乾隆五十五年五月初四日），中國第一歷史檔案館編《纂修四庫全書檔案》，上海古籍出版社，1997年，第2176頁。

詳細敍述了沈繼孫對以往諸制墨技術書的評價，他自己四處求師、尤其是向三衢墨師學習的經過，個人據墨師指點，製成佳墨的過程，後又得到一位僧人的墨訣，總結諸位師傅的經驗，並自己鑽研，著述成《墨法集要》一書，受到某客的高度評價等。序末署"洪武戊寅歲"，即洪武三十一年公元1398年，不僅告訴我們該序撰述的時間，同時也讓我們能夠據之斷定該書的準確成書時間。故而，沈繼孫的《序》是《墨法集要》一書的有機組成部分，與乾隆皇帝《御製題墨法集要圖說》相互發明，並無齟齬，四庫館臣將其從文溯閣本中删去實在令人莫明所以。

《墨法集要目錄》份量很小，但對於查詢和閱讀該書是有價值的，本來不必删去。但考慮到古籍中凡單卷本的書多無目錄，則删去目錄亦無大礙。

據《御製題墨法集要圖說》，乾隆帝從《永樂大典》中發現該書後，因"原本諸圖間有參錯者"，命四庫館臣"重加釐正，復命徐揚爲設色長卷，以佐幾餘清賞。"文溯閣本《墨法集要》中有圖21幅，爲黑白線條畫，當非徐揚親筆。但畫工在摹繪書中諸圖時，當以徐揚的彩色長卷爲藍本。因而可以說，文溯閣四庫全書《墨法集要》諸圖，在一定程度上反映了乾隆朝著名宫廷畫師徐揚的筆法。

我們另以文溯閣本《墨法集要·提要》與《四庫全書總目》[①]（以下簡稱《總目》）及《金毓黼手定本文溯閣四庫全書提要》（以下簡稱《金本》）[②]中該書提要相校，發現有9處文字差異。內與《金本》的差異3處，都是將俗體的"烟"字寫成本體的"煙"字。證明金先生所定文溯閣四庫全書提要的品質是比較可信的。文溯閣本書提要與《總目》提要的差異6處。其中，顯系紀昀等在編刊《總目》時改定的有3處。一是將"自言"改爲"自云"，二是將"漸亡"改爲"漸廢"，三是將"惟是法獨傳，繼孫所制，今不傳"，改爲"惟油煙獨行，繼孫墨，今已不傳"。後兩處改動使文義更爲清晰，值得肯定。用異體字的1處，將"於"字鈔爲"於"字。《總目》錯了1處，將文溯閣"黑若點漆"之"黑"字，鈔爲"墨"字。按，四庫集部別集類收有元倪瓚《清閟合全集》，其卷六有《贈墨生

① 中華書局1965年整理影印本。

② 中華全國圖書館文獻縮微複製中心1999年印本。

沈學翁》詩，序云："沈學翁隱居吳市，燒墨以自給，所謂不汲汲于富貴，不戚戚於貧賤者也。煙細而膠清，黑若點漆，近世不易得矣。因賦贈焉。"則《總目》之"墨"爲訛字。該錯訛的出現，或許是紀昀等率性改定造成，或許是鈔寫時致誤。在將文溯閣本提要與四庫全書薈萃本該書提要校對時，發現"李廷珪"的"珪"字，薈萃本誤書爲"圭"字。此問題，大概因鈔寫者不慎所致。

文溯閣本《璇璣圖詩讀法》校勘研究

乾隆年間撰修的《四庫全書》，是我國傳統文化的瑰寶，古代最大的一部叢書。200多年來，該書歷經劫難，僅餘三部半存世。收藏于蘭州九州臺藏書樓的文溯閣本,是目前唯一尚未公開出版的存世四庫全庫鈔本。爲了正確評估文溯閣本四庫全書的文獻版本價值，我們選擇文溯閣集部《璇璣圖詩讀法》[①]一書，與文淵閣本該書進行對勘，勘校出許多文字差異、內容不同，甚至數頁顛倒，發現該書有很高的版本和文獻價值。本文即刊佈其校勘結果並加以評述。

一

《璇璣圖詩》又稱《織錦回文詩》，是前秦苻堅(357—385年在位)時，始平(治在今陜西興平縣東北19里)青年女子蘇蕙寫給任官遠方的丈夫竇滔表達離別之情的閨閣回文詩。該詩以五彩絲線繡於一塊八寸見方的錦帕上，詩共29行，每行29字，中心空缺1字，總計840字。後人感慨其詩圖之妙，在中央增一“心”字，成爲後來流傳的841字。詩以璇璣命名，喻其如日月七星在天體運行，錯綜復雜，卻又有其內在規律。840字的文字方陣縱橫反復、上下左右、裏外交互、順逆迴圈、斜角隔行閱讀，皆可以成詩，是撰成較早、影響最大的一部回文詩。

關於蘇蕙生平及撰寫《回文詩》由來，早期就有不同說法。唐修

① 該書收入甘肅省圖書館編輯《影印文溯閣四庫全書四種》(仿真版)，上海古籍出版社2003年。

《晉書·列女傳》言:“竇滔妻蘇氏,始平[①]人也,名蕙,字若蘭。善屬文。滔,苻堅時爲秦州刺史,被徙流沙,蘇氏思之,織錦爲《回文旋圖詩》以贈滔。宛轉迴圈以讀之,詞甚淒惋,凡八百四十字,文多不錄。”[②]傳爲武則天所撰《璇璣圖詩讀法記》[③]稱:“前秦苻堅時,秦州刺史扶風竇滔妻蘇氏,陳留令武功道質第三女也,名蕙,字若蘭,識知精明,儀容秀麗,謙默自守,不求顯揚。行年十六,歸於竇氏,滔甚敬之。然蘇性近於急,頗傷妒嫉。滔字連波,右將軍真之孫,朗之第二子也。風神秀偉,該通經史,允文允武,時論高之。苻堅委以心膂之任,備歷顯職,皆有政聞。遷秦州刺史,以忤旨謫戍燉煌。會堅寇晉襄陽,慮有危逼,籍滔才畧,乃拜安南將軍,留鎮襄陽焉。初,滔有寵姬趙陽臺,歌舞之妙,無出其右。滔置之別所,蘇氏知之,求而獲焉,苦加捶辱,滔深以爲憾。陽臺又專伺蘇氏之短,諂毀交至,滔益忿焉。蘇氏時年二十一。及滔將鎮襄陽,邀其同往,蘇氏忿之,不與偕行。滔遂攜陽臺之任,斷其音問。蘇氏悔恨自傷,因織錦回文,五綵相宣,瑩心耀目。其錦,縱廣八寸,題詩二百餘首,計八百餘言,縱橫反覆,皆成章句。其文點畫無缺,才情之妙,超今邁古,名曰《璇璣圖》。然讀者不能盡通,蘇氏笑而謂人曰:‘徘徊宛轉,自成文章。非我佳人,莫之能解。’遂發蒼頭齎致襄陽焉。滔省覽錦字,感其妙絶,因送陽臺之關中,而具車徒盛禮,邀迎蘇氏歸於漢南,恩好愈重。”考武則天之文,詳則詳矣,卻頗難徵實。如稱蘇蕙爲武功人,就與《璇璣圖詩》詩心“始平蘇氏”之自署不諧。再如稱竇滔“拜安南將軍,留鎮襄陽”,亦於史無據。《晉書·苻堅載記》云:“太元四年,苻丕陷襄陽,……(苻堅)以其中壘梁成爲南中郎將、都督荊揚州諸軍事、荊州刺史,領護南蠻校尉,配兵一萬鎮襄

① 始平,縣名,郡名,此處指縣名,治在今陝西興平市東北十九里。史爲樂主編《中國歷史地名大辭典》(中國社會科學出版社2005年,下册,第1733頁)稱:“始平縣,三國魏黃初元年(220年)改平陵縣置,屬扶風郡。治所在今陝西咸陽市西北十八里。十六國前秦苻堅移治茂陵城(今興平市東北十九里),爲始平郡治。……”

②《晉書》卷96《列女竇滔妻蘇氏傳》,中華書局1974年,第2523頁。趙逵夫《蘇蕙〈回文璇璣圖〉的文化蘊含和社會價值》一文認爲,蘇蕙傳基本上據臧榮緒《晉書》成,見《陝西師範大學學報》1999年第4期。

③ 該文收入文淵閣本《璇璣圖詩讀法》卷首。

陽"。[①]鎮襄陽者乃梁成，非蘇蕙丈夫竇滔。甚至文末所署"如意元年五月一日大周天冊金輪皇帝"也大有問題。如意元年，當公元692年，其時武氏尊號爲"聖神皇帝"。其稱"天冊金輪聖神皇帝"系證聖元年(695年)九月至神龍元年(705年)正月事。[②]所以古人懷疑《記》非武氏所撰。趙逵夫《蘇蕙〈回文璇璣圖〉的文化蘊含和社會價值》善意爲之彌合，認爲，如意系永昌之誤書，武則天《記》作于永昌元年(689年)，可備一說。因該《記》流傳有序早經著錄，我們沒有必要否定武氏撰文的可能性，但對其中所言蘇蕙生平諸事，不可全信，更不能憑其去懷疑《晉書》的記載。

《璇璣圖詩》流傳久遠。晉崔鴻《前秦錄》、臧榮緒《晉書》即述其事[③]，南朝江淹、吳均、梁元帝、庾信、隋薛道衡都有詩詠歎。《隋書·經籍志四》著錄："《織錦回文詩》一卷，苻堅秦州刺史竇氏妻作。"[④]武則天《記》讚揚："蘇氏……錦字回文，盛見傳寫，是近代閨怨之宗旨，屬文之士咸龜鏡焉。朕聽政之暇，留心墳典，散帙之次，偶見斯圖。因述若蘭之才，復美連波之悔過。遂製此記，聊以示將來也。"[⑤]由是該詩流傳更廣，被唐徐堅《初學記》、宋桑世昌《回文類聚》、明張之象《古詩類苑》、馮惟訥《古詩紀》、馮夢龍《醒世恒言》、清萬樹《璇璣碎錦》、吳景旭《歷代詩話》等書收錄，歷代名家如唐蔡省風、宋黃庭堅、秦觀、蘇軾、清李因篤等詠誦。清李汝珍著小說《鏡花緣》，巧妙地將武則天《記》及《璇璣圖詩》全文及讀法收入，使其更廣泛地在民間傳播。

歷代釋讀《璇璣圖詩》者衆。武則天《記》稱從中讀出二百餘首詩，唐宋間僧人起宗[⑥]將其用5彩分爲7圖147段，讀出三言、四言、五言、

① 《晉書》卷113《苻堅載記》，中華書局1974年，第2901頁。

② 《舊唐書》卷6《則天皇后本紀》，中華書局1975年，第121–125頁。

③ 見《太平御覽》卷520，宋吳淑《事類賦》自注。

④ 《隋書》卷35《經籍志四》，中華書局1973年，第1085頁。

⑤ 大周金輪皇帝御製《璇璣圖詩讀法記》，收於四庫全書該書書首。

⑥ 起宗究竟是何時代人，明清學者有不同說法。郎瑛《七修類稿》卷39《蘇若蘭織璇璣圖詩》稱"皇朝起宗和尚"。皇朝指明朝。四庫全書子部雜家類雜纂中所收元陶宗儀《說郛》卷78上《織錦璇璣圖》按語中，稱："起宗道人分圖析類，獨得其旨。"文溯閣本《璇璣圖詩讀法·凡例》稱："起宗道人"。我們據宋人桑世昌編《回文類聚》(文淵閣四庫全書本)卷一，"又五色讀法"中錄宋太宗至道元年(995年)十一月六日廣慧夫人之文，斷起宗爲宋太宗以前人。

六言、七言詩共3752首。[1]明朝武功人康萬民，在僧人起宗的基礎上，又採用正讀、反讀、起頭讀、逐步退一字讀、倒數逐步退一字讀、横讀、斜讀、四角讀、中間輻射讀、角讀、相向讀、相反讀等12種讀法，增讀得五言、六言、七言詩4206首，加上起宗所讀詩，總計讀得詩7958首，著成《璇璣圖詩讀法》一書，是古代《璇璣圖詩》讀法的集大成者[2]。清初，武功康呂賜（1643—1731年），言"專錄其詩圖並校諸讀法，合爲一編存之。後有授梓者，可於諸圖依增讀原刻分别，俱如織錦采色顔之木，以便觀覽。"[3]似乎《璇璣圖詩讀法》即其最後編成。黄虞稷《千頃堂書目》著錄者恐即該版。四庫全書館據湖北巡撫采進本將該書收入《四庫全書》集部别集類。

文溯閣本《璇璣圖詩讀法》灰褐色絹面包背裝，一冊上、下卷，朱絲欄。書冊通高32公分，闊20.5公分,版高22.5公分,半葉版闊15.5公分。封面左側偏上簽框中書題"欽定四庫全書/集部/璇璣圖詩讀法/卷上下"17字。卷上葉1A版框内上側居中鈐12.8×12.8公分"文溯閣寶"朱印，卷下末葉（葉33）A版框内因前4行有文字，故在其後4行之上方居中鈐5×5公分"乾隆御覽之寶"朱印。書内總計64葉，卷首有館臣所撰"提要"2葉，唐武則天御製《璇璣圖詩讀法記》及清初康呂賜《蘇若蘭織錦回文璇璣圖詩暨諸讀法合刻識言》2葉，《凡例》2葉；内文卷上26葉，卷下32葉。文字每半葉8行，滿行21字，小字或注文雙行，有一行29字者。

二

我們參照文淵閣本，對文溯閣本《璇璣圖詩讀法》進行了校勘。因原文爲手寫繁體字，故校文使用繁體字或個别異體字。情况如下：

---

① 明郎瑛《七修類稿》卷39，上海書店出版社2001年，第411頁。

② 熊家振修、張塤纂《扶風縣誌》（乾隆四十四年〔1779年〕刻），稱讀出詩9958首。

③ 康呂賜《蘇若蘭織錦回文璇璣圖詩暨諸讀法合刻識言》，收錄于文溯閣本《璇璣圖詩讀法》卷首。

（一）兩本的重大文字差異和闕文互補

文溯閣本《璇璣圖詩讀法》與文淵閣本重大的文字差異有4處。其一，文淵閣本及《四庫全書總目》[①]（又稱《四庫全書總目提要》，以下簡稱《總目》）提要最後一段文字（264字），文溯閣本無。我們考證，這264字的說法是錯誤的，可能後來發現了這個問題，故而將其刪除了。其二，卷首《璇璣圖詩讀法記》後，有康呂賜短文的標題《蘇若蘭織錦回文璇璣圖詩暨諸讀法合刻識言》19字，文淵閣本缺。其三，正文卷上葉18A至葉20A，與文淵閣本出現大幅度的文字顛倒。即葉18A1-8行及葉18B1-4行共12行，與文淵閣本葉19A7-8行及葉19B全部，及葉20A1-2行共12行，文字相同；葉18B5-8行共4行，與文淵閣本葉19A3-6行共4行，文字相同；葉19A及B全部文字，及葉20A1-2行，共18行，與文淵閣本葉18A及B全部文字，及葉19A1-2行，共18行，文字相同。其四，卷上葉26A1-2行，"右第三圖，原讀詩三千五百一十八首，增讀詩三千七百八十八首，總七千三百六首"，"總七千三百六首"，文淵閣本爲"總七千三百一十六首"字，按以三千五百一十八首加三千七百八十八首，計七千三百零六首，則文溯閣本爲正。

《璇璣圖詩讀法》文溯閣本與文淵閣本皆有個別闕文。其中，文溯閣本可補文淵閣本文字缺佚的4處。即，提要葉2A4行，"引《織錦回文詩序》曰"，"曰"字，《總目》提要同，文淵閣本提要缺佚該字，語氣不順。卷上葉2B4行"餘倫桑"，"餘"字此外之意，文淵閣本缺佚此字，誤。卷上葉5B7行，"真志篤終誓穹蒼"，"真"字，文淵閣本佚，誤。卷下葉13B7行，"以上三段讀法俱同前"，"以上"二字，文淵閣本缺佚。文淵閣本可補文溯閣文字奪脫的2處。卷上葉13B3行，"每□各增詩十八首"，"每"字後空格表示待補而未補的缺字，文淵閣本爲"段"字，可補其缺。卷下葉13B8行，"四段每段各得詩一十六首"，"四段"二字前，文淵閣本增"以上"二字。

（二）文字誤訛互正

文溯閣本《璇璣圖詩讀法》與文淵閣本各自存在一些文字訛誤，也

① 清永瑢等撰《四庫全書總目》，中華書局1965年。

有互正關係。

文溯閣本文字正確，文淵閣本訛誤者21處。提要葉1B1行，"苻堅秦州刺史竇滔"，葉1B 3–4行，"苻丕陷襄陽"，兩處"苻"字，《總目》提要同，文淵閣本書前提要爲"符"字，誤。提要葉2A8行，"考黄庭堅詩已用連波悔過、陽臺暮雨事"，"已"字，文淵閣本提要同，《總目》提要爲"巳"，誤。同句中"悔過"，《總目》提要同，文淵閣爲"悔遏"，誤。卷首《凡例》葉2A4–5行，"生生不已"，"已"字，文淵閣本爲"巳"字，誤。卷上葉2B3行，"由蒼欽所感"，"所感"二字，文淵閣本爲"欽所"，誤。卷上葉10B7行，"至微深"，"深"字，文淵閣本爲"湥"字。按"湥"(tū)，流也，流貌。顯系文淵閣本書寫"深"的古體"滚"字時缺筆致誤。卷上葉17A4行，"真志之桑倫"，"真"字，文淵閣本爲"貞"字，誤。卷下葉3B8行，"殊浮沉"，"沉"字，文淵閣本同，然該本圖爲沉原字"沈"字，則此處不應書"沉"。卷下葉4A5行，"詩興之舊聞"，"聞"字，文淵閣本爲"新"字，誤。卷下葉5B5行，"氏辭之舊聞"，"聞"字，文淵閣本爲"新"字,誤。卷下葉5B7行、卷下葉6A2行，"佞臣"，"佞"字，文淵閣本爲"奸"字,誤。卷下葉6B3–4行，"罪辜深"，"深"字，文淵閣本爲"神"字，誤。卷下葉6B8行、卷下葉8B5行，"佞因之傷身"，"佞"字，文淵閣本爲"佞"字,據文淵閣本《讀法》，應爲"奸"字，則文淵閣本"佞"爲錯字。卷下葉9B6行、卷下葉9B7行、卷下葉10A4行，"嗟中"，"中"字，文淵閣本爲"仁"字,誤。卷下葉22B2行，"作亂之防萌"，"亂"字，文淵閣本爲"辭"字，誤。卷下葉26B2行，"詩風之孟宣"，"孟"字，文淵閣本爲"孔"字，誤。

文溯閣本文字訛誤，而文淵閣本正確者21處。卷上葉2B2行，"從第八字貞志横過"，"貞"字，文淵閣本爲"真"字，文溯閣本卷上葉1B2圖小字1行由上往下第8字亦爲"真"字，則文淵閣本爲正。卷上葉3A5行、卷上葉10B7行、卷上葉11A2行小字2行，"佞"字，文淵閣本爲"奸"字，按文溯閣本卷上葉1B2圖小字2行由上往下第15字爲"奸"字，諸本同。則文溯閣本"佞"字爲誤。卷上葉5A4行，"巳"字，文淵閣本爲"已"，正。卷上葉9B4行，"暮"字，文淵閣本爲"薄"字，正。卷上葉10A1行，"移身"，"移"字，文淵閣本爲"遺"字，系謄寫者誤書同音字。卷上葉12A2行，"虞唐貞"，"貞"字，文淵閣本爲"真"字，正。卷上葉12B7行、卷上葉16B1行,"士"字,文淵閣本爲"生"字,正。卷上葉20B7行,"遐阻曠遠","阻"字,文淵閣本爲"幽"字,正。卷上葉22A5行,"賢惟聖配英華倫","華"字,文淵閣本爲"皇"字,正。卷下葉2A3行,"慈"字,文淵閣本爲"辭"字,正。卷下葉2A4行,"怨"字,文淵閣本爲"冤"字,正。卷下葉11B4行,"露"字,文淵閣本爲"路"字,正。卷下葉17B10行,"興利"二字,文淵閣本爲"興厲",正。卷下葉23B3行,"顏散改華容","散"字,文淵閣本爲"喪"字,正。卷下葉23B5行、卷下葉25B4行、卷下葉27A5行,"衰"字,文淵閣本爲"哀"字,正。

文溯閣本正確,而文淵閣本文字顛倒者5處。卷下葉14B5行,"君無家"三字,文淵閣本爲"家無君",誤。卷下葉29A6行、卷下葉31A7行、卷下葉31B1行,"辭麗"二字,文淵閣本爲"麗辭",誤。卷下葉29A8行,"理興之麗辭","理興"二字,文淵閣本爲"興理",誤。

文溯閣本文辭顛倒,而文淵閣本正確者13處。卷上葉4B1行,"飄離浮江","飄離"二字,文淵閣本爲"離飄",正。卷上葉11B1行、卷上葉20B6行、卷上葉22 A6行、卷下葉2B4行,"感興"二字,文淵閣本爲"興感",正。卷上葉11B3行,"始終觀曜繁華","觀曜繁華"四字,文淵閣本爲"曜觀華繁",正。卷上葉14A6行,"如何將情纏憂殷","如何"二字,文淵閣本爲"何如",正。卷上葉14B1行、卷上葉21B5行、卷下葉2B4行、卷下葉3B8行,"觀曜繁華"四字,文淵閣本爲"曜觀華繁",正。卷上葉14B7行,"璣明改別","改別"二字,文淵閣本爲"別改",正。卷上葉20B8行,"精少愁悴","愁悴"二字,文淵閣本爲"悴愁",正。

(三)文字有差別,兩者皆可

文溯閣本《璇璣圖詩讀法》與文淵閣本的一些文字差別,是兩者皆可的。這些差別主要有兩類;一類是分別用異體字、古今字、通假字、避諱字的;另一類是二者文字的含義相同或相近,都能說得通。

兩本分別用異體字、正俗字、古今字、通假字、避諱字的139處。提要葉1A5行、葉1A6行、葉2A4行,3處"囬"字,文淵閣本爲"回"字,"囬"爲"回"字的異體。同樣互用"回"字異體字"囘"或"囬"字的還有:卷首《璇璣圖詩讀法記》及康呂賜《合刻識言》葉1B6行、葉2B2行、卷首《凡例》葉2B4行、葉2A8行、卷上葉2B8行、卷上葉7A2行、卷上葉

12B4行、卷上葉13A1行、卷上葉13A6行、卷上葉13B3行、卷上葉16A1行、卷上葉16A6行、卷上葉16B3行、卷上葉17A5行、卷上葉17B4行、卷上葉18A3行、卷上葉18B2行、卷上葉19A1行、卷上葉19A6行、卷上葉19B3行、卷上葉19B8行、卷上葉24B2行、卷上葉25A7行、卷上葉25B6行、卷下葉6B1行，共28例。卷上葉2A1行小字1行，“浮沉”，“沉”字，文淵閣本爲“沈”字，系沉字本字。同樣兩本“沉”和“沈”互用的，有卷上葉8B7行、卷上葉10A1行、卷上葉11A7行、卷上葉14B5行、卷上葉20B1行、卷上葉20B3行、卷上葉21A5行、卷上葉22A1行、卷上葉22B1行、卷上葉23A2行、卷下葉2A1行、卷下葉2B4行、卷下葉2B7行、卷下葉3A5行、卷下葉3B2行、卷下葉4A6行、卷下葉6B5行、卷下葉7A2行、卷下葉7B1行、卷下葉7B6行、卷下葉8B2行、卷下葉8B8行、卷下葉10A7行,共24例。卷上葉4B1行，“仁智懷德”，“德”字，文淵閣本爲“徳”，異體字。同樣兩本互用“德”字或其異體“徳”字的還有：卷上葉5A8行、卷上葉5B3行、卷上葉5B8行、卷上葉6A1行、卷上葉9B1行、卷上葉10A8行、卷上葉10B4行、卷上葉12A2行、卷上葉15A4行、卷上葉15A5行、卷上葉20A7行、卷上葉23B2行、卷上葉23B8行、卷下葉17A10行,共15例。卷上葉1B7行小字2行，“側夢仁賢”，“夢”字，文淵閣本爲“夢”，系“夢”字正體。同樣兩本互用“夢”字或其異體“夢”字的有：卷上葉4A3行、卷上葉11A5行、卷上葉20A5行、卷上葉22B4行、卷下葉28B3行、卷下葉28B6行、卷下葉28B7行、卷下葉30B1行、卷下葉30B2行、卷下葉30B4行、卷下葉30B7行,共12例。卷上葉1B5行小字2行，“忩想”，“忩”字，文淵閣本爲“忘”，異體字，借用爲“妄”。同樣兩本互用“忩”字或其本字“忘”的，又借用爲“妄”的，還有：卷上葉1B8行小字2行、卷上葉4B8行、卷上葉5B5行、卷上葉11B7行、卷上葉5B7行、卷上葉6A1行、卷上葉11B7行、卷上葉14A6行、卷上葉23B6行,共10例。卷下葉2B2行，“互旋八面”，“面”字，文淵閣本爲“靣”字，異體字。同樣兩本互用“面”字或其異體“靣”字的，有：卷下葉6A1行、卷下葉6A6行、卷下葉6B1行、卷下葉7A6行、卷下葉7A7行、卷下葉8B6行、卷下葉9A5行、卷下葉9B6行,共9例。卷下葉7A5行，“廊桃之微深”，“微”字，文淵閣本爲“微”

字，異體字。同樣文溯閣本用“微”字而文淵閣本用其異體字“㣲”字的有：卷下葉7B1行、卷下葉7B2行、卷下葉7B6行、卷下葉8B3行、卷下葉9A3行、卷下葉9B8行,共7例。卷首《璇璣圖詩讀法記》及康呂賜《合刻識言》葉2A4行,“屬隋季丧亂”，“丧”字，文淵閣本爲“喪”，異體字。同樣“丧”“喪”互用的還有：卷上葉1B7行小字1行、卷下葉26A2行、卷下葉26A4行、卷下葉26A6行、卷下葉26A7行,共6例。卷上葉1B4行小字2行,“增離曠幃餙曜思”,“餙”字，文淵閣本爲“飭”字，朱駿聲《説文通訓定聲·頤部》以爲“飭，假借爲飾”。則二者爲假借字。類似的用“飭”爲“飾”的假借字的有：卷下葉11B5行、卷下葉12B3-4行、卷下葉12B8行,共4例。卷上葉1B5行小字1行,“未在慎深慮”,“深”字，文淵閣本爲“滨”，“滨”是“深”的古體字。同樣文淵閣本用“深”的古體字“滨”的有：卷上葉1B5行小字2行、卷上葉2A5行小字2行, 共3例。卷首《璇璣圖詩讀法記》及康呂賜《合刻識言》葉1B1行,“初，滔有寵姬趙陽臺”，“初”字，文淵閣本爲“初”，異體字。卷上葉3A1行“初”字亦同，共2例。卷首《璇璣圖詩讀法記》葉1B1行, “滔有寵姬趙陽臺”，“臺”字，文淵閣本爲“臺”，異體字。卷上葉2A8行小字1行,“霜氷齊潔”,“氷”字，文淵閣本爲“冰”字，系冰字本體。卷上葉5A15行“氷”字亦同，共2例。卷首《璇璣圖詩讀法記》及康呂賜《合刻識言》葉1A2行,“歸於竇氏”,“於”字，文淵閣本爲“于”字，異體字。卷首《凡例》葉2A5行,“余亦不敢羼叙圖次”,“叙”字，文淵閣本爲“敘”字，異體字。卷首《凡例》葉2B1-2行,“摅此二端”,“摅”字，文淵閣本爲“據”字，異體字。卷首《凡例》葉2B2行,“蒐括之耳”,“蒐”字，文淵閣本爲“摉”字，二者皆爲“搜”的異體字。卷上葉1B4行小字1行,“逺”字，文淵閣本爲“遠”，異體字。同樣的情況，在卷上葉2A1行小字1行，卷上葉2A7行小字1行，共3例。卷上葉1B5行小字2行,“心荒滛”,“滛”字，文淵閣本爲“淫”，異體字。卷上葉1B6行小字2行,“潛西”,“潛”字，文淵閣本爲“潛”，系潛字正體。卷上葉1B7行小字2行,“同情寗孜”,“寗”字，文淵閣本爲“寧”，系“寧”字正體。卷上葉2A行小字2行,“誰逝倏無”,“倏”字，文淵閣本爲“倐”字，系“倐”字的正體。卷上葉3B6行, “之維新”，“維”字，文淵閣本同，按文溯閣本卷上葉2A圖7行左行小字由下往上第10字爲"惟"字。"維"爲"惟"字異體。卷上葉3B7行,"以青書","青",文淵閣本爲"靑"字,異體字。卷下葉12A3行,"堦"字,文淵閣本爲"階",異體字。卷下葉24A7行、卷下葉25A3行,"伭"字,文淵閣本爲"玄"字,此系用增加筆劃的辦法對皇帝名字避諱的特例。

文字不同,但含義相同或相近,兩者皆可者4處。提要葉1A4行,"《璇璣圖詩讀法》二卷","二"字,文淵閣本及《總目》爲"一"字。系對同爲上下卷的書稱卷數標準不一所致。提要葉2A6行,"作此迴文詩以贈之","迴"字,文淵閣書前提要及《總目》提要皆作"回"字,回、迴爲同義詞,皆可。卷上葉3B5行、卷上葉4A3行,"至"字,文淵閣本爲"之"字,二字義同。

(四)兩本文字相同或不同,但兩者都是錯誤的

兩本文字相同,兩本皆誤者6處。提要葉1B1行,"秦州剌史",葉1B5行,"荆州剌史",兩處"剌"字,文淵閣本書前提要同,皆誤。卷首《璇璣圖詩讀法記》及康呂賜《合刻識言》葉1A2行,"秦州剌史","剌"字,文淵閣同,皆誤。卷上葉6B2行"身微憫巳","巳"字,文淵閣本同。應爲"己"字。二者皆誤。卷上葉2B5行、卷上葉17A2行,"芳"字,文淵閣本同,文溯閣本卷上葉2A圖7行小字2行由上往下第8字爲"方"字,是則"芳"字誤。

兩本文字不同,兩者皆誤者2處。卷上葉2A2行小字2行,"俯憂作巳","巳"字,文淵閣本爲"已"字,以其連成之辭句的含義分析,應爲"己"字,兩本皆誤。《初學記》本[①]爲"己"。同樣的還有卷上葉10A4行,兩本皆誤。

(五)兩者文字相同或不同,難辨正誤的

文溯閣本與文淵閣本《璇璣圖詩讀法》文字相同,但與他本不同,難辨正誤者2處。卷上葉1B6行小字1行,"施爲祇差生","生"字,文淵閣本及明馮惟訥撰《古詩紀》卷48《蘇若蘭璇璣圖詩並序讀法》[②]爲

---

①《初學記》卷27《寶器部·錦第六·詩》【前秦苻堅秦州刺史竇韜妻蘇氏《織錦回文七言詩》】。

② 該本及下文宋世昌《回文類聚》本,皆見影印文淵閣《四庫全書》集部八·總集類。

"生"，但《初學記》本[①]、宋桑世昌撰《回文類聚》卷1《璇璣圖》爲"士"字，二者難辨正誤。卷上葉1B7行小字2行，"憤將上釆悲"，"悲"字，文淵閣本同，宋桑世昌撰《回文類聚》卷1、明馮惟訥撰《古詩紀》卷48《蘇若蘭璇璣圖詩並序讀法》爲"悲"，《初學記》本爲"怨"字，二字難辨正誤。

文溯閣本與文淵閣本《璇璣圖詩讀法》文字不同，難辨正誤者14處。卷上葉2A5行小字1行，"商游桑鳩揚仇傷"，"商"字，文淵閣本爲"啇"字。按，文溯閣本《璇璣圖詩讀法》之原詩中既有用作五音之一的"啇"字，如"音南鄭歌啇流徵"，又有用作弦樂指法的"商(zhāi)"字，如"商弦激楚流清琴"。然文淵閣本《璇璣圖詩》中只有"啇"字而無"商"字，我們不能依文淵閣本判定文溯閣本的是非。此類情況，亦見卷上葉10A9行、卷上葉11B6行、卷上葉14A1行、卷上葉14A3行、卷上葉14A6行小字、卷上葉16B1行、卷上葉21B6行、卷上葉23A8行、卷上葉23B7行、卷下葉4A1行、卷下葉6B3行、卷下葉7A8行、卷下葉9A6行，共14例。

(六)兩者文字不同，可能因底本有別的22處

卷上葉9B2行，"佞"字，文淵閣本及文溯閣本卷上葉1B2小字2行第15字皆爲"奸"字，應系底本有誤。卷上葉15A2行、卷上葉18B7行、卷上葉18B8行、卷上葉21B3行、卷上葉22A4行、卷上葉23B5行、卷下葉1B2行、卷下葉4A3行、卷下葉4A8行、卷下葉5A7行、卷下葉5B2行、卷下葉5B7行、卷下葉6A2行、卷下葉6B8行、卷下葉7A3行、卷下葉7B1行、卷下葉7B3行、卷下葉7B5行、卷下葉9A1行、卷下葉9B1行、卷下葉9B3行，"佞"字，文淵閣本爲"奸"字，正。卷上葉15A2行、卷上葉18B7行、卷上葉18B8行、卷上葉21B3行、卷上葉22A4行、卷上葉23B5行、卷下葉1B2行、卷下葉4A3行、卷下葉4A8行、卷下葉5A7行、卷下葉5B2行、卷下葉5B7行、卷下葉6A2行、卷下葉6B8行、卷下葉7A3行、卷下葉7B1行、卷下葉7B3行、卷下葉7B5行、卷下葉9A1行、卷下葉9B1行、卷下葉9B3行，"佞"字，文淵閣本爲"奸"字，或

① 《初學記》卷27《寶器部》詩【前秦苻堅秦州刺史竇韜妻蘇氏《織錦回文七言詩》】。

與各自底本有關。

（七）兩本文字相同，卻與《四庫總目提要》不同的

二閣本提要文字相同，卻與《總目》提要不同的地方有2處：提要葉1A 8行，"此圖及武曌序"，"武曌"二字，文淵閣本同，《總目》提要爲"唐則天皇后"五字。提要葉2A5行，"至沙漠便娶婦"，"便"字，文淵閣本書前提要同，《總目》提要爲"更"字，亦可。

三

總結以上校勘情況，文溯閣本《璇璣圖詩讀法》與文淵閣本的文字差異總計有260處。其中用不同的異體字、古今字、正俗字、通假字、避諱字的達139處；雖用字不同，但含義相同或相近，兩者皆可、雖有差別，難辨或不需論正誤的、兩本相同，可能底本有誤的46處；兩本大幅文字顛倒的1處。以上三類難分彼此的差異共186處，占文字總差異的71.5%。在其餘可以確定正誤的74處文字差異中，除8處兩本皆誤者以外，文溯閣本正確而文淵閣本錯訛或缺佚的32處，文淵閣本正確而文溯閣本錯訛或缺佚的34處，顯見文溯閣本與文淵閣本該書的謄鈔和校對品質相差無幾，而文溯閣本有許多文字可糾補文淵閣本。

文溯閣本《璇璣圖詩讀法》及文淵閣本之間文字差誤的造成有諸多原因。兩本出現這麼多的異體字，主要是四庫館對全書的謄鈔僅要求用館閣體，而無規範字體的要求，事實上自秦至清從未頒佈規範字，以至謄寫人員鈔書時，不一定完全按照底本的寫法，而是憑個人書寫習慣寫來。這其實是古代所有手鈔本都存在的一個重要問題。另外，蘇蕙《璇璣圖詩》長期以鈔本流傳，宋代才有刻本，由於鈔書者學識不同、治學態度有別，各本之間魚魯亥豕極爲難免。宋桑世昌編著《回文類聚》時，就已感慨："《璇璣圖》士夫家所藏類不同，有前序而無凡例者十常八九，故艱於句讀，且複差舛。予嘗參考訂證幾數十處，其文頗備，但有合兩存者。"[①]而所謂回文詩，實際上是古人的一種文字閱讀遊

①《回文類聚》卷一《璇璣圖考異》，影印文淵閣《四庫全書》集部總集類。

戲，原詩圖若有一兩個字不同，閱讀出來的詩就會出現成十上百的差異。例如文溯閣本中的幾個圖中，"佞"、"奸"二字顛倒，"商"、"啇"二字雜廁，於是讀詩中就出現了與文淵閣本的諸多不同，其間的是非判斷頗費腦筋。當然，我們不能苛求四庫館臣整理和鈔校出一部與原作完全相同的《璇璣圖詩讀法》。因爲840字的原詩在古代諸本中就不完全相同，館臣無法判定孰是孰非。即使原詩確定，要按照起宗和康萬民既定的閱讀標準去查改讀出的數千首詩，不僅要耗費大量時間，而且稍一走眼就會出錯，更何況在乾隆皇帝的催逼下，四庫館臣爲了趕進度，實在沒有可能去細緻地做這件事。

二本校勘發現的問題有幾點值得注意。

第一，對皇帝名字的避諱不甚嚴格。校勘發現有5處用避諱字，一爲避前代皇帝名諱的，二本提要中的"武曌"，《總目》提要爲"唐則天皇后"5字。原來，乾隆四十二年，乾隆皇帝曾因四庫館進呈的李廌《濟南集》中，直稱漢武帝爲"漢徹"而發佈聖諭，斥責道："朕於異代之臣尚不欲直呼其名，乃千古以下之臣，轉將千古以上之君稱名不諱，有是理乎?"且言："朕命諸臣辦理四庫全書，親加披覽，見有不協於理者，如關帝舊謚之類，即降旨隨時厘正。"[①]大概就是因爲皇帝的這一諭令，四庫館總纂檢查出二閣提要直書"武曌"名諱的問題，遂在《總目》提要中改稱"唐武則天皇后"。另4處爲避清聖祖玄燁名諱"玄"字，卷上葉2A4行小字1行，"玄悼歎戚"，"玄"字，文淵閣本同，爲避清聖祖名諱而缺"玄"字末筆。卷上葉3B7行亦同,共2例。有兩處增筆書寫玄字爲"伭"字。以加偏旁方法避諱，在雍正時已有先例，如爲避孔子名諱，加偏旁阝改丘爲邱[②]。文溯閣本這一以加偏旁方法避前皇帝名諱的例子，似系避孔子諱方法的借用。此外，在文淵閣本提要比文溯閣本多出的一段文字中，尚有因避清世宗允禛名諱，改王士禛爲王士楨的。

①《四庫全書總目》卷首《聖諭》，中華書局1965年，第5頁下欄。

②《清世宗實錄》卷39，雍正三年十二月庚寅，"禮部等衙門遵旨議覆：先師孔子聖諱，理應回避。惟祭天於圜丘，丘字不用回避外，凡系姓氏，俱加偏旁爲邱字。如系地名，則更易他名。……得旨：嗣後除四書五經外，凡遇此字，並用邱字。地名亦不必改易，但加偏旁，讀作期音，庶乎允協，足副朕尊崇先師至聖之意。"

編著四庫全書時的當朝皇帝是清高宗弘曆，我們細檢兩本，未見弘(宏)曆二字。

第二，對《璇璣圖詩讀法》卷數的說法，諸書不一致。文溯閣本提要葉1A4行，"《璇璣圖詩讀法》二卷"，"二"字，文淵閣本及《總目》爲"一"字。《金毓黻手定本文溯閣四庫全書提要》書後所附郝慶柏編製的《文溯閣四庫全書提要與總目異同表》中，列出該書卷數標法的不同，提要爲"二"，《總目》稱"一"。[1]按，文溯閣本及文淵閣本封面題簽下側及正文卷前和每葉版心皆書爲卷上、卷下，而非卷一、卷二，二者內容亦無多大不同，則稱該書爲二卷或一卷僅是視上、下卷各爲一卷或總爲一卷而已。查清代目錄書對該書卷數的著錄亦各行其是。清初黄虞稷《千頃堂書目》卷32著錄爲"康萬民《織錦回文詩譜》二卷，武功人。"乾隆時官修《續文獻通考》卷198著錄爲"康萬民《璇璣圖詩讀法》一卷，萬民，字無沴，武功人，海之孫。"雖然在古代目錄書中此類矛盾尚多，但作爲投入巨大人力物力官修的《四庫全書》中，卻出現了同一部書，各庫本有稱爲二卷者，有稱爲一卷者，由此突顯四庫館對書籍分卷並無明確標準，以至館臣各行其是，四庫全書總纂在此問題上是難辭其咎的。

第三，文溯閣本卷上葉18A至葉20A，與文淵閣本出現大幅度的文字顛倒，我們試將顛倒文字列表比較如下，爲顯目計，將兩本在不同位置相同之文字用同一種字體標示：

	文溯閣本	文淵閣本
葉17B（文字完全相同）	何如之故新　陽潛之所親 羅網之和音　鳳離之清琴 苦惟之章臣　沙流之湘津 以上八段遞句退成回文每段各增詩四十五首共三百六十首合原讀三百七十六首總七百三十六首 淵重之房人　遐幽之望純 多患之清純　浮異之牆春	何如之故新　陽潛之所親 羅網之和音　鳳離之清琴 苦惟之章臣　沙流之湘津 以上八段遞句退成回文每段各增詩四十五首共三百六十首合原讀三百七十六首總七百三十六首 淵重之房人　遐幽之望純 多患之清純　浮異之牆春

[1]《金毓黻手定本文溯閣四庫全書提要》，中華全國圖書館文獻縮微複製中心1999年，第1061頁上欄。

续表

	文溯閣本	文淵閣本
葉18A （自本葉起文字出現顛倒）	**峨嵯之曲秦　精少之陽春** **憂纏之皇倫　華英之桑民** **以上八段遞句退成回文每段各增詩五十八首共四百六十四首合原讀四百一十六首總八百八十首** **光流之剛親　龍昭之牆春** **當所之芳琴　榮君之所親** **鄉舊之故新　所感之清琴**	以上四段遞句退成回文每段各增詩三十六首共一百四十四首合原讀三百三十六首總三百八十首 繁華之房人　識知之清純 浮殊之曲秦　恨昭之皇倫 以上四段遞句退成回文每段各增詩一百七首共四百二十八首合原讀二百九十六首總七百二十四首
葉18B	**蒼穹之湘津　西昭之長身** **以上八段遞句退成回文每段各增詩二十九首共二百三十二首合原讀九十六首總三百二十八首** 新增讀法三之四原讀無詩法故不錄 自中行退一字成句以下遞退一句成章 南鄭之遺身　佞因之舊新 遺哀之南音　舊聞之佞臣	詩興之剛親　蘇作之所親 始終之清琴　璣明之湘津 以上四段遞句退成回文每段各增詩五十九首共二百三十六首合原讀一百三十六首總三百七十二首 時盛之望純　辜罪之賤人 征流之陽春　微至之梁民 以上四段遞句退成回文每段各增詩
葉19A	以上四段遞句退成回文每段各增詩三十六首共一百四十四首合原讀三百三十六首總三百八十首 繁華之房人　識知之清純 浮殊之曲秦　恨昭之皇倫 以上四段遞句退成回文每段各增詩一百七首共四百二十八首合原讀二百九十六首總七百二十四首	二十八首共一百一十二首合原讀五十六首總一百六十八首 新增讀法三之四原讀無詩法故不錄 自中行退一字成句以下遞退一句成章 南鄭之遺身　奸因之舊新 遺哀之南音　舊聞之奸臣 **峨嵯之曲秦　精少之陽春** **憂纏之皇倫　華英之桑民**
葉19B	詩興之剛親　蘇作之所親 始終之清琴　璣明之湘津 以上四段遞句退成回文每段各增詩五十九首共二百三十六首合原讀一百三十六首總三百七十二首 時盛之望純　辜罪之賤人 征流之陽春　微至之梁民 以上四段遞句退成回文每段各增詩	**以上八段遞句退成回文每段各增詩五十八首共四百六十四首合原讀四百一十六首總八百八十首** **光流之剛親　龍昭之牆春** **當所之芳琴　榮君之所親** **鄉舊之故新　所感之清琴** **蒼穹之湘津　西昭之長身** **以上八段遞句退成回文每段各增詩**
葉20A （自本葉3行起，兩本完全相同）	二十八首共一百一十二首合原讀五十六首總一百六十八首 讀法三之五 自角斜退一字成句以下遞退一句成章 嗟中君容曜多欽思傷君夢詩璇心 氏辭懷感戚知 麟神輕粲散哀春親 龍昭德懷聖皇人 當所專一志貞純	**二十九首共二百三十二首合原讀九十六首總三百二十八首** 讀法三之五 自角斜退一字成句以下遞退一句成章 嗟中君容曜多欽思傷君夢詩璇心 氏辭懷感戚知 麟神輕粲散哀春親 龍昭德懷聖皇人 當所專一志貞純

以上兩本文字大幅顛倒，卻各自文從字順，毫無蒂介之處，可見文字顛倒並非鈔書者誤鈔。而顛倒皆非整頁不同，也排除了裝訂者誤倒葉碼的可能。另外，卷上葉26A1-2行，"右第三圖，原讀詩三千五百一十八首，增讀詩三千七百八十八首，總七千三百六首"，"總七千三百六首"系對文淵閣本在幾個數字相加誤爲"總七千三百一十六首"的改正。說明是原書作者或館臣發現問題才加以改正的。這兩處差別說明，文溯閣本謄鈔時所據底本可能與文淵閣本不同，或者是文溯閣本在謄鈔前又經館臣修改。

第四，文溯閣本《璇璣圖詩讀法》與文淵閣本幾處重大的文字差異，說明文溯閣本是經過復校修訂而部分重鈔的。文溯閣本在入藏盛京書庫後，曾由陸錫熊、劉權之等負責於乾隆五十五年和乾隆五十七年兩次復校，對文溯閣本中的文字進行校檢，查出不少問題，一一予以改正。乾隆五十五年，陸錫熊上書報告其第一次對文溯閣書的復校情況，說：

> 茲臣等自三月內分書校勘以來，每日帶同看書人等嚴立課程，卯入戌出，細心繙檢，敬照三閣釐定章程，於應刪應訂之處，逐一刊正。其塡寫部類、抽撤考證及譯改遼、金、元人地官名，亦均詳悉畫一妥辦，務在疵纇盡除，勒成定本，不敢稍有疏漏。現在各員名下分閱之書，業經全數校畢。臣履行核簽，亦已次第竣事。計閱過書六千一百餘函，此內點畫訛誤隨閱隨改外，共查出謄寫錯落、字句偏謬書六十三部，漏寫書二部，錯寫書三部，脫誤及應刪處太多應行另繕書三部，匣面錯刻、漏刻者共五十七部。內除錯落偏謬各書俱已隨時繕補改正，匣面錯落各處亦經一面抽改添刻外，其漏寫、錯寫等書，俟臣回京同紀昀查明，與應行另繕之本，俱即自行賠寫完妥……①

而文淵閣本《提要》(《總目》提要同)最後一段(264字)，文溯閣本《提要》缺佚。該段文字如下：

> 《序》稱，其錦縱廣八寸，題詩二百餘首，計八百餘言，縱橫反

①乾隆五十五年七月十二日《都察院右副都御史陸錫熊奏查勘文溯閣書籍完竣摺》，中國第一歷史檔案館編《纂修四庫全書檔案》，上海古籍出版社1997年，第2191-2192頁。

復，皆成章句。黄伯思《東觀餘論》謂，其圖本五色相宣，因以别三、五、七言之異。後人流傳不復施采，故迷其句讀。又謂，嘗于王晉玉家得唐申誡之釋，而後曉然。今誡本已不傳，僧起宗以意推求，得三、四、五、六、七言詩三千七百五十二首，分爲七圖。萬民更爲尋繹，又於第三圖内增立一圖，並增讀其詩至四千二百六首，合起宗所讀，共成七千九百五十八首。因合兩家之圖，輯爲此編。夫但求協韻成句，而不問文義之如何，輾轉鉤連，旁行斜上，原可愈增愈多。然必以爲若蘭本意如斯，則未之能信。存以爲藝林之玩，可矣。起宗不知何許人，王士楨《居易録》載，趙孟頫妻管道昇《璇璣圖》真跡已稱起宗道人云云，則其人當在宋元間也。

這一段文字考證認爲《璇璣圖詩》五色讀法的僧人起宗爲宋元間人，證據有問題，結論更是錯誤的。考證所用證據應該是盡可能最原始的資料，而所引黄伯思《東觀餘論》云云，並不是最早用五色本讀詩的。黄伯思文撰於政和七年（1117年）[①]。而南宋桑世昌編《回文類聚》[②]轉録廣慧夫人所述以五色讀法讀出3752首詩的文字在至道元年（995年）。廣慧夫人稱："蘇蕙《織錦回文》及今已久，所以欲見其彩色，宛然一如蕙之手著者，甚爲難得。八月廿日（太宗）駕幸翠微殿賞桂，詔令賦詩，見御案所置一幅，五色相宣，讀之易明，因照式記之，以志不忘。"其文且詳述五色之閲讀方法，言："四圍縱横，初行，八行，十五，廿二，廿九行，及'仁嗟'斜至'春親'，'廓琴'斜至'基津'以朱畫，其形如交接讀法，此色凡九圖，其餘四色，色各一圖，共詩三千七百五十二首。"以五色讀法讀出3752首詩的是起宗道人，故起宗當爲宋至道以前人。清吳景旭《歷代詩話》卷23云："唐有《璇璣圖記》，起宗道人分爲七圖，得三、四、五、六、七言者，總計三千七百三十四首。"判定起宗爲唐朝人。由此可定，文淵閣《提要》此段考證的結論是錯誤的。大概陸錫熊等在復校時發現了這些問題，遂將其删除。

---

① 宋黄伯思《東觀餘論》卷下《跋織錦回文圖後》，影印文淵閣《四庫全書》子部雜家類。

② 宋桑世昌編《回文類聚》卷一，影印文淵閣《四庫全書》集部總集類。桑世昌，南宋人，據《直齋書録解題》卷15《蘭亭博議》條（上海古籍出版社1987年點校本，第409頁）稱，其爲"放翁陸氏諸甥"，最遲亦應是宋理宗（1225—1264年）時代人。

總之，通過對文溯閣本《璇璣圖詩讀法》與文淵閣本該書的細致校勘，我們發現，兩本文字差異頗多，不僅書寫文字有很多字體不同，更有卷數標示不一、對皇帝之名諱或不諱、文章標題有或無、兩本文字數葉顛倒紊亂，文溯閣本提要還刪除了文淵閣本一段錯誤的考證文字。可以說，比起文淵閣本，文溯閣本《璇璣圖詩讀法》實際上是一種另有特點的古籍版本，其文獻版本和學術價值很高。

又，《璇璣圖詩讀法》一書，除收入四庫全書之外，未見它處著錄。當代除影印文淵閣、文津閣四庫本中收有此書外，亦無任何出版家出版過單行本。由此書的版本狀況可以推想，在四庫全書中尚有許多二百年來未見付梓的珍稀典籍，應該引起出版界關注。